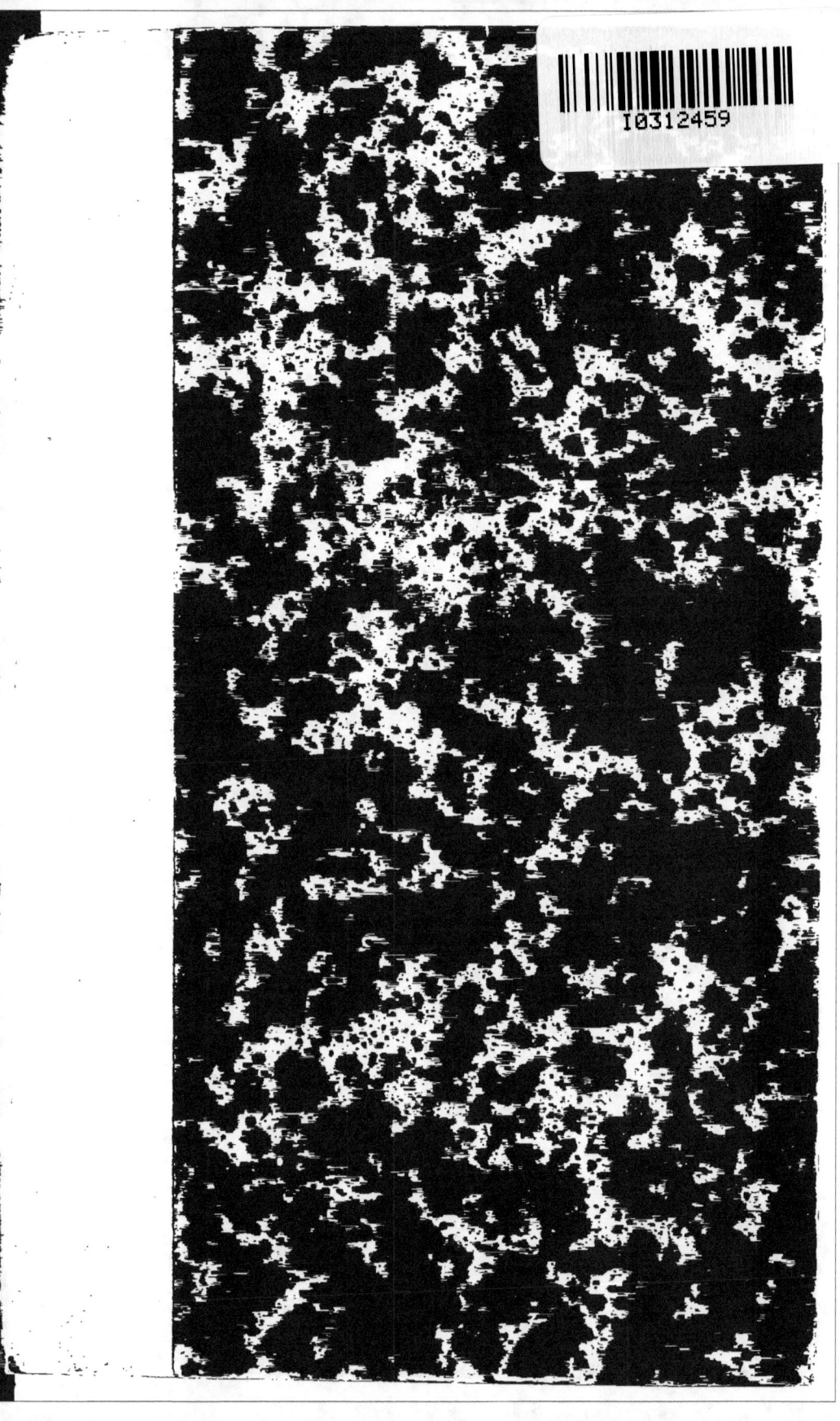

VICTOIRES
CONQUÊTES

DÉSASTRES, REVERS ET GUERRES CIVILES

DES FRANÇAIS

IMPRIMERIE DE C. L. F. PANCKOUCKE,
RUE DES POITEVINS, N° 14.

VICTOIRES
CONQUÊTES

DÉSASTRES, REVERS ET GUERRES CIVILES

DES FRANÇAIS

GUERRE D'ESPAGNE

DE 1823

Suum cuique decus posteritas
rependit. TACITE.

TOME VINGT-HUITIÈME

PARIS

C. L. F. PANCKOUCKE ÉDITEUR

1825

VICTOIRES

CONQUÊTES

DÉSASTRES ; REVERS ET GUERRES CIVILES

DES FRANÇAIS

GUERRE D'ESPAGNE

INTRODUCTION.

L'ESPAGNE, veuve de son monarque légitime par la plus odieuse des machinations politiques, envahie au milieu du désordre et de l'anarchie, soutenait, à l'aide de l'Angleterre, une lutte glorieuse contre les vainqueurs d'une grande partie de l'Europe : les mesures extraordinaires prises par l'assemblée des mandataires de la nation insurgée, avaient fait sortir l'Espagnol de son caractère, de ses préjugés, et presque de ses mœurs ; lorsque ces mêmes *cortès*, orgueilleux de leurs succès, conçurent la pensée de donner une nouvelle constitution à leur pays, sans le concours du roi prisonnier, du souverain au nom duquel, plus peut-être qu'à celui de la liberté, le peuple avait pris les armes, et

1812.

1812. dont la cause, pendant toute la guerre, ne fut jamais séparée de celle de l'indépendance nationale.

Cette constitution, décrétée à Cadix en 1812, sanctionnée en quelque sorte par le triomphe des armes espagnoles et l'approbation manifeste ou tacite des diverses puissances alliées, en admettant même qu'elle fût acceptée librement et volontairement par le roi, convenait-elle à l'Espagne? nous ne discuterons point ici une si haute question : elle sera résolue par les événemens dont nous allons présenter l'esquisse rapide.

1814. Ferdinand VII, rendu à la liberté en 1814, vient se rasseoir sur le trône de ses aïeux. Sa gratitude envers des sujets fidèles s'anéantit devant les conditions qu'on veut lui imposer. Rejetant un pacte qui met ses droits en question, il hâte sa marche sur Madrid, et dissout les cortès. Cette détermination inattendue n'excite aucun tumulte, aucun soulèvement. On ne remarque qu'une grande indifférence sur les mesures prises contre les partisans des idées dites libérales. La soumission aux volontés du monarque paraît générale. L'inquisition et les jésuites sont rétablis; le gouvernement royal agit sans inquiétude : il a pour lui le peuple et l'armée.

Toutefois, une partie de la nation, et ce n'est pas la moins éclairée, a reconnu que les cortès, au milieu de leur égarement politique, ont fait des choses utiles. L'inquisition, les priviléges des provinces, des ordres, des individus, disparaissaient par la constitution de Cadix; et ses auteurs avaient entrevu les moyens d'éteindre la dette nationale qui s'élevait à 3,000,000,000 francs, ou douze milliards réaux. En rétablissant l'ancien ordre de choses, le roi s'est privé des améliorations et des ressources espérées, et la dette s'accroît des restitutions que le clergé obtient sans délai.

1815. Le ministère de Ferdinand, livré au soin de réprimer la propagation des doctrines libérales, de rétablir l'autorité civile et ecclésiastique dans ses formes anciennes, ne craint point d'augmenter la classe déjà trop nombreuse des mécontens, par la disgrâce, l'exil ou l'emprisonnement de quelques-uns des principaux officiers de cette même armée à laquelle le roi devait, en partie, sa délivrance, et dont il est évidemment dangereux, dans les circonstances présentes, d'affaiblir le dévouement en ne ménageant pas les chefs qui possèdent sa confiance.

Le général don Juan Diaz Porlier, connu, pendant la guerre de la Péninsule, sous le nom d'*el Marquesito* (le petit marquis), devenu suspect aux conseillers intimes du roi, et détenu dans un château fort de Galice, dès 1814, donna le premier signal des conspirations qui se succéderont presque sans relâche jusqu'à la révolution complète de 1820. Échappé de sa prison, il rassembla, au moyen des intelligences qu'il s'était ménagées parmi les officiers, quelques bataillons cantonnés autour de la Corogne, entra dans cette place le 19 septembre 1815, fit arrêter le capitaine-général, le gouverneur et autres autorités, et adressa au corps d'armée stationné en Galice, une proclamation dans laquelle, en accusant la conduite du gouvernement depuis le retour du roi, il demandait le renvoi des ministres, ainsi que le rétablissement des cortès. Un manifeste, dans le même but, fut adressé bientôt après à la nation espagnole, au nom de la junte provinciale de Galice, organisée et présidée par Porlier, qui prenait la qualité de commandant-général de l'intérieur du royaume.

Cependant une partie des troupes sur l'entière coopération desquelles comptait le général révolté, avait montré de l'hésitation. Le riche chapitre de Sant-Iago, trop intéressé au maintien de la cause royale pour lésiner sur les moyens de faire avorter l'entreprise de Porlier, mit une somme considérable à la disposition du gouverneur de la ville, et cet argent fut employé à gagner la garnison irrésolue. Un régiment, déjà en route pour joindre les révoltés, fit halte. Des émissaires se mêlèrent parmi les soldats de Porlier, arrêté à trois lieues de cette ville pour faire reposer sa colonne fatiguée d'une longue marche, et firent des promesses d'avancement aux sous-officiers, s'ils voulaient prêter la main à l'arrestation de leur général et de ses complices. Ces promesses, accompagnées de distributions d'argent, opérèrent une séduction entière. Porlier, saisi sans résistance, ainsi que la plupart des officiers, fut conduit à la Corogne le 26 septembre, et jeté dans un cachot de l'inquisition; jugé à la hâte par un conseil de guerre, le 3 octobre, il subit le supplice du *garote* [1].

Après la prompte et heureuse répression du complot de Galice, le roi, sur les représentations de plusieurs des ministres des puissances alliées, se montra disposé à faire des concessions à l'opinion d'une grande partie de ses sujets, par la disgrâce de quelques-uns de ses favoris, et le renvoi de plusieurs ministres. On espérait même la mise en liberté des *liberales* détenus, et le rétablissement des cortès pour la rédaction d'une nouvelle charte, où les droits du monarque et ceux de la nation seraient également garantis. Mais cet espoir s'évanouit bientôt. Le gouvernement reprit sa marche accoutumée; les persécutions se renouvelèrent, les prisons furent encombrées, des sentences d'exil et d'emprisonnement

---

[1] L'appareil de ce supplice national est une haute potence avec un échafaud au dessous, sur lequel est un poteau où un siége se trouve adapté. Le condamné se place sur ce siége, et l'exécuteur lui passe au cou un collier de fer qui traverse le poteau, et se serre avec des écrous. Quand la strangulation est opérée, on détache le corps pour le hisser, au moyen d'une corde qui a remplacé le carcan, jusqu'en haut du gibet, où il reste exposé quelque temps.

furent portées contre les membres les plus marquans des cortès. D. Augustin Arguelles dut subir dix ans de galères à Ceuta, sur les côtes d'Afrique, D. Garcia Herreros fut condamné à dix ans de chaîne dans la ville de Gommera.

1815.

Dans la capitale et les principales villes du royaume, les mécontens n'opposaient à ces mesures rigoureuses qu'une soumission passive; mais les provinces du nord voyaient se former journellement des bandes, composées en grande partie des soldats dispersés de Porlier, et de ceux qui désertaient faute de solde. L'état des finances, qu'on s'occupait peu d'améliorer, empirait avec les circonstances.

1816.

Le ministère fut entièrement changé, au commencement de 1816. D. Pedro Cevallos, premier secrétaire-d'état sous Charles IV, sous Ferdinand, dans les premiers jours du règne de Joseph, à la restauration, compris d'abord dans le renvoi général des ministres, et exilé à Santander, fut rappelé quelques semaines après au poste des affaires étrangères, et reprit ensuite son ancien titre. Alors nouvelle déviation du gouvernement. Le roi supprime les commissions précédemment créées pour juger les prisonniers d'état, qui sont renvoyés par-devant les tribunaux ordinaires; un décret est rendu contre les délateurs et les calomniateurs; défense est faite de se servir des dénominations de *liberales* et de *serviles*.

Vers le mois d'avril, le conseil de Castille reçut communication officielle de la demande faite au roi de Portugal, de deux infantes, ses filles, pour Ferdinand et son frère l'infant D. Carlos. Pour faire face aux dépenses que nécessitait cette double union, on ne trouva point d'autre expédient que la suspension des paiemens à faire par le trésor. A la même époque, la police découvrit, à Madrid, une conspiration qui menaçait, a-t-on dit, les jours du roi et ceux de ses frères. Il s'ensuivit de nouvelles arrestations, et plusieurs individus furent mis à la torture ; au surplus, toutes les poursuites se firent dans le plus grand silence, et il n'y eut point de commotion publique. Trois mois après, un décret royal, en remettant l'éducation publique aux soins des ordres religieux, ordonna que les jésuites seraient réintégrés dans toutes leurs fonctions, et que toutes les maisons, colléges, fonds et rentes, qu'on leur avait ôtés, leur seraient rendus. Dans le même temps, le gouvernement faisait charger de chaînes, embarquer sur un chébec, et transporter à l'île inhabitée de Formentera[1] tous les membres des cortès détenus à Ceuta.

Le double mariage du roi et de l'infant D. Carlos fut célébré à la fin de septembre, et, à cette occasion, le roi fit publier un pardon général, que de nombreuses exceptions rendaient presqu'illusoire.

L'année 1817 ne commença pas sous de meilleurs auspices que les précédentes. Le mécontentement semblait gagner la classe du peuple, qui jusqu'alors était restée indifférente aux mesures rigoureuses du gouvernement. Dans le courant de janvier, des rassemblemens séditieux se formèrent à Valence, à l'occasion d'une nouvelle taxe imposée sur le charbon ; le cri de *vive la constitution* se fit entendre. Ces premiers germes de fermentation furent étouffés par la fermeté du général Elio, capitaine-général de la province. En Catalogne, une conspiration plus dangereuse fut tramée par les généraux Lacy et Milans, tombés l'un et l'autre dans la disgrâce de Ferdinand, à l'époque de sa rentrée en Espagne. L'insurrection allait éclater parmi la garnison de Barcelone, dont le gouvernement laissait les soldats sans solde, sans vêtemens, et presque sans vivres, lorsque le

---

[1] L'une des Baléares, située au sud d'Iviça ; on y trouve quelques salines, des ânes sauvages et une grande quantité de serpens qui la rendent presque inhabitable.

capitaine-général de la province fut informé du complot. Milans réussit à s'échapper avec quelques officiers; mais Lacy, moins heureux, fut arrêté avec quelques-uns des siens, et traduit comme chef de conspiration devant un conseil de guerre. Bien que la procédure ne fournît aucune preuve de délit, le général n'en fut pas moins condamné à perdre la vie. Une circonstance de ce jugement est remarquable. Les membres du tribunal militaire ne prononcèrent point la dégradation, qui doit toujours précéder la peine infligée. La sentence portait que Lacy passerait par les armes, sans subir cette disposition préliminaire. Embarqué secrètement pendant la nuit, conduit à l'île Majorque, il fut fusillé dans un enclos, par des soldats étrangers du régiment d'infanterie de Naples, en garnison à Palma, et on l'enterra dans une des églises de cette ville, capitale de l'île.

Dès les premiers jours de la restauration, dans l'état d'épuisement et d'inertie où se trouvait l'Espagne, le gouvernement avait reconnu que la possession des mines du Nouveau-Monde était plus que jamais la condition indispensable de son existence. Mais les colonies de l'Amérique du sud étaient insurgées, et plusieurs avaient secoué le joug de la métropole. Le roi Ferdinand, par un décret du 4 juin 1814, en notifiant son retour dans ses états, à ces établissemens, leur ordonna de mettre bas les armes. On réunit, à Cadix, les débris de la marine espagnole, si maltraitée dans la dernière guerre avec l'Angleterre; 10,000 hommes, choisis parmi les meilleures troupes du royaume, et commandés par le général Morillo, débarquèrent sur les côtes de Vénézuéla [1], en avril 1815. Sans entrer dans le détail des opérations de cette armée expéditionnaire, il nous

---

[1] Capitainerie-générale espagnole dans l'Amérique méridionale.

1817.   suffira de dire qu'au mois de mars 1816, Morillo démontrait, dans ses dépêches au gouvernement, l'urgente nécessité de la renforcer et d'envoyer des troupes fraîches dans la capitainerie de Vénézuéla, d'où il avait retiré la plupart de ses troupes pour occuper la Nouvelle-Grenade et achever la soumission de cette vice-royauté. Indépendamment des chances meurtrières de la guerre, les maladies avaient beaucoup diminué son armée, et il avait d'ailleurs été obligé d'en envoyer au Pérou, à Porto-Ricco, et d'en laisser dans les places reprises sur les rebelles. « Je peux affirmer, sans exagération, ajou-
« tait-il, que mon armée, maintenant véritable squelette,
« est très-insuffisante pour les devoirs qu'elle doit remplir,
« spécialement dans le territoire de Vénézuéla. . . . . . .
« . . . .
« De prompts secours d'hommes, d'armes et de munitions
« sont indispensables pour que nous puissions porter les der-
« niers coups et obtenir une sûre et entière soumission[1]. »

Les moyens maritimes de l'Espagne ayant été presque épuisés pour l'armement de 1815, le gouvernement se vit dans la nécessité d'acheter à la Russie quelques vaisseaux pour le transport des renforts réclamés instamment par Morillo ; et ces bâtimens furent payés avec l'argent que l'Angleterre donnait à l'Espagne en indemnité des pertes que l'exécution du traité du 23 septembre 1817, pour l'abolition de la traite des noirs, pourrait occasioner aux Espagnols. D'autre part, l'armée se trouvant très-affaiblie par les premiers détachemens envoyés en Amérique, et par la désertion journalière qu'entraînait le manque de solde, une instruction royale parut au mois de décembre 1817, pour la levée de 71,800 hommes à fournir en quatre ans, par des tirages annuels, à partir du 1er janvier 1818.

[1] Lettre du général Morillo au ministre de la guerre, en date du 7 mars 1816.

A l'effet de fondre dans une résolution unique et définitive toutes celles qui avaient été prises antérieurement à l'égard des Espagnols exilés du royaume par suite des événemens de 1808 à 1814, pour des cas mal définis, le roi, d'après l'avis du conseil de Castille, déclara, dans une *cédule d'amnistie*, en date du 15 février 1818, que l'entrée du royaume était interdite généralement (sauf le cas d'une grâce particulière ou pardon spécialement accordé par S. M.) à ceux qui auraient servi, par commission nouvelle, ou continuation de l'ancienne, le gouvernement intrus : comme conseillers, ministres, ambassadeurs et autres agens diplomatiques, généraux et officiers jusqu'au grade de capitaine inclusivement, préfets, sous-préfets, magistrats, prélats et dignitaires ecclésiastiques, journalistes, écrivains, etc., etc. A ces exceptions près, il était permis à tous les émigrés de rentrer, mais dans le délai de six mois seulement, et à de certaines conditions que la plupart ne jugèrent pas à propos d'accepter.

La stagnation du commerce ne cessant point, et l'embarras des finances étant progressif, il devenait presqu'impossible de pourvoir au paiement des intérêts de la dette, aux dépenses de l'administration intérieure et de la guerre coloniale. Le ministre des finances, don Martin Garay, représentait en vain que les besoins de l'état exigeaient l'abolition de tous les priviléges de provinces et d'individus en matière d'impôts. Le clergé, seul riche au milieu de la misère générale, rentré en possession de tous ses biens, se mêlant, par la puissance de l'inquisition, à toutes les affaires politiques, s'opposait sourdement à l'adoption de ces mesures financières qui pouvaient l'atteindre. Le ministère, partagé entre les deux factions des *liberales* et des *serviles* qui divisaient l'Espagne, était arrêté à chaque pas dans sa marche administrative. Le roi crut remédier à cet ordre de choses en renvoyant trois de ses ministres peu agréables à la faction dominante. On espérait que le congrès, alors rassemblé à Aix-la-Chapelle, publierait une déclaration des puissances sur les affaires de l'Amérique méridionale : le silence gardé à ce sujet augmenta l'inquiétude publique; les mécontens regardèrent comme désespérée une cause si importante, et dont la Sainte-Alliance ne voulait pas s'occuper. D'autre part, le nouveau ministère, loin d'adoucir le système de gouvernement, en agravait les rigueurs. L'inquisition, presqu'exclusivement chargée de la police, recherchait avec un soin extrême tous les écrits publiés dans l'intérieur, ou introduits de l'étranger, sur les vices de l'administration, etc.; elle en punissait les auteurs, les colporteurs, et même les lecteurs, avec la même sévérité que dans les temps voisins de l'expulsion des Maures. On a dit, pour justifier ces mesures, qu'il existait en Espagne une association secrète de plus de quarante mille individus, la plupart de la classe moyenne, qui s'étaient engagés par serment à demander, et à obtenir de gré ou de force, le changement du système suivi par le gouvernement depuis la restauration. Quoi qu'il en soit, il n'était bruit, à Madrid et dans les provinces, que d'une crise prochaine et inévitable. En effet, l'inquiétude du peuple, la détresse de l'armée, la discorde qui commençait à s'introduire parmi le clergé, sans parler de la mort de la jeune reine Marie-Isabelle, expirée dans les plus vives douleurs de l'enfantement, offraient de sinistres présages. Les soldats destinés à la nouvelle expédition que l'on préparait à Cadix, presque sans vêtemens, mal nourris, sans paie, travaillés par des agitateurs, désertaient et allaient se réunir, dans les montagnes, aux contrebandiers, aux débris des anciens guérillas, et à quelques moines accoutumés à la vie errante depuis la dernière guerre; des bandes organisées dans la Sierra-Morena commençaient à faire des excursions en Andalousie;

en Estramadure et jusque dans la Manche, et mettaient le pays à contribution.

Un colonel en retraite, nommé Vidal, réuni à quelques individus, conçut, dit-on, le projet d'assassiner le capitaine-général de la province de Valence, ce même général Elio qui, l'année précédente, avait réprimé l'insurrection dont nous avons déjà parlé. Informé que les conspirateurs étaient rassemblés dans un café de Valence, Elio s'y rendit, accompagné des dénonciateurs et de quelques soldats; l'épée à la main il somma Vidal de lui remettre la sienne : le colonel se mit en défense, blessa légèrement le général, et celui-ci lui passa son épée au travers du corps. Tous les compagnons du colonel furent arrêtés, malgré leur résistance, conduits en prison, livrés à un conseil de guerre, et exécutés le 21 janvier 1819; le corps de Vidal fut attaché au gibet. A l'exception d'un seul, qui se tua d'un coup de pistolet, les autres conjurés, au nombre de douze, sous-officiers, soldats, bourgeois ou cultivateurs, furent fusillés par derrière, comme traîtres, sans qu'aucun d'eux eut fait de révélations. Le bruit se répandit qu'on avait saisi sur Vidal une adresse au peuple, rédigée à Madrid par un membre du comité central de la grande association révolutionnaire. Cette adresse, qui ne fut pas communiquée, motiva une proclamation que le capitaine-général fit publier le jour du supplice des conspirateurs, et par laquelle il annonçait qu'un complot qu'il croyait d'abord renfermé dans les murs de Valence, avait des ramifications dans toute l'étendue du royaume. Plusieurs habitans de la ville, distingués par leurs talens et même par leurs services pour la cause royale pendant la dernière guerre, furent incarcérés, et le nombre de ceux qui furent ensuite compromis dans cette conspiration, réelle ou supposée, s'éleva à près de cinq mille. Le gouvernement redoubla ses mesures de rigueur; vingt-deux officiers impliqués dans

GUERRE D'ESPAGNE.

1818.

la conspiration du général Lacy, furent jugés à Barcelone, et dix-sept d'entre eux subirent la peine de mort. Le gouverneur de la Navarre reçut l'ordre d'en désarmer tous les habitans.

Vers ce temps une partie de la somme due par la France pour la liquidation des créances espagnoles, avait été reçue par le gouvernement, qui était en outre autorisé par une bulle du pape, à disposer du dixième des revenus ecclésiastiques; mais les revenus ordinaires de l'état se trouvaient toujours réduits par la cessation du commerce et de l'industrie. Le ministère ouvrit un emprunt de soixante millions réaux (quinze millions francs), que les capitalistes du royaume ne s'empressèrent pas de soumissionner, encore que l'hypothèque fût assignée sur les fonds de la guerre, et que le taux de l'intérêt fût porté à 8 pour 100.

1819.

Les préparatifs de la nouvelle expédition pour l'Amérique méridionale, commencés depuis un an, se continuaient avec la lenteur qui résultait nécessairement de la pénurie du trésor et du manque de matériaux. Les troupes d'embarquement, qui présentaient un effectif de douze à quinze mille hommes, à la revue qu'en passa, le 28 janvier, le général Henri O'Donnel, comte de l'Abisbal, nommé commandant en chef de l'armée expéditionnaire, furent renforcées de six à sept mille dans les trois mois suivans. Indépendamment des vaisseaux de guerre achetés à la Russie, il fallait trois cents bâtimens de transport; on avait traité avec des négocians anglais, danois, hollandais, italiens et français, qui en fournirent une grande partie, au terme fixé par leur marché. Le ministre de la marine se rendit à Cadix pour activer le départ. Son premier soin, en attendant le complément des moyens de transport, fut de détacher deux vaisseaux de 70 canons, une frégate et quelques bâtimens légers destinés à purger les mers, et surtout l'Océan

Pacifique, des corsaires qui les infestaient. Cette escadre devait d'abord se rendre à Lima, que menaçait alors l'amiral anglais Cochrane, passé au service des insurgés. Elle mit à la voile le 21 mai; mais l'un des vaisseaux, l'*Alexandre*, rentra peu de jours après dans le port de Cadix pour s'y réparer. Le capitaine fut mis en jugement ; les autres bâtimens poursuivirent leur route.

Une révolution venait encore de s'opérer dans le ministère, occasionée, dit-on, par la lésion de quelques intérêts privés dans une négociation avec les États-Unis de l'Amérique du nord [1], lorsqu'un événement d'une tout autre importance appela l'attention générale.

Au moment où l'expédition de Cadix, vivement pressée, comme nous l'avons dit, par le ministre de la marine, allait mettre à la voile, on y découvrit une conspiration qui devait amener de nouveaux et de bien longs retards. Les faits ont démontré jusqu'ici que le gouvernement royal avait entièrement négligé, pour ne pas dire plus, de ménager les opinions et les intérêts créés par la guerre de l'invasion. Les variations du ministère, des rigueurs déplacées, le désordre général des affaires, avaient excité des mécontentemens manifestés par des complots toujours renaissans, bien que toujours réprimés. A la vérité la masse du peuple y paraissait étrangère; mais la classe moyenne, quelques nobles, et surtout l'armée, y prenaient la plus vive part. Vers les premiers jours du mois de juillet, des murmures assez violens écla-

[1] Par le traité conclu à Washington, le 22 février 1819, pour la cession des Florides aux États-Unis, des donations considérables de terrain dans cette colonie, faites récemment par le roi à ses favoris, les ducs d'Alagon, de San-Fernando, le comte de Puno-Rostro, etc., devaient être déclarées nulles et non avenues. On croit que cette disposition, à laquelle le ministère avait paru donner son assentiment, fut la cause du renvoi de la plupart de ses membres.

tèrent parmi les troupes réunies autour de Cadix ; un complot était formé. Les soldats n'exprimaient que le refus de s'embarquer ; mais l'objet des chefs était évidemment de renverser le système de gouvernement, et de rétablir la constitution des cortès. Une partie de la bourgeoisie de Cadix entrait dans cette conspiration. Un grand nombre d'officiers de tous les corps s'étaient entendus sur les mesures à prendre pour s'emparer de l'île de Léon, de l'arsenal, de la flotte, et opérer ensuite un soulèvement général dans les provinces. Le comte de l'Abisbal (il en a fait l'aveu plus tard) était au nombre des conspirateurs, et voulait diriger le mouvement ; mais bientôt, soit qu'il craignît que le gouvernement n'eût été informé de la conspiration, soit qu'il ne comptât point assez sur l'esprit de l'armée, il résolut de sacrifier à sa sûreté ceux dont il venait de se déclarer le complice.

Ayant assemblé la garnison de Cadix dans la nuit du 7 au 8 juillet, il prit, en passant par l'île de Léon, les autres troupes qui s'y trouvaient, avec le corps d'artillerie de campagne, et se dirigea sur Port-Sainte-Marie, foyer de l'insurrection, sans qu'on soupçonnât l'objet et le but de sa marche. Arrivé au camp dit de la Victoire, formé sous les murs de la ville que nous venons de nommer, et dont les troupes, fortes de six à sept mille hommes, devaient être embarquées les premières, il leur fit prendre les armes sous le prétexte d'exécuter quelques manœuvres. Cette division se vit presqu'aussitôt enveloppée, et le comte, après avoir appelé autour de lui les officiers, ordonna aux soldats de déposer leurs fusils, et de crier *vive le roi!* Tous obéirent, sans pénétrer le dessein du général en chef, qui prononça sur-le-champ la destitution générale des officiers, et en fit arrêter cent vingt-trois de tous grades. Quelques régimens furent ensuite désarmés et dispersés dans l'intérieur de l'Andalousie ; le reste, pourvu de nouveaux chefs, et mis sous les ordres du lieutenant-général Cagigal, fut embarqué sans délai à bord d'un certain nombre de bâtimens déjà préparés à faire voile, et fut transporté sans résistance à la Havane, où le convoi mouilla après un trajet de quarante jours.

Le comte de l'Abisbal s'était empressé d'informer la cour de la découverte de la conspiration, et de l'heureux coup de main qui l'avait déjouée. Le roi lui témoigna sa satisfaction en lui envoyant le grand cordon de Charles III, et avança au grade de lieutenant-général le maréchal-de-camp Sarsfield, qui avait fortement secondé le comte dans cette affaire. Mais bientôt le général en chef fut appelé auprès du gouvernement pour donner des éclaircissemens plus détaillés, et le roi confia le commandement de l'armée d'expédition au général D. Félix Calleja, comte de Calderon, vieillard de soixante-dix ans, ancien vice-roi du Mexique, qui s'était acquis une réputation de fermeté dans l'administration civile comme dans la discipline militaire. Ce changement fit croire d'abord à la disgrâce complète, et peut-être même à la mise en jugement du comte de l'Abisbal, avec d'autant plus de probabilité, que son lieutenant, Sarsfield, venait d'être également éloigné de l'armée; mais Ferdinand, quoiqu'ébranlé sur le compte de ce général, parut lui continuer sa faveur, en le nommant capitaine-général de l'Andalousie, président de l'audience royale et gouverneur de Séville. Au surplus, le comte, toujours retenu à Madrid, n'exerça aucune de ces fonctions. Dans le même temps, les complices du général Porlier étaient jugés à la Corogne, après une détention de près de cinq ans. Dix officiers furent condamnés à mort, vingt aux galères, vingt-cinq à une réclusion plus ou moins longue, et à la destitution de leurs emplois.

Quant à la conspiration de Cadix, des commissaires furent envoyés dans cette ville pour informer, faire des enquêtes et instruire la procédure. Un grand nombre d'officiers étrangers à l'armée, des négocians et autres habitans furent arrêtés. Les soldats des corps qui avaient fait partie du camp de la Victoire, furent distribués dans d'autres régimens, et, pour les remplacer, le gouvernement ordonna des levées en Catalogne et en Galice. L'introduction des pamphlets et journaux libéraux de France, ainsi que des lettres des réfugiés, qui se faisait clandestinement par les muletiers de Biscaye, de Navarre, d'Aragon et de Catalogne, fut surveillée avec une nouvelle rigueur.

L'administration sévère du capitaine-général Elio, loin de calmer l'effervescence des esprits à Valence, avait tenu cette ville dans une agitation continuelle; la nouvelle du complot de Cadix l'augmenta. Une autre conspiration fut dénoncée à l'autorité. Des étrangers, récemment arrivés dans la ville, et signalés comme instigateurs de révolte, furent arrêtés et traduits devant une commission du Saint-Office. La torture que subirent ces prévenus ne leur arracha aucun aveu, et la procédure ne fournit aucune preuve.

Les mesures inquisitoriales avaient également lieu dans tout le royaume, et jusqu'en Afrique, où l'on renouvelait les persécutions contre les prisonniers des Présides.

Au milieu de ces mesures et de la terreur qu'elles imprimaient, le gouvernement s'occupait sans relâche de l'expédition d'Amérique; mais la fièvre jaune, ou, s'il faut en croire l'opinion de plusieurs médecins, le *cholera-morbus*, importé, vers la fin de juin, de la côte de Coromandel à San-Fernando, par le navire espagnol *le San-Juliano*, vint mettre un nouvel obstacle au départ. La contagion s'étendit bientôt de San-Fernando dans le reste de l'île de Léon et sur la flotte. Le 20 août, une proclamation annonça officiellement la maladie, signalée comme le *typhus icteroides*. La ville de San-Fernando fut déclarée hors des limites de communication; un cordon fut établi pour interdire aux malades l'entrée de Cadix. Cette précaution était tardive; le typhus avait déjà pénétré dans ce port, et y exerçait ses ravages, surtout parmi la classe indigente.

Sur ces entrefaites, le roi nomma premier ministre le duc de San-Fernando, à peine âgé de trente ans, un de ses plus intimes favoris, et beau-frère du cardinal de Bourbon. Ce choix ranima, dans un grand nombre d'Espagnols, l'espoir de quelqu'amélioration dans le système du gouvernement, par suite du caractère conciliant que l'on supposait au duc, et ces espérances augmentèrent à l'arrivée de la nouvelle reine que le roi Ferdinand venait de demander à la maison royale de Saxe. Cette princesse, âgée de seize ans, mariée à Dresde par procuration, le 28 août, après avoir traversé la France par Strasbourg, Lyon et Bayonne, fut reçue, le 2 octobre, sur la Bidassoa, par les délégués de son royal époux, et conduite lentement à Madrid, en raison des précautions extraordinaires que le ministère crut devoir prendre contre les progrès de la contagion jusqu'aux portes de la capitale. Peu de temps après les cérémonies et les fêtes du mariage, un décret royal, publié le 25 octobre, accorda un pardon général aux prisonniers; mais rédigé dans les formules d'usage en pareille circonstance, il n'était applicable qu'aux contrebandiers, aux déserteurs et malfaiteurs ordinaires. Telle n'était pourtant pas l'intention du roi, puisqu'il ordonna, dans les premiers jours de novembre, au conseil de Castille, de lui faire un rapport à l'égard des personnes poursuivies pour opinion politique, au dedans et au dehors du royaume, soit sur une amnistie ou générale ou avec des exceptions, soit sur d'autres mesures conciliatrices à prendre, en signalant l'effet qu'elles pourraient produire dans l'opinion publique. Le conseil, empressé d'obéir, mit promptement son rapport sous les yeux du monarque. Il commençait par présenter l'amnistie générale comme une mesure politique de la plus grande utilité, et d'une nécessité absolue. De là il passait à l'examen successif des différentes classes d'Espagnols exilés hors du royaume; et, terminant par celle connue sous la dénomination de *liberales*, il s'exprimait en ces termes : « Quels que puissent être les « égaremens dont ces individus aient été accusés, après avoir « été les défenseurs de la juste cause que suivait la nation, « on ne peut pas mettre en doute que non-seulement ils doi- « vent jouir des bienfaits de l'amnistie, et avec beaucoup « plus de raison que les précédens, mais que d'autres con- « sidérations doivent parler en leur faveur ; et il appartient « à la munificence du souverain de leur donner la récompense « de leur zèle. Avec l'amnistie renaîtra le souvenir de leurs ser- « vices passés, du dévouement et de la constance avec laquelle « ils s'opposèrent à l'invasion du tyran de l'Europe, en com- « battant, au nom de notre auguste souverain, et sous les « ordres du gouvernement, légitime représentant de sa royale « personne. Par cette raison, les procureurs du roi ne peu- « vent pas les assimiler à ceux qui, dans le même temps, « servaient l'usurpateur, qui l'avouaient hautement, et qui « étaient en effet les ennemis de notre gouvernement, au « point même que quelques-uns d'entre eux portèrent les « armes contre leur patrie. La sagesse du conseil saura assi- « gner à chacun la rétribution méritée par sa conduite. » D'après ce rapport, et les dispositions présumées du ministère, on pouvait raisonnablement espérer une amnistie réelle, ou du moins des interprétations plus favorables aux réfugiés et aux détenus, et l'on ne s'attendait guère à l'incident singulier qui en suspendit l'effet.

Une circulaire revêtue du contreseing de l'inspecteur-général des milices, comte de Villa-Riezo, et adressée (dans les derniers jours de novembre) aux colonels des trente-quatre régimens de cette arme, formés dans chaque province, leur ordonnait de rassembler sur-le-champ les soldats et officiers de leur corps au chef-lieu de l'arrondissement. Elle était accompagnée de brevets, de promotions, et de grâces ou de témoignages de satisfaction pour quelques officiers, de mécontentement pour quelques autres, de lettres de cachet à des ecclésiastiques et supérieurs de congrégations religieuses, réunis en chapitre-général pour les affaires de la religion; enfin, elle contenait tout ce qui pouvait lui donner un caractère officiel, et des détails qui ne pouvaient partir que de l'administration. Le colonel du régiment provincial de Tolède, qui se trouvait à peu de distance de la capitale, n'avait ni souliers pour ses soldats, ni argent dans sa caisse. En accusant de suite réception de la circulaire au comte de Villa-Riezo, il lui exposa les raisons qui l'empêchaient de se conformer aux ordres qu'il venait de recevoir. L'inspecteur-général, très-surpris de la missive, rendit compte au roi de l'abus qu'on avait fait de sa signature, et dépêcha sur-le-champ un courrier au colonel pour lui demander la circulaire qu'il avait reçue. On reconnut que c'était une pièce fausse, et d'autres courriers portèrent en toute hâte un désaveu et des instructions en conséquence à tous les colonels que l'on supposait avoir commencé l'exécution des mesures prescrites. Quelqu'actives que fussent les dispositions prises, elles ne purent empêcher l'agitation de se répandre dans plusieurs provinces; et, bien que quelques personnes ne vissent dans cette circulaire qu'une espèce de mystification qui pouvait n'être que l'œuvre d'un seul individu, on n'hésita point à la regarder comme une machination qui se rattachait aux conspirations de Catalogne, de Valence, et de Port-Sainte-Marie. Une récompense fut promise aux révélateurs du nom des faussaires. Le préambule

1819.

1819. du décret royal publié à ce sujet est remarquable en ce que le gouvernement y fait l'aveu formel de la situation critique des choses en Espagne. On ne put rien découvrir ; mais les événemens postérieurs ne permettent guère de doute que la circulaire ne se rattachât au projet d'une révolution qui aurait été appuyée par les milices.

A cette même époque, le typhus avait cessé ses ravages, après avoir enlevé, tant à Cadix que dans l'île de Léon, près de 5,000 personnes.

1820. Tout était disposé pour l'embarquement et le départ immédiat des six mille hommes destinés à renforcer le général Morillo dans l'Amérique méridionale. L'armée d'expédition dispersée pendant la durée de la contagion, réunie de nouveau entre Séville et Cadix, présentait un effectif de seize à dix-sept mille hommes, y compris le détachement dont nous venons de parler. Les troupes paraissaient tranquilles et résignées dans leurs divers quartiers. Le gouvernement ignorait que, vers la fin de novembre, au retour de ces mêmes troupes dans leurs premiers cantonnemens, plusieurs lieutenans-colonels, capitaines et autres officiers d'infanterie et d'artillerie avaient eu des conciliabules secrets pour se concerter sur les moyens de renouer la conspiration du mois de juillet, étouffée par le comte de l'Abisbal, qui en avait été l'un des principaux moteurs. Il avait été convenu que le lieutenant-colonel don Antonio Quiroga serait le chef de la nouvelle entreprise. Cet officier, compromis dans la première tentative, était alors aux arrêts forcés dans un couvent d'Alcala-de-las-Gazules [1]. L'exécution du projet fut remise au moment où le départ du détachement envoyé à Morillo serait prêt à s'effectuer.

Le 1ᵉʳ janvier, à huit heures du matin, conformément

---

[1] Bourg d'Andalousie situé près de la frontière du royaume de Grenade.

aux dispositions arrêtées dans le conseil insurrecteur, don Raphaël del Riégo, commandant le deuxième bataillon des Asturies, cantonné à Las-Cabezas-de-San-Juan [1] fait prendre les armes à ce corps, harangue ses soldats, place des factionnaires aux issues du bourg, se rend sur la place, et proclame la constitution des cortès, à laquelle le bataillon prête serment dans l'église communale. Destituant ensuite les autorités locales, Riégo les remplace par des magistrats provisoires; il s'occupe de réunir des vivres qui sont distribués à la troupe, et, dans l'après-midi, il quitte Las Cabezas, et se dirige sur Arcos, dans le dessein de surprendre le quartier-général et l'état-major de l'armée d'expédition, établis dans cette dernière ville : don Antonio Quiroga sortant en même temps d'Alcala-de-las-Gazules, devait marcher avec deux bataillons (deuxième d'Espagne et celui de la Couronne) sur l'île de Léon, l'arsenal et Cadix, où l'on avait des intelligences.

La colonne de Las Cabezas arriva vers deux heures du matin à la ferme du Terral, située à un quart de lieue d'Arcos, et où l'attendaient plusieurs officiers de cette place engagés dans la conspiration. Riégo fit halte en cet endroit; il espérait y rencontrer le second bataillon de Séville, qui, d'après le plan d'opérations, devait être parti de son cantonnement de Villa-Martin [2] pour coopérer à la surprise méditée. Après avoir attendu plus de quatre heures ce bataillon qui s'était égaré dans l'obscurité et par un temps affreux, Riégo voyant l'approche du jour, se décide à entrer dans Arcos, gardé par un bataillon des guides plus nombreux que le sien. Il forme des pelotons commandés par des

---

[1] Bourg situé entre Séville et Xérès, à peu près à une égale distance de ces deux villes.
[2] Village situé à quelques lieues de Las Cabezas, et plus rapproché que ce dernier, d'Arcos.

officiers dévoués qu'il charge d'arrêter les chefs de l'armée dans leurs logemens, et s'avance à leur soutien avec le gros de la colonne, jusqu'à une petite place à l'entrée de la ville. L'entreprise réussit complétement. Le général en chef, comte de Calderon, les maréchaux-de-camp Blaise Fournas et Sanchez Salvador, trois brigadiers, plusieurs colonels, l'intendant de l'armée, le corrégidor de la ville, tous surpris au lit, sont faits prisonniers sans résistance. Riégo se fait remettre l'argent qui se trouve dans la caisse de l'armée (12,000 piastres). Le bataillon des guides, qu'on n'avait pas eu le temps de mettre en défense, se réunit partiellement aux révoltés; arrive enfin celui de Séville; les soldats fraternisent; la constitution est proclamée; les autorités sont changées. Le lendemain, Riégo marche sur Bornos avec trois cents hommes et entraîne le bataillon d'Aragon.

Cependant Quiroga n'avait pas pu commencer son mouvement au jour indiqué : les pluies tombées dans la soirée et pendant la nuit du 1er au 2 avaient gonflé des rivières qu'il avait à traverser, et rendu le passage impraticable. Vers le milieu de la journée du 2, le bataillon d'Espagne, ayant à sa tête Quiroga (échappé du couvent où il gardait les arrêts), sortit d'Alcala-de-Las-Gazules et se porta sur Médina-Sidonia, cantonnement du bataillon de la Couronne, qui se joignit à lui, ainsi qu'on l'avait espéré. Cette colonne, un peu retardée dans sa marche sur l'île de Léon par le mauvais état des chemins, arriva au pont de Suazo, le 3, à neuf heures du matin. Ce poste fut enlevé en quelques minutes par la compagnie de grenadiers de la Couronne. Quiroga, après avoir surpris dans San-Fernando le ministre de la marine, don Cisneros, espérait entrer avec la même facilité à Cadix, où il était attendu par un certain nombre de conjurés, et qui n'avait pour garnison que le bataillon de Soria, quelques troupes de marine et la milice urbaine. Mais le poste de la

Cortadura[1] fit feu sur l'avant-garde de la colonne, et la força de se replier.

De son côté, Riégo qui avait déjà dépêché à Quiroga plusieurs officiers pour l'informer du succès de son mouvement sur le quartier-général, impatient de ne point recevoir de nouvelles de cette seconde colonne, partit d'Arcos avec ses quatre bataillons, emmenant les officiers-généraux qu'il y avait enlevés, et se dirigea par Xérès, où il proclama la constitution et changea les autorités, sur Port-Sainte-Marie. Il fut joint dans cette dernière ville par les officiers supérieurs O'Daly, Arco de Aguerro, et les deux frères San-Miguel, échappés du fort St.-Sébastien de Cadix, où le gouvernement les tenait renfermés depuis la conspiration du mois de juillet, à laquelle ils avaient pris part. Riégo passa avec eux dans l'île de Léon, et enferma ses prisonniers au fort de Santi-Petri.

La population du pays que venaient de parcourir les révoltés avait montré peu de disposition à les suivre. Les forces insurrectionnelles, réunies dans l'île de Léon, consistaient seulement dans les sept bataillons incomplets des Asturies, de Séville, Espagne, la Couronne, Aragon, des guides, et des vétérans. Assemblés en conseil de guerre, Quiroga, Riégo et les autres officiers supérieurs, donnèrent à ce faible noyau le titre pompeux d'armée nationale, et s'occupèrent de son organisation. Quiroga en fut proclamé commandant en chef; Riégo reçut le titre de général de la première division; les autres emplois furent distribués en proportion des grades antérieurs et des services déjà rendus à la cause révolutionnaire. Une proclamation adressée à l'armée par son nouveau général en chef, fut suivie d'une adresse de cette

1820.

---

[1] On ne peut arriver à Cadix que par une langue de terre ou chaussée assez étroite, avec une coupure, *cortadura*, défendue par un fort qui en porte le nom.

armée à la marine, qui ne témoigna pas le même enthousiasme que les soldats entraînés, et resta fidèle à la cause royale jusqu'à l'acceptation de la constitution par le roi. Quiroga, investi du pouvoir dictatorial par ses complices, créa une junte provisoire de gouvernement, composée d'officiers et d'habitans de San-Fernando qui s'étaient prononcés pour la révolution. La constitution des cortès fut publiée solennellement, et l'armée dite nationale fit le serment de la défendre jusqu'à la mort. Le général en chef, écrivant ensuite au roi, ne craignit point de lui annoncer que le rétablissement de la constitution était l'objet du mouvement qu'il venait de diriger : « faire reconnaître le droit qu'a la « nation légitimement représentée, de concourir à la con-« fection des lois, voilà, ajoutait-il, ce qu'inspirent à l'ar-« mée, l'ardeur la plus pure et les accens du plus noble en-« thousiasme....... Mais si d'aussi douces espérances n'étaient « point réalisées, si le ciel ne répondait pas à des désirs « aussi justes, les peines des Espagnols n'en seront pas « pour cela perdues, et mourir pour la liberté leur semblera « plus doux que de vivre plus long-temps sous les lois et les « caprices de ceux qui séduisent le cœur de votre majesté « et l'entraînent à une ruine inévitable [1]. » Dans le même temps, un manifeste adressé, au nom des troupes insurgées à la nation espagnole, lui rappelait son ancienne gloire, ses anciennes libertés, son héroïque résistance à l'usurpation de Bonaparte, récompensée par le renversement de sa constitution, avec les maux, les désordres et la misère qui en ont été la suite [2].

Le gouvernement, instruit des premiers événemens de l'insurrection, ne voulut croire à leur importance que lorsque

---

[1] Adresse de Quiroga au roi Ferdinand.
[2] Manifeste de l'armée de l'île de Léon à la nation espagnole, imprimé à San-Fernando, 13 janvier 1820.

des témoins oculaires, tels que des officiers ou des magistrats destitués par les chefs des révoltés, vinrent lui demander des instructions et des secours. Après avoir pris d'abord toutes les précautions de police que la fermentation des esprits à Madrid rendait indispensables, il envoya au général Freyre, qui commandait le corps des carabiniers royaux à Séville, et s'était déjà occupé du soin d'arrêter la révolte, l'ordre de prendre le commandement en chef de l'armée et de toute l'Andalousie, avec des pouvoirs étendus jusqu'à celui de traiter avec les rebelles. Cet officier zélé se hâta de rassembler les troupes qu'il supposait fidèles, les dirigea sur l'île de Léon, et fit passer par mer, à Cadix, mille hommes de renfort.

Les insurgés, toujours concentrés dans l'île de Léon, étaient déjà comme bloqués par la cavalerie aux ordres du général Joseph O'Donnel, frère du comte de l'Abisbal; les détachemens que Quiroga était forcé d'envoyer au dehors, tant pour se procurer des vivres dont il commençait à manquer, que pour soutenir les autorités nouvelles établies dans plusieurs communes, se repliaient à l'approche des troupes royales, et celles-ci, de leur côté, n'avançaient qu'avec précaution, parce que leurs chefs craignaient les défections. Cette crainte était fondée, car, le 10 janvier, un régiment d'infanterie (celui des Canaries, dont Démétrius O'Daly, un des officiers supérieurs de l'armée insurrectionnelle, avait été colonel), un escadron, et une brigade d'artillerie que le général Freyre avait fait venir d'Ossuna à Port-Sainte-Marie, entrèrent dans l'île de Léon, sous la protection d'une sortie que fit Riégo pour éloigner la cavalerie du général O'Donnel.

Quiroga crut pouvoir entreprendre, avec ce renfort, l'attaque de l'arsenal de la *Caracca*. Cet établissement, qui renferme des magasins considérables pour la marine, et des ateliers occupés par quatre à cinq mille ouvriers, n'avait pour sa défense qu'une faible garnison, qui fut renforcée par un détachement de celle de Cadix. Le 12, à dix heures du soir, quatre cents hommes d'élite pris dans les différens corps de la troupe insurgée, traversèrent le canal qui sépare l'île de Léon de celle où est située la *Caracca*, et s'avancèrent, à la faveur de l'obscurité, sous les murs de cet arsenal, surprirent les premières gardes, et pénétrèrent dans l'intérieur avant que le commandant eût pu réunir toute sa garnison. Ils y trouvèrent une artillerie nombreuse, des munitions et des vivres de toute espèce, et s'emparèrent en même temps du *San-Julian*, vaisseau de 74, chargé de poudre destinée à l'Amérique. Un grand nombre de prisonniers d'état, détenus dans les cachots de la place, furent rendus à la liberté.

Quiroga se hâta de tirer de l'arsenal tout ce qui pouvait servir à la défense de l'île de Léon : il fit élever des redoutes garnies d'artillerie sur les points vulnérables, et se mit en mesure d'attaquer la Cortadura. Des parallèles furent tracées, des batteries construites, le *San-Julian* et plusieurs chaloupes canonnières embossés pour la protection des travailleurs sur la chaussée; mais Riégo, chargé de diriger cette entreprise, échoua dans l'escalade qu'il voulut tenter, le 16 janvier, au fort qui défend la Cortadura; il tomba du mur qui soutient la chaussée sur la plage, et se blessa assez grièvement.

Pendant ces efforts des insurgés pour franchir la barrière qui les séparait de Cadix, leurs partisans dans cette dernière place s'agitaient pour en décider la reddition. D'autre part, la police avait redoublé ses rigueurs; le clergé exhortait les fidèles à soutenir la cause du trône et de l'autel; le gouverneur Valdès avait interdit tout rassemblement, sous les peines les plus sévères. La solde de la garnison était portée jusqu'à deux réaux (dix sous) par jour, avec double ration de vivres; les rondes et les patrouilles se succédaient sans interruption; mais en dépit de ces précautions, une grande partie des habitans n'attendaient qu'une occasion favorable pour se prononcer contre le gouvernement.

Dans la soirée du 24 janvier, tandis que Quiroga essayait sur Port-Sainte-Marie une diversion qui ne fut pas heureuse, un colonel, nommé Rotalde, déjà connu comme un des acteurs principaux dans une sédition en 1808, étant de service à la porte de mer, se rend au théâtre avec un détachement du régiment de Soria, désarme la garde et forme en peu d'instans un rassemblement considérable composé de marins, de Catalans, de contrebandiers et de bourgeois de la milice. Cette masse se porte, aux cris de *vive la constitution*, vers la porte qui conduit à la Cortadura; mais la garde placée à ce poste fait une vive résistance; le rassemblement se disperse; on arrête quelques officiers instigateurs. Le colonel réussit à s'échapper et à rejoindre les insurgés du dehors.

La surveillance devint de plus en plus active à Cadix, après cette tentative. Le général Freyre établit, le 27 janvier, son quartier-général à Port-Sainte-Marie.

Les troupes de l'île de Léon, renforcées par de nouveaux déserteurs de la cause royale, éprouvaient des besoins pressans : les magasins de vivres de la Caracca commençaient à se vider; les effets d'habillement manquaient. Quiroga et ses lieutenans n'ayant plus que de faibles espérances sur Cadix, craignaient d'ailleurs le découragement qui pouvait résulter de l'inaction du soldat. En cet état de choses, le conseil militaire et la junte provisoire de gouvernement, établis à San-Fernando, résolurent de former une colonne mobile pour ravitailler l'armée, répandre des proclamations, attirer au parti les corps vacillans. Riégo fut chargé de diriger cette expédition.

1820.

La colonne, composée du bataillon des Asturies, de celui de Séville (moins les grenadiers), de deux compagnies du régiment de Valençai, et de quarante chevaux, au total de quinze cents combattans, partit de San-Fernando le même jour que le général Freyre arrivait à Port-Sainte-Marie (27 janvier), et se dirigea sur Chiclana. Après avoir traversé ce bourg aux cris de *vive la constitution*, elle alla coucher à Conil. Le lendemain elle entra dans Vejer, où elle fut reçue au son des cloches. Le 29, Riégo y fit proclamer la constitution, et demanda une contribution qui ne lui fut point refusée. Le 31, il se mit en marche sur Algésiras, où il arriva le 1er février.

Accueilli par la population de cette place avec les démonstrations d'un vif enthousiasme, le chef de la colonne révolutionnaire espérait que tous les obstacles allaient s'aplanir devant lui; mais déjà il était menacé sur sa droite par la cavalerie du général O'Donnel détaché à sa poursuite; et dans Algésiras, comme sur la route qu'il venait de parcourir, on pensait assez généralement que, vu l'infériorité numérique des insurgés, ils devaient être infailliblement accablés et détruits.

Sur ces entrefaites, Quiroga ayant eu avis du mouvement du général O'Donnel, et inquiet pour lui-même des dispositions du général Freyre, avait envoyé l'ordre à Riégo de revenir en toute hâte; mais il était trop tard. Sortie d'Algésiras le 7, harcelée par la cavalerie d'O'Donnel dans les plaines de Taibilla, et trouvant toutes les approches de l'île de Léon bien gardées, la colonne insurrectionnelle se jeta dans les montagnes, pour se porter sur Malaga, où Riégo espérait trouver de nombreux partisans. La route qu'il prit à cet effet entre les montagnes et la mer, outre les difficultés naturelles, n'était pas sans danger par le mouvement des troupes royales qui continuaient leur poursuite. Il lui fallut en effet soutenir plusieurs attaques, entre autres celle qui eut lieu aux environs de Marbella, le 16 février, où il perdit plus de cent hommes, tués, blessés ou prisonniers, sans compter ceux qui s'égarèrent ou restèrent sur le chemin, accablés des fatigues d'une marche forcée.

Riégo entra dans Malaga le 18 au soir, après avoir contraint, sans de grands efforts, le gouverneur de cette ville, qui s'était porté au devant de lui avec sa garnison, à se retirer sur Velez-Malaga. Les insurgés trouvèrent la ville illuminée, sans doute par précaution plus qu'en témoignage d'allégresse, puisque tous les habitans étaient renfermés dans leurs maisons. Quelques acclamations se firent entendre; mais Riégo ne put se dissimuler que la terreur était le sentiment presque général. Le lendemain, les coureurs du général O'Donnel parurent aux portes de la ville. Une proclamation du chef de la colonne pour appeler le peuple à la défense de la cause révolutionnaire, ne produisit guère d'autre effet que la fermeture des boutiques et magasins. Toutefois Riégo se crut assez fort pour se défendre contre les troupes royales. Celles-ci s'étant présentées dans l'après-midi, pénétrèrent dans l'intérieur; mais elles furent repoussées par les insurgés qui s'étaient barricadés dans un des quartiers de la ville. Riégo, malgré cet avantage, ne pouvant se flatter ni d'armer le peuple en sa faveur, ni de résister à une seconde attaque, prit, deux ou trois heures avant le jour, la route de Colmenar, pour gagner les montagnes (*sierra*) d'Antequerra. Au jour, on s'aperçut que plusieurs officiers et soldats avaient abandonné la colonne.

La désertion continua les jours suivans, pendant que les insurgés marchaient par Antequerra, Ronda et Grazaléma. A Moron, ils se renforcèrent de deux cents dragons démontés qui s'y trouvaient en dépôt. Attaqué le 4 mars dans cette place, Riégo fut forcé de l'abandonner avec une perte assez considérable, et, par une marche de nuit, il arriva le lendemain à Villa-Nueva-de-San-Juan. La colonne perdit encore plusieurs officiers et beaucoup de soldats dans ce trajet. De Villa-Nueva jusques à Aguilar, en passant par Xilena, Estepa et Puente-de-Gonzalo, elle fut assez vivement harcelée par la cavalerie d'O'Donnel. Riégo prit ensuite la direction du pont de Cordoue, où sa troupe passa le Guadalquivir sans obstacle. De Cordoue, dont les habitans ne témoignèrent qu'un étonnement silencieux de l'audace des insurgés, ceux-ci s'avancèrent par Espier sur Fuente-Ovejuna, qu'ils évacuèrent bientôt à l'approche des troupes royales attachées à leur poursuite. Cette retraite précipitée ne put leur faire éviter un engagement avec leurs adversaires, dans lequel leur perte fut telle en tués, blessés ou égarés, que la colonne était réduite à trois cents hommes, quand elle atteignit Bienvenida, village de l'Estramadure, le 11 mars. C'est alors que Riégo, entouré de troupes moins disposées à prendre son parti qu'à l'anéantir, résolut, de concert avec les officiers, de disperser le peu de monde qui lui restait, afin que chacun pût pourvoir à sa sûreté personnelle[1].

Telle fut l'issue de cette expédition aventureuse, dans les détails de laquelle nous ne serions pas entrés, si plusieurs journaux et écrits du temps n'en avaient fait des récits exagérés pour l'un comme pour l'autre parti.

Dans l'île de Léon, les insurgés, réduits à trois mille et quelques cents hommes après le départ de la colonne de Riégo, avaient augmenté leurs moyens de défense contre l'attaque dont ils étaient menacés sur tous les points. Des batteries construites vers la Cortadura se croisaient et

---

[1] *Relation de don Evariste San-Miguel, chef de l'état-major de l'expédition.*

étaient armées de près de quatre-vingts pièces de canon, du calibre de 16 à 24. Les officiers d'artillerie et du génie avaient déployé autant d'intelligence que de zèle dans la confection des travaux.

Cependant le général Freyre, après avoir fermé toutes les issues, restait dans l'inaction. Ses combinaisons s'étaient réduites, dans le cours entier de février, à faire des proclamations qui contenaient des promesses vagues ou des menaces sans effet. Les mouvemens des troupes se bornèrent à des escarmouches contre les tirailleurs de l'île. Quiroga, de son côté, faisait également répandre des proclamations dans lesquelles il promettait, *au nom de la nation*, aux soldats qui passeraient sous ses drapeaux, un congé absolu après deux ans de service, et une part dans la distribution de terres de biens nationaux, réglée d'après les lois établies par les cortès de Cadix, à ceux qui serviraient pendant huit ans.

Les troupes royales avaient eu des déserteurs en assez grand nombre dans la première quinzaine de février ; mais quelques régimens suspects ayant été désarmés et envoyés dans l'intérieur, les autres corps montrèrent plus de dévouement : leur confiance dans la cause dont ils étaient les défenseurs, paraissait même augmentée, tandis que le plus grand nombre des insurgés, sans nouvelles de leur colonne expéditionnaire, perdant l'espoir d'entrer dans Cadix, n'envisageaient plus l'avenir qu'en tremblant.

En effet, cette révolution partielle eût été terminée par l'anéantissement des révoltés du midi, si l'association secrète dont nous avons déjà parlé, répandue dans toutes les provinces, n'avait pas mis autant de constance dans l'exécution de son plan de soulèvement général, intempestivement commencée en Andalousie, par suite de l'accélération de l'embarquement des troupes expéditionnaires pour l'Amérique. L'effet que pouvaient produire les nouvelles des revers éprouvés par Riégo, et du peu de progrès de l'insurrection dans le midi du royaume, fut paralysé par la circulation de faux bruits qui annonçaient les succès de la colonne insurrectionnelle, et l'enthousiasme général des habitans du pays qu'elle avait parcouru dans sa marche victorieuse; et peut-être aussi quelques déceptions antérieures du gouvernement contribuèrent-elles à accréditer ces versions rassurantes.

Quoi qu'il en soit, le 21 février, une nouvelle conspiration venait d'éclater à la Corogne. Au moment où le nouveau capitaine-général de Galice, arrivé la veille de Madrid, recevait dans son salon les félicitations des officiers de la garnison, des cris de *vive la nation*, *vive la constitution*, se firent entendre sur la place d'armes. Quelques militaires, secondés par le peuple, désarmèrent les soldats de garde, pénétrèrent dans l'hôtel du gouverneur, et proclamèrent la constitution au milieu des officiers, qui mirent l'épée à la main. Le capitaine-général, qui se trouvait sans épée, courut la prendre dans son appartement; quelques-uns des officiers de grade supérieur et chefs de la conjuration l'y suivirent, en lui représentant que toute mesure de résistance était inutile, que le peuple et la garnison agissaient de concert dans ce mouvement, et qu'il n'avait pas d'autre parti à suivre que de proclamer avec eux la constitution. Sur son refus, on le conduisit, ainsi que quelques autres chefs de corps étrangers au complot, au fort Sant-Antonio. Dans le même temps, on fermait les portes de la ville; la générale battait dans tous les quartiers. Deux bataillons de Grenade et de Castille, quelques hommes du dépôt du régiment d'Aragon, et un régiment d'artillerie avec ses pièces attelées, furent bientôt réunis sur la place, ainsi que la garde urbaine, qui s'y rendit de son côté.

Alors le colonel d'artillerie D. Carlos Espinosa, choisi

pour diriger les opérations, courut à l'arsenal, dont il était le sous-directeur, s'empara des armes et les distribua aux habitans qui en manquaient. On voulut lui donner le commandement général de la province; mais il désigna le lieutenant-colonel Acevedo, qui fut reconnu à l'instant en cette qualité. La constitution fut solennellement proclamée, et une junte suprême de gouvernement instituée, sous la présidence d'un ancien membre de la régence des cortès, D. Pedro Agar, que l'on alla chercher à Betanzos, où il était en surveillance. L'exaltation populaire donna lieu à beaucoup de désordres : un sergent dénonciateur de Porlier fut massacré ; et, après avoir délivré dix officiers détenus par suite de la conspiration de ce général, la populace porta en triomphe sa veuve, qui n'avait point quitté ses vêtemens de deuil.

1820.

Le même mouvement eut lieu deux jours après (23 février) au Ferrol. A l'heure de midi, une partie de la population et des soldats du régiment de Burgos se trouvaient réunis sur la place, lorsqu'un bourgeois lut à haute voix plusieurs des écrits et déclarations imprimés dans l'île de Léon, ainsi qu'un manifeste publié la veille par la junte de la Corogne. Cette lecture, couverte d'applaudissemens, fut suivie de la nomination des membres d'une junte communale, et de la proclamation de la constitution, malgré la résistance du gouverneur de la ville, au bruit des salves d'artillerie des remparts et du port.

A la nouvelle de l'insurrection de la Corogne, le gouverneur de Sant-Iago prit des précautions pour mettre cette ville à l'abri d'une émeute ou d'un coup de main. Il trouva d'abord une grande tiédeur dans la plupart des membres du conseil municipal; mais un chanoine qui en faisait partie ayant représenté avec véhémence que le comte de San-Roman (c'était le nom du gouverneur) se trouvait de droit capitaine-général de la province, par l'effet de la captivité du général Vénégas, et qu'en conséquence il était suffisamment autorisé à faire mettre sous les armes les régimens provinciaux, les habitans de la ville en état de les porter, et à ordonner toutes les dispositions que réclamait l'urgence des circonstances, les municipaux reprirent courage. Le gouverneur ramassa quelqu'argent, rassembla le peu de troupes qui étaient dans la ville et aux environs, dépêcha des officiers à Ponte-Vedra, à Tuy et à Vigo, chefs-lieux d'arrondissement, avec ordre de diriger de suite leurs milices sur Orense, et il expédia un courrier à Madrid pour y donner avis de l'insurrection et des mesures qu'il venait de prendre.

Sur ces entrefaites, le commandant Acevedo, d'après les ordres de la junte de la Corogne, s'avançait rapidement sur Sant-Iago, à la tête d'une colonne d'environ deux mille hommes. Le comte de San-Roman n'attendit pas l'attaque et évacua la ville, où les insurgés entrèrent le 24, et proclamèrent la constitution le 25 ; les prisonniers d'état et de l'inquisition furent mis en liberté.

Les villes de Vigo et de Ponte-Vedra, à l'instigation du lieutenant-colonel Noboa, un des conjurés, firent leur révolution le 24 et le 26, avant l'arrivée des émissaires du comte de San-Roman.

Il est inutile d'entrer dans les détails des affaires qui eurent lieu entre les insurgés et le corps royaliste du comte de San-Roman, pendant une campagne d'un mois de durée, et il nous suffira de dire qu'elle fut terminée à l'avantage des premiers, qui perdirent toutefois leur chef Acevedo, tué le 9 mars, dans un petit engagement, près la frontière de Portugal.

La nouvelle de l'insurrection de Galice était arrivée à Madrid, lorsque celle de la présence sur le sol espagnol du général Mina, réfugié en France depuis six ans par suite de son opposition aux mesures du gouvernement, vint encore augmenter l'inquiétude générale. A son arrivée en Navarre,

Mina avait pris le commandement d'un petit corps de partisans qui l'attendaient impatiemment, avec le titre de général en chef de l'armée nationale et constitutionnelle du nord de l'Espagne. Maître de la fonderie de canons d'Aizzabal, établissement situé à quatre lieues de St.-Jean-Pied-de-Port; il annonçait hautement le dessein de chasser le marquis Espeleta, vice-roi de la province, et publiait la constitution dans tous les lieux de son passage.

Le conseil-d'état extraordinaire convoqué, à la réception des dépêches du comte de San-Roman et du marquis d'Espeleta, se constitua en permanence. Le roi et sa famille assistèrent aux délibérations. Plusieurs projets furent successivement mis en discussion, tels que la demande de secours à la Sainte-Alliance, la sortie du monarque hors du royaume pour mettre sa personne sacrée en sûreté, un arrangement avec les rebelles, en promettant une constitution nouvelle; mais on ne prit aucune résolution. Au milieu du conflit des opinions diverses des membres de la famille royale et du conseil, le roi voulut, de son propre mouvement, dit-on, consulter le comte de l'Abisbal, sur la conduite duquel il était resté, comme on l'a vu, beaucoup de soupçons; le général Ballesteros, exilé depuis cinq ans à Valladolid, à cause de ses opinions libérales, fut rappelé à Madrid pour donner également son avis sur les circonstances présentes. Dans le même temps, le capitaine-général de l'Aragon, marquis d'Alazan, vint donner des renseignemens sur les dispositions de cette province, où l'insurrection était sur le point d'éclater; mais ces conseils, ces avis, n'amenèrent que des demi-mesures. Les journaux du gouvernement promettaient des améliorations dans le système administratif, annonçaient la séparation du conseil-d'état en sept sections pour travailler à un nouveau code; les corporations et les simples particuliers étaient invités à communiquer leur vues sur ces divers objets. Les mouvemens militaires n'étaient ordonnés cependant qu'avec une grande circonspection, par la crainte des désertions. Le soupçon planait sur tous les généraux, sur Freyre lui-même, sinon le plus actif, peut-être le plus dévoué d'entre eux.

Le comte de l'Abisbal, après plusieurs entretiens avec le roi, reçut l'ordre de rassembler les troupes de la province de la Manche pour les porter en Galice; mais ce général s'était rattaché secrètement au parti de l'insurrection, qu'il n'avait même jamais abandonné sérieusement. Il correspondait depuis quelque temps avec son troisième frère, Alexandre O'Donnel, qui commandait le régiment *Royal-Alexandre*, dont un bataillon était à Ocana, et l'autre à Santa-Cruz. Il s'était assuré de plusieurs autres officiers du corps répandus dans la province. Il prit l'engagement, dans ses conférences avec le comité directeur de Madrid, d'opérer le soulèvement des provinces de la Manche, de Jaen et de Grenade; d'établir une junte provisoire subordonnée à celle de Galice, pour l'administration de ces mêmes provinces; d'intercepter les communications avec l'Andalousie, et d'adresser ensuite un mémoire au roi, pour l'inviter à céder au vœu de son peuple, en proclamant la constitution de 1812. Ce plan arrêté, il partit le 3 mars, et dès le soir même, il fut joint à Aranjuez par quelques gardes-du-corps entrés dans la conspiration. Le 4, à son arrivée à Ocana, il fit prendre les armes au bataillon de *Royal-Alexandre*, en déclarant aux officiers et aux soldats qu'il fallait adopter la constitution déjà reconnue par la majeure partie de l'armée. Le bataillon jura, sans aucune hésitation, de la défendre, et ce serment fut répété à l'instant par un grand nombre d'habitans alors rassemblés sur la place. Le comte de l'Abisbal fit ensuite arrêter le gouverneur, et changea les autorités de la ville. Le 5, il se rendit à Tremblecque, où il ne trouva pas le même enthousiasme dans la population. De là, passant par Santa Cruz-de-Mudela, et Almagro, il vint à Ciudad-Réal, capitale de la Manche; il y réunit plusieurs bataillons, beaucoup de volontaires à pied et à cheval, et forma ainsi le noyau d'une armée dans laquelle il espérait comprendre bientôt le corps commandé par son frère, Joseph O'Donnel, et même toutes les troupes sous les ordres du général Freyre.

1820.

La nouvelle de la défection des troupes de la Manche jeta la consternation dans Madrid, et anéantit à la cour l'espérance de sortir d'embarras en gagnant du temps. Cette fermentation sourde qui avait été contenue jusqu'alors par les moyens d'une police rigoureuse, se manifesta de toutes parts dans l'attitude des soldats et d'un très-grand nombre d'habitans. D'heure en heure, on apprenait des défections nouvelles. Le 8, la police avait pu réprimer une tentative faite par quelques officiers pour relever la pierre de la constitution; mais on ne pouvait plus compter sur aucun des corps de la garnison. Le conseil-d'état extraordinaire, toujours en permanence, ne s'arrêtant à aucune mesure positive, cédait pied à pied le terrain à la révolution. Il opina enfin pour une prompte convocation des cortès; cette résolution fut publiée au nom du roi dans la gazette officielle du 7 mars, et affichée dans tous les quartiers de la capitale. Ferdinand VII déclarait qu'il était prêt à faire ce que demanderaient l'intérêt de l'état et le bonheur des peuples « qui lui avaient donné, ajoutait-il, tant de preuves de leur loyauté. »

Mais ces concessions ne suffisaient déjà plus à une population rassemblée pêle-mêle avec des soldats inquiets ou séduits sur les places publiques et dans les rues principales, commentant les nouvelles fâcheuses qui se succédaient incessamment. Les promesses du gouvernement paraissant insignifiantes à cette masse agitée, elle lacéra les affiches qui les renfermaient. La pierre de la constitution fut relevée publiquement au milieu des plus bruyantes acclamations. La foule vint entourer le palais du roi, en réclamant impérieusement la constitution de 1812 ; la résistance était impossible. Dans cette crise, le général Ballesteros, appelé, comme nous l'avons dit, au conseil-d'état, ose représenter au roi qu'il n'y a plus d'alternative entre la reconnaissance de la constitution et le détrônement de S. M., et qu'il faut dans cet instant même opter pour l'un ou pour l'autre. Ferdinand se décide à accepter la charte des cortès, et Ballesteros s'empresse d'en donner l'assurance au peuple.

Ce même jour, à dix heures du soir, les principales autorités reçurent la communication suivante dans la forme ordinaire des décrets royaux :

« Pour éviter les délais qui pourraient avoir lieu par suite
« des incertitudes qu'éprouverait au conseil l'exécution de
« mon décret d'hier, portant convocation immédiate des
« cortès, et *la volonté générale du peuple* s'étant pronon-
« cée, je me suis décidé à jurer la constitution promulguée par
« les cortès généraux et extraordinaires, en l'an 1812 ; ce que
« vous tiendrez pour entendu, et en ordonnerez la prompte
« publication.

MOI, LE ROI. »

Cette publication fut reçue avec de grandes démonstrations de joie par le peuple et la garnison de Madrid. Le roi parut au balcon de son palais, tenant en main le livre de la constitution, et fut accueilli par des acclamations unanimes, ainsi que le général Ballesteros.

Un nouveau conseil municipal fut formé, à la demande du peuple, et il se composa des mêmes membres qui avaient été éloignés en 1814. Tous les individus détenus dans les prisons d'état, ou dans celles du saint-office, pour cause politique et religieuse, furent mis en liberté. On vit parmi eux des hommes qu'on croyait fort éloignés, comme le comte de Montijo, qu'on supposait enfermé à Sant-Iago, et des étrangers dont on avait annoncé précédemment le renvoi hors du royaume. Le roi fit publier une amnistie générale pour tous les délits politiques, et institua une junte suprême pour recevoir son serment, et diriger les affaires en attendant la convocation des cortès. Il nomma l'archevêque de Tolède, chef de la régence en 1814, président de cette junte, et le général Ballesteros, vice-président. Celui-ci venait d'être investi du commandement en chef de l'armée du centre, « en « récompense, était-il dit dans le brevet royal, des services « qu'il avait rendus à la nation dans tant de circonstances « mémorables. » Les autres membres furent choisis parmi ceux qui avaient fait preuve de zèle pour la constitution, et avaient été plus ou moins persécutés sous le dernier régime.

Le roi prêta serment à la constitution le 9; et le lendemain il déclara, dans une proclamation adressée à la nation espagnole, qu'il n'avait jamais perdu de vue le dessein de lui donner une charte constitutionnelle assortie aux lumières et aux besoins du siècle; ajoutant que des vœux ardens s'étant prononcés en faveur de l'acte des cortès, il avait cru devoir condescendre à la requête de *ses enfans*; qu'il serait le plus fidèle appui de cette constitution si vivement implorée. La junte suprême publia de son côté une autre proclamation où elle recommandait « au *peuple héroïque* de Ma- « drid le respect pour le trône et pour la personne sacrée du « roi, ainsi que la confiance dans ses promesses. » Ce même jour, les chefs militaires, la garde royale, et toutes les autres troupes rassemblées au Prado, prêtèrent le serment constitutionnel au son des cloches et au bruit des salves de l'artillerie. Le soir Madrid fut illuminée, et aucun désordre ne troubla l'allégresse publique. Le roi, qui se montra plusieurs

1820.

fois au peuple, entendit partout les acclamations les plus bienveillantes.

Un arrêté de la junte, rendu le 11, et approuvé par le roi, ordonna que toutes les dispositions de la constitution auraient de suite leur plein et entier effet, surtout en ce qui concernait la liberté individuelle et celle de la presse, avec les juntes ou commissions de censure, telles qu'elles existaient en 1814. Un décret du roi supprima l'inquisition, comme incompatible avec le nouveau régime. Dès lors tout prit une face nouvelle. L'imprimerie royale devint nationale; des journaux, des clubs politiques s'établirent. Bientôt on demanda hautement le changement du ministère, du conseil-d'état et des agences diplomatiques. On rétablit, autant que possible, les autorités, les administrations, les tribunaux, enfin tout le système de gouvernement, tels que le roi les avait trouvés à sa rentrée en 1814.

Le mouvement insurrectionnel avait eu lieu presque dans le même temps, dans la plupart des provinces. A Saragosse la constitution fut proclamée, non sans quelques désordres, deux ou trois jours avant les événemens de Madrid; Mina continuant ses progrès en Navarre, y avait établi le régime constitutionnel des cortès, et expulsé le vice-roi Espeleta. A Barcelone, la population soulevée, força le général Castanos à publier, le 10 mars, la Charte de Cadix; et ce gouverneur fut bientôt remplacé par le général Villa-Campa, alors en exil à Arens. Les prisonniers civils et religieux furent remis en liberté, et les archives de l'inquisition brûlées, aux cris de *vivent la constitution, la religion, et le roi!* A Valence, le capitaine-général Elio faillit devenir victime de la fureur populaire, et les nouvelles autorités ne purent le soustraire à la mort qu'en l'enfermant dans une des prisons de la ville. Le capitaine-général de Grenade, Éguîa, fut déposé, le 13 mars, par les étudians de cette cité, et remplacé par le marquis de Campo-Verde. En Galice, le comte de San-Roman fut obligé, par un décret royal, de licencier ses troupes, et les chefs de l'insurrection vinrent prêter entre ses mains le serment constitutionnel. Enfin, on vit, à Cordoue, Riégo et les officiers qu'il avait avec lui, fraterniser avec le général Joseph O'Donnel et ceux qui les avaient poursuivis avec tant d'acharnement.

Mais tandisque la révolution s'opérait ainsi sur un grand nombre de points, sans des secousses trop violentes, il se passait à Cadix une de ces scènes sanglantes qui sont presqu'inévitables dans les commotions politiques.

Les insurgés de l'île de Léon, ou pour mieux dire les machinateurs révolutionnaires, avaient, comme on l'a vu, un parti considérable dans Cadix. Contenu par l'activité de la police, la fermeté et le zèle des autorités, déconcerté par l'échec du colonel Santiago, et les attaques impuissantes de Quiroga, ce parti se réveilla à la réception des nouvelles de Galice et de la défection du comte de l'Abisbal, qu'on croyait devoir entraîner celle des troupes du général Freyre. Le 9, à midi, une foule considérable, bravant les ordres contre les rassemblemens, encombra la place Sant-Antonio, en demandant à grands cris la constitution. Le général Freyre, récemment arrivé de Port-Sainte-Marie, accompagné du capitaine-général de la marine, Villa-Vicencio, se présenta au milieu de cette multitude effervescente, et promit de proclamer le lendemain l'acte des cortès. Des transports de joie succédèrent alors aux vociférations hostiles. Dans la soirée, l'ancienne cocarde nationale (rouge et verte) fut arborée, la ville illuminée, et toute la nuit se passa en réjouissances.

Le général Freyre et les autorités avaient fait inviter tous les officiers supérieurs de l'île de Léon à se trouver à la cérémonie qui devait avoir lieu le lendemain ; mais Quiroga, soit défiance ou tout autre motif, n'envoya qu'une députation composée des officiers d'artillerie ou d'état-major, Lopés Banos, Arco-Aguéro, Alcala-Galiano et Ignacio Silva. Cette députation fut accueillie, le 10, avec le plus vif enthousiasme de la part du peuple ; elle trouva toutes les rues tapissées, la place Sant-Antonio préparée pour la cérémonie ; et déjà remplie d'habitans de toutes les classes, en habits de fête. On n'attendait plus que le général et les autorités pour faire la proclamation annoncée, lorsqu'une fusillade se fit entendre tout à coup, et on vit déboucher presqu'aussitôt de plusieurs rues, sur la place, des pelotons de la garnison, marchant au pas de charge, et faisant feu sur tout ce qui se présentait devant eux. A cette attaque inattendue, la multitude désarmée, furieuse, se précipite en désordre vers toutes les issues, les uns pour fuir la mort, les autres pour courir prendre des armes à l'arsenal ; mais on avait pris la précaution de les enlever. Réfugiés dans leurs maisons, où ils cherchent à se barricader, les habitans y sont poursuivis par les soldats, qui exercent toutes sortes de violences ; la ville semble avoir été prise d'assaut, et le pillage dure toute la nuit, sans qu'on puisse l'arrêter.

Cependant les députés de l'île de Léon s'étaient réfugiés dans la maison du général Freyre, en réclamant sa protection et invoquant le droit des gens. Ce général les fit évader par les toits, d'où ils se cachèrent dans une maison voisine ; mais on vint bientôt les y chercher, pour les transporter au fort San-Sébastian, où ils restèrent détenus pendant trois jours, ainsi que plusieurs officiers du corps royal d'artillerie, dont on suspectait l'opinion politique.

Le lendemain, un coup de fusil parti, dit-on, d'une maison barricadée par ses habitans, fut le prétexte d'une nouvelle irruption des soldats dans les rues; et le pillage recommença. On parvint toutefois à le faire cesser assez promptement; et, au milieu de l'épouvante et de la consternation presque générale, le général Campana, commandant des troupes, publia un ordre du jour dans lequel il félicitait les soldats du bataillon des guides et du régiment de *la léaltad* (la loyauté), composant la garnison, de leur fidélité au monarque, et de la conduite brillante qu'ils avaient tenue la veille [1].

Le 13, un courrier ayant apporté les nouvelles de la révolution de Madrid, le gouverneur s'empressa de les rendre publiques. Personne ne voulut y croire : les habitans craignant que ce ne fût un nouveau piége tendu par l'autorité militaire, restèrent sur la défensive; les soldats n'y voyant qu'une fabrication révolutionnaire, ou une violence faite au roi, arrachèrent les placards apposés dans les rues. Mais ces nouvelles furent bientôt confirmées par l'arrivée successive de plusieurs autres dépêches, et de quelques voyageurs. Alors le peuple parut armé dans les divers quartiers, et immola plusieurs soldats isolés à sa vengeance, sans que les corps osassent se mettre en mesure de les protéger. Toute cette garnison, si zélée pour la cause royale, se résigna à subir la constitution, en invoquant l'amnistie ; et les députés de l'île de Léon, ainsi que les officiers du corps royal d'artillerie, sortirent triomphalement, pour ainsi dire, du fort San-Sébastian. Les jours suivans, 16 et 17, les bataillons des guides et de *la lealdad*, furent dirigés sur Xérés, où la fermeté du colonel du régiment de Valençai, sut prévenir les suites de leur exaspération.

Un nouveau soulèvement populaire faillit avoir lieu à

[1] Le nombre des individus tués dans cette funeste affaire, fut évalué à à quatre cent soixante, dont trente-six femmes et dix-sept enfans, et celui des blessés à près de onze cents.

Madrid, quand on y apprit l'événement de Cadix; mais le ministère conjura l'orage en envoyant le colonel O'Donoju, pour remplacer les généraux Valdés et Campana, avec l'ordre de faire arrêter et juger sans délai les auteurs de cette scène funeste.

Dans l'île de Léon, les chefs des insurgés allaient tenter une attaque vigoureuse sur la Cortadura, lorsqu'ils reçurent officiellement la confirmation du triomphe de leur parti à Madrid. Ils envoyèrent alors leur soumission au roi, et mirent en liberté les généraux qu'ils avaient arrêtés à Arcos, ainsi que le ministre de la marine pris à San-Fernando, et se rendirent à Cadix, où ils furent reçus avec enthousiasme.

Les troupes du général Freyre, toujours maintenues dans l'obéissance par des officiers dévoués au roi, paraissaient disposées à prendre fait et cause pour les bataillons renvoyés de Cadix; mais les nouvelles de Madrid calmèrent les esprits, et toutes les divisions prêtèrent le serment constitutionnel, le 21 mars, sans opposition, mais non sans répugnance. Le nouveau gouvernement se hâta de dissoudre cette armée, et d'éloigner ses chefs.

C'est ainsi que s'acheva une révolution opérée par des moyens militaires plus heureusement qu'habilement mis en œuvre par ses meneurs; nous allons maintenant la suivre dans ses effets civils.

En attendant la réunion des cortès, convoquée extraordinairement pour le 9 juillet, le roi concerta avec la junte provisoire les mesures propres à préparer l'Espagne au régime constitutionnel. Les capitaines-généraux des provinces furent presque tous remplacés par les chefs de l'insurrection ou par des hommes persécutés pour leurs opinions libérales. Le ministère fut réorganisé conformément à l'article 122 de l'acte constitutionnel. Les bannis (*afrancesados* ou

Josephinos), obtinrent la permission de rentrer, sous de certaines restrictions; les membres des cortès, au nombre de 69, qui avaient provoqué en 1814 le retour du régime purement monarchique, et qu'on appelait les Perses (*Persas*)[1] furent mis sous la surveillance de la police, dans des couvens, jusqu'à décision des cortès. Le clergé reçut l'invitation, ou plutôt l'ordre de proclamer dans les églises la sincérité de l'adhésion du roi; un décret ordonna que tout Espagnol qui se refuserait à jurer la constitution, ou qui, dans son serment, ferait des restrictions contre l'esprit de cet acte, serait privé des distinctions honorifiques, emplois civils, émolumens, prérogatives et bénéfices.

Nous avons déjà dit que l'armée du général Freyre avait été dissoute peu de temps après son acte de prestation de serment. Plusieurs des corps qui la composaient, et notamment les bataillons des *Guides* et de *la Loyauté*, furent cassés, et les soldats répartis dans d'autres cadres. On forma de nouvelles divisions confiées à des généraux dont le dévouement au nouveau système était reconnu. Quiroga, Riégo, Arco-Aguerro, O'daly et Banos, confirmés dans le grade de maréchal-de-camp, qu'ils s'étaient donnés pendant l'insurrection, avaient écrit au roi pour refuser cette faveur : « ne « voulant pas, disaient-ils, qu'on attribuât leur conduite à « l'intérêt personnel. » Ils l'acceptèrent toutefois, après une nouvelle invitation du roi, et demandèrent, pour prix de cette condescendance dérisoire, que l'armée de l'île de Léon, alors portée à douze mille hommes, fût conservée entière, jusqu'à la réunion des cortès, dans l'intérieur, ou autour de cette même île, considérée comme le sanctuaire de la liberté nationale. Le gouvernement se garda bien d'élever quelques

---

[1] Ce nom leur avait été donné, parce que la protestation qu'ils remirent alors entre les mains du roi, commençait ainsi : « Les Perses, lorsqu'ils délibéraient leurs lois, avaient coutume, etc., etc. »

difficultés contre cette demande. Le projet d'expédition pour l'Amérique était abandonné ; l'insurrection l'avait fait reconnaître impraticable pour le moment. Au lieu de troupes, on envoya dans les colonies soulevées, un manifeste, pour les engager à sa soumettre au régime de la constitution de 1812, et à envoyer des députés pour siéger au congrès[1] de la mère-patrie. Ce manifeste resta sans effet; l'indépendance était devenue le but des insurgés d'outre-mer.

Les décrets royaux remirent successivement en vigueur, tous ceux d'organisation, rendus par les cortès de 1812, et qui avaient été abolis à la restauration. Ainsi les jésuites, l'inquisition et les autres tribunaux de foi furent supprimés de nouveau ; la liberté de la presse rétablie avec les juntes de censure; les priviléges abolis; les juridictions seigneuriales incorporées à la nation ; des milices nationales organisées conformément à l'article 362 de la constitution; la profession des vœux monastiques suspendue jusqu'à la décision que prendrait le nouveau congrès, avec défense aux communautés religieuses d'aliéner aucun de leurs biens.

Les élections pour l'assemblée des cortès eurent lieu dans toutes les provinces, avec plus de tranquillité que n'en attendaient les adversaires du nouvel ordre de choses. Beaucoup d'avocats et d'ecclésiastiques du parti des libéraux, quelques militaires qui, comme Quiroga, avaient pris une part active à la révolution, réunirent la majorité des suffrages; peu de *serviles* furent élus. Mais il ne faut pas en conclure que le parti désigné sous cette dernière dénomination, par ses antagonistes, eût perdu son influence. Les chefs des ordres religieux, une très-grande partie du haut clergé, presque toute la haute noblesse, et les cliens intéressés de ces deux classes, formaient une opposition qu'ils

---

[1] *Congreso*, c'est le nom que les Espagnols donnent à l'assemblée des cortès.

espéraient fortifier, par suite de la dissidence d'opinions qui se manifestait déjà dans le parti libéral, sur l'administration publique et les doctrines constitutionnelles.

Plusieurs conspirations s'ourdirent dans les mêmes lieux où le mouvement révolutionnaire avait précédemment reçu ses premières impulsions. On en découvrit une à Cadix, à la suite de laquelle deux chanoines et un curé furent arrêtés. A Saragosse, le marquis d'Alazan, capitaine-général de la province, devenu suspect à ceux mêmes qui avaient demandé sa conservation dans ce poste, venait d'être remplacé, lorsqu'une partie de la population se prononça en sa faveur. Quatre à cinq cents hommes se portèrent, le 14 mai, pour y détruire la pierre constitutionnelle, et furent bientôt suivis d'une foule immense, qui repoussa les patrouilles envoyées contre elle, aux cris de *vivent le roi, la religion*, et *meure la constitution!* Le général Haro, successeur du marquis d'Alazan, accouru avec deux régimens et une compagnie d'artillerie, dissipa bientôt cette multitude, après avoir tué quinze ou vingt individus, et blessé un plus grand nombre. Le marquis d'Alazan fut mandé à Madrid pour rendre compte de sa conduite, et y reçut la destitution de ses emplois. Son épouse fut arrêtée, ainsi que plusieurs chanoines, prêtres, moines, et quarante autres individus, traduits ensuite devant une commission militaire.

Un autre complot, tramé en Galice par le chanoine don Manuel Chantre, dont il a été question plus haut, quelques-uns de ses confrères, plusieurs curés, et deux capitaines de milice, faillit avoir des conséquences plus graves. Vers la fin de juin, ils étaient parvenus à rassembler plus de cinq cents hommes, déserteurs, anciens guérillas, contrebandiers et paysans, avec lesquels ils passèrent le Minho, et s'avancèrent vers la Corogne. Les autorités constitutionnelles mirent la milice sur pied; le colonel Espinosa entra en campagne

4.

avec quelques bataillons de ligne, pour arrêter ce mouvement; et l'ordre fut donné de s'assurer de tous les individus qu'on regardait comme chefs patens ou secrets de ce soulèvement. L'archevêque de Sant-Iago, l'évêque d'Orense et autres prélats, supérieurs de monastères et chefs de congrégations religieuses, reçurent l'injonction de se rendre à Sant-Iago, pour y demeurer en ôtage; peu obéirent. Il y eut d'abord de la défection dans les colonnes constitutionnelles; mais après quelques rencontres du côté de Tuy et sur le Minho, où les insurgés furent battus et perdirent leurs bagages et leurs drapeaux, les villages soulevés rentrèrent dans l'ordre. Les chefs de la conspiration, constitués en junte apostolique et royale, se réfugièrent à Viana en Portugal, d'où le gouvernement obtint l'extradition de deux d'entre eux, un médecin et un capitaine des milices de Tuy. On avait trouvé, disait-on, dans leur correspondance saisie, qu'ils avaient des relations avec les mécontens d'Aragon, plusieurs chefs de bandes qui commençaient à se montrer en Estramadure et en Andalousie, et même avec des comités secrets établis à Madrid, pour renverser le système constitutionnel, et délivrer le roi de l'oppression.

Les cortès se réunirent en séance préparatoire, le 25 juin, pour la vérification des élections. La junte suprême provisoire fit alors la remise de ses pouvoirs, et rendit compte, dans une espèce de manifeste, de tout ce qu'elle avait fait, de concert avec le roi, pour le bien public, et l'établissement du régime constitutionnel. L'ouverture du congrès eut lieu le 9. Le roi prêta serment entre les mains de l'archevêque de Séville, nommé président de l'assemblée, et ce prélat adressa ensuite à sa majesté un discours où il rappelait l'ancienne institution des cortès, les causes qui l'avaient fait perdre, l'énergie des Espagnols dans la défense de leur indépendance, et les intrigues qui avaient retardé le bienfait de la liberté au retour du roi. Il terminait en témoignant l'espérance « que la plus vertueuse des nations oublierait les « outrages, pardonnerait les injures, affermirait son gouver- « nement constitutionnel, et conserverait sa religion pure, « que les germes de discorde, les méfiances, les craintes, les « soupçons odieux que des perfides avaient long-temps cher- « ché à inspirer au meilleur des rois, cesseraient, et que « tous les cœurs s'uniraient autour du trône par une alliance « fraternelle, qui assurerait l'ordre public, produirait l'abon- « dance, et serait la source de tous les biens sociaux. » Le roi prononça ensuite le discours d'ouverture, où il renouvela l'assurance de ses vœux pour le bien du royaume, et de sa sincérité dans l'établissement du système constitutionnel.

Les ministres firent, dans les séances suivantes, leurs rapports sur la situation du royaume ; et aucun d'eux n'offrait un tableau rassurant. Le ministre de la guerre, après avoir déclaré que l'armée de ligne ne s'élevait pas à plus de cinquante-six-mille hommes d'infanterie, y compris la garde royale, et sept mille de cavalerie, ajoutait que ces troupes étaient presque toutes sans habillement, que l'armement était inégal, qu'il n'y avait que quatre-vingt-sept mille fusils, dont six mille hors de service, et que le harnachement de la cavalerie n'était point uniforme. L'artillerie, dans un état déplorable, n'avait point de matériel dans les arsenaux, où il n'existait d'ailleurs presque point de munitions. En résumé, les forces militaires du royaume, y compris les milices, n'étaient que de quatre-vingt-sept mille sept cent soixante-dix-neuf hommes d'infanterie, et six mille trois cent trente-huit de cavalerie ; et encore qu'on eût déjà réformé dix mille officiers, leur nombre se trouvait en disproportion avec celui des soldats. La dépense totale du département de la guerre, était portée à trois cent cinquante-deux millions six cent sept mille réaux, en y comprenant les frais des présides d'Afrique, montant seuls à cinq millions de réaux. L'infanterie n'avait point reçu d'habillemens depuis 1814; la solde était en souffrance; il était dû plus de cent-vingt millions de réaux à l'infanterie et à la cavalerie.

Le rapport du ministre de la marine n'était pas plus rassurant. Peu de vaisseaux en état de tenir la mer; nulle ressource dans les chantiers; toutes les troupes destinées au service de mer, les matelots, sans vêtemens et sans solde depuis deux ans. Quant aux colonies, les îles de Porto-Rico, de Cuba, la partie espagnole de Saint-Domingue, étaient tranquilles, et avaient accepté la constitution; mais les autres parties de l'Amérique espagnole restaient en proie à des dissensions fomentées par l'étranger. Suivant les calculs du ministre, il était sorti d'Espagne, depuis 1815, quarante-deux mille cent dix-sept hommes de troupes, pour ramener les colonies insurgées sous l'autorité de la métropole, et il y avait lieu d'espérer qu'elles obtiendraient enfin cette heureuse issue de leurs efforts.

Le rapport du ministre des finances, qui dura trois séances consécutives, annonçait, ce qu'on savait déjà, qu'il n'existait aucune proportion entre la recette et la dépense; que l'intérêt de la dette seule absorberait au-delà du produit de toutes les impositions existantes si elle était consolidée; qu'une réforme radicale dans le système financier était indispensable, et qu'il fallait nécessairement chercher et trouver des ressources extraordinaires. Le ministre ne craignait point de dire que jusqu'à l'époque actuelle, le clergé, la noblesse, et les employés du gouvernement, s'étaient opposés à la contribution directe qu'on avait essayé d'établir; mais qu'il n'était plus possible d'aggraver pour le peuple le fardeau des contributions indirectes, et qu'une discussion solennelle pourrait seule amener le comblement du déficit, faire trouver des ressources nouvelles, et assurer l'équilibre entre l'actif et le passif du trésor.

Les cortès procédèrent ensuite à la nomination du tribunal suprême, institué par l'article 259 de la constitution de Cadix, et qui avait, entre autres attributions, celle de juger les ministres, lorsque les cortès auraient déclaré qu'il y avait lieu à informer contre eux[1]. Ils réglèrent ensuite l'ordre de succession au trône, et la liste civile pour le roi et sa famille[2].

Pour remédier à l'impossibilité d'entretenir une armée permanente nombreuse, et rendre l'institution des milices plus utile à la défense du pays, le ministre de la guerre présenta, le 1er août, un projet, qui fut adopté, avec quelques modifications, et par lequel tout Espagnol de dix-huit à vingt-cinq ans, était appelé à faire le service de la milice, à l'exception des employés civils et militaires, des médecins, chirurgiens, pharmaciens, des professeurs des universités et écoles, des marins, des infirmes, des individus vivant de leur travail à la journée, et de ceux qui ne jouissaient pas des droits civils en temps de paix.

Un décret spécial confirma la suppression des jésuites, déjà décidée par le roi. Un autre supprima, et mit dans la classe des biens libres, tous les majorats, fideicommis, patronats, et toute espèce de substitution de biens-fonds; on ne pouvait en établir ou faire de nouveaux sur des propriétés foncières, sans avoir obtenu l'assentiment des cortès, qui ne l'accorderaient que pour des motifs majeurs, tels que services rendus à la patrie. Aucun majorat ne pouvait excéder quatre-vingt mille ducats de rente pour les grands d'Espagne, quarante mille pour les personnes titrées, vingt mille

---

[1] Art. 261 de la constitution.
[2] Elle était fixée à 45,090,000 réaux (12,174,000 de francs), somme qui, dans l'état présent des revenus de l'état, en absorbait le dixième.

pour les particuliers, et aucun ne devait être au dessous de six mille. Il était interdit aux églises, monastères et couvens, d'acquérir de biens fonds, soit par donation, testament, ou par tout autre contrat, à titre gratuit et onéreux.

L'opposition dont nous avons déjà parlé se prononçait de plus en plus; et il est facile de s'en rendre raison en considérant l'orgueil des grands humilié, les biens et l'existence même du clergé menacés, et les inquiétudes de tous ceux qui s'étaient montrés partisans zélés du régime sévère de l'ancien gouvernement, les dispositions, rien moins que bienveillantes, de cette portion de l'armée qui ne s'était point déclarée, *proprio motu*, pour la révolution, et de la classe si nombreuse des mendians, habituée à trouver son existence à la porte des cloîtres. Les clubs de Madrid retentissaient d'accusations, de plaintes formées contre plusieurs seigneurs et prélats restés à la cour, et qu'on désignait comme les chefs secrets de la junte apostolique de Galice, et contre quelques-uns des nouveaux ministres, dont on commençait à suspecter le patriotisme. Deux partis divisaient déjà les constitutionnels. L'un, celui des modérés, voulait accorder plus de force au gouvernement du roi; l'autre, c'est-à-dire les exaltés (*exaltados*), en exigeait chaque jour plus de sacrifices.

L'armée de Léon, devenue, par une désignation ministérielle, *corps d'observation de l'Andalousie*, et passée sous le commandement de Riégo, était soigneusement maintenue par cet *exaltado* dans l'esprit qui l'avait formée. Le ministre de la guerre en ordonna la dissolution; mais Riégo et les autres généraux firent de vives réclamations, qui furent appuyées par tout le parti auquel ils appartenaient. Le ministre, incessamment dénoncé dans les clubs de la capitale, demanda et obtint sa démission. Dans le même temps, Riégo, que le roi venait de nommer capitaine-général de la Galice, persistant dans son opposition, vint à Madrid apporter au gouvernement le vœu de ses troupes contre la dissolution du corps d'armée, et son refus d'accepter le nouveau commandement qu'on lui imposait. Sa présence dans la capitale y répandit l'agitation. La multitude, se pressant partout où il se montrait, le saluait par les plus bruyantes acclamations. Le 3 septembre, à la suite d'un banquet *civique* que lui donnaient les différens clubs, il se rendit au théâtre *del Principe*. Ses aides-de-camp voulurent faire chanter en sa présence, sur la scène, une chanson de parti, composée à Cadix, avant la restauration, contre les nobles[1]. Le chef politique (préfet) de Madrid s'y étant opposé, Riégo prit fait et cause. Il s'ensuivit un tumulte effroyable, et des désordres qui se prolongèrent fort avant dans la nuit. Le chef politique se rendit au palais, où l'on délibéra sur les moyens de rétablir la tranquillité. On s'arrêta à celui de mettre un frein à la licence des clubs dits *patriotiques*, foyers permanens de troubles. Le lendemain, un membre du parti modéré fit, dans la séance des cortès, la proposition de soumettre ces réunions populaires à des restrictions rigoureuses, et à la surveillance des autorités. Elle fut prise en considération, et renvoyée à l'examen d'une commission spéciale, malgré la vive opposition de la faction des exaltés. De son côté, le gouvernement prit des mesures contre les auteurs et fauteurs du mouvement de la veille. Il destitua Riégo de la capitainerie générale de Galice, et l'envoya en exil à Oviédo, sa ville natale; l'aide-de-camp San-Miguel, le général Velasco, gouverneur de Madrid, et quelques autres individus, furent envoyés en

1820.

---

[1] Cette chanson, appelée *la Traga la*, du refrain de ses couplets, était devenue populaire, et s'appliquait à tous ceux qu'on soupçonnait ennemis de la révolution. C'était le *Ça ira* du peuple espagnol; les expressions en sont aussi grossières.

diverses places. Riégo se croyant fort de la faveur populaire, adressa aux cortès une réclamation, où il rappelait hautement ses services. Les cortès répondirent par une entière adhésion aux actes du gouvernement. De nouveaux rassemblemens se formèrent dans Madrid, plus nombreux, plus exaltés, criant *vive le roi constitutionnel, vive la constitution, vive Riégo!!* D'autres groupes y répondaient par le simple cri de *vive le roi!* La fermeté des chefs de la garnison, de la milice et des autorités, sut prévenir des désordres plus sérieux; et Riégo se vit forcé de partir le 6 pour le lieu de son exil. De là il adressa de nouvelles réclamations, tandis que ses aides-de-camp, se plaignant partout, racontaient tout ce qu'il avait fait pour la liberté; et dans ces récits, Quiroga n'était plus présenté comme l'auteur principal de la révolution.

En consentant à la dissolution de l'armée de l'île de Léon, et à la mise hors de service de ses chefs les plus ardens, les cortès voulurent toutefois tenir les promesses précédemment faites par ces mêmes chefs à leurs soldats, pour mieux les décider à servir la cause révolutionnaire[1]. En conséquence, un décret, rendu par cette assemblée le 10 septembre, statua que dans deux ans, à partir de cette époque, tous les soldats de l'armée de Léon obtiendraient leur congé; qu'il leur serait accordé, pour huit années de service, dix *fanegas* (cinq arpens) de terres incultes, et une somme de mille réaux; pour dix ans, quinze fanegas et quinze cents réaux; pour vingt ans, vingt-cinq fanegas et deux mille réaux; pour vingt-cinq ans et au dessus, quarante fanegas et trois mille réaux, réversibles,

---

[1] Il ne faut pas considérer cette dernière mesure du congrès national comme une concession faite au parti des *exaltados*. Riégo et consorts avaient réclamé l'accomplissement de leurs promesses aux soldats, et ils espéraient que le refus des cortès amènerait peut-être une nouvelle insurrection : c'est ce que le parti modéré voulut éviter.

en cas de mort, à leurs veuves, mères et enfans. Ces récompenses furent étendues à ceux qui se seraient déclarés pour *la patrie*, en se réunissant à l'armée *nationale*, ou sur quelque autre point que ce fût. Peu de temps avant, les cortès avaient voté divers honneurs à la mémoire de Porlier, de Lacy et d'Acevedo (ce dernier, mort en combattant pour la révolution, le 9 mars). Ils rendirent ensuite plusieurs autres décrets sur la liberté individuelle, sur celle de la presse (un article punissant les écrits contre la religion de la peine prononcée contre ceux qui attaquaient la monarchie constitutionnelle); sur la suppression des ordres religieux et la vente de leurs biens, déclarés nationaux; sur les *afrancesados*, réintégrés dans leurs droits civiques; sur les *persas*, affranchis de toutes poursuites judiciaires, mais qui demeuraient privés de tous les emplois et dignités qui leur avaient été conférés, même avant 1814.

Les discussions de la loi concernant la suppression des ordres religieux, et la vente de leurs biens, ayant occupé un grand nombre de séances, la session allait être terminée [1], lorsque le roi lui-même proposa sa prolongation pendant un mois. C'est dans cet intervalle que furent discutées les lois sur les clubs, juntes ou sociétés patriotiques [2], et sur le budget.

On voit, dans le rapport fait le 22 octobre par la commission des finances, que la dette nationale (viagère et perpétuelle) s'élevait au capital de quatorze milliards deux cent vingt millions cinq cent soixante-douze mille trois cent quatre-vingt-onze réaux, ou trois milliards huit cent trente-neuf millions cinq cent quatre-vingt-dix mille francs,

---

[1] La durée des sessions ordinaires des cortès était limitée à trois mois.
[2] Il leur était interdit de se constituer en corporations, de parler au nom du peuple, et de tenir une correspondance avec toute autre réunion du même genre.

pour le remboursement duquel on affectait les biens-fonds provenant de l'inquisition, des jésuites, et des monastères supprimés. En attendant, il fut ouvert, pour payer les intérêts courans, un emprunt de deux cent millions de réaux (cinquante-quatre millions de francs), qui fut rempli par des banquiers de Paris.

Cependant l'agitation continuait en sens divers dans les provinces. A Valence, l'archevêque ayant fulminé un mandement contre la vente des biens ecclésiastiques, faillit être massacré dans son palais. Transporté à Barcelone, il y courut le même danger; on le fit embarquer pour le sauver de la fureur populaire. En Galice et dans l'Andalousie, la suppression des monastères et la vente de leurs biens, produisit un autre effet sur le peuple. Dans la province d'Avila, un nommé Moralès, à la tête d'une bande assez nombreuse, arrêtait les courriers, interceptait les communications, et proclamait même l'abolitition du régime constitutionnel, lorsque le comte de l'Abisbal arrêta les progrès de ce mouvement dangereux en dispersant les rebelles, dont quelques-uns, faits prisonniers, furent reconnus pour avoir appartenu au régiment de Bourbon, cavalerie.

La nouvelle de la tentative de Moralès jeta l'alarme dans Madrid, où le parti libéral était déjà très-inquiet de l'absence du roi, parti brusquement pour l'Escurial, le 25 octobre, après avoir sanctionné, non sans difficultés, le décret portant suppression des ordres religieux, et la vente de leurs biens. Les exaltés en prirent occasion, dans l'avant-dernière séance de la session des cortès, d'adresser de vifs reproches au ministère, sur sa faiblesse, qui avait peut-être encouragé les tentatives des ennemis de l'ordre constitutionnel. Le ministère promit plus de sévérité dans ses mesures de police générale, et l'assemblée se réunissant pour la première fois, comme dans un danger commun, arrêta unanimement qu'il serait fait une adresse au roi, dans laquelle on lui représenterait que la marche actuelle du gouvernement compromettait la tranquillité publique, que S. M. ne devait pas avoir oublié les maux causés à la *généreuse* nation espagnole par les conseils perfides de ses ennemis; qu'il était impossible de faire rétrograder l'esprit public, et que ceux qui le tenteraient, attireraient sur eux-mêmes, comme sur la patrie, des maux peut-être irréparables. Cette adresse, rédigée par le comte de Torreno, fut immédiatement portée au roi. Ferdinand répondit qu'il ne se séparerait jamais de la constitution, acceptée et jurée par lui ; que s'il ne s'était pas rendu à Madrid pour la clôture de la session, c'est qu'on l'avait assuré que sa sûreté pouvait y être compromise au milieu d'une population effervescente.

Le lendemain, 9 novembre, jour de la clôture de la session, le ministre de l'intérieur annonça que ses collègues et lui étaient chargés par le roi de présenter au congrès, le discours que S. M. aurait dû prononcer; et immédiatement après, l'un des secrétaires des cortès, lut une lettre du ministre de la marine, datée de l'Escurial, dans laquelle il était dit que le roi, retenu dans son lit par un violent rhume, ne pouvait asssister en personne à cette séance de clôture. Le président du congrès, qui devait répondre au discours du roi (conformément à l'article 123 de la constitution), se borna à déclarer que la session était close.

Quelques jours après, au milieu des bruits fâcheux qui circulaient incessamment dans la capitale, le capitaine-général de la Nouvelle-Castille, don Vigodet, reçut l'ordre de remettre le commandement militaire de la province au général Carvajal. La même dépêche, écrite tout entière de la main du roi, annonçait au général Vigodet qu'il venait d'être nommé conseiller-d'état. Dans le même temps, le général Carvajal recevait un ordre analogue, également signé par le roi, mais sans le contre-seing d'un ministre, exigé dans ce cas par la constitution.

La nouvelle de ce changement causa dans Madrid une rumeur générale; des groupes parurent dans les rues et sur les places; les clubs se rouvrirent. Le général Vigodet déclara qu'il garderait le commandement jusqu'à nouvel ordre du roi. La députation permanente des cortès[1] se réunit, et manda dans son sein les ministres dont l'opinion individuelle et collective était de regarder la nomination du général Carvajal comme illégale : elle fit au roi une adresse dans laquelle elle lui rendait compte de l'effet qu'avait produit cette nomination faite au mépris des lois constitutionnelles dont elle (la députation) devait surveiller l'observation, et qu'elle était résolue de défendre de toutes ses forces. Elle terminait en suppliant S. M. de vouloir bien désormais communiquer ses ordres dans les formes voulues par la constitution, et de revenir à Madrid. Les ministres joignirent à cette adresse une lettre à peu près dans le même sens, et renfermant de plus l'offre de leur démission. Le président de la députation permanente, en annonçant à la foule réunie autour du palais la démarche qui venait d'être faite dans les intérêts du peuple, calma l'agitation; la troupe qu'on avait mise sous les armes rentra dans ses quartiers, et le reste de la nuit se passa sans désordres.

Le lendemain 17, arriva la réponse du roi aux dépêches de la députation et des ministres; S. M. se bornait à déclarer

---

[1] L'art. 157 de la constitution prescrivait aux cortès d'élire, avant de se séparer, une députation permanente composée de sept membres pris dans leur sein. La gestion de cette espèce de comité législatif devait durer d'une session ordinaire à la suivante (art. 159); et il avait, entre autres attributions, celle de veiller à l'observation de la constitution et des lois, pour rendre compte à la session prochaine des infractions qu'il aurait reconnues (art. 160).

qu'elle n'acceptait point la démission des ministres, et qu'elle prendrait en considération les remontrances de la députation. Cette réponse renouvela encore avec plus de violence la fermentation de la veille. La garnison reprit les armes, et on lui fit prêter une seconde fois le serment de fidélité au roi et à la constitution. Quelques amis de l'ordre parcoururent les différens groupes, en représentant au peuple l'avantage de la modération réunie à la fermeté, et le conjurant de ne pas souiller la révolution par des excès, tandis que la députation permanente, la junte provinciale et le corps municipal de Madrid, rédigeaient de nouvelles adresses au roi pour le supplier de revenir dans sa capitale, d'éloigner ses conseillers perfides, et de convoquer les cortès extraordinaires. Les rassemblemens se dissipèrent peu à peu dans la journée; mais vers le soir rien n'annonçant le retour du roi, les rues et les places furent encombrées de nouveaux groupes; des hommes exaltés demandaient des mesures décisives et accusaient la lenteur des autorités. Enfin, on vit arriver, à dix heures du soir, un courrier de l'Escurial apportant la détermination du monarque. L'effervescence étant alors à son comble, on se hâta d'annoncer que le roi se rendrait aux vœux du peuple.

Le jour suivant, une publication officielle renouvela l'assurance du retour du roi aussitôt que l'ordre et la tranquillité seraient rétablis; de plus, S. M. déclarait qu'elle avait éloigné de sa personne son confesseur et son grand majordome, et qu'elle était prête à ordonner la convocation des cortès extraordinaires, conformément à l'article 162 de la constitution, quand la députation permanente lui aurait démontré qu'on se trouvait dans un des cas mentionnés dans cet article[1]. Cette réponse du roi aux adresses qu'il venait

[1] Art. 162 de la constitution : « La députation permanente des cortès « convoquera les cortès extraordinaires, et fixera le jour de l'ouverture de « la session dans les trois cas suivans : 1° lorsque la couronne viendra à

de recevoir, en rappelant ses craintes fondées sur l'état présent de la capitale, était une leçon pour les autorités ; elles mirent tout en œuvre pour rétablir l'ordre, et S. M. rentra en effet à Madrid le 21 dans l'après-midi, avec la reine et les infans, qui l'avaient accompagné à l'Escurial. La garnison et la milice étaient sur pied. L'entrée du cortége royal, annoncée par cent coups de canon, se fit avec le plus grand ordre, entre deux haies formées par les troupes, au bruit des acclamations où dominait le cri de *vive la constitution !*

Dès le 24, les autorités firent arrêter un assez grand nombre de personnes prévenues d'avoir distribué de l'argent pour opérer un mouvement contre la constitution, en même temps que le roi signait une liste de promotions où se trouvaient tous les officiers-généraux qui s'étaient prononcés les premiers pour la révolution. Le général Riégo, rappelé de son exil, fut nommé capitaine-général de l'Aragon, le général Velasco de l'Estramadure, D. Carlos Espinosa de la Vieille-Castille, D. Moreno Daoix de l'Andalousie ; le général Mina passa de la capitainerie-générale de la Navarre à celle de la Galice, et fut remplacé par le général Lopès Banoz ; le général O'Donoju et le marquis de Ceralbo remplacèrent, dans les postes de capitaine-général de la Nouvelle-Castille et de chef politique de la province de Madrid, le général Vigodet et D. Rubianez, nommés conseillers d'état ; enfin une révolution complète dans le palais suivit la réac-

---

« vaquer ; 2° lorsque le roi se trouvera, de quelque manière que ce soit,
« dans l'impossibilité de gouverner l'état, ou lorsqu'il voudra abdiquer
« en faveur de son successeur : dans le premier cas, les cortès sont auto-
« risés à prendre toutes les mesures qu'ils trouveront convenables pour
« s'assurer de l'inhabilité du roi ; 3° lorsque dans des circonstances cri-
« tiques et difficiles, et pour des affaires graves, le roi le jugera néces-
« saire, et en aura fait part à la députation permanente des cortès. »

tion dans l'administration politique. Ceux des partisans de
l'ancien système qui étaient restés à la cour, furent exilés
dans différentes villes; l'archevêque de Valence le fut hors
du royaume, avec confiscation de ses biens. Partout on déplaça les fonctionnaires suspects; on pressa le jugement des
prévenus de conspiration, la vente des biens ecclésiastiques, et la sortie des moines des couvens supprimés.

Mais de nouveaux mouvemens insurrectionnels dans les
provinces, réprimés sur un point, et renaissant à l'instant
sur d'autres, renouvelèrent à Madrid l'agitation du peuple
excitée par les clubs. On arrêta un valet de chambre du roi
et quelques officiers de la garde, accusés d'avoir distribué de
l'argent pour opérer des insurrections. Non contens de ces
arrestations, qui démontraient le dévouement du ministère
aux intérêts de la révolution, les exaltés déblatérèrent avec
plus de véhémence encore contre lui, et demandèrent son
renvoi par une pétition souscrite de quinze cents signataires.
Le ministère voyant, à la suite de ces menées démagogiques [1],
la personne du roi menacée et presqu'insultée dans son palais, crut devoir remettre en vigueur la loi sur les sociétés
patriotiques, et fit fermer le club du café de Malte, plus
remarquable que les autres par son exagération. La garnison
et la milice, mises sous les armes pour l'exécution de cette
mesure, imposèrent aux factieux, et l'année se termina sans
autres excès.

La situation de l'Espagne, en 1821, ne parut point améliorée. Ce royaume, tourmenté par les factions, manquait
d'armes et d'argent; des bandes désolaient impunément la
Vieille-Castille, le nord de l'Aragon, l'Andalousie et l'Estramadure. Un curé, nommé Mérino, recueillait dans les montagnes de la Navarre les débris de la bande dispersée de Mo-

---

[1] Le parti libéral les attribuait à des royalistes déguisés.

ralés, et donnait à sa troupe la dénomination d'*armée de la foi*. A Madrid, la guerre continuait entre le ministère et les clubistes du café de Malte, qui, réunis dans un autre local, professaient toujours les maximes les plus subversives de la monarchie.

Cependant le ministère continuait ses concessions, ou plutôt ajoutait aux gages qu'il avait déjà donnés de son attachement aux principes de la révolution. Il venait de faire arrêter et mettre en jugement le chanoine Vinuesa, chapelain du roi, accusé d'être le chef d'une conspiration dont nous exposerons le plan plus loin. Les exaltés disaient hautement que cette conspiration se poursuivait toujours, qu'elle avait ses directeurs auprès du trône, et des ramifications dans toutes les branches de l'administration ; qu'elle était fomentée par une puissance étrangère (la France), et qu'elle avait à Madrid des champions dévoués dans les gardes-du-corps.

Le corps municipal avait donné plus de crédit à ces bruits exagérés, en les répétant, pour ainsi dire, dans une adresse au roi, et déjà S. M. entendait souvent sur son passage, entre les acclamations ordinaires de *vivent la constitution et le roi constitutionnel*, des cris menaçans par lesquels on demandait la mort de Vinuesa, le renvoi des gardes-du-corps et de plusieurs ministres. Les choses en vinrent au point, que le roi s'en plaignit à ce même corps municipal, qui fit une proclamation (le 5 février) pour recommander le calme, en reconnaissant « la justice des plaintes du peuple, lesquelles « ne pouvaient pas manquer d'être écoutées. » Le roi, un peu rassuré par les dispositions que parut prendre la police, sortit pour la promenade à son heure accoutumée ; mais les cris des jours précédens se renouvelant, vingt-cinq à trente gardes-du-corps sortirent de leur hôtel avec leurs épées cachées sous leurs manteaux, et tombèrent à l'improviste sur quelques groupes, blessèrent plusieurs individus et même un corrégidor à la tête d'une patrouille de milice; bientôt le peuple revenant en force, les gardes-du-corps rentrèrent dans leur quartier, devant lequel on fut obligé de placer trois pièces de canon pour les soustraire au ressentiment populaire. La garde nationale et la garnison prirent les armes; toute la nuit se passa dans un grand désordre. Le corps municipal fit une adresse au roi, qui convoqua le conseil d'état pour délibérer sur le parti à prendre dans ces circonstances. Il y fut résolu que les compagnies des gardes-du-corps cesseraient provisoirement toute espèce de service auprès de S. M., en attendant que les cortès eussent statué sur leur licenciement; que les gardes sortiraient de l'hôtel en déposant leurs armes et ne conservant que leurs épées; qu'ils seraient placés dans d'autres bâtimens, et qu'on instruirait sur-le-champ le procès des auteurs ou complices de ce déplorable événement. L'ordre fut exécuté avec une extrême rigueur, et tous ceux qui ne s'étaient pas prononcés contre leurs camarades, furent désarmés et conduits en prison au milieu des insultes de la populace[1]. La garde de la personne du roi fut confiée à la compagnie des hallebardiers, un des corps de la maison de S. M. La tranquillité parut rétablie à la suite de cette affaire; mais d'autres événemens ne devaient pas tarder à la troubler de nouveau.

Aux termes de la constitution, les cortès se réunirent le 1er mars, et le roi fit l'ouverture de la session. Dans son dis-

---

[1] La plupart furent relâchés peu de temps après, et ceux qui restèrent détenus publièrent un mémoire justificatif, où ils prouvaient par des documens authentiques qu'il existait un plan combiné d'insulter le roi, de jeter des pierres dans sa voiture; et ils s'excusaient de la violence qu'ils avaient employée, sur l'indignation que leur inspira la vue des excès auxquels se livrait la populace, et l'indifférence de la police pour les réprimer. Ils furent tous acquittés quinze mois après (en avril 1822) et mis à à la suite de divers régimens de cavalerie.

cours, dont il n'avait communiqué aux ministres qu'une partie (celle qui traitait d'objets généraux), le monarque se plaignait, avec quelque amertume, des insinuations répandues par la malveillance sur la sincérité de ses intentions, des outrages publics contre sa dignité, contre le respect qui lui était dû comme roi constitutionnel, et ajoutait que « ces « insultes ne seraient pas répétées si le pouvoir exécutif avait « toute l'énergie que la constitution demande; » que le peu de vigueur et d'activité de plusieurs autorités ayant donné lieu au renouvellement de plusieurs coupables excès, « on « ne devrait pas s'étonner, s'ils continuaient, que la na- « tion espagnole se trouvât accablée de malheurs innom- « brables..... » Cette dernière partie du discours royal fut applaudie avec enthousiasme par un certain nombre de membres du congrès et d'assistans étrangers. Les ministres en furent interdits, et le président, surpris comme eux, ne répondit à S. M. qu'en termes vagues et généraux. Le soir même tous les ministres, à l'exception de celui de la marine (M. Jabat) donnèrent ou reçurent leur démission.

Ce changement imprévu fit renaître l'inquiétude et l'agitation dans les autorités et les sociétés populaires de Madrid. Les cortès se rassemblèrent dès le lendemain pour entendre le rapport de la députation permanente sur ses travaux; sa conduite fut approuvée. Dans la soirée, des groupes composés de la dernière classe du peuple se formèrent devant les hôtels des ambassadeurs de Russie, d'Autriche et de Prusse, soupçonnés d'exercer sur le roi, au nom de leurs cours, une influence contre-révolutionnaire. Toutefois les troupes réglées et la garde nationale parvinrent à empêcher de plus grands désordres.

Le seul ministre conservé, celui de la marine, vint communiquer officiellement au congrès, dans la séance du 3, la destitution de ses collègues, et un message de S. M., qui demandait aux cortès « une liste d'individus dignes de la « confiance de la nation, pour composer un nouveau minis- « tère. » De longs débats s'élevèrent sur cette proposition. La plupart des orateurs s'accordèrent à reconnaître que l'esprit et la lettre même de la constitution s'opposaient à ce que les cortès concourussent en aucune manière à la composition du ministère ; quelques-uns insinuèrent que la demande du roi pouvait être un piége tendu au congrès ; tous conclurent au rejet de cette demande, comme inconstitutionnelle, un seul excepté, qui essaya de la justifier en la présentant comme propre à signaler l'union *qui régnait* entre les pouvoirs. Le résultat de la discussion fut de répondre à S. M. que, ni les principes consacrés par la constitution, ni d'autres considérations d'un intérêt général, ne permettaient aux cortès de prendre part à la nomination des ministres ; que le congrès devait se borner à manifester l'espérance de voir le choix de S. M. (d'après les présentations qui devaient lui être faites par son conseil-d'état) tomber sur des personnes qui, au talent nécessaire, réuniraient la qualité d'avoir donné des preuves positives de leur dévouement au système constitutionnel, et d'être et avoir été de tous temps les partisans de la liberté et de l'indépendance nationale. Le soir même, M. Jabat donna ou reçut sa démission, et l'Espagna resta deux jours sans ministres.

La réponse à faire au discours du roi fut discutée le 4 ; les cortès demandèrent que les ex-ministres vinssent donner des explications sur la partie de ce discours où il est question des insultes faites à S. M. Le général Quiroga proposait, à ce sujet, que l'on fît une enquête sur les auteurs véritables des outrages commis contre la personne du roi, gens qu'il soupçonnait, ajoutait-il, d'être les mêmes qui avaient excité les factieux, dans la journée du 2, à jeter des pierres aux croisées des ambassadeurs de Russie, d'Autriche et de Prusse.

Les ex-ministres, introduits dans la salle du congrès, déclarèrent qu'ils ne pouvaient donner aucun éclaircissement, n'ayant plus à leur disposition les pièces nécessaires pour prouver ce qu'ils pourraient avoir à dire ; et la commission chargée de rédiger l'adresse au roi fut d'avis de passer sous silence la fin du discours de S. M., attendu que cette partie ne se trouvait pas dans la minute contresignée par les ex-ministres, et qu'ainsi personne n'en était responsable.

Dans la séance du 5, les cortès reçurent la communication officielle du décret royal, portant nomination des nouveaux ministres. Le choix de S. M. fut accepté, sans satisfaction, comme sans répugnance, par le congrès, qui vota ensuite l'adresse en réponse au discours d'ouverture de la session.

Cette adresse, conçue dans des sentimens de modération, ayant été reçue par le roi avec bienveillance, la confiance parut renaître entre les pouvoirs de l'état.

Les cortès entendirent, dans les séances suivantes, les rapports rédigés par les ex-ministres, sur la situation extérieure et intérieure du royaume. Celui des affaires étrangères exprimait les intentions du roi, dans la situation où S. M. se trouvait vis-à-vis des puissances de l'Europe, et terminait par l'assurance que les relations de bonne amitié et d'harmonie entre le cabinet de Madrid et les autres gouvernemens n'avaient éprouvé aucune altération [1].

---

[1] « La manière dont quelques cabinets ont cru devoir considérer les changemens survenus à Naples, disait le ministre, ayant fait connaître au roi que le principe du changement politique opéré en Espagne était attaqué, il a cru également nécessaire à l'honneur de son nom, à la dignité et à la sûreté de la nation qu'il a la gloire de gouverner, de représenter à quelques cabinets d'une manière officielle, et aux autres confidentiellement, que, religieux observateur des principes sacrés du droit des gens, sur lequel repose essentiellement l'indépendance des associations politiques, il ne reconnaîtrait chez aucune puissance, ni le droit d'intervenir dans le réglement intérieur du gouvernement d'un autre par des

GUERRE D'ESPAGNE.

Quelques députés demandèrent des renseignemens plus particuliers sur la Sainte-Alliance, sur ses projets, entrevus dans des notes ou des sentimens contraires à l'Espagne étaient exprimés, etc...; mais l'importance plus urgente des affaires intérieures dispensèrent le gouvernement d'entrer dans plus de détails à cet égard.

Du 6 au 19 mars, le congrès s'occupa de diverses propositions législatives, et du réglement de police intérieure des cortès. Le 20, le député Calatrava fit un rapport, au nom d'une commission spéciale, sur la situation intérieure du royaume. Il résultait des recherches de la commission, et des renseignemens exacts qu'elle avait obtenus, qu'il existait un ensemble de trames pour renverser le système constitutionnel; que ces trames étaient dirigées par une junte suprême, à laquelle obéissaient des juntes secondaires; que des foyers d'intrigues semblables étaient établis par des réfugiés à Bayonne et à Paris; que le haut clergé trempait dans cette conspiration qui avait éclaté en trois occasions : 1° le 20 juin de l'année précédente, où l'on voulait troubler la session des cortès; 2° au mois de novembre, pendant le

---

moyens de coaction, ni les résultats que cette intervention pourrait avoir dans son application...... Le roi m'a autorisé à assurer les cortès que toutes les explications que le gouvernement a reçues des cabinets influens, pendant l'époque où les affaires de Naples ont été agitées, s'accordent à reconnaître dans la cause de notre régénération politique, *dans l'uniformité de la volonté nationale*, et dans toutes les circonstances qui nous sont particulières, des motifs *de confiance et de sûreté;* d'où il résulte que nos relations de bonne amitié et d'harmonie n'ont éprouvé aucune altération avec aucune puissance..... et que si les éclaircissemens dans lesquels il a été nécessaire d'entrer, en conséquence de la juste, franche et amicale communication qu'on vient d'indiquer, ne sont pas encore terminés, ils ont déjà conduit S. M. le roi à recevoir de quelques-uns des cabinets l'assurance positive qu'il n'est nullement dans leur intention d'inquiéter l'Espagne, et d'intervenir en aucune manière dans ses affaires domestiques.

séjour du roi à l'Escurial; 3º au commencement de la présente session, lors de la destitution d'un ministère qui voulait sincèrement le maintien des institutions nouvelles. La commission présentait, à l'appui de ce rapport, un plan de contre-révolution, écrit tout entier de la main du chanoine Vinuesa et d'un de ses cousins, qui ne devait être communiqué qu'au roi, à l'infant D. Carlos, au duc de l'Infantado et au marquis de Castellar. On devait engager le roi à convoquer brusquement tous les ministres (ceux renvoyés le 1ᵉʳ mars), le capitaine-général et les conseillers-d'état; et, lorsqu'ils seraient réunis, l'infant D. Carlos devait entrer avec un détachement de gardes-du-corps, et arrêter tous ces individus. Le duc de l'Infantado devait se mettre à la tête d'un bataillon des gardes cantonné à Léganès, et venir occuper, conjointement avec le régiment du prince, sous le commandement du marquis de Castellar, les portes de la ville, ainsi que les places publiques. Ces troupes inviteraient ensuite le peuple à crier : *vivent la religion, le roi et la patrie! meure la constitution!* On formerait un nouveau corps municipal, qui se rendrait solennellement sur la place dite de la Constitution, pour briser la pierre [1] qui portait cette désignation, et faire brûler le statut fondamental par la main du bourreau. On ne laisserait personne sortir de Madrid; on enverrait des courriers et des détachemens dans les provinces, pour donner les ordres nécessaires...., etc. Quant aux *liberales*, on devait

---

[1] La pierre de la constitution, dont nous avons déjà parlé plusieurs fois, n'était pas un monument, comme on pourrait le croire. Les cortès de 1812 ayant décrété que la place principale dans chaque ville ou commune porterait le nom de *place de la Constitution*, on avait gravé ou inscrit cette désignation sur une pierre. Dans quelques communes l'inscription était sur une planche scellée dans une construction quelconque de la place, et disposée de manière à ce que l'inscription fût très-apparente, ainsi que le sont les noms des rues de Paris. Ces inscriptions, détruites au retour du roi en 1814, avaient été rétablies en 1820.

les arrêter tous, et les diviser en trois classes : ceux de la première subiraient la peine capitale, comme coupables de lèse-majesté; ceux de la seconde seraient bannis ou renfermés; ceux de la troisième, amnistiés. On prendrait pour les *afrancesados* des mesures correspondantes. Vinuesa désignait l'évêque de Ceuta comme la personne propre à rédiger une espèce de manifeste justificatif. Tout devait être rétabli sur le pied du 6 mars 1820, excepté que le roi convoquerait des cortès formés d'états-généraux (*estamentos*)... « Il y avait « sans doute des inconvéniens à côté de ce plan, ajoutait son « auteur; les jours du roi et de l'infant D. Carlos pouvaient « courir des dangers, mais il fallait se confier à la Providence « divine, et montrer qu'on savait braver les périls, et qu'on « était digne de porter le sceptre, etc.... »

Les conclusions du rapporteur furent de faire des remerciemens à l'armée et aux milices, pour leur fidèle attachement à la constitution; d'accélérer le rapport que devait présenter une commission *ad hoc*, sur la prompte administration de la justice; d'accélérer la vente des biens ecclésiastiques et la suppression des couvens, et de demander aux chefs politiques des renseignemens sur la conduite des évêques, des prêtres, etc. : ces conclusions, faiblement combattues, furent adoptées sans amendement.

Toutefois, le parti modéré ne considéra le plan du chapelain du roi que comme le rêve d'un homme chagrin, le produit d'un cerveau malade, et vit dans le rapport du député Calatrava (imprimé et répandu en peu d'heures avec profusion) l'œuvre d'une faction qui, regrettant l'ancien ministère, cherchait tous les moyens de rabaisser l'autorité royale, en inspirant des soupçons contre le caractère et la bonne foi du monarque.

La division déjà très-prononcée entre le ministère et un des partis formés dans le congrès, ne tarda point à éclater avec plus d'aigreur dans la séance du 10 avril, où le ministre de la guerre vint annoncer la défaite des révolutionnaires napolitains, et l'entrée de l'armée autrichienne à Naples [1], en demandant des secours pour le général Pépé et le colonel de Conciliis (principaux auteurs de l'insurrection napolitaine), qui venaient de débarquer à Barcelone. A cette occasion, le ministre d'outre-mer [2], chargé de communiquer au congrès les sentimens manifestés par le roi à la nouvelle des événemens de Naples, dit « que S. M. pensait qu'il ne fallait « pas regarder ces événemens comme devant avoir une grande « influence sur la régénération politique de l'Espagne..... ; « que le roi saisissait cette occasion pour renouveler la décla- « ration qu'il était fermement résolu à conserver la consti- « tution d'après laquelle il tenait à honneur de gouverner « la grande nation espagnole. » Le président répondit à cette dernière communication : « que les cortès, affligés des évé- « nemens récens de Naples, recevaient avec plaisir l'expres- « sion des sentimens du roi, et que S. M. pouvait compter « sur la coopération du congrès toutes les fois qu'elle serait « nécessaire. » L'assemblée décida qu'il serait accordé des secours aux Napolitains qui se réfugieraient en Espagne [3], et qu'il serait fait un message au roi pour concerter avec S. M. les mesures à prendre dans les circonstances présentes. Ici la question s'éleva de savoir si la députation conférerait avec le roi en présence des ministres, ou non. Le comte de

---

[1] Le royaume de Naples et de Sicile avait subi, en 1820, une révolution qui tendait au même but que celle d'Espagne, et qu'on avait opérée à peu près par les mêmes moyens ; mais elle fut promptement terminée par l'intervention d'une armée autrichienne, qui rétablit le monarque dans toute la puissance que la constitution espagnole imposée aux Napolitains, lui enlevait.

[2] D'après la constitution, il y avait, indépendamment du ministre de l'intérieur (*de la gobernacion*) pour la péninsule et les îles adjacentes, un autre ministre de l'intérieur pour les provinces d'outre-mer.

[3] Les militaires réfugiés obtinrent le traitement affecté à leur grade.

Torreno, en se prononçant pour la négative, accusa les ministres d'incapacité et d'inaptitude aux affaires. La violence des expressions de cet orateur contre ceux qui ne partageaient pas son opinion, et le terme de *faction* qu'il avait employé, le firent rappeler à l'ordre par la majorité de l'assemblée. Le calme étant rétabli, un autre député d'un parti opposé à celui dont le comte de Torreno était l'organe, prit la parole et dit qu'en effet il existait une faction dans le congrès, « qu'elle se composait d'un certain nombre de dé-
« putés, liés étroitement avec les anciens ministres qu'ils
« avaient soutenus de toute leur force, et auxquels ils
« avaient sacrifié le bonheur public, la tranquillité du
« peuple, *la gloire de Riégo,* la décence et l'honneur des
« corps représentatifs. » Il termina son discours par un exposé des maux causés, selon lui, à l'Espagne par le dernier ministère. Enfin, après des débats prolongés, l'assemblée décida à la majorité d'une seule voix (soixante-huit contre soixante-sept), que la députation conférerait avec le roi en présence des ministres.

Parmi les décrets rendus dans le cours de cette session, qui fut prorogée jusqu'au 30 juin, il faut remarquer d'abord, pour l'intelligence des opérations militaires dont nous parlerons plus loin, celui qui partageait l'Espagne en huit divisions militaires, ayant pour chefs-lieux, Madrid, Barcelone, Saragosse, Vittoria, Pampelune, La Corogne, Séville, Grenade et Badajoz. D'autres décrets eurent pour objets : un nouveau mode de procédure à l'égard des prévenus de conspiration contre l'état et la constitution ; l'organisation entière de l'instruction publique sur des bases nouvelles ; la suppression des gardes-du-corps, qui devaient être remplacés par un corps royal de cavalerie ; la soumission des ecclésiastiques aux tribunaux et aux peines ordinaires ; la prohibition d'exporter du numéraire à Rome pour l'obtention des bulles, dispenses et indulgences, droits en compensation desquels on offrait au Saint-Siége une somme annuelle de deux cent mille réaux, sauf à augmenter cette assignation si, à l'avenir, le royaume se trouvait en état de le faire; l'abolition des droits seigneuriaux, résultant d'un titre féodal; l'assignation d'un traitement de quarante mille réaux aux députés des cortès en 1822 et 1823, traitement dont jouissaient les députés actuels. Par deux autres décrets, les contingens à fournir pour le recrutement de l'armée furent fixés, pour 1821, à seize mille cinq cent quatre-vingt-quinze hommes; et le gouvernement était autorisé à armer cinq vaisseaux de ligne, quatre frégates, deux bricks, quatre goëlettes, portant en tout trois mille cinq cents hommes d'équipages. Le budget de l'année fut arrêté : en dépenses, à sept cent cinquante-six millions deux cent quatorze mille deux cent dix-sept réaux; en recettes, à six cent soixante-quinze millions; d'où il résultait un déficit de quatre-vingt-un millions deux cent quatorze mille deux cent dix-sept réaux, qui devait être couvert, avec le déficit de l'année précédente, par un emprunt de trois cent soixante-un millions huit cent mille réaux (quatre-vingt-cinq millions quatre cent cinquante mille francs), moitié numéraire, moitié en créances sur l'état par actions à six pour cent d'intérêt pour le numéraire, et quatre pour le papier, remboursable en douze ans.

Cependant des nouvelles alarmantes arrivaient incessamment de plusieurs points du royaume, où se montraient des bandes royalistes. Celle du curé Merino, forte de huit cents hommes environ, venait de s'emparer de Salvatierra, dans la province d'Alava, et d'y détruire la pierre de la constitution aux cris de *vive la religion! vive le roi absolu!* La milice de Vittoria s'y étant portée, avait été battue et faite prisonnière. Déjà les insurgés s'avançaient sur Vittoria, quand ils furent atteints par le capitaine-général de la province de Navarre, D. Lopez-Banos, parti de Pampelune avec un détachement du régiment de Tolède. La troupe de Merino perdit quatre cents hommes, faits prisonniers, qui furent conduits à Pampelune, où les chefs, presque tous moines ou curés, traduits devant un conseil de guerre, furent punis de la peine capitale. Merino et le reste de sa bande, réussirent à gagner le pays montueux de la Rioja.

Cette nouvelle, répandue à Madrid en même temps qu'on instruisait avec activité le procès de Vinuesa, fut, pour les exaltés, une occasion de recommencer leurs excès. Le chanoine, dont la populace attendait la mort comme une vengeance nationale, n'ayant été condamné qu'à dix ans de galères dans un des présides d'Afrique; il se forma, le 4 mai, de grands rassemblemens dans les rues. Vers trois heures de l'après-midi, la multitude, excitée par ses meneurs, se porta sur la prison où était renfermé le condamné, dans l'intention de s'emparer de sa personne. La garde voulut s'opposer à cette entreprise; mais la populace, qui s'était procuré des pioches et des marteaux, enfonça les portes, pénétra jusqu'au malheureux chanoine, et le massacra avec les mêmes instrumens qui avaient servi à forcer sa prison. La terreur se répandit dans toute la capitale, qui avait alors le même aspect que Paris lors du massacre des prisons, en 1792. Les cortès ordonnèrent une enquête sur cet horrible désordre; mais elle ne produisit aucune lumière, et les auteurs restèrent inconnus. On n'eut que la triste consolation de donner le nom de MARTEAU (*el Martillo*), à la faction qu'on en supposait coupable. A cette même époque, le général Morillo, créé par le roi comte de Carthagène, et récemment arrivé d'Amérique, se trouvait à Madrid. On lui proposa la place de capitaine-général de la province; il l'accepta, après quelque hésitation. On arrêta de réunir dans la capitale et aux environs, une force de douze mille hommes; et la tranquillité parut se rétablir.

Mais ce calme apparent ne fut pas de longue durée. Le 28 mai, le lieutenant-général Elio fut condamné, à Valence, à la peine de mort, comme ennemi déclaré du régime constitutionnel, dont il avait préparé la destruction en 1814. L'exécution de cette sentence ayant été différée, ce délai ranima d'autant plus la fureur des clubistes de Madrid, qu'on accusait l'ex-capitaine-général de conspirer encore du fond de sa prison avec Zaldivar, chef d'une bande qui désolait l'Andalousie, et avec le curé Merino, qui venait de reparaître dans la province de Burgos.

Ce dernier partisan, ayant surpris dans un village, un officier et huit soldats d'un régiment de ligne, les fit fusiller, en représailles des jugemens rendus par les conseils militaires ou tribunaux constitutionnels. A cette nouvelle, la commission spéciale, chargée de présenter aux cortès les moyens propres à mettre fin aux symptômes de rébellion, proposa (le 1er juin), de donner des pouvoirs illimités aux chefs militaires de la province de Burgos, pour en faire usage selon les circonstances. Mais plusieurs députés firent sentir l'inconvénient et les conséquences fatales qui pourraient résulter de cette mesure, et le congrès décida qu'on lui présenterait un nouveau projet, plus convenable au véritable sens des lois libérales.

Quelques jours après, le ministre de l'intérieur fut interrogé en comité secret sur la situation des choses. Comme on lui faisait des reproches amers au sujet des mécontens, qui s'armaient sur divers points du royaume, il répondit que le gouvernement manquait d'argent, et que le public était entièrement opposé au système que les ministres s'efforçaient de suivre.

Le parti libéral, tenu constamment en alarme sur un

grand mouvement contre-révolutionnaire, qu'on annonçait pour le milieu de juillet, avait sollicité, dans toutes les provinces, des pétitions, pour demander la convocation des cortès extraordinaires, après la clôture de la présente session; mais le roi, sans se refuser positivement à ce désir, évita de s'expliquer sur l'époque de cette convocation, jusqu'au 30 juin, jour où la session fut terminée.

1821.

Le 14 juillet, au milieu des bruits que l'on continuait de répandre sur un projet de contre-révolution, le roi partit de Madrid pour se rendre aux eaux de Sacedon[1], suivi de sa cour et d'un seul ministre. Quinze jours après, l'ambassadeur de France (M. le duc de Laval-Montmorency), depuis l'année dernière en butte aux accusations continuelles des sociétés populaires, quitta l'Espagne, où il fut remplacé par M. le comte de La Garde.

Le roi revint à Madrid le 4 août; et, cédant enfin aux sollicitations, toujours plus vives, du parti libéral, le 12, il signa la convocation des cortès extraordinaires, pour le 24 septembre.

Cette concession ne calma point les esprits, dont l'agitation était entretenue par diverses causes. Il s'était formé dans les clubs, et même dans les corps militaires, une faction, désignée sous le nom de *communeros* (partisans des communes, ou parti populaire), dont le but était visiblement l'établissement d'une république, et à laquelle se joignait celle des *americanos* (partisans de l'indépendance des provinces américaines), qui avait ses racines dans les cortès. Les uns et les autres voulaient faire renvoyer les ministres, et surtout le général Morillo, dont on connaissait les principes royalistes; et déjà, depuis plus d'un mois, des

---

[1] Bourg de la province de Cuença, où se trouvent des eaux minérales renommées, à dix-huit lieues environ de Madrid.

groupes, rassemblés sous les fenêtres de ceux qu'on signalait comme les amis de la monarchie, vociféraient le séditieux et ignoble chant du *Traga la perro*, accompagnant ce refrain, dont on connaît déjà la signification, de coups de *marteau*, pour rappeler l'odieux assassinat du chapelain du roi, Vinuesa.

Dans la soirée du 20 août, pendant que le roi était momentanément à la Granja[1], un de ces rassemblemens de factieux, s'étant formé sous les fenêtres du couvent où étaient encore renfermés les gardes-du-corps, arrêtés par suite de l'événement du 5 février précédent, se mit à chanter le *Traga la* avec l'accompagnement ordinaire du marteau. Une patrouille dispersa d'abord les chanteurs; mais ceux-ci étant accourus au club de la *Fontana d'Oro*, pour se plaindre d'avoir été maltraités, on se transporta en plus grand nombre, au couvent, en répétant le chant meurtrier, accompagné cette fois, des gestes et des propos les plus menaçans. La garde voulant encore repousser l'agression, et le chef politique (préfet) s'étant présenté, on lui demanda la destitution de l'officier qui osait résister à la puissance du peuple : le capitaine-général Morillo parut également, et invita inutilement les factieux à se retirer. La lutte s'engagea entre les soldats et le rassemblement, qui fut forcé de se disperser devant les renforts qui arrivèrent à la garde.

Le lendemain, de nouveaux rassemblemens eurent lieu à la porte du Soleil (*puerta d'el Sol*), et devant le club de la *Fontana*, demandant à grands cris la destitution et la mise en jugement de Morillo, pour avoir sabré *des citoyens paisibles*. Toute la garnison prit les armes; on changea les gardes du-corps de prison, le corps municipal fit une pro-

[1] Château royal bâti par Philippe V près du village de St.-Ildephonse, dont il porte aussi le nom, à douze ou quinze lieues de Madrid, sur la route de Ségovie.

clamation sur les événemens de la veille; le général Morillo en publia une autre, où il assurait que *son sabre était resté dans le fourreau*, qu'il avait parlé à la multitude avec une grande modération, et que, fidèle à ses devoirs et à la constitution, on le trouverait toujours sur le chemin de l'honneur, pour la défense des lois et le maintien du respect que l'on doit au gouvernement. A la suite de ces protestations, le général donna sa démission, déclarant qu'il ne prendrait aucun commandement jusqu'à ce qu'il eût été jugé et reconnu innocent des calomnies avancées contre lui. Renvoyé de la plainte après une enquête sévère, il reprit ses fonctions.

Il y eut, à cette occasion, quelques mutations dans le ministère. Les ministres de la guerre et des finances donnèrent leur démission, qui fut acceptée.

Une conspiration qui fut découverte à Saragosse, à cette même époque, donne lieu de croire que la faction des *communeros* ne bornait point ses tentatives à celles que nous venons de rapporter. Un Français, nommé Cugnet de Montarlot, condamné, par les tribunaux de Paris, comme auteur de pamphlets séditieux, tramait depuis quelque temps, dans la ville que nous venons de nommer, avec quelques autres réfugiés comme lui, et des *communeros* espagnols, un complot dont le but était de troubler à la fois la tranquillité des deux royaumes, et de proclamer la république au milieu du désordre. Ce méprisable aventurier se montrait dans les rues de Saragosse, en grand uniforme[1], avec des décorations de divers ordres, et annonçait hautement le dessein de réunir une force militaire avec laquelle il se proposait d'entrer en France, pour y rétablir la constitution de 1791, se donnant d'ailleurs le titre de *général en chef des armées constitutionnelles, président du grand empire de France*, et nom-

[1] Il avait été commissaire des guerres sous le régime impérial.

mant le général La Fayette, lieutenant-général des gardes nationales du royaume, etc., etc.

Le capitaine-général Riégo l'avait accueilli avec bienveillance[1]. Pendant que ce dernier était allé visiter quelques districts de son gouvernement pour y préparer les prochaines élections des députés aux cortès extraordinaires, le chef politique de Saragosse, alarmé des symptômes de soulèvement qui se manifestaient, crut devoir faire une proclamation, par laquelle, en prévenant les habitans paisibles, des manœuvres des ennemis de l'ordre contre le système de gouvernement que le roi et la nation avaient juré de maintenir, il les invitait à réunir leurs efforts aux siens pour briser les machinations des hommes perfides qui tenteraient, ouvertement ou dans l'ombre, d'anéantir la constitution.

Dans ces circonstances, le ministère se décida à ôter le gouvernement de l'Aragon au général Riégo, et ordonna au chef politique de prendre les mesures qu'il jugerait convenables à la sûreté de l'état, et au maintien de l'ordre. Cugnet de Montarlot, voyant ses desseins déconcertés, s'enfuit de Saragosse, et ne fut arrêté, avec quelques-uns des siens, que cinq jours après. Bientôt le bruit s'étant répandu que Riégo avait refusé d'obéir au gouvernement, et qu'il revenait sur Saragosse avec des troupes pour y proclamer la république, la population entière se souleva, dans l'intention de prendre parti pour ou contre. Les autorités envoyèrent alors une députation à la rencontre de l'ex-capitaine-général, pour le prier de ne pas entrer dans la ville, où son arrivée occasionerait infailliblement de grands malheurs. Après quelque hésitation, Riégo consentit à s'éloigner, et se dirigea sur Lérida, où le gouvernement l'envoyait en

[1] Ce général était un de ceux qu'on accusait déjà assez hautement de vouloir faire une république de l'Espagne, ou favoriser une révolution en France contre le gouvernement des Bourbons.

quartier, ou plutôt en exil. Il fut remplacé dans le gouvernement de l'Aragon, par le lieutenant-général D. Miguel Alava.

Pendant qu'on arrêtait Cugnet de Montarlot, à quelque distance de Saragosse, où il fut ramené et mis en prison, un autre réfugié français, le général Guillaume Vaudoncourt, prévenu des mêmes machinations, était également arrêté à Valence. La procédure contre ces conspirateurs s'instruisit avec une extrême lenteur; un seul des complices de Cugnet, l'espagnol Villamor, fut condamné vers la fin de l'année, à un bannissement de huit ans dans une des Canaries.

Tout le parti auquel appartenait Riégo se crut opprimé et frappé dans la personne de ce général. Des plaintes s'élevèrent de toutes parts contre le ministère qui osait traiter avec aussi peu de ménagement un des principaux chefs de la révolution. Le jour même où la destitution de Riégo fut rendue publique, le peuple se disposait à promener solennellement son buste dans les rues de Madrid; mais le chef politique se mettant à la tête d'une patrouille de milice, chargea les factieux, dispersa les groupes, et s'empara du buste, qui fut déposé à la maison communale. On fit fermer le club de la *Fontana d'Oro*, les rassemblemens furent défendus; on ne put empêcher toutefois que la populace ne délivrât quelques-uns des agitateurs saisis dans cette émeute.

Le roi craignant de voir les scènes de l'année précédente se renouveler, avait différé le plus long-temps possible son retour dans la capitale; mais l'époque de l'ouverture des cortès extraordinaires étant arrivée, il s'y rendit le 12 septembre, et trouvant plus de calme qu'il ne l'espérait, grâces à la vigilance et à la fermeté du chef politique D. Martinez-San-Martin, et du capitaine-général Morillo, il leur en témoigna sa satisfaction. Les cortès extraordinaires furent installés le

6.

28, et le roi annonça dans son discours qu'il proposerait, pendant le cours de la session, toutes les mesures que son gouvernement pourrait juger nécessaires ou urgentes.

Le fléau qui avait fait tant de ravages l'année précédente à Cadix, venait de reparaître en Catalogne avec encore plus de violence. Dans les premiers jours d'août, un brick espagnol venant de la Havane, avait apporté à Barcelone le germe de cette peste qui, cette fois, présentait tous les symptômes et le caractère de la fièvre jaune [1]. Elle s'était manifestée d'abord dans un des faubourgs (*Barcelonetta*), et y était restée concentrée jusqu'à la fin du mois; le conseil de santé avait même déclaré qu'elle n'avait aucun caractère contagieux. Mais vers le 10 septembre, le mal ayant pénétré dans la ville, les autorités supérieures, à l'exception des officiers municipaux, la garnison, hors un bataillon de milice, quittèrent Barcelone pour aller s'établir à Villa-Franca, et il fut formé un cordon à deux lieues de la cité principale [2].

Le gouvernement, en recevant les premières nouvelles de

[1] On a vu précédemment que les médecins avaient reconnu généralement le *choléra-morbus* dans l'épidémie de Cadix.

[2] Cette dernière mesure était tardive, car un tiers des habitans avait quitté Barcelone avec les autorités, et la contagion s'était répandue jusqu'à Tortose et Mequinenza. La capitale de la Catalogne offrit bientôt le spectacle le plus affligeant et le plus terrible : les affaires, les communications interrompues; toutes les boutiques, et plus tard les églises mêmes fermées; les rues remplies de malades expirans qui s'y traînaient pour réclamer les secours de la pitié publique; d'autres, renfermés chez eux pour ne pas être portés dans les hôpitaux et lazarets, où la mortalité était plus prompte et plus hideuse, enterraient leurs morts dans leurs caves, ce qui agrava encore plus la contagion qui, répandue de maison en maison, frappait tous les âges et toutes les conditions. A la fin de septembre, les cloches ne sonnaient plus pour les morts; les prêtres n'assistaient plus à la levée des corps; jetés par les fenêtres des maisons infectées, les cadavres étaient enlevés dans des tombereaux qui les transportaient au cimetière, où on les entassait, sans distinction de rang, dans une fosse commune, entre deux couches de chaux vive.

la contagion, envoya deux des plus savans médecins de Madrid à Barcelone. D'autre part, plusieurs médecins français, informés par les gazettes, demandèrent comme une faveur d'être envoyés en Catalogne, pour observer la nature du mal, étudier le mode de sa propagation, et chercher les moyens d'en arrêter les progrès; tandis que le gouvernement français prenait les mesures les plus convenables, telles que la formation d'un cordon sanitaire, et l'établissement de lazarets sur la frontière, pour interdire toute communication avec le pays infecté. Ces médecins [1], commissionnés par le ministre de l'intérieur, ou par celui de la guerre, arrivèrent à Barcelone le 9 octobre, et y furent reçus comme des sauveurs.

Pendant la durée de ce fléau, qui enleva plus de vingt mille individus à Barcelone sur soixante mille qui y étaient restés, et à Tortose plus de la moitié de la population, on en paraissait moins occupé dans l'intérieur qu'à l'extérieur de l'Espagne. La lutte engagée entre le ministère et les *comuneros*, par la destitution et l'exil de Riégo, continuait avec une nouvelle ardeur de part et d'autre. La fermeté du chef politique Moréda n'avait point ramené la tranquillité dans Saragosse. Le corps municipal et les milices de cette ville, dans la crainte d'une insurrection populaire, contraignirent ce chef à s'éloigner; mais le gouvernement lui ordonna de retourner à son poste. A la Corogne, le peuple et la garnison voulaient retenir le capitaine-général Minaqui

---

[1] MM. Pariset (qui avait déjà rempli la même mission à Cadix l'année précédente), Bally, François, Mazet (compagnon du docteur Pariset à Cadix), Audouard et Jouarry (ce dernier sans mission spéciale).

Des sœurs de charité de la congrégation de Saint-Camille, à Paris (elles se nommaient Joséphine Morelle et Anne Merlin), se rendirent également à Barcelone, et y déployèrent un zèle et un courage au dessus de toute récompense terrestre.

venait de recevoir sa destitution. Mais les dispositions contraires du reste de la province déterminèrent ce général à remettre le commandement au chef politique, et il partit pour Siguenza, où le gouvernement l'exilait. Cadix et Séville, refusant de recevoir les nouveaux chefs politiques et militaires qui leur étaient envoyés, demandèrent (de concert avec les autorités destituées), dans des adresses au roi et aux cortès, le renvoi d'un ministère qui n'avait plus leur confiance. Cordoue, Murcie, Valence, exprimèrent le même vœu, et se confédérèrent, pour ainsi dire, avec les autres provinces méridionales. A Barcelone même, la consternation causée par les ravages de la fièvre jaune n'empêcha point le peuple de faire une réclamation pareille, et de forcer le capitaine-général, qui voulait arrêter le mouvement, à quitter les environs de la ville, où, la contagion ayant cessé, il se disposait à rentrer.

Les cortès extraordinaires, détournés de leur but spécial, la discussion d'objets d'un intérêt permanent, durent s'occuper des mesures que nécessitaient les circonstances présentes. Après de longs et vifs débats, cette assemblée se borna à décréter (séance du 9 décembre) la mise en jugement des autorités rebelles de Cadix et de Séville, et (séance du 23) la poursuite de tous les signataires d'une pétition de la junte que les *communeros* avaient formée dans la première de ces cités. Entre ces deux délibérations, il avait été fait un message au roi (séance du 14), pour lui demander indirectement le renvoi du ministère [1].

---

[1] Ce message était ainsi conçu : « Les cortès, considérant que le ministère actuel n'a pas la force morale nécessaire pour diriger heureusement le gouvernement de la nation, ni pour soutenir et faire respecter la dignité et les prérogatives du trône, supplient S. M., et ils espèrent qu'elle daignera user de son autorité pour adopter les mesures qu'exige si impérieusement la situation de l'état. »

A côté des mouvemens séditieux qui s'opéraient au nom de la liberté, il s'élevait des rixes entre les troupes de ligne et les milices, comme à Pampelune, où les habitans furent désarmés par la garnison; il éclatait sur plusieurs autres points de la Navarre, en Aragon, en Catalogne, en Biscaye, en Galice, des insurrections d'une autre espèce, au nom de la religion et de la monarchie. Des bandes armées détruisaient dans les villages et dans quelques petites villes, les emblèmes de la liberté, la pierre de la constitution, et proclamaient la monarchie absolue. Il s'était formé, à peu de distance du cordon sanitaire français, dans les vallées de Bastan et de Roncal (frontières des Pyrénées occidentales), un rassemblement de douze à quinze cents hommes, moines, soldats, déserteurs, paysans, étudians, gentilhommes, sous le commandement de deux anciens officiers de Mina [1], qu'ils avaient abandonné en 1814, lors de son entreprise sur Pampelune [2].

Cette troupe, noyau de l'*armée de la Foi*, était sous la direction d'une *junte apostolique*, dont les relations et l'autorité s'étendaient sur plusieurs autres points. Elle avait des armes, de l'argent et des habits. Le général Lopez-Banos, gouverneur de la Navarre, ayant dispersé dans plusieurs rencontres, quelques détachemens de ces insurgés, presqu'à la vue du cordon sanitaire français, les autorités civiles et militaires sur la frontière des deux pays s'adressèrent des plaintes réciproques; on s'accusait mutuellement de favoriser les entreprises dirigées contre les gouvernemens respectifs. Ce fut le commencement des querelles dont nous ne tarderons pas à présenter le développement.

Les élections pour les cortès ordinaires se firent, dans presque toutes les provinces, sous l'influence de la faction

---

[1] D. Juan Villanueva (dit Juanito), et Santo-Ladron.
[2] Il voulait en chasser le nouveau capitaine-général que le roi venait d'envoyer pour le remplacer.

1821. opposée au ministère. Les ministres renvoyés le 1ᵉʳ mars, le général Riégo, et plusieurs autres personnages dernièrement destitués, réunirent la majorité des suffrages.

La position du roi devenait de jour en jour plus critique ; s'adressant tour à tour à son conseil, à la majorité des cortès, pour qu'on le guidât dans le choix d'un nouveau ministère, il ne trouvait que des partis et des passions ; et l'année se termina sans qu'il y eut rien de décidé à cet égard.

1822. On a vu que les ministres étaient résolus à faire respecter l'autorité royale et constitutionnelle ; mais dans les premiers jours de 1822, effrayés des résultats que leur faisait entrevoir la composition des nouveaux cortès ordinaires, ils supplièrent le roi d'accepter leurs démissions. S. M. cédant aux instances de trois d'entre eux (ceux des affaires étrangères, de l'intérieur et des finances), consentit à leur retraite, en chargeant provisoirement de leurs portefeuilles les autres ministres conservés. Cette mesure incomplète ne pouvait satisfaire la faction qui voulait un changement total de personnes et de système. Mais les ministres restans avaient un appui dans le parti modéré des cortès extraordinaires, dont les chefs, sincèrement constitutionnels, se flattaient d'être appelés au ministère, et en avaient même reçu, dit-on, la promesse du roi.

Le conseil d'état avait rédigé trois projets de loi tendant à réprimer les licences de la presse, à limiter le droit de pétition comme droit individuel qui ne pouvait être exercé collectivement par une autorité, si ce n'est dans la sphère de ses attributions légales, et à soumettre à la surveillance des autorités locales les réunions des sociétés patriotiques. En présentant ces projets aux cortès, dans la séance du 21 janvier, le ministère rappela, au nom du roi, les derniers événemens de Cadix et de Séville, la désapprobation que le congrès avait manifestée, les ordres donnés par le gouvernement en conséquence, et la résistance que les factieux y avaient opposée. La discussion ouverte le 2 février sur les mesures proposées, annonçait déjà aux *exaltados* que le ministère aurait gain de cause : dans les soirées des 2 et 3, des groupes nombreux se formèrent devant la salle des cortès, et parcoururent ensuite les rues de la capitale en poussant les cris accoutumés. A la sortie de la séance du 4 (où les trois projets furent adoptés), la populace accueillit les députés du parti modéré avec des huées et des cris de fureur. La maison du comte de Torreno fut envahie et pillée ; celle de D. Martinez de la Rosa aurait éprouvé le même sort, si le capitaine-général Morillo et le chef politique San-Martin n'eussent pas pris des précautions pour la garantir ainsi que plusieurs autres habitations. Ces précautions furent continuées les jours suivans, et continrent l'agitation populaire.

Les cortès extraordinaires terminèrent leur session le 14 février, et le roi, dans son discours de clôture, déclara que les mesures législatives adoptées avançaient l'œuvre de la régénération politique de l'Espagne.

Les autorités rebelles de Séville s'étaient enfin soumises. Le nouveau capitaine-général était entré dans cette ville, accompagné du nouveau chef politique ; l'élite de la population avait été au devant de ces fonctionnaires, et les avait reçus avec des acclamations telles, qu'on eût dit qu'elle était délivrée d'un long siége ; les *communeros* s'étaient tenus seuls à l'écart.

Le triomphe obtenu par le parti modéré dans les cortès extraordinaires avait déterminé le choix du roi pour la composition d'un nouveau ministère. Quatre ex-députés marquans, parmi lesquels D. Martinez de la Rosa, étaient au nombre des ministres qui furent nommés peu de jours avant l'ouverture de la session des cortès ordinaires. La lutte des partis ne tarda point à recommencer dans cette assemblée, que le roi ouvrit à l'époque ordinaire (le 1ᵉʳ mars), et dont le général Riégo fut nommé d'abord président. La dissidence des opinions entre le ministère et la majorité des cortès se manifesta dès les premières séances. Le roi étant parti pour Aranjuez, d'où il devait aller passer les fêtes de Pâques à Tolède, son absence reproduisit l'agitation dans la capitale. Le 9, une rixe sanglante s'éleva entre des soldats du régiment de Ferdinand VII, et des grenadiers de la garde royale, provoqués par des cris de *vive Riégo!* de la part des premiers, et de *vive Morillo!* répondus par les grenadiers. La populace prit parti dans la querelle; les uns pour le régiment de ligne, les autres pour la garde royale. Le général Morillo parvint à empêcher de plus grands désordres. A cette rixe et à quelques autres, apaisées par la prudence des différens chef militaires, succéda le soulèvement d'une partie de la jeunesse des faubourgs, qu'on vit se promener dans les rues en criant *vive le roi absolu!* portant un drapeau avec des emblèmes purement royalistes. Des patrouilles de gardes nationales s'opposèrent à ce mouvement; on tira quelques coups de fusil. Le porteur du drapeau royaliste ayant été tué, ceux qui le suivaient se dispersèrent. Le lendemain, il y eut encore quelques tentatives du même genre; mais elles furent promptement réprimées. Ces mouvemens inquiétaient d'autant plus le ministère et le parti constitutionnel, qu'ils semblaient se lier à ceux qui éclataient journellement dans diverses provinces.

A Valence, les *exaltados* avaient demandé, par l'organe du conseil municipal, la révocation du capitaine-général et du chef politique, qui montraient une attitude ferme et décidée contre les perturbateurs de l'ordre constitutionnel, et le renvoi du deuxième régiment d'artillerie, disposé à seconder les mesures de ces deux fonctionnaires. Il y avait, en attendant la décision royale, des rixes fréquentes entre les volontaires de la milice et les soldats d'artillerie. Pampelune offrait le spectacle des mêmes discordes entre la majorité des habitans et la garnison, avec cette différence que les militaires y soutenaient le parti contraire, c'est-à-dire celui des *communeros* ou *descamisados*[1]. On leur avait insinué que les habitans voulaient s'emparer de la citadelle, et en faire le point d'appui, la place d'armes de l'armée de la Foi. A la suite d'un banquet ou réunion militaire, il s'engagea une rixe dans laquelle plusieurs officiers, soldats et habitans perdirent la vie ou furent grièvement blessés.

Il ne résulta de l'affaire de Valence que l'adoption de quelques mesures locales entre lesquelles il faut remarquer l'ordre d'accélérer le procès du général Elio, et la mise en jugement du chef politique de la province, le brigadier Placentia, pour des faits antérieurs à ceux qui étaient l'objet des dernières dénonciations. Quant à l'événement de Pampelune, les cortès ordonnèrent le désarmement de la milice urbaine. Cette mesure fut exécutée avec la plus grande violence par les soldats de la ligne, qui parcouraient les rues en chantant la *Traga la*, et forçaient tous les individus, magistrats, prêtres, femmes, qu'ils rencontraient, à crier *vive Riégo*. On peut croire aisément qu'une pareille vexation dut augmenter le nombre des mécontens dans la Navarre, où, malgré toute l'activité du général Lopez-Banos, les bandes de l'armée de la Foi continuaient de se montrer.

Au mois d'avril, la guerre civile, imminente sur plusieurs points, commença à prendre en Catalogne un caractère très-alarmant. Il s'y était formé, sous la direction secrète du général baron d'Éroles, des bandes nombreuses, commandées par d'anciens chefs de guérillas ou de contrebandiers, tels

---

[1] C'est ainsi que Riégo avait désigné lui-même le parti dont il se déclarait hautement le protecteur et le père.

que Misas, Mosès-Anton-Coll, Miralles, Boshoms, Romagosa, Romanillo, par un avanturier français, nommé Bessières, naguère impliqué dans une conspiration républicaine, et par un moine trapiste, Antonio Maranon, jadis officier au régiment de Murcie. Battues quelquefois par les troupes constitutionnelles, ces bandes obtenaient aussi des avantages dont il résultait pour elles une augmentation de forces.

Misas, après avoir surpris le bourg de Campredon (17 avril), où il fit des levées d'hommes et d'argent, repoussé ensuite jusque sur les frontières de France, était rentré en Espagne, et avait ramené l'insurrection aux portes de Barcelone et de Tarragonne, en battant, dans plusieurs rencontres, les colonnes qui voulaient arrêter ses progrès. De son côté, le trapiste Maranon fit payer cher aux troupes de la garnison de Lérida la prise de Cervera (18 mai), où était le quartier-général des insurgés et une junte apostolique. Les constitutionnels vainqueurs perdirent dans cette circonstance plus de deux cent cinquante hommes, et quoique la perte du Trapiste fut plus considérable, il rentra bientôt en campagne, après avoir rallié les débris de sa bande, recrutée d'une partie de la population de Cervera, qui avait subi les suites horribles d'une prise d'assaut.

Cependant le général Lloberas, commandant à Barcelone, ayant reçu quelques renforts, repoussa une seconde fois Misas jusqu'à Puycerda, et mit en déroute complète une division de sa bande, commandée par Bessières, dont les débris se jetèrent sur le territoire français sous la protection du cordon sanitaire, qui les désarma [1].

---

[1] Il faut remarquer que, pendant cet engagement et quelques autres qui eurent également lieu de ce côté, les troupes françaises étaient sous les armes et bordaient les deux côtés du chemin neutre de Livia, sur lequel l'action se passait; les balles sifflaient à leurs oreilles, et les morts tombaient à leurs pieds. Froids spectateurs de cette lutte des partis, les

D'autres bandes s'étaient formées dans la Galice et en Murcie, où l'ancien partisan Jaimes avait reparu à la tête de quatre à cinq cents cavaliers, bien montés et bien équipés; mais leurs opérations n'avaient point la même importance qu'en Navarre et surtout en Catalogne.

Ces insurrections, dont chaque jour on apprenait les progrès, répandaient l'inquiétude et augmentaient l'irritation des partis dans l'assemblée des cortès. Les ministres mandés plusieurs fois pour donner des renseignemens sur les mesures prises contre les rebelles, persistaient à regarder l'insurrection comme peu formidable; et lorsqu'on leur reprochait de ne pas avoir envoyé assez de troupes régulières sur les points menacés, ils répondaient qu'ils n'avaient osé dégarnir aucune place, dans la crainte de faciliter plutôt que d'arrêter les mouvemens insurrectionnels.

Une adresse au roi, votée par les cortès (24 mai), à la suite des discussions sur les mesures à prendre dans les circonstances présentes, révéla les défiances du parti libéral sur la conduite des ministres à l'égard de patriotes qu'on prétendait persécutés, sur ses relations avec un *gouvernement étranger* (la France), pour apporter des modifications à la constitution, sur l'indifférence qu'il mettait à réprimer les insurrections dans les provinces. Le roi reçut cette adresse à Aranjuez, et en fit attendre quelque temps la réponse. Dans cet intervalle il se passa des événemens qui redoublèrent l'inquiétude des libéraux.

---

soldats français ne s'occupaient que de leur mission, celle de prévenir les communications interdites par les réglemens sanitaires; et tandis qu'ils ouvraient leurs rangs pour donner asyle à quelques malheureux menacés de la mort, l'alcade de Puycerda, quelques officiers et plusieurs soldats des troupes constitutionnelles recevaient dans le lazaret de Bourg-Madame les soins, les égards dus à l'hospitalité qu'ils avaient, dans un moment de péril imminent, demandée et obtenue deux jours auparavant.

Un détachement d'artillerie, réuni à plusieurs autres individus, se souleva, le 30 mai, dans la citadelle de Valence. Après avoir déposé l'officier commandant, et l'avoir remplacé par un simple canonnier, condamné la veille à dix ans de *présides*, les insurgés proclamèrent pour leur chef supérieur le général Elio, encore renfermé dans la citadelle, et annoncèrent hautement le dessein de renverser la constitution. Les autorités civiles et militaires ayant d'abord essayé de ramener ces hommes égarés, se virent forcées d'employer les moyens de rigueur qu'elles voulaient éviter. Tandis qu'on prenait des dispositions pour faire attaquer la citadelle par le régiment de Zamora et les bataillons de la milice urbaine, quelques soldats et des habitans y pénétrèrent, et forcèrent les séditieux à se rendre à discrétion, après un engagement où il n'y eut qu'un des soldats rebelles de tué, et quelques hommes blessés légèrement.

Cette nouvelle annoncée aux cortès, déjà informés que d'autres mouvemens avaient eu lieu à Aranjuez même, dans le but d'enlever le roi, ne pouvait qu'augmenter l'exaspération du parti constitutionnel contre les ministres, et aussi ceux-ci furent-ils attaqués avec plus de violence que jamais, comme des libéraux de 1812, incorrigibles ennemis du vrai libéralisme qui avait sauvé l'Espagne en 1820. Le ministère se défendit avec assez d'énergie, mais en faisant quelques concessions à ses adversaires, en protestant du zèle de tous ses membres pour le maintien de la constitution et de l'indépendance nationale dans les relations avec les gouvernemens étrangers, et pour la poursuite des factieux. Quelques jours après, le gouvernement adressa au congrès un message par lequel il demandait l'autorisation nécessaire pour mettre en activité de service vingt mille hommes de milice, et disposer de dix millions de réaux pour leur entretien. Dans la discussion qui eut lieu sur cette proposition, adoptée le 16 juin, le ministère déclara que la mesure était motivée sur un passage du discours du roi de France, à l'ouverture de la sesssion actuelle des chambres[1], où S. M. T.-C. dit « qu'elle avait pris la résolution de maintenir le cordon « sanitaire aussi long-temps que la sûreté du pays l'exi- « gerait[2]. »

La réponse du roi à l'adresse du 24 mai fut enfin apportée aux cortès le 20 juin, par tous les ministres en corps. C'était un refus, exprimé avec ménagement, d'accéder aux différens vœux émis par le congrès dans cette même adresse[3], surtout à celui pour le changement du ministère, dont il ne fut plus question dans le cours du reste de la session.

L'insurrection faisait en Navarre des progrès non moins effrayans qu'en Catalogne. Les généraux Éguia, Nunez, Quesada, Abreu, réfugiés sur la frontière de France, avaient répandu dans la province des proclamations au nom d'un gouvernement provisoire dont ils faisaient partie, pour engager les paysans et les soldats de l'armée constitutionnelle à se rendre au quartier-général de l'*armée de la Foi*, établi à Roncevaux, où chacun de ceux-ci qui se présenterait habillé et armé, devait recevoir cent soixante réaux (quarante francs), et celui qui viendrait seulement avec son uniforme quatre-vingts. Ces proclamations étaient

---

[1] Le 4 juin.

[2] « A cette occasion, dit un journal espagnol, toutes les nuances d'opi- « nion qui se manifestaient dans les autres discussions du congrès, ont « disparu : un cri unanime s'est élevé pour repousser toute influence « étrangère. »

[3] « Je me promets, disait le roi, avec les ressources décrétées et les « moyens qui sont dans les attributions du gouvernement, de voir bientôt « rétablir la tranquillité en Espagne, et frustrer les tentatives des enne- « mis de la patrie. C'est de cette manière que nous prouverons la fermeté « du régime constitutionnel, sans avoir recours à des *moyens extraordi-* « *naires*, rarement nécessaires, et qui sont toujours une preuve de l'im- « puissance des lois existantes. »

terminées par ces mots : *vive Dieu! vive Ferdinand* VII! *vive l'héroïque nation espagnole!* En peu de jours, tous les villages de la vallée de Roncal se soulevèrent en même temps. Des douaniers, des contrebandiers, une foule de gens sans aveu, recrutèrent les débris des bandes précédentes ; et le général Quesada, qui avait réuni quatre à cinq cents royalistes réfugiés du côté de Saint-Jean-Pied-de-Port, entra le 23 juin en Navarre par Lecumberry, et se dirigea sur la vallée de Bastan, où sa troupe se grossit de quinze à dix-huit cents hommes. A cette nouvelle la province fut déclarée en état de siége. On venait d'y faire passer un renfort de dix-huit cents hommes d'infanterie et de huit cents de cavalerie. Le général Lopez-Banos se porta promptement avec ces troupes et deux bataillons de milice active sur les derrières des forces royalistes, entre la vallée de Roncal et la France, pour leur couper les communications de ce côté ; mais le général Quesada, débusqué de quelques positions, battu le 3 juin à Otchogavia, n'en fut point déconcerté ; et ne pouvant plus s'appuyer sur la France, il se jeta, par les montagnes, dans l'Aragon.

Quelques échecs éprouvés par les royalistes en Catalogne, ne les avaient pas plus découragés. Les chefs Miralles, Romagosa, Romanillo, ayant réuni un corps de quatre à cinq mille hommes, se portèrent (vers le 15 juin) sur la Seu d'Urgel, place voisine de la frontière de France, dont la population était contraire au système constitutionnel, et la garnison faible et mal pourvue de vivres. Les royalistes attendus par leurs partisans tentèrent, le 21 juin, une escalade par une des tours de l'enceinte de la place. Le trapiste Maranon y monta le premier, un crucifix d'une main et un fouet de l'autre. Son audace enhardit les royalistes à le suivre sous le feu d'une mousqueterie meurtrière. Après une action de nuit qui dura plusieurs heures, tous les forts furent pris successivement. On y trouva des munitions en grande quantité, quinze cents fusils et soixante pièces d'artillerie. Les vainqueurs empêchèrent le peuple de massacrer les soldats constitutionnels, échappés à la fureur de l'assaut. Mais le sort de ces derniers ne fut pas meilleur : jugés par un conseil militaire, ils furent presque tous fusillés à Olot, petite ville à quelque distance de la Seu d'Urgel, et dont les royalistes étaient également maîtres. Sur d'autres points de la province les insurgés étaient battus par les généraux Llodberas, Torrijos et Milans, sortis de Barcelone avec des troupes mi-parties de ligne et de milice. Mais la prise de la Seu d'Urgel n'en était pas moins un événement de la plus haute importance, comme donnant un point d'appui à l'insurrection, qui s'étendit rapidement dans le pays appelé la Conque de Tremp, et les vallées de la Sègre.

Tandis que l'horizon politique s'obscurcissait ainsi de plus en plus au nord de l'Espagne, les factions s'agitaient dans la capitale avec une nouvelle violence. Des rixes journalières éclataient entre les soldats de la garde royale et les hommes de la milice. La prolongation du séjour du roi dans son château d'Aranjuez, les communications fréquentes du ministère avec l'ambassadeur de France, où l'on présumait qu'il était question de modifier la constitution, les procédés du gouvernement contre les clubs et les *communeros*, l'éloignement où il tenait quelques chefs de la révolution, avaient accru l'inquiétude des *exaltados*. Toutefois les cortès devenus plus calmes et plus modérés, semblaient terminer leur session sous des auspices moins funestes qu'elle n'avait commencé; les ministres y avaient obtenu à peu près tout ce qu'ils demandaient. Le roi rentra dans Madrid le 27 juin, pour faire la clôture de cette même session, dont la durée avait été prolongée d'un mois.

Dans la disposition présente des esprits à Madrid, au milieu, pour ainsi dire, de tant de matières inflammables qui s'y trouvaient ramassées, il ne fallait qu'une étincelle pour produire un incendie : et cet incendie ne tarda pas à se manifester.

Le 30 juin, jour de la séance de clôture des cortès, le roi sortit de cette assemblée, comme il y était arrivé, aux acclamations ordinaires, *vive le roi constitutionnel!* auxquelles se mêlaient de loin en loin des cris de *vive le roi* seul ou *absolu* (*viva el re neto*)! mais en approchant du palais, des groupes de gens mal vêtus, ayant fait entendre les cris de *vive Riégo! vive la liberté!* reçurent quelques bourrades de la garde royale; ces cris redoublant au moment où le cortége royal atteignait à la principale entrée du palais, et les crieurs menaçant d'y suivre le monarque, les gardes s'y opposèrent d'abord à coups de crosse de fusil, ensuite par une décharge faite en l'air; et dans la bagarre, il y eut plusieurs personnes de blessées, entre autres un homme de la milice ou garde nationale à cheval. Le premier moment de terreur passé, la foule revint à la charge avec des pierres, dont plusieurs soldats de la garde royale, sortis pour repousser l'agression, furent blessés. On les força de rentrer; mais dans l'état d'exaspération où ils étaient, leurs officiers avaient peine à s'en faire obéir, surtout ceux qui étaient connus comme libéraux; l'un de ces officiers, fils d'un riche négociant de Cadix, nommé Landaburu, lieutenant au deuxième régiment, voulant contenir sa troupe, fut massacré dans la cour du palais.

Au bruit de ce meurtre, bientôt connu dans la ville, l'agitation populaire, excitée par des individus témoins et peut-être auteurs des premières scènes qui s'étaient passées à l'entrée du palais, prit le caractère le plus alarmant. Les miliciens, infanterie et cavalerie, accoururent en uniforme, armés et montés, sur la place dite de la Constitution,

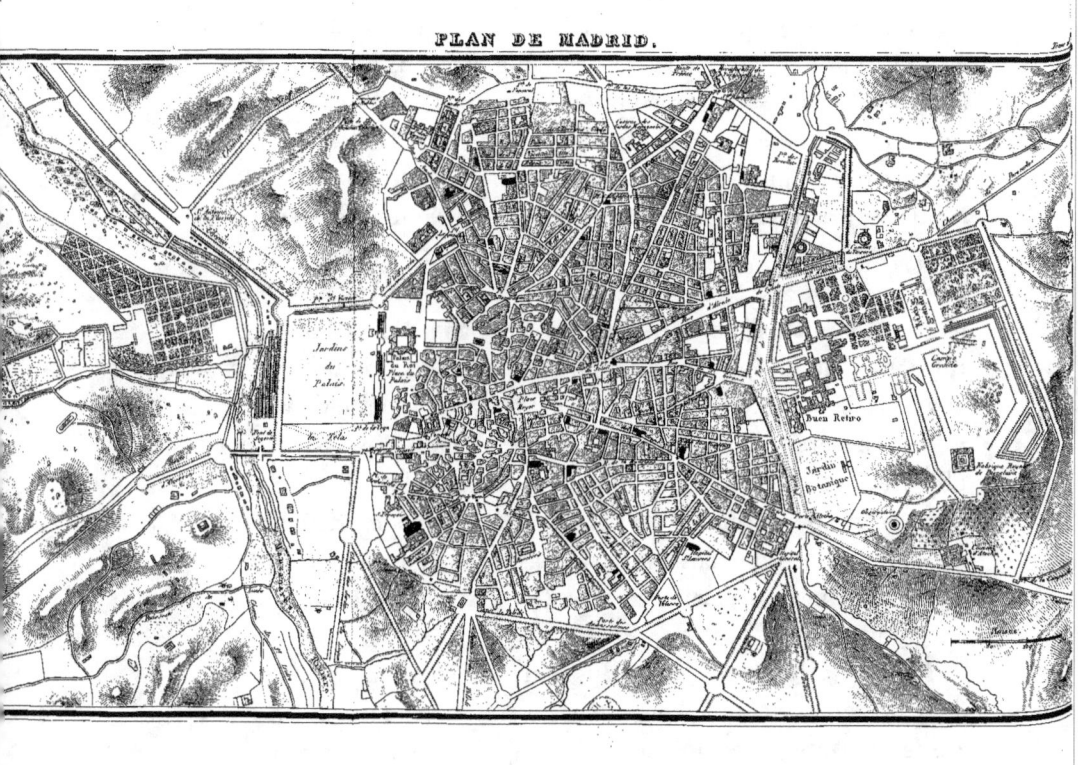

où ils se formèrent en bataille, et demeurèrent toute la nuit sous les armes; les troupes de la garnison et l'artillerie s'y rendirent aussi de leur côté, musique en tête, pour fraterniser avec la milice, et appuyer les mouvemens qu'elle pourrait faire; un certain nombre d'officiers et beaucoup de sous-officiers de la garde royale se présentèrent à la municipalité (*ayuntamiento*), pour désavouer le meurtre du lieutenant Landaburu, et offrir leurs services; l'artillerie mit ses pièces en position. Au milieu de ces préparatifs de guerre civile, et de l'effervescence populaire qui accueillait la troupe par les plus bruyantes acclamations, le chef politique, le capitaine-général Morillo et le général Ballesteros, réussirent à calmer l'irritation des milices contre la garde royale, et à arrêter le mouvement qui se préparait. Les principales rues de Madrid furent illuminées spontanément pour prévenir le désordre et l'horreur des scènes qu'on redoutait; le corps municipal se constitua en permanence; et l'ordre fut donné de faire venir quelques régimens cantonnés aux environs de la capitale. La nuit se passa dans l'attente d'événemens encore plus funestes. Il y eut quelques assassinats obscurement commis. De leur côté, les deux bataillons de la garde royale de service au palais s'étaient mis en défense et avaient placé des postes à cent pas de distance des principales avenues du palais, en face de ceux des miliciens qui les entouraient.

Le 1er juillet, au point du jour, le capitaine-général Morillo, étant venu à bout de faire retirer les milices, ne conservant que six compagnies et quelques postes de troupes de ligne sous les armes, se rendit chez le roi pour lui rendre compte de la situation des choses. Il proposa de faire mettre, sans retard, en jugement les coupables de l'assassinat de Landaburu, quels qu'ils fussent. Le roi ordonna que la veuve de cet officier recevrait la solde entière de son mari, et que ses enfans seraient élevés aux dépens de l'état; le ministre de la guerre arrêta bientôt après, au nom de S. M., que ce crime serait poursuivi suivant toute la rigueur des lois. Ces mesures ne calmèrent aucun parti.

Déjà les journaux des *exaltados*, publiés dans la matinée, avaient prononcé que la garde entière était coupable, et qu'il fallait la désarmer et la dissoudre. Les deux bataillons de service, après avoir vu partir ou avoir renvoyé leurs officiers ou sous-officiers libéraux, s'étaient barricadés dans l'enceinte du palais, en déclarant qu'ils y resteraient pour défendre le monarque; à la parade, qui eut lieu comme de coutume, ils s'opposèrent à ce que la musique jouât l'hymne de *Riégo*, qu'un décret des cortès avait récemment mis au nombre des airs nationaux. La journée se passa en négociations inutiles pour les résoudre à sortir du palais. La milice prit de nouveau les armes; le régiment de l'infant D. Carlos, et le régiment d'Almanza, cavalerie, étaient prêts à se mettre en mouvement. On n'attendait que l'arrivée de deux autres régimens, pour faire aux deux bataillons mutinés, une dernière sommation, lorsqu'un nouvel incident vint empirer l'état des choses.

Les autres bataillons de la garde, au nombre de quatre, qui n'étaient point de service au palais, soit qu'ils partageassent l'opinion de leurs camarades des deux bataillons soulevés, soit pour éviter d'être surpris et désarmés dans les différentes casernes qu'ils occupaient dans la ville, avaient pris, de concert, la résolution d'en sortir, et d'aller camper hors des murs dans une position défensive. Ce projet reçut son exécution dans la nuit du 1er au 2. Les bataillons, après s'être réunis au dehors près d'une poudrière, dont ils s'emparèrent pour s'approvisionner de munitions, se portèrent ensuite à l'endroit nommé *Pradera de los Guardias*. Le général Morillo, qui, pendant toute la journée avait parcouru, non sans quelque danger, les casernes de la garde, pour tâcher d'y rétablir la discipline et la subordination, se rendit à la *Pradera* au moment même où les bataillons y arrivaient. Il les exhorta à rentrer dans le devoir, et à retourner à leurs quartiers. Mais la troupe entière répondit qu'elle ne reviendrait point à Madrid, parce qu'elle était décidée à suivre le roi, qu'elle supposait sorti de la capitale. Pour la désabuser, Morillo proposa de nommer un soldat par compagnie, qui se rendrait au palais avec lui pour parler à S. M. En effet, cette députation fut présentée au roi, qui, blâmant la conduite des députés comme celle de la masse, les chargea de dire aux bataillons que sa volonté était qu'ils rentrassent dans leurs quartiers et se soumissent aux ordres de leurs chefs; en même temps il nomma le général Morillo, colonel *par interim* des deux régimens d'infanterie de la garde.

Le général Morillo revêtu de ce commandement direct, retourna avec les soldats députés à la *Pradera* : il y fut reçu aux cris de *vive Morillo! vive le roi absolu!* et comme il voulait étouffer ces acclamations, les bataillons le supplièrent de se mettre à leur tête pour exterminer la faction des *descamisados*, et sauver le roi. Le général chercha vainement à les apaiser, et les menaça de les abandonner aux suites terribles de leur révolte, s'ils ne se rendaient pas aux conseils, aux ordres de leur chef; il ne put rien sur ces esprits exaspérés. Rentrant alors en ville, il alla rendre compte au roi et aux ministres de l'inutilité de ses efforts, et se rendit ensuite à la municipalité, afin d'y concerter, avec les autres autorités, de nouvelles mesures pour assurer la tranquillité publique. Dans l'après-midi, ce général fut informé que la colonne des gardes s'était dirigée sur le Pardo, château de chasse du roi, à deux lieues de Madrid. Les quatre bataillons formaient encore, après la défection des soldats, sous-officiers et officiers, qui s'en étaient séparés pour joindre les constitutionnels, un corps de dix-sept à dix-huit cents hommes, tous dévoués à la cause royale.

Tandis qu'on répandait dans la ville que le roi s'était échappé du palais pour aller à son château de plaisance de la Moncloa (à quelque distance du Pardo), S. M. tenait conseil avec ses ministres, mais refusait l'ordre d'attaquer sa garde au Pardo. Il reçut bientôt une adresse de ces bataillons, qui, en rappelant les outrages multipliés que la garde avait soufferts de la part des autorités, déclaraient qu'ils n'avaient pu contenir leur courage offensé par la menace d'un prochain désarmement; et que, dans cette disposition, « les officiers n'avaient pas cru devoir abandonner les sol-« dats, ni leur poste actuel, jusqu'à ce que S. M. daignât « ordonner que la garde royale reçût des garanties certai-« nes[1].... » ajoutant « qu'ils ne céderaient jamais à la force, « car ils préféraient la mort à l'opprobre.... » Cette adresse était datée du camp de Pardo, et signée au nom de tous, par un des officiers supérieurs, le comte de Moy. En attendant son effet, les bataillons se retranchèrent dans le parc du Pardo comme dans un poste de guerre, où les paysans voisins s'empressaient de leur apporter des vivres, en criant *vive le roi! à bas la constitution!*

Les journées du 2 et du 3 se passèrent en négociations et en délibérations au camp du Pardo, au palais, à la municipalité, à la salle des cortès, où la députation permanente n'avait point suspendu sa séance depuis le 1er. Les *exaltados*, à la tête desquels était Riégo, qui prétendait au commandement de Madrid, voulaient qu'on attaquât sur-le-

---

[1] Ces garanties étaient l'abolition du décret qui avait réorganisé la garde royale, une épuration de la milice ou garde nationale de Madrid, de laquelle on renverrait les *descamisados* ou *tragalistas*, ainsi qu'ils étaient nommés dans l'adresse.

champ le palais et le Pardo; mais les modérés, Morillo, le ministère et même la municipalité, voulant éviter, à tout prix, que l'action s'engageât, proposaient une amnistie [1].

La journée du 4 fut moins tranquille que les deux précédentes. Les constitutionnels reçurent de fâcheuses nouvelles de la Navarre, et surtout de Cordoue, où les carabiniers royaux s'étaient révoltés le 25 juin, en apprenant qu'un décret ordonnait la suppression de ce corps. Le parti de Riégo insista plus fortement pour l'attaque des bataillons du palais et du Pardo; et le corps municipal, revenu à cette opinion, fit un message au roi pour l'inviter à se rendre à la maison commune avec sa famille. Le roi répondit qu'il en délibèrerait avec son conseil. Réuni pour cet objet (le 5), le conseil fut d'avis que S. M. devait se rendre aux vœux du corps municipal, et se séparer de sa garde indisciplinée. Le roi s'y refusa [2]. La députation permanente des cortès, écrivit de son côté au roi, que s'il ne sortait pas le soir même de la captivité dans laquelle il se trouvait, on serait dans le cas, prévu par la constitution, de nommer une régence. S. M. répondit qu'elle avait donné les ordres nécessaires pour que les bataillons campés au Pardo fussent distribués dans quelques garnisons entre Tolède et Talaveyra; qu'aussitôt que cette mesure serait exécutée, les deux bataillons qui occupaient le palais se rendraient à leurs casernes, laissant la garde ordinaire auprès de sa personne; et que si cela n'avait

---

[1] Les constitutionnels avaient pris des mesures pour que le dévouement de leurs défenseurs ne s'affaiblît point. Trente millions de réaux, empruntés au commerce, sur la signature du banquier Ardouin, servirent à payer la troupe de ligne et les milices, au nombre de douze mille hommes. D'autre part, il se fit, dit-on, aux deux bataillons du château, une distribution de vingt piastres (plus de cent francs) par homme.

[2] On assure que le roi dit à cette occasion: « Ma garde n'est point in« disciplinée; laissez-moi me mettre à sa tête, et vous verrez si elle ne « m'obéit pas. »

pas lieu, la députation pourrait agir d'après le texte de la constitution.

Le roi avait demandé l'avis du conseil-d'état sur les moyens à prendre pour faire rentrer dans leur devoir *avec honneur*, les soldats que les insultes réitérées des libéraux avaient égarés un moment; en l'invitant, ainsi que la députation permanente, à expliquer ses vues, à l'égard de la dignité de la couronne et de sa personne royale. Après plusieurs heures de délibération, le conseil se sépara sans rien décider; les circonstances devenaient cependant plus pressantes de moment en moment. Le ministre de la guerre avait envoyé, dès le 2, au général Espinosa, qui était à Valladolid, l'ordre de venir à marches forcées avec sa division pour attaquer le camp du Pardo; et ce général était arrivé de sa personne à Madrid, suivi de ses troupes qui n'en étaient plus qu'à quelques lieues. Les postes du Pardo avaient tiraillé dans la journée (du 5) avec les gardes avancées des constitutionnels. Au palais du roi, tout prenait un appareil de guerre; les gardes royaux portaient des rubans rouges sur lesquels était écrit *vivent le roi et la religion!* Plusieurs royalistes dévoués avaient trouvé moyen de pénétrer dans l'intérieur, et se montraient disposés à seconder la troupe dans sa défense.

Le 6, dès la pointe du jour, les bataillons du Pardo firent une reconnaissance vers la porte dite de Fer (*puerta de Hierro*), où étaient les avant-postes des troupes de ligne. Quelques pelotons du régiment d'Almanza chargèrent cette découverte, qui rentra dans le camp, où les soldats fusillèrent un officier qu'ils avaient entraîné par force, et qui voulait leur échapper.

Cependant les ministres et le conseil-d'état, rassemblés au palais, après avoir remis en délibération les propositions faites la veille par le roi, déclarèrent, d'un commun ac-

cord : « 1°. que l'on ne pouvait offrir aucune garantie à
« S. M. pour la sûreté de sa personne, puisque c'était S. M.
« elle-même qui s'était mise de bonne volonté entre les
« mains d'une bande effrénée d'assassins, et que les troupes
« constitutionnelles se seraient déjà emparées du palais, si
« elles n'eussent pas craint de compromettre la vie du roi,
« en l'exposant au dépit de ces factieux; 2°. que la seule me-
« sure à prendre avec les bataillons de la garde était de les
« punir selon toute la rigueur des lois militaires, et que le
« mot *honneur* ne devait pas être prononcé quand il s'agissait
« de militaires insubordonnés, traîtres à la patrie et à leurs
« sermens; 3°. que la conduite du général Riégo (le roi
« avait demandé qu'on fît une enquête sur ce général [1]),
« n'avait pas donné prise à l'étrange accusation faite contre
« lui; que S. M. avait été sans doute induite en erreur par
« les inculpations calomnieuses publiées par l'*Impartial*,
« journal vendu à la Sainte-Alliance; 4°. et enfin, que le
« conseil-d'état avait prêté serment à la constitution, et que
« tous les individus qui le composaient la soutiendraient jus-
« qu'au dernier soupir. » A la réception de cette délibération, le roi exposa, par une nouvelle missive, au conseil-
d'état, que, vu l'état des choses et les attentats réitérés
contre sa personne, le pacte social dont parlait le conseil
devait être considéré comme dissous, et qu'il (lui roi) ren-
trait dans tous ses droits. A quoi le conseil répartit que si
le pacte social était dissous, ce n'était pas la faute de la nation, mais le fait du roi lui-même; et que S. M. n'avait
d'autres droits que ceux que la constitution lui accordait.
Le conseil terminait sa réplique en conjurant le roi de
prendre une prompte résolution pour se tirer de la position

---

[1] On l'accusait d'avoir voulu prendre, de son chef, le commandement
de toutes les troupes constitutionnelles réunies dans Madrid.

dangereuse et humiliante où il se trouvait. Après de telles communications, tout accord paraissait impossible.

Il y eut dans la soirée une réception diplomatique à la cour; et il n'y fut en apparence aucunement question des événemens du jour; mais l'inquiétude était sur tous les visages, et l'effroi dans tous les cœurs.

Les conseillers intimes du roi lui proposaient de profiter du temps qui lui restait, pour quitter Madrid avec une escorte sûre; l'infortuné prince ne pouvait se résoudre à suivre ce conseil; il paraissait compter sur le secours et l'influence du général Morillo, qu'il venait de mander au palais. Mais le général instruit du mauvais succès de la conciliation proposée, dont il était, dit-on, le principal appui, s'était décidé à se réunir aux constitutionnels, et refusait de se rendre au palais, disant qu'il ne voyait dans la garde qu'une troupe révoltée contre les ordres donnés par le roi, et qu'il resterait à son poste à la tête des régimens de la garnison. La nuit se passa en alarmes.

Le lendemain (7), à trois heures du matin, les quatre bataillons de la garde, sortis dans le plus grand silence de leur camp du Pardo, se présentèrent devant la porte de Madrid, dite *del Conde-Duque* (du Comte-Duc), et la franchirent, après avoir dispersé par une légère fusillade, la faible garde qu'on y avait placée. Ils se partagèrent ensuite en trois colonnes qui prirent des directions différentes; la première se porta sur le parc d'artillerie placé près de la porte de *San-Vicente;* la seconde se dirigea vers la porte *del Sol*, située presqu'au centre de la ville, non loin de la place *Mayor*, et balaya, chemin faisant, quelques miliciens qu'on avait postés sur son passage; la troisième marcha directement sur la place *Mayor*. L'objet de ce triple mouvement était de mettre le palais du roi (situé entre la porte *San-Vicente* et la place *Mayor*), au milieu de l'attaque des colonnes. Aux premiers coups de fusil entendus, toutes les troupes de la garnison et les milices s'étaient mises sous les armes; une foule d'habitans non inscrits étaient accourus également armés, et le général Morillo avait fait ses dispositions, et distribué les postes entre les généraux Ballesteros, Alava, San-Miguel, Palarea et Riégo.

La première colonne des gardes royaux échoua dans son attaque sur le parc d'artillerie de la porte *San-Vicente*; un corps d'officiers à demi-solde que le général San-Miguel avait organisé, le 2, sous la dénomination de *bataillon sacré*, se trouvant sur ce point, repoussa avec vigueur les assaillans qui, attaqués en queue dans le même moment par un autre détachement de constitutionnels, se débandèrent, en se dirigeant isolément ou par petits pelotons vers le palais; le capitaine D. Louis Mon, commandant cette colonne, abandonné de ses soldats, fut pris l'épée à la main et conduit au général Morillo. La seconde colonne, arrivée à la porte d'*el Sol*, y trouva le général Ballesteros avec de l'infanterie, un piquet de cavalerie et quelques pièces d'artillerie. Après une charge meurtrière, la garde fut mise en désordre; toutefois la colonne parvint à se rallier dans une rue voisine, et gagna, par de longs détours, la place du palais. La troisième colonne, parvenue à la place *Mayor*, qui était occupée par les miliciens et un détachement d'artillerie, s'en empara malgré le feu de deux pièces chargées à mitraille, et celui de toutes les maisons où les miliciens s'étaient retranchés. Elle s'y soutenait en attendant l'arrivée des deux autres colonnes, lorsqu'elle apprit leur défaite. Alors le comte de Moy, qui la commandait, prit le parti de se retirer aussi vers le palais, mais en laissant les rues jonchées de ses soldats morts, et toujours poursuivi par la cavalerie constitutionnelle aux ordres du brigadier-général Palarea[1]. Ainsi

[1] C'était un ancien chef de guérillas, connu dans la dernière guerre sous

toute la garde allait se trouver réunie autour et dans l'intérieur du palais; mais elle était affaiblie et n'avait plus son premier élan. Quelques compagnies s'étant jetées dans les écuries royales pour s'y défendre, le général Morillo les y fit attaquer par un bataillon formé de ceux de leurs camarades qui les avaient abandonnés, et elles furent délogées à la baïonnette.

Pendant que le combat durait encore sur divers points, les deux bataillons du palais attendaient des ordres; mais ils n'en reçurent aucun, et le roi se borna, quand les constitutionnels eurent occupé les écuries, à donner l'ordre de remettre les chevaux qui s'y trouvaient à la garde nationale à cheval. Bientôt le régiment de l'infant D. Carlos, les bataillons de milice, et la populace armée par les clubs, au nombre de plus de dix mille hommes, conduits par Morillo, Ballesteros, Alava, Riégo et autres généraux, s'avancèrent vers le palais par toutes les avenues, avec de l'artillerie et en poussant des cris épouvantables. Les pièces étaient en batterie, et l'attaque allait commencer, lorsque le pavillon blanc fut arboré sur les murs du palais, et les hostilités cessèrent à l'annonce d'un message que le roi envoyait à la députation permanente des cortès.

Celle-ci, sans communication avec les ministres encore retenus au palais, convoqua une junte composée de deux conseillers d'état, deux membres de la députation provinciale, trois du corps municipal, et deux généraux de la place, pour délibérer sur le message du roi. Le marquis de Casa-Sarria, accompagné des deux chefs des bataillons de service au palais, exposa l'objet de ce message, qui se réduisait à manifester le désir qu'éprouvait S. M. de voir cesser l'effusion du sang, ajoutant qu'il ne convenait pas à l'honneur

---

le nom d'*el medico* (le médecin), profession qu'il exerçait à Madrid quand les Français envahirent l'Espagne en 1808.

de sa royale personne que sa garde fût désarmée, comme on paraissait l'exiger. Il s'éleva sur ce point une vive discussion. On convint de répondre au roi qu'avant tout il était nécessaire que S. M. prouvât qu'elle jouissait de la liberté pleine et entière que requiert la direction des affaires de l'état, et qu'en conséquence il fallait qu'elle confiât la garde de sa personne à des sujets fidèles à leur serment, et non à un corps qui venait d'entacher ses drapeaux par la perfidie la plus atroce. On posa pour base de l'arrangement les deux conditions suivantes : 1° que les deux bataillons qui s'étaient enfermés au palais le 30 juin, sortiraient avec leurs armes, mais sans cartouches, et iraient dans deux villages voisins de Madrid (Vicalbaro et Leganez), en donnant garantie pour le châtiment du meurtrier de l'officier Landaburu ; 2° que les bataillons arrivés le matin du Pardo déposeraient les armes à la porte du palais et se livreraient aux troupes constitutionnelles. Les envoyés retournèrent vers le roi avec ces propositions de la junte, et après en avoir conféré avec S. M., le ministère donna au capitaine-général Morillo, les ordres nécessaires pour exécuter cette disposition, qui pouvait seule ramener un peu de calme dans la capitale.

Les deux bataillons du palais se soumirent sans résistance à ce qu'on exigeait d'eux ; mais ceux venus du Pardo ne purent supporter l'humiliation de se rendre à discrétion ; ils serrèrent leurs rangs, firent une décharge, et, se frayant à la baïonnette, le passage à travers la troupe qui les entourait, se retirèrent, les uns par la porte de *Moro*, les autres par celle de Ségovie, dans la direction des montagnes qui environnent le plateau sur lequel est située la capitale. Le général Morillo mit à leur poursuite deux escadrons de ligne, le bataillon sacré du général San-Miguel et un bataillon de la milice active, qui les suivirent jusqu'au village de Bocedilla, où ils perdirent encore environ deux cents hommes tués ou blessés, et trois à quatre cents faits prisonniers : le reste réussit à s'échapper[1].

A la nuit, toute la ville fut illuminée ; on recueillit tous les blessés, et on en prit soin sans distinction de parti. Des soldats des bataillons de la garde du palais et des fuyards se présentèrent à la maison commune, pour demander leur grâce et offrir leur service, en attribuant leur révolte à des instigations étrangères, ou, disaient-ils, « de gens qui les avaient « abandonnés au milieu du péril. »

Tandis que les constitutionnels, fiers de leur triomphe, se livraient à la joie, en se faisant des félicitations mutuelles[2], l'intérieur du palais présentait un autre tableau : le régiment de D. Carlos y avait remplacé les deux bataillons de la garde, et son colonel essayait de rassurer la famille royale contre les dangers d'une agression populaire; deux des plus dévoués serviteurs du roi, le duc de l'Infantado et le marquis de las Amarillas avaient pris la fuite pour se soustraire à la fureur du peuple, qui accusait le premier d'avoir répandu de l'argent dans les faubourgs pour pousser les habitans à l'insurrection, et le second d'avoir pris la plus grande part à ce qui s'était passé au palais. Les ministres rendus à la liberté n'en témoignèrent ni satisfaction ni ressentiment envers le monarque.

Le corps diplomatique ne pouvait pas rester spectateur indifférent de la situation violente où se trouvait l'Espagne,

---

[1] Les gazettes de Madrid annoncèrent que la perte des gardes royaux dans cette fatale journée avait été de trois cent soixante-onze morts, sept cent dix blessés et six cents prisonniers, nombre évidemment exagéré, puisqu'avant l'action les quatre bataillons du Pardo, seuls engagés, présentaient à peine dix-huit cents combattans. La perte des troupes constitutionnelles n'était portée qu'à cinquante-huit morts et cent trente blessés.

[2] Morillo, Riégo, Ballestéros, également fêtés par la multitude, se renvoyaient l'honneur des succès de la journée.

et surtout la capitale de ce royaume. Dès le 5 juillet, les envoyés des diverses puissances s'étaient réunis pour rédiger en commun le récit des événemens qu'ils devaient transmettre à leurs cours respectives. Le ministre d'Autriche et un autre (celui de France ou de Russie) avaient, dit-on, proposé que cette note commençât par déclarer que les désordres qui agitaient Madrid, et qui mettaient en danger la vie du roi, ainsi que l'existence du trône, avaient été causés par la faction libérale, les idées populaires et les manœuvres des sociétés secrètes; mais alors le chargé d'affaires des États-Unis d'Amérique avait annoncé que non-seulement il n'apposerait point sa signature à un document de cette nature, mais que, dans le cas où la note serait rédigée dans ce sens, il la démentirait en son nom propre, aux yeux de toute l'Europe [1]. Ainsi le projet de cette note à faire en commun fut abandonné, et chacun des ministres dut rendre compte à sa cour des derniers événemens, comme il les avait vus et jugés.

Le ministre des affaires étrangères, Martinez de la Rosa, adressa, le 8, à tous les ministres étrangers, une note dans laquelle, tout en gardant quelques ménagemens envers le corps entier de la garde royale, il attribuait les événemens déplorables des jours derniers à la sortie des quatre bataillons de leurs quartiers, à leur établissement au Pardo, à leur retour hostile dans la capitale; il exposait ensuite les intentions pacifiques et conciliatrices du ministère, les ménagemens qu'il avait employés pour arrêter l'effusion du sang, et les mesures qu'il avait prises pour la sûreté de la personne du roi, de la famille royale, « envers laquelle, « ajoutait M. Martinez, le peuple espagnol n'avait jamais

---

[1] Nous ne rapportons cette anecdote que sur la foi des journaux du temps, principalement de ceux du parti libéral en Espagne.

« montré plus d'attachement et de respect que dans cette
« crise. »

Le roi, dans la nouvelle situation où le plaçaient les derniers événemens, aurait voulu conserver le ministère, qui semblait en prendre ainsi la responsabilité aux yeux de l'Europe; mais les ministres, ne pouvant point se dissimuler qu'ils avaient encouru également la haine des deux partis, monarchique et constitutionnel [1], étaient décidés à se retirer. Ils exprimèrent directement ou indirectement cette résolution au roi, qui resta quelques jours [2] sans vouloir et sans oser les remplacer. Enfin, la faction des *exaltados* ayant acquis trop de force pour que le roi éludât plus long-temps de subir son joug, S. M. dut choisir le nouveau ministère parmi ses chefs. Les généraux Évariste San-Miguel et D. Lopez Banos furent appelés, le premier au département des affaires étrangères, et le second à celui de la guerre : les autres départemens furent confiés à des personnages qui avaient également fait leurs preuves.

Sur ces entrefaites, les villes de Cadix, Valence, Carthagène, Alicante et la Corogne, ayant reçu la nouvelle de l'insurrection de la garde royale, s'étaient déclarés indépendantes et mises en état de défense. Du côté de Cordoue, les carabiniers royaux licenciés, réunis à sept cents hommes du régiment provincial, s'étaient mis en campagne, au nom d'une junte suprême royale et militaire; ils voulaient faire un mouvement sur Madrid, encouragés par le bruit des événemens qui s'y passaient. Mais, battus par une colonne des troupes constitutionnelles, ils mirent bas les armes le

---

[1] Du premier, parce que le ministère n'avait point assez fait, et du second, parce qu'il avait fait trop.

[2] Depuis le 5, M. Martinez de la Rosa refusait, sous prétexte d'indisposition, de paraître au palais.

16 juillet, près de Ciudad-Real, et furent conduits prisonniers à Almodovar-del-Campo [1].

Il serait trop long de détailler tous les actes politiques qui suivirent la nouvelle révolution opérée à Madrid, tels que le remplacement et l'exil de tous les fidèles serviteurs du monarque; la nomination d'une commission militaire spéciale, pour prononcer sur les auteurs et complices de l'insurrection; la disgrâce du général Morillo, remplacé dans ses doubles fonctions de capitaine-général et de chef politique, malgré les gages qu'il venait de donner de son dévouement, ou, pour mieux dire, de son franc retour au parti constitutionnel; la remise en activité des généraux éloignés du commandement, et surtout celle de Mina, qui fut envoyé en Catalogne pour y diriger en chef les opérations militaires contre les bandes de la Foi; la condamnation et l'exécution du soldat de la garde royale, Gabarda, accusé d'avoir été le principal meurtrier du lieutenant Landaburu [2], et dont la grâce fut vainement sollicitée par plusieurs personnes considérées dans le parti vainqueur, et par le ministre de France, comte de Lagarde; la nouvelle procédure contre le général Elio; qui fut condamné à mort par une commission militaire présidée par un simple lieutenant-colonel (au refus des officiers-généraux qu'on avait appelés à cet effet, et qui furent exilés), etc., etc.

Toutes ces conséquences inévitables de la journée du 7 juillet n'étaient point de nature à ralentir les progrès de la guerre civile au nord de la péninsule; et il est évident que les rapports de la France avec le gouvernement espagnol durent prendre, dès ce moment, un caractère hostile.

---

[1] Dans la province de la Manche.

[2] Ce soldat avoua qu'il avait conspiré contre le gouvernement constitutionnel qu'il détestait, attendu que son père et son frère avaient péri en *France*, victimes des innovations politiques.

En Navarre, le général Quesada, attaqué par le capitaine-général Lopez-Banos, le 3 juillet, s'était vu abandonné tout à coup au commencement de l'action par la plus grande partie des quinze cents insurgés qu'il commandait, et qui furent saisis d'une terreur panique. Mais le général constitutionnel n'avait pas su profiter de cet avantage; Quesada s'était retiré, à la faveur de la nuit, jusqu'à Roncevaux, avec deux cent cinquante hommes environ qui lui restaient; des renforts, venus de la Biscaye et du Guipuscoa, le mirent à même de réparer promptement ses pertes, et il s'établit sur la frontière de France, non loin de Saint-Jean-Pied-de-Port, au lieu appelé Irati, position qui fut jusqu'à la fin de la campagne le quartier-général et la base d'opération de l'armée royaliste en Navarre. Toutefois, les divers engagemens qui s'ensuivirent furent de peu d'importance.

Il n'en était pas de même en Catalogne, où l'insurrection faisait plus de progrès réels. La junte et le commandant en chef, baron d'Éroles, mettaient la plus grande activité à l'organisation d'une force imposante. Il était arrivé à la Seu d'Urgel un nombre d'officiers si considérable, qu'il pouvait suffire au cadre d'une armée de cinquante à soixante mille hommes. Il y avait dans cette place des magasins d'habillement, d'équipement et d'armes dont on faisait journellement des distributions aux nouvelles recrues, et un parc d'artillerie tant en pièces de rempart que de campagne. Au 15 juillet, la junte royaliste comptait quatre cent cinquante villes, bourgs, villages et hameaux qui avaient reconnu son autorité[1], et vingt mille combattans, au moins, inscrits sur ses contrôles. Ce même jour (15 juillet), Mosen-Anton, à la tête d'une division de plus de trois mille hommes, voulut

---

[1] De ce nombre étaient les forts d'Urgel, de Balaguer et de Castell-Follit.

surprendre la ville de Vich, dont les constitutionnels avaient fait leur centre d'opérations; repoussé dans son attaque, le chef royaliste n'en resta pas moins maître de la campagne. D'autres colonnes d'insurgés, sous le commandement de Romagosa, Romanillo, Mirallès, harcelaient continuellement le général Torrijos et menaçaient Lérida. Sur la frontière de l'Aragon, la ville et le château de Mequinenza, situés au confluent de la Sègre et de l'Ébre, furent attaqués à l'improviste, le 23 juillet, et pris d'assaut par un corps royaliste qui s'était formé dans les environs.

Tel était l'état des choses, lorsque l'insurrection prit un caractère nouveau, par l'établissement d'un gouvernement créé sous le nom de RÉGENCE SUPRÊME DE L'ESPAGNE, *pendant la captivité de S. M. le roi Ferdinand* VII. Cette régence, composée du marquis de Mata-Florida [1], président, de l'archevêque (non encore installé) de Taragone, D. Jayme Creus, et du général baron d'Éroles, fut solennellement installée à la Seu d'Urgel, le 14 septembre, prêta serment entre les mains de l'évêque de cette place, et nomma de suite ses secrétaires-d'état ou ministres [2]. Le lendemain 15, elle proclama Ferdinand VII avec les antiques solennités, et fit publier un manifeste pour notifier son installation à tous les habitans de la péninsule et des colonies d'Amérique [3]. Son autorité ne tarda point à être reconnue, sur presque tous les

---

[1] Son nom était D. Bernardo Mozo Rosalès, créé marquis de Mata-Florida par le roi, à la restauration de 1814; il était auparavant avocat, et député de Séville aux cortès de 1814. Ce fut lui qui rédigea et présenta à Ferdinand la fameuse déclaration des soixante-neuf députés désignés ensuite sous le nom de *Persas*.

[2] Ils étaient au nombre de trois, dont deux, MM. Gispert et Ortafa, nés en France, avaient les départemens des affaires étrangères et de la guerre; le troisième, M. Barafon, était chargé de tous les autres portefeuilles.

[3] Voici les deux premiers paragraphes de ce manifeste:

points insurgés, sans opposition. Le général Quesada vint lui-même, accompagné de plusieurs officiers de l'armée royale de Navarre, présenter à la régence un acte de soumission signé ou consenti par tous les individus de cette armée; et il prêta, en leur nom, sur son épée nue, serment « de dé- « fendre la religion, de garder fidélité au roi et obéissance « à la régence, pendant la captivité du seigneur D. Ferdi- « nand VII. »

Cependant la formation de cette régence avait vivement alarmé les autorités constitutionnelles de la Catalogne et de l'Aragon; elles se concertèrent pour la renverser promptement avant qu'elle n'étendît plus loin sa redoutable influence. L'entreprise paraissait d'autant moins difficile, que les forces royalistes étaient partagées en plusieurs corps assez éloignés les uns des autres. Le plan arrêté fut de porter à la fois toutes les troupes constitutionnelles disponibles sur Urgel. En conséquence, le général Lloberas s'avança par Olot et Campredon; le général Torrijos, sorti de Lérida avec deux mille

---

....

« Mandons et ordonnons,

« 1° Que l'on fasse connaître par ces présentes, à tous les habitans de « cette péninsule et à ceux de *nos Amériques*, l'installation du présent « gouvernement, afin qu'ils aient à se conformer à l'avenir à tous les or- « dres qui en émaneront, les prévenant qu'en cas de désobéissance, ils se- « ront traités comme ennemis du roi et de l'état, et qu'en conséquence « les affaires en général seront expédiées et gouvernées d'après les lois et « réglemens militaires qui étaient en vigueur antérieurement au 9 mars « 1820.

« 2° Nous déclarons par ces présentes, que S. M. Ferdinand VII est « effectivement en captivité, depuis le jour où, contrainte par la force « et par les menaces, elle fut obligée de jurer la constitution décrétée à « Cadix, en son absence et sans son consentement, en 1812. En consé- « quence, les décrets royaux prononcés en son nom depuis cette époque, « sont et restent sans force ni autorité, jusqu'à l'époque où S. M., rendue « réellement à la liberté, voudra les ratifier et les faire publier de nou- « veau. »

hommes, marcha par San-Ramon-de-Maurezana, tandis que le général Zarco-del-Valle, gouverneur de Saragosse, se dirigeait sur Mequinenza; mais ces mouvemens n'eurent point tout le succès qu'on en attendait. Lloberas, attaqué à Campredon par Mosen-Anton, éprouva une perte de plus de trois cents hommes, tués, blessés et faits prisonniers. Torrijos, après avoir battu près de Cervera un corps royaliste d'environ deux mille huit cents hommes, sous les ordres de Mirallès et de Romanillo, fut ensuite attaqué et battu à son tour, à Sellent, par le baron d'Éroles, accouru au secours de la division vaincue.

Dans le même temps, le Trapiste avait reçu la mission de pénétrer en Aragon, d'y faire reconnaître l'autorité de la régence, et d'ouvrir les communications avec les insurgés de Navarre. Son corps était fort de deux mille cinq cents hommes à peu près, infanterie, cavaliers armés de lances, et artillerie. Il parut d'abord marcher sur Mequinenza; mais apprenant que Zarco-del-Valle avait pris la même direction, il se jeta, par un mouvement brusque et hardi, sur Barbastro, où ayant éprouvé quelque résistance, il mit la ville au pillage, en ne ménageant que les propriétés ecclésiastiques, et sur Huesca, où les étudians de l'université passèrent en grande partie sous ses drapeaux. Cette nouvelle direction prise par le Trapiste compromettant la sûreté de Saragosse, alors sans garnison, par la marche de Zarco-del-Valle sur Mequinenza, détermina ce dernier à suspendre son projet. Par une marche forcée de quatre jours sur un terrain presqu'impraticable par les difficultés qu'il offrait à des troupes en colonne, il atteignit le corps du Trapiste sur les hauteurs d'Ayerbe, à l'entrée de la Sierra d'Aragon. Le moine n'hésita point à accepter le combat; mais sa troupe, composée en grande partie de paysans peu aguerris, ne résista pas longtemps à l'attaque régulière et serrée des constitutionnels.

Vainement essaya-t il de rétablir l'action par plusieurs charges vigoureuses, à la tête des lanciers, qui formaient en quelque sorte sa garde : il fut forcé de se retirer dans les montagnes, abandonnant une pièce de canon, sept caissons, des munitions, un drapeau qu'il avait enlevé à la milice nationale de Barbastro, presque tous les bagages, et la correspondance de Bessières, qui était avec lui, en qualité de chef de son état-major. Mais cette retraite eut presque le résultat d'un succès pour les insurgés [1] : car le Trapiste réussit à gagner Ochagavia, où siégeait alors la junte de Navarre, et où sa présence releva les espérances des royalistes, dont un corps venait tout récemment d'être battu près de Tudela.

Ainsi renforcé par la colonne du Trapiste, le général Quesada crut pouvoir entreprendre une excursion en Aragon. Après avoir laissé au camp d'Irati un détachement suffisant pour sa défense, il marcha, avec une colonne forte de quinze à dix-huit cents hommes, composée des bandes de Juanito, de Santos-Ladron et du Trapiste, sur Jaca, qu'il comptait surprendre, et où il avait des intelligences. Mais ce mouvement avait été prévu ou dénoncé; la garnison était renforcée de cinq cents hommes, et la place en bon état de défense, lorsque la colonne royaliste se présenta. Quelques pièces de campagne, qu'elle traînait à sa suite, avaient commencé une faible canonnade contre les remparts, quand le général apprit qu'une division constitutionnelle s'avançait sur lui. S'étant mis aussitôt en retraite sur Boléa, il ne présumait pas qu'il pût être attaqué par des

---

[1] Pour opérer sa retraite avec plus de facilité, le Trapiste, auquel on ne peut refuser sans injustice quelques talens militaires joints à beaucoup d'énergie et de courage, prit la route de Sangueza, avec six cents hommes, et donna à son chef d'état-major, Bessières, deux cents chevaux et deux cents fantassins, avec ordre de le rejoindre à Lumbier, à deux lieues de Sangueza, ce qui fut parfaitement exécuté.

troupes déjà harassées d'une longue marche; il le fut cependant sur plusieurs points à la fois, le soir même, à neuf heures, dans le village où il se proposait de passer la nuit; ses troupes surprises se dispersèrent presque sans combattre, et il n'eut que le temps de se sauver, en abandonnant quatre pièces d'artillerie, ses munitions, et bon nombre d'hommes blessés ou prisonniers. Il continua sa retraite sur Sanguessa, où il essuya un nouvel échec, tandis que le Trapiste reprenait de son côté le chemin d'Urgel, furieux contre Bessières, qu'il accusait de l'avoir trahi, et qui disparut pour quelque temps de ce théâtre de la guerre civile.

Les royalistes étaient en meilleure posture dans la Catalogne; maîtres des montagnes, ils bloquaient ou menaçaient à la fois Figuières, Vich, Sellent et Cardona. Peu de jours après la défaite du général Quesada, le baron d'Éroles surprit près de Benavarre, sur la frontière de la province d'Aragon, une colonne constitutionnelle commandée par le colonel Tabuenca. Cet officier, engagé dans des défilés impraticables, essaya vainement de se frayer un passage; presque tous ses hommes ayant été tués ou blessés, il se vit forcé de mettre bas les armes. Le baron d'Éroles le fit fusiller avec le lieutenant-colonel Velasco [1]. Mais le parti constitutionnel allait bientôt prendre sa revanche.

Le général Mina, arrivé depuis quelques jours à Lérida, avait publié, en attendant les renforts qu'il devait recevoir incessamment, plusieurs proclamations dans lesquelles il invitait les communes à se défendre contre les partis insurgés, ceux-ci à rentrer dans leurs foyers, sous la promesse d'une amnistie entière, et ses propres troupes à observer la plus stricte discipline. La présence de ce chef renommé redoubla le courage des Catalans constitutionnels; à Barcelone, on fit

---

[1] Ce succès des royalistes fut célébré par un *te Deum* que la régence fit chanter dans l'église cathédrale d'Urgel.

des feux de joie des proclamations royalistes. Un colonel de milices, nommé Costa, naguère arrêté pour son insubordination et l'exaltation de ses principes, fut mis en liberté, et leva plusieurs bataillons volontaires avec lesquels il fut ensuite se réunir au général Milans du côté de Vich. On déporta les moines de la ville; la députation provinciale ordonna l'armement général des patriotes et l'arrestation des gens suspects, nobles, prêtres et fonctionnaires, la levée, sur les riches, d'une contribution extraordinaire de dix millions de réaux, et elle enjoignit aux municipalités de séquestrer le revenu des insurgés, pour subvenir aux frais de la guerre, qui allait être poussée avec vigueur.

En effet, Mina, au moyen des renforts qui lui avaient été expédiés de plusieurs points, se trouva en peu de temps à la tête d'une armée de vingt-mille hommes environ, troupes de ligne et de milice, y compris les corps ou détachemens qui tenaient déjà la campagne. Après s'être concerté avec les généraux Milans, Rotten, Manso et Torrijos, qui devaient agir sous ses ordres, ce général en chef se porta entre les les points de Calaf et Cervera. A son approche, le baron d'Éroles, menacé d'ailleurs sur sa droite par le général Zarco-del-Valle, qui remontait alors la Sègre pour pénétrer par la Conque de Tremps dans la vallée d'Urgel, concentra ses forces du côté de Solsona, afin de se rapprocher d'autant de la Seu d'Urgel.

Dans le même temps, le gouvernement français n'ayant plus de motifs pour justifier le maintien des mesures sanitaires qu'il avait prises sur la frontière des Pyrénées, décida qu'elles cesseraient d'avoir lieu, ordonnant toutefois que les troupes employées au cordon seraient conservées comme *corps d'observation*, et garderaient les positions qu'elles occupaient. Nous expliquerons plus tard, bien qu'on puisse déjà les entrevoir, les causes de cette nouvelle précaution.

Après plus d'un mois passé en préparatifs, en marches ou en affaires insignifiantes, Mina quitta brusquement ses positions entre Calaf et Cervera, pour se porter sur Castel-Follit, l'une des places au pouvoir des royalistes. Elle avait un fort flanqué de plusieurs tours, et une garnison de cinq à six cents hommes décidés à se défendre jusqu'à la dernière extrémité. Le général constitutionnel dérobant sa marche aux corps de Romagosa, Mirallès et Romanillo, en observation devant lui, arriva sans obstacles sous les murs de cette place, et en ordonna de suite l'attaque à la sape et à la mine. La première explosion fit écrouler deux tours, sur les débris desquelles les assiégeans se logèrent. Les assiégés se défendirent encore trois jours avec une résolution héroïque[1]; mais ayant perdu tout espoir d'être secourus ou de se maintenir plus long-temps, la plus grande partie de la garnison sortit en silence, homme par homme, dans la nuit du 23 au 24 octobre, par une des tours qui restaient, et réussit à gagner les montagnes, après avoir égorgé plusieurs sentinelles, et essuyé le feu de quelques postes auxquels l'alarme avait été donnée. Le fort, dont l'artillerie était démontée, et qui avait une brèche praticable, fut pris d'assaut en quelques minutes. Les constitutionnels n'y trouvèrent qu'une soixantaine d'hommes qui furent massacrés ou fusillés avec quelques moines et le curé du lieu; on n'épargna que les femmes et les enfans. Mina ordonna que le bourg et les forts de Castel-Follit seraient démolis, pour servir d'exemple aux autres places qui oseraient l'imiter. Ce fut sur ces ruines que le général constitutionnel traça l'ordre du jour par lequel il annonçait un sort pareil « aux villes, bourgs et villages qui se « rendraient à une bande armée de factieux, en moindre

---

[1] Mina s'exprimait ainsi dans son rapport : « Sa défense (de la garnison) « a été longue, ferme, obstinée; elle a fait des prodiges de valeur, des « actes aussi héroïques que les plus beaux que l'histoire nous ait transmis. »

« nombre que le tiers de leurs habitans. » Cet ordre barbare fut affiché dans toute la Catalogne.

Le baron d'Éroles, informé de l'entreprise de Mina, était accouru pour sauver ou reprendre Castell-Follit, en réunissant un corps de cinq à six mille hommes, composé en partie des divisions de Romagosa et de Romanillo ; mais le général constitutionnel résolut de prévenir cette attaque des royalistes, et se porta à leur rencontre. Le baron avait placé ses troupes dans des positions avantageuses, entre Tora et Sanahuga ; arrivé en présence de ses adversaires, Mina réussit à les attirer sur lui, par une retraite simulée de son avant-garde, après l'échange de quelques coups de fusil. Au moment où les royalistes croyaient avoir bon marché des fuyards, ils se trouvèrent aux prises avec une masse formidable. La fusillade se soutint pendant quelque temps avec une vigueur égale de part et d'autre, jusqu'à ce qu'une charge de cavalerie faite sur le flanc droit des troupes du baron y jeta le désordre. Il s'ensuivit un engagement à la baïonnette qui décida l'affaire en faveur des constitutionnels. Les royalistes, mis en déroute complète et jonchant le terrain de leurs morts et de leurs blessés, furent poursuivis jusqu'à Sanahuga, fort avant dans la nuit. Après cette victoire, Mina se dirigea sur Balaguer, dont il se proposait de faire le siége ; mais cette place ayant été évacuée par la garnison royaliste, à la première nouvelle de la marche des troupes constitutionnelles, il en prit possession sans coup férir, le 3 novembre.

A dater de cette époque, les opérations des troupes de la Foi ne présentent plus, soit en Catalogne, soit en Navarre et dans la Vieille-Castille, qu'une série de revers. Le général Quesada, forcé d'accepter le combat que lui offrait depuis quelque temps le général Espinosa, successeur de Lopez Banos dans le poste de capitaine-général de la Navarre, fut complétement défait, le 27 octobre, à Los-Arcos, distant de quatre à cinq lieues de Logrono. Ses troupes, après s'être retirées en désordre sur Estella, se dispersèrent ensuite dans diverses directions jusqu'à la vallée de Roncal. La bande que le curé Merino avait levée dans la Vieille-Castille, fut également battue et dispersée, les 28 et 31 octobre, dans les environs de Lerme et de Roa. Le baron d'Éroles semblait avoir entraîné dans sa dernière défaite tous les autres chefs des troupes de la Foi en Catalogne. Bessières avait déjà disparu, comme nous l'avons dit; on n'entendait plus parler de Mirallès, Bosoms et Mosen-Anton.

En cet état de choses, la régence d'Urgel prit la résolution de se transférer à Puycerda. Vainement essaya-t-elle de persuader à ses partisans, pour prévenir leur découragement, que cette détermination n'était point l'effet des opérations militaires de l'ennemi; la cause royaliste n'en était pas moins considérée comme perdue par la plupart des insurgés; ceux, en bien petit nombre, qui étaient initiés dans le mystère de certaines négociations politiques, pouvaient seuls conserver quelqu'espérance.

Établie à Puycerda, la régence ouvrit, le 15 novembre, un emprunt de quatre-vingt millions de réaux en capital, portant intérêt à cinq pour cent; elle le motivait sur l'insuffisance des ressources ordinaires des impôts pour fournir aux dépenses de l'armée, et pour alimenter des familles entières qui venaient auprès du gouvernement, fuyant les persécutions des révolutionnaires espagnols; elle offrait pour hypothèque les revenus annuels connus en Espagne sous le nom de *subsides ecclésiastiques*, et d'autres rentes de l'état; enfin, elle nommait un capitaliste de Paris, M. Julien Ouvrard, son chargé d'affaires, pour en négocier les actions [1]. Cette

---

[1] Cette somme de quatre-vingt millions devait être divisée en actions de deux cents réaux, et ne devait être mise en circulation qu'au fur et à mesure des besoins de la régence.

opération fut arrêtée par les événemens de 1823, comme on le verra plus tard.

Le Trapiste, mécontent de ses relations avec la régence et plusieurs des autres chefs de l'armée de la Foi, avait quitté la Catalogne, et s'était rendu à Toulouse dans la maison qui avait donné asile aux religieux de son rit. Suivant les uns, le motif de son voyage était de se faire panser d'une blessure qu'il avait reçue à la jambe dans les dernières affaires; suivant d'autres, il voulait faire une retraite, après laquelle il devait rentrer en Espagne pour reprendre les armes en Aragon ou en Navarre.

Le baron d'Éroles cherchait encore à rallier une partie des bandes de la Foi dans la Conque de Tremps et aux environs de Talaru, où étaient situées une partie de ses domaines; mais il n'y resta pas long-temps paisible; un détachement de troupes constitutionnelles vint mettre le feu à son château et ravager ses propriétés. Voyant les autres divisions royalistes défaites ou maltraitées par les généraux Rotten et Milans, qui s'avançaient pour lui couper la retraite de ce côté, il se retira sur la Seu d'Urgel, où il laissa dans les forts une garnison de douze cents hommes, sous les ordres de Romagosa; puis à Belver, à deux lieues de Puycerda, où il prit position et attendit l'ennemi. De son côté, Mina ne donnant plus de relâche aux troupes de la Foi, et les chassant de position en position, entra dans la ville d'Urgel, abandonnée du plus grand nombre de ses habitans, y organisa les autorités constitutionnelles sous le feu des forts occupés par les royalistes, et se porta ensuite sur Belver.

Les deux partis étant en présence, le 28 novembre, le combat s'engagea sur une ligne qui s'étendait de Montailha à Belver. Il se soutint quelque temps avec un acharnement et un succès égal; mais les royalistes, inférieurs en nombre, ayant plié sur un point, tout le reste se débanda. Le baron d'Éroles, entraîné dans la déroute, gagna, non sans peine, les montagnes qui bordent la vallée d'Andorre, et rentra en France de ce côté.

Le lendemain, Mina fit son entrée dans Puycerda, que la régence s'était hâtée d'abandonner, et où le parti constitutionnel, plus nombreux qu'à la Seu d'Urgel, le reçut avec de grandes démonstrations de joie; et, sans s'arrêter, il se remit à la poursuite des débris de la troupe vaincue. Les uns, refoulés sur le Bourg-Madame, y trouvèrent un bataillon français, devant lequel ils déposèrent leurs armes; les autres, poursuivis dans les montagnes sur la gauche de Puycerda, jusqu'auprès du village d'Our, essayèrent encore de se défendre sur cette extrême frontière, à la vue d'un détachement de troupes françaises qui s'étaient mises en bataille avec quatre pièces de canon; mais, pressés par les constitutionnels, dont les balles atteignaient les rangs français, ces débris royalistes finirent par déposer leurs armes aux pieds de leurs protecteurs, et le général espagnol fit cesser le feu de sa colonne. Une autre partie des troupes du baron d'Éroles avait suivi ce général dans la vallée d'Andorre; Mina y entra à leur suite; mais, sur la réquisition du syndic de ce petit pays, qui a le privilége de se gouverner lui-même comme territoire neutre entre la France et l'Espagne, les soldats de de la Foi durent en sortir pour gagner les terres de France, et Mina rentra sur le territoire espagnol. Les troupes françaises, spectatrices de ces engagemens, étaient prêtes à repousser les troupes constitutionnelles, si elles eussent osé violer le territoire de France. Mais les choses se passèrent de part et d'autre dans les règles de la neutralité[1]. La ré-

---

[1] On a calculé qu'après cette défaite du corps du baron d'Éroles, il était entré en France près de cinq mille individus, dont un grand nombre de moines et de prêtres, renvoyés ou fuyant de la Catalogne, et presque tous réduits à la plus profonde misère.

gence n'avait pas attendu sur le sol espagnol l'issue de cette dernière lutte entre ses défenseurs et ceux du parti constitutionnel. Après avoir quitté Puycerda dès le 18 novembre, elle était venue se réfugier à Llivia, sur l'extrême frontière du royaume, d'où elle était partie le 28 pour entrer en France. Établie d'abord dans un village, ensuite à Perpignan, elle finit par se rendre, le 7 décembre, à Toulouse, où se termina son existence politique.

Les succès de Mina avaient porté le parti libéral en Catalogne au plus haut point d'exaltation ; on y proscrivit sans pitié tous ceux qui s'étaient déclarés contre la constitution, et surtout les prêtres et les moines, qui furent emprisonnés ou déportés par centaines. Toutefois, quelques bandes royalistes tenaient encore la campagne ; Mequinenza et les forts d'Urgel, où commandait l'actif et vaillant Romagosa, étaient encore, aux deux extrémités de la province, deux points d'appui pour le parti royaliste.

Le général D. Carlos O'Donnel, réfugié en France depuis les événemens du mois de juillet, avait été nommé, par la régence, général en chef de l'armée royale de Navarre, en remplacement du général Quesada, dont les échecs multipliés semblaient accuser l'incapacité, ou du moins le peu de vigueur. Parti de Bayonne le 12 novembre, O'Donnel se rendit dans la vallée de Roncal, où les débris de l'armée s'étaient réunis après la déroute de Los Arcos. Il avait pu se procurer quelqu'argent en France, et il répandit, à son arrivée, des proclamations où il annonçait sa mission en termes plus modérés que les autres pièces de ce genre antérieurement publiées. Il promettait d'adoucir, autant que possible, les calamités de la guerre, et d'épargner la vie des prisonniers, si les constitutionnels renonçaient à leur habitude de ne faire aucun quartier. En peu de temps, son armée fut renforcée d'un grand nombre de paysans accourant des divers points de la Navarre, de l'Alava, du Senorio[1] et de la Guipuscoa, et des bandes déjà organisées dans ces mêmes provinces.

D'autre part, le général Torrijos, l'un des lieutenans de Mina, venait d'être nommé commandant en Navarre, à la place du général Espinosa. Il avait signalé son arrivée par l'offre d'une amnistie (dont les royalistes Navarrois ne firent pas plus de cas que les Catalans), et par la défaite d'une *guerilla* de quatre cents hommes près de Vittoria. Le 17, le général D. Carlos O'Donnel vint présenter le combat aux troupes constitutionnelles, parmi lesquelles se trouvait son propre frère, Alexandre O'Donnel, à la tête du régiment *impérial Alexandre*. Les deux frères se battirent chacun avec l'acharnement des guerres civiles, où la voix du sang ne se fait plus entendre. L'engagement fut long et opiniâtre; mais la valeur et la bonne discipline du régiment *impérial Alexandre* décidèrent la victoire. L'armée royaliste abandonna le champ de bataille en assez grand désordre, et se retira d'abord sur Lumbier, ensuite sur Otchagavia et dans les montagnes, où la rigueur de la saison interrompit les opérations militaires et força les royalistes de se répartir en guerillas ou de rentrer dans leurs villages. Les chefs, toujours en querelle après les défaites dont ils s'accusaient réciproquement, vinrent passer leur quartier-d'hiver à Bayonne, en attendant les événemens de l'année suivante, sur lesquels ils fondaient avec raison de grandes espérances.

Nous n'avons point voulu interrompre le narré de ces divers événemens militaires, précurseurs d'une guerre tout autrement importante, pour ne pas distraire l'attention des lecteurs, que nous devons rappeler maintenant sur l'intérieur de l'Espagne.

Peu de temps après l'installation du nouveau ministère,

---

[1] La Biscaye.

le roi cédant aux instances presque menaçantes et journellement réitérées du parti vainqueur, avait donné son consentement à la convocation des cortès extraordinaires pour le 7 octobre. Le décret qui ordonnait cette réunion, fut suivi d'une proclamation adressée à la nation entière, et dans laquelle le ministère faisait parler le roi dans des termes bien en opposition avec ses sentimens, pour éclairer le peuple sur une faction *liberticide* et l'imposture des *fanatiques* qui avaient élevé dans Urgel *un trône de dérision et d'ignominie.....* Par une conséquence nécessaire de cette proclamation, les généraux et officiers supérieurs qui avaient abandonné les drapeaux nationaux, furent déclarés ennemis de la constitution, rayés des contrôles de l'armée et privés de tous emplois, honneurs et distinctions. Le général D. Carlos O'Donnel, qui s'était rendu en France sans la permission du roi, était compris dans cette mesure.

La nouvelle de l'affaire de Benavarre, à la suite de laquelle les deux chefs constitutionnels Tabuença et Velasco avaient été fusillés, ainsi que nous l'avons dit, faillit causer un horrible bouleversement dans Madrid : des bandes de furieux parcoururent les rues en criant vengeance, en se plaignant de la lenteur des tribunaux et commissions à procéder au jugement des militaires et autres individus arrêtés par suite de l'affaire du 7 juillet ; enfin, en manifestant l'intention de massacrer tous les détenus dans les prisons de la ville. Le chef politique Palarea ne put réussir à contenir ces forcenés qu'en publiant une proclamation par laquelle il leur promettait « que la loi ferait tomber en temps utile, sur la tête des « coupables, sa hache inexorable, » en ajoutant que l'exemple des *forfaits inouis* des ennemis de la constitution ne saurait excuser celui qu'ils voulaient commettre eux-mêmes.

L'ouverture des cortès extraordinaires eut lieu à l'époque indiquée (7 octobre), avec la pompe et le cérémonial accoutumés. Le roi s'y rendit avec sa famille, au milieu des acclamations ordinaires, *vive le roi constitutionnel!* S. M. annonça dans son discours le sujet de la convocation, la nécessité de prendre les mesures les plus efficaces pour faire cesser les désordres épouvantables causés par l'insurrection des provinces frontières, et d'achever le nouveau code criminel, afin que la justice pût procéder d'une manière moins lente que dans l'ancienne législation. Le président, dans sa réponse à ce discours, ajouta aux motifs que venait d'exposer S. M., que la convocation des cortès avait aussi pour objet des négociations avec quelques puissances étrangères [1].

En effet, le gouvernement avait déjà commencé une négociation avec le Portugal, et le soir même de cette première séance des cortès, le ministre des affaires étrangères, D. Evariste San-Miguel, convint, avec le ministre plénipotentiaire portugais, des bases d'un traité d'alliance défensive entre les deux nations [2]. Il y était stipulé que le Portugal fournirait à l'Espagne un contingent de quatre mille hommes d'infanterie et deux mille de cavalerie, qui ne pourraient toutefois être employés que contre des troupes étrangères, et que, dans le cas d'une invasion, l'Espagne pourrait même exiger du Portugal jusqu'à trente mille hommes. Nous dirons ici, pour ne pas revenir sur cette convention, qu'elle n'eut pas de suite, soit par des difficultés relatives à la restitution de la place d'Olivenza, condition exigée par le gouvernement portugais

---

[1] « Les cortès, disait le président, guidés par l'idée sublime et bienfaisante de l'utilité universelle, et convaincus de la vérité de ce principe politique, que mettre en vigueur l'esprit de défense et de secours réciproques, c'est travailler au bonheur de la nation, s'occuperont de régler les relations avec les états dans lesquels elles trouveront les garanties de la dignité nationale et les liens du corps social. »

[2] Il faut savoir, à cette occasion, que le Portugal avait subi, en 1820, une révolution amenée par les mêmes causes à peu près, et opérée par les mêmes moyens que celle d'Espagne.

avant de consentir au traité, soit par d'autres raisons que nous ferons connaître plus tard.

Dès la seconde séance des cortès, les ministres des finances et de la guerre présentèrent l'état des besoins du trésor et de l'armée. Le premier concluait son rapport par la demande d'un supplément de crédit de quatre cent trente-trois millions de réaux, où le département de la guerre entrait seul pour trois cent vingt-cinq millions, et en outre sept cent quatre-vingt-quatre millions huit cent quatre-vingt-seize mille neuf cent cinquante-sept réaux, par une émission nouvelle de soixante-cinq millions de réaux de rente, à cinq pour cent, que le gouvernement négocierait aux meilleurs termes qu'il se pourrait, en donnant aux souscripteurs des gages et garanties proportionnés à l'importance de cet emprunt. Le ministre de la guerre, après avoir exposé la situation du personnel et du matériel de l'armée, jetait un coup d'œil rapide sur l'attitude militaire des puissances voisines, et sur celle des insurgés, pour y trouver la nécessité d'augmenter les forces nationales. Passant ensuite aux détails des événemens que l'on a lus plus haut, des mesures prises pour comprimer l'insurrection, et venant aux moyens que le gouvernement jugeait nécessaires pour les faire cesser, d'après le soupçon qu'on devait avoir « des intentions « non-seulement de la France, mais de toute la confédéra-« ration de potentats connue sous le nom de *Sainte-Alliance*, » il estimait que l'armée devait être renforcée non-seulement des dix-mille hommes qui manquaient à son complet, mais encore être mise sur un pied entre l'état de guerre et l'état de paix; il demandait, en conséquence, que les cortès décrétassent une levée de trente mille hommes au dessus de ce qui avait été voté par le dernier décret de juin, une remonte de sept mille neuf cent quatre-vingt-trois chevaux, et l'augmentation des milices actives.

Dans la séance suivante, le ministre de l'intérieur ajoutant quelques développemens aux considérations présentées par le ministre de la guerre, soumettait aux cortès une série de propositions administratives en rapport avec les circonstances.

Les exposés des trois ministres avec les propositions qui les accompagnaient, furent renvoyés à l'examen de commissions spéciales qui ne tardèrent pas à en faire le rapport au congrès. Les conclusions de la commission de la guerre furent adoptées le 13 octobre. Cette commission tombait d'accord avec le ministre sur l'augmentation de l'armée permanente et la remonte demandée ; mais elle proposait l'ajournement du recrutement et de l'augmentation des milices actives. La discussion des mesures proposées par le ministre de l'intérieur fut plus longue et plus vive ; toutefois l'assemblée les admit presque toutes, en donnant même un plus grand développement à quelques-unes. Le ministre avait demandé qu'on encourageât l'établissement des sociétés patriotiques, en leur donnant des réglemens pour éviter les abus. Les libéraux n'attendirent pas que le décret rendu à ce sujet le 23 octobre, fut sanctionné par le roi, et, dès le 26, on fit l'ouverture d'un nouveau *club* ou réunion dite *landaburienne*, du nom de cet officier massacré le 30 juin par les soldats de la garde royale. La première séance fut présidée par le chef politique Palarea, qui céda le lendemain le fauteuil et la sonnette au général napolitain Guillaume Pépé[1], alors à Madrid.

Par suite de l'instruction de la procédure sur l'affaire du 7 juillet, si lente au gré des *descamisados*, un colonel Pa-

---

[1] C'était un des principaux auteurs de la révolution opérée dans le royaume de Naples, en 1820, et si promptement terminée par l'intervention d'une armée autrichienne, comme nous l'avons dit dans une note précédente.

radès, procureur fiscal du conseil de guerre, avait déjà fait faire un grand nombre d'arrestations, et décerné des mandats d'amener contre sept anciens ministres et contre le général Morillo, accusés d'avoir entamé des transactions avec les chefs de la conspiration, et d'avoir proposé des modifications à la loi fondamentale de l'état. Six des ministres étaient absens ou en fuite; un seul était retenu chez lui par ses infirmités. Il protesta contre cette citation du fiscal comme incompétente et inconstitutionnelle. Cette protestation, portée aux cortès le 1er novembre, par le ministre de grâce et de justice, fut renvoyée à une commission spéciale, dont l'avis fut que M. Gardi (c'est le nom du ministre accusé) n'était justiciable que des cortès et du tribunal suprême de justice, aux termes de la constitution. Sur cette décision, le tribunal suprême des cortès intervint et rendit un arrêt d'après lequel la procédure dirigée jusqu'à ce jour par le fiscal Paradès, était déclarée nulle. Cet arrêt laissait seulement à sa disposition les personnes justiciables du conseil de guerre; et par suite la procédure fut bornée à ceux qui avaient été pris les armes à la main.

Cependant les regards de la France et d'une grande partie de l'Europe, fixés depuis long-temps sur l'Espagne, suivaient avec une attention différemment inquiète les événemens qui se passaient dans ce royaume. On a pu déjà remarquer qu'après ceux du mois de juillet à Madrid, il s'était fait un changement notable dans les rapports du cabinet des Tuileries avec le gouvernement espagnol, et que le cordon sanitaire, dont le maintien n'avait plus de prétexte, avait été converti en un corps d'observation, occupant les mêmes positions sur toute la ligne des Pyrénées. Cette mesure, suivie d'une organisation nouvelle, de l'envoi de renforts et de généraux dans cette direction, de la protection donnée aux réfugiés de l'armée de la Foi et à la régence d'Urgel, ne laissait guère de doute sur les intentions du gouvernement français.

Dès le mois de mai 1820, le gouvernement anglais avait fait adresser par le ministre des affaires étrangères, lord Castlereagh, aux cours d'Autriche, de France, de Prusse et de Russie, une note confidentielle concernant la révolution espagnole. Ce document important prouve qu'à cette époque l'opinion du cabinet britannique était d'éviter soigneusement toute discussion qui exciterait l'attention, le blâme ou la jalousie de la nation espagnole ou de son gouvernement, d'éloigner toute réunion des souverains à ce sujet, et de s'abstenir, au moins dans l'état actuel de la question, de charger une réunion ostensible (comme un congrès) de délibérer sur les affaires d'Espagne. Lord Castlereagh annonçait que le duc de Wellington, qu'une connaissance acquise du pays mettait plus à portée que personne de juger de ces affaires, ayant été consulté, n'avait point hésité à déclarer que, de toutes les nations de l'Europe, la nation espagnole était celle qui souffrirait le moins une intervention étrangère ; que le seul soupçon de cette intervention, surtout de la part de la France, mettrait en péril la personne du roi (Ferdinand VII); et le ministre ajoutait : que le noble duc avait développé « les difficultés « qui s'opposeraient à toute opération militaire en Espagne, « entreprise dans le dessein d'obliger la nation, par la force, « à se soumettre à un ordre de choses suggéré ou prescrit « par le dehors. »

« Ainsi, disait l'organe du cabinet britannique, dans « tous les cas et jusqu'à ce que quelque autorité centrale « s'établisse en Espagne, toute idée d'influence sur les con- « seils paraît tout à fait impraticable, et ne devoir conduire « à d'autre résultat qu'à compromettre le roi ou les alliés, « ou peut-être les uns et les autres. L'état actuel de l'Es-

« pagne ajoute sans doute considérablement à l'agitation
« politique de l'Europe; mais il faut avouer cependant
« qu'il n'y a pas de partie de l'Europe d'une égale gran-
« deur où une telle révolution puisse arriver sans menacer
« aussi peu les autres états de ce danger direct et immi-
« nent qui a toujours été regardé, au moins en Angleterre,
« comme constituant seul cette circonstance qui pourrait
« justifier une intervention extérieure. . . . .
« . . . .
« Cependant les puissances alliées peuvent, comme états in-
« dépendans, exciter, par l'intermédiaire de leurs légations
« respectives à Madrid, une crainte salutaire sur les consé-
« quences qui pourraient résulter de toute violence faite à
« à la personne ou à la famille du roi..... Mais il faudrait
« agir avec la plus grande circonspection en suggérant cet
« avis, et quoiqu'on doive présumer que les intentions et
« les vœux de toutes les puissances alliées sont essentielle-
« ment les mêmes, que les sentimens qu'elles pourraient
« manifester ne différeraient pas matériellement, il ne s'en-
« suit pas qu'elles dussent parler sous leur caractère com-
« mun, ou par un organe commun : ces deux expédiens
« seraient plus propres à offenser qu'à concilier et à con-
« vaincre..... Quelque terrible que soit l'exemple que nous
« fournit l'Espagne d'une armée en révolte et d'un monarque
« qui prête serment à une constitution qui contient à peine
« dans sa forme l'apparence d'une monarchie, il n'y a pas lieu
« de craindre que l'Europe soit promptement mise en danger
« par les armées espagnoles..... Dans cette alliance (la Sainte-
« Alliance) comme dans toutes les autres affaires humaines,
« rien ne peut plus nuire à son utilité réelle, et même la
« détruire, que la tentative d'étendre ses devoirs et ses obli-
« gations au-delà de la sphère que lui prescrivent l'idée pre-

« mière et ses principes reconnus; c'était une réunion for-
« mée pour la conquête et la délivrance d'une partie du
« continent européen du pouvoir militaire de la France;
« ayant vaincu le conquérant, elle a pris sous sa protection
« l'état des choses, tel qu'il a été établi par la paix; mais
« elle n'a jamais été destinée à devenir une *union* pour le
« gouvernement du monde, ou l'inspection des affaires in-
« térieures de l'état..... »

D'après les principes émis dans cette note, les affaires d'Espagne n'avaient été considérées par les puissances que privativement; et même, dans le congrès qui avait eu lieu à Laybach, en 1821, en arrêtant de concert les mesures pour détruire la révolution et la constitution des cortès espagnols en Italie, les souverains, quels que fussent d'ailleurs leurs sentimens particuliers sur la révolution espagnole, avaient évité de se prononcer collectivement sur ce même objet. Mais les choses présentaient actuellement un autre aspect, les rapports de la France avec l'Espagne devenaient de jour en jour plus hostiles.

Il avait été convenu, à la clôture du congrès de Laybach (13 mai 1821), que les souverains se réuniraient de nouveau l'année suivante, pour prendre en considération le terme à fixer aux mesures jugées nécessaires pour raffermir la tranquillité de la péninsule italienne. Cette réunion, qui devait avoir lieu à Vérone, était fixée au commencement de septembre; mais la mort de lord Castlereagh, devenu marquis de Londondery, et désigné comme plénipotentiaire de la Grande-Bretagne, arrivée le 12 août, dut y apporter quelque retard. Les empereurs d'Autriche et de Russie, attendant à Vienne le duc de Wellington, nommé en remplacement du marquis de Londondery, ne partirent de cette ville, avec le nouveau plénipotentiaire, que le 30 septembre. La réunion complète des souverains¹, accompagnés des ministres qu'ils avaient désignés pour tenir les conférences, eut lieu à Vérone le 17 octobre.

A l'ouverture des conférences, qui ne commencèrent que le 20, les plénipotentiaires français² remirent à ceux d'Autriche, de Prusse, de Russie et d'Angleterre, une note portant en substance les questions suivantes : 1° dans le cas où la France se trouverait dans la nécessité de rappeler son ministre de Madrid et d'interrompre toutes les relations diplomatiques avec l'Espagne, les autres puissances suivraient-elles son exemple? 2° Dans le cas où la France serait entraînée dans une guerre avec l'Espagne, « sous quelle forme et « par quels actes les hautes puissances apporteraient-elles à « la France un appui moral qui pût donner à ces mesures « le poids et l'autorité de l'alliance, et inspirer un salutaire « effroi aux révolutionnaires de tous les pays? » 3° Dans le cas où la France réclamerait l'assistance des alliés, quelle est l'intention de ceux-ci quant à l'étendue et au mode de secours matériels qu'ils seraient disposés à donner? Les ministres d'Autriche, de Prusse et de Russie répondirent à ces questions, le 30 octobre, d'abord, que ces puissances suivraient l'exemple de la France à l'égard de leurs relations diplomatiques; ensuite, qu'elles prendraient l'attitude que prendrait la France; enfin, qu'elles lui donneraient tous les secours dont elle aurait besoin, et qu'un traité établirait les

---

¹ L'empereur de Russie, celui d'Autriche, et les deux rois de Prusse et de Sardaigne.

¹ Ils étaient au nombre de quatre : MM. le vicomte, depuis duc, Mathieu de Montmorency, ministre des affaires étrangères, le vicomte de Châteaubriand, ambassadeur à Londres, le marquis de Caraman, ambassadeur à Vienne, et le comte de la Ferronays, ambassadeur à St.-Pétersbourg.

motifs, et fixerait l'époque ainsi que le mode de cette coopération. Le duc de Wellington répondit de son côté que « n'ayant pas connaissance des causes de la mésintelligence, « et n'étant pas en état de porter un jugement quelconque « sur un cas hypothétique, il lui était impossible de répondre « à aucune de ces questions [1]. »

Le 31, on délibéra sur le mode à suivre dans les communications à faire au gouvernement espagnol, afin de prévenir une rupture entre la France et l'Espagne. Il fut convenu que le ministre de chacune des quatre puissances continentales présenterait une note séparée, mais de la même teneur; et, le 1er novembre, on arrêta de communiquer ces quatre notes au plénipotentiaire britannique, qui, après en avoir pris connaissance, ferait connaître quelle ligne la cour se proposait de suivre; mais cette manière de procéder reçut plus tard quelques altérations; au lieu de notes destinées à être présentées par chacun des ministres des quatre puissances à Madrid, il fut décidé que des dépêches seraient écrites aux ministres respectivement, que les diverses cours y exprimeraient leurs vœux et leurs intentions; ces dépêches devaient être communiquées *in extenso* au gouvernement espagnol. Dans le cours des discussions qui eurent lieu en cette circonstance, le duc de Wellington demanda formellement que la France et les autres cours qui partageaient son système, se bornant « à ce qui pouvait proprement se nom- « mer la querelle *intérieure* entre la France et l'Espagne, « s'abstinssent de menacer celle-ci, et surtout n'approchas- « sent point du territoire espagnol avec des démonstrations « hostiles, se contentant de conclure un traité d'alliance dé- « fensive contre elle. » Dans une nouvelle note, présentée

---

[1] Lettre du duc de Wellington à M. Canning, ministre des affaires étrangères en Angleterre (12 novembre 1822).

le 20 novembre, le plénipotentiaire britannique insista pour obtenir des modifications au mode arrêté, en représentant le danger des remontrances qu'on se proposait de faire au gouvernement espagnol ; ce qu'on avait à dire sur l'origine, les circonstances, les conséquences de la révolution d'Espagne, sur la conduite de ceux qui tenaient le timon des affaires, et qui compromettaient la sûreté des autres pays, ne pouvait maintenant qu'irriter davantage les esprits contre la France, en leur persuadant qu'on avait profité des différends existans pour appeler contre l'Espagne toute la puissance de la Sainte-Alliance, et ajoutait ainsi aux embarras du gouvernement français, qui avait à prononcer sur son différend, indépendamment de toute considération étrangère; d'où le duc concluait à renvoyer du moins à une autre époque les remontrances que les cours continentales se proposaient de faire. Quant à la part qu'on demandait au gouvernement anglais de prendre dans ces négociations, le plénipotentiaire répétait qu'il était contraire aux principes suivant lesquels S. M. britannique s'était invariablement réglée dans toutes les questions relatives à la politique intérieure des nations, de s'immiscer dans le gouvernement intérieur d'un état indépendant, à moins que ces actes ne portassent atteinte aux intérêts essentiels des sujets de S. M., et que ses ministres devaient s'abstenir de lui conseiller de tenir en cette circonstance le même langage que ses alliés; que S. M. bornerait ses efforts et ses bons offices à enjoindre à son ministre à Madrid, d'adoucir, autant que possible, l'irritation que ces communications devaient occasioner, et de faire tout le bien qui serait en son pouvoir.

Les ministres des quatre puissances continentales parurent accueillir les considérations de celui de la Grande-Bretagne, et préparèrent leurs dépêches pour Madrid; elles portaient des dates et des nuances différentes ; mais elles devaient être envoyées ensemble, et, dans le cas où elles seraient sans effet sur le gouvernement espagnol, entraîner le rappel des quatre légations de Madrid. En dernier résultat des conférences sur cet objet, la France, comme étant la puissance la plus intéressée au rétablissement de l'ordre en Espagne, était laissée seule arbitre des moyens à employer pour arriver à ce but, avec la garantie des secours de ses alliés, si elle les jugeait nécessaires, et dans certains cas spécifiés ou à spécifier. Cette décision ayant terminé les délibérations du congrès sur ce qui était devenu l'objet principal de sa réunion, le vicomte de Montmorency laissant ses collègues (MM. de Châteaubriand, de la Ferronnays et de Caraman) à Vérone, revint à Paris, où il arriva le 30 novembre.

Pendant que ces questions politiques se débattaient à Vérone, les rapports entre les deux gouvernemens français et espagnol étaient devenus de plus en plus malveillans. Les Français réfugiés en Espagne avaient répandu parmi les troupes de leur nation en observation sur la frontière, des pamphlets, des proclamations et des chansons injurieuses contre la famille des Bourbons, et les soldats de l'armée de Mina avaient même essayé de *fraterniser* avec ceux des avant-postes français. D'autre part, le gouvernement français, indépendamment de l'asile donné aux royalistes, leur fournissait encore des effets militaires, de l'argent et des armes. Toutefois la situation des deux parties était encore équivoque entre l'état de paix et celui de guerre. A Madrid, des craintes sérieuses se manifestaient, plus fondées de jour en jour, sur les dispositions de la France et sur les délibérations du congrès de Vérone. Le 10 novembre, le député Bertran de Lys fit, dans l'assemblée des cortès, une proposition remarquable : il désirait que le ministre des affaires étrangères adressât au gouvernement français des réclamations au sujet de la protection qu'y recevaient les factieux espagnols, et lui demandât de se déclarer franchement ami ou ennemi. Cette proposition occasiona quelque mouvement dans l'assemblée, mais ne fut point admise à discussion.

Nous ne parlerons des débats qui s'ouvrirent quelques jours après dans cette même assemblée, sur les mesures financières proposées par le ministre des finances, en son rapport du 3 octobre, que pour faire remarquer que ce ministre attribua le déficit présumé pour l'année courante dans les revenus de l'état, aux désastres de la guerre civile, et en administra les preuves les plus évidentes[1]. D'après l'avis de la commission spéciale, les cortès mirent à la disposition du gouvernement quarante millions de réaux de rentes, qui devaient être négociées et inscrites sur le grand-livre de la dette publique.

Il serait injuste de ne pas convenir qu'il existait alors de l'accord et quelque modération dans les cortès et même dans le gouvernement. On se flattait, malgré les bruits répandus sur les dispositions de la France et d'une puissance prépondérante au congrès de Vérone (la Russie), que la neutralité déclarée de l'Angleterre, par lord Wellington, pourrait empêcher la guerre. Le gouvernement espagnol un peu rassuré par cette déclaration du plénipotentiaire britannique, se contentait de répondre aux griefs du gouvernement français par d'autres griefs : il se plaignait des secours donnés à l'armée

---

[1] Dans le seul département de Tarragone, qui, plus éloigné de la frontière que les autres parties de la Catalogne, avait été moins exposé aux suites inévitables de la lutte entre les troupes de la Foi et celles des constitutionnels, treize villages seulement, sur trois cents, avaient pu échapper aux atteintes des royalistes. Dans les autres provinces du royaume, où la guerre civile s'était développée, le peuple, comme il est d'usage dans des temps de trouble, montrait peu d'exactitude à payer les impôts, et les commandans militaires, ayant besoin de leurs troupes contre les royalistes déclarés, n'avaient pas le temps de prêter main-forte aux percepteurs.

de la Foi; il demandait le renvoi des émigrés espagnols dans l'intérieur de la France, et la dissolution du corps d'observation des Pyrénées, mais sans paraître craindre une rupture prochaine. Le parti constitutionnel affectait la confiance et la modération; outre la preuve qu'il en avait déjà donnée dans la procédure du fiscal Paradès contre les derniers ministres et le général Morillo, il avait tout récemment consenti à l'éloignement de quelques *exaltados* plus fougueux que les autres, et au refus fait par le roi, de donner sa sanction au décret rendu par les cortès, à la majorité de soixante-treize voix contre soixante-cinq, pour l'arrestation des *suspects* et les visites domiciliaires. Ce refus, notifié à l'assemblée, était fondé sur ce que la loi (du 11 octobre) avait suffisamment pourvu à la sûreté de l'état, et que celle-ci mettait dans les mains des chefs politiques un pouvoir judiciaire, inconstitutionnel et exorbitant.

Toutefois, quelle que fût la tendance du ministère espagnol à la modération, il ne lui était pas possible de sortir des voies révolutionnaires, et de donner aux souverains alliés une garantie contre les malheurs qu'ils redoutaient. La société landaburienne, devenue le foyer central de la faction des exaltés, persistait à soutenir le système de rigueur adopté après le 7 juillet. Elle accusait les ministres, et surtout celui des affaires étrangères, D. Evariste San-Miguel, de favoriser les fractions du parti constitutionnel désignées sous les noms d'*anilleros*, *camilleros* et *pastelleros*[1]. Telle

---

[1] Les *anilleros* se composaient d'un grand nombre de députés aux cortès de 1812, des grands d'Espagne qui n'avaient point embrassé la cause du pouvoir absolu, et d'une grande partie des conseillers d'état actuels, et des employés du ministère. C'était une espèce de secte politique, dont les principes, décidément aristocratiques, étaient en opposition aux systèmes statocratique et démocratique des *francs-maçons* et des *communeros*, factions dont nous parlerons bientôt. Les chefs connus de

était la situation des choses au centre du royaume, lorsque le bruit d'une déclaration très-prochaine de guerre à l'Espagne, par les quatre grandes puissances réunies au congrès de Vérone (la France, la Russie, l'Autriche et la Prusse), se répandit tout à coup, et devint le signal de nouvelles persécutions contre les royalistes.

cette secte étaient Martinez de la Rosa, le général Morillo, le comte de Torreno, Augustin Arguelles, Moscoso, le duc de Frias, le général Alava, etc.; on les accusait de vouloir établir une chambre des pairs, de se rapprocher, autant que possible, de la charte française, et, pour y parvenir, d'avoir moins combattu que favorisé les insurrections des provinces et la conspiration du mois de juillet. Les *camilleros* et les *pastelleros* ne différaient des *anilleros* que par des nuances dans leurs opinions, basées en général sur les mêmes principes.

Pour ne plus revenir sur cet objet, nous devons aussi entrer dans quelques détails sur l'autre portion du parti libéral; elle était partagée, comme la première, en trois factions, mais ayant entre elles des nuances bien plus prononcées : 1° les *francs-maçons*, à la tête desquels étaient les ministres actuels, et Mina, Riégo, Galliano, Isturitz, etc., qui, ayant été élevés au pouvoir par des intérêts populaires, tendaient à former une sorte de statocratie, décidés à conserver la monarchie tant qu'ils conserveraient le pouvoir, mais qui redeviendraient démocrates, s'ils venaient à le perdre. 2° Les *communeros*, ayant pour chefs Palarea, Ballesteros, le duc del Parque, Romero Alpuente, Morales, Velasco, Torrijos, Bertran-de-Lys, Canga-Arguelles, etc., pour qui la souveraineté du peuple (reconnue par l'art. 3 de la constitution des cortès) était un dogme sacramentel. Un trait essentiel distinguait cette faction libérale de la première : les *francs-maçons* se vantaient d'avoir été les restaurateurs de la liberté en 1820, les *communeros* de l'avoir sauvée le 7 juillet 1822; du reste, les uns et les autres professaient un grand respect pour le roi. 3° Les *descamisados*, vrais jacobins, sans-culottes ou radicaux de l'Espagne; leurs chefs étaient des hommes obscurs, et ils avaient pour organe un journal intitulé le *Zurriago* (le Fouet), d'où la faction prit ou reçut la nouvelle dénomination de *zurriaguistos*. Les *francs-maçons* et les *communeros* avaient des ramifications dans les provinces et une organisation secrète; mais les premiers avaient une hiérarchie, et les seconds étaient organisés comme les anciens *communeros* de Castille, détruits par l'empereur Charles-Quint.

Le vicomte de Montmorency avait reçu, dès le lendemain de son arrivée à Paris, le brevet de duc, titre que lui conférait le roi Louis XVIII, en témoignage de sa satisfaction pour les services qu'il venait de rendre à la couronne. Cependant la grande question restait à décider : il s'agissait d'obtenir l'adhésion du cabinet français aux arrangemens faits à Vérone. Il s'y manifesta une forte opposition. Le président du conseil des ministres (M. de Villèle) représenta que, si l'affaire d'Espagne était réellement abandonnée à la France, le gouvernement avait le droit de se diriger à sa manière, et qu'on ne devait pas exiger qu'il prît, de concert avec les autres cours, des mesures qui, au lieu de le mener à son but, pouvaient l'en éloigner ; qu'on ne pouvait surtout l'obliger à faire une démarche qui, interrompant brusquement les négociations avec l'Espagne, ôterait tout espoir de parvenir à un résultat pacifique. De son côté, M. de Montmorency insistait sur le rappel simultané des ministres des quatre grandes puissances à Madrid, comme chose convenue au congrès, sous sa responsabilité personnelle.

Pendant qu'on discutait assez vivement ce point au conseil des ministres, M. Pozzo di Borgo, ambassadeur en France, l'un des plénipotentiaires de la Russie au congrès de Vérone, et, quelques jours après, le duc de Wellington, arrivèrent à Paris (le 4 et le 9 décembre). Le dernier y trouva des instructions (transmises pour lui à l'ambassade anglaise) pour offrir la médiation de S. M. Britannique, à l'effet d'arranger les différends existans entre la France et l'Espagne. Le résultat de la première entrevue que le duc eut à ce sujet avec le président du conseil des ministres, fut que M. de Villèle dépêcha un courrier à Vérone, portant l'ordre aux trois ministres français qui s'y trouvaient [1], de faire con-

---

[1] Nous les avons nommés plus haut.

naître à ceux des trois puissances (autrichienne, russe et prussienne), le désir du gouvernement français, que l'envoi des dépêches de rappel à Madrid fût suspendu.

Après de nouveaux pourparlers, le ministre des affaires étrangères, M. le duc de Montmorency, annonça, dans une note remise au noble lord, le refus du roi d'admettre la médiation britannique, en donnant pour raisons : « 1° que la « situation de la France à l'égard de l'Espagne n'était pas de « nature à appeler cette médiation entre les deux cours; qu'il « n'existait entre elles aucun différend particulier; 2° que « la France était sans doute plus intéressée qu'aucune autre « puissance aux événemens qui pourraient résulter de la si- « tuation actuelle de la monarchie espagnole, mais que ce « n'étaient pas seulement ses intérêts qui étaient compromis, « et qu'elle devait surveiller dans les circonstances actuelles; « 3° que les cours qui avaient approuvé la conduite de la « France à Vérone, avaient regardé les conséquences de la « révolution et de l'état actuel de l'Espagne comme com- « munes à elles toutes; qu'elles n'avaient jamais eu l'idée que « c'était entre la France et l'Espagne seules qu'il fallait « aplanir les difficultés existantes; qu'elles regardaient la « question comme entièrement européenne, et qu'en consé- « quence de cette opinion, les mesures qui avaient pour ob- « jet d'opérer, s'il était possible, une amélioration dans l'état « d'un pays si intéressant pour l'Europe, avaient été propo- « sées : mesures dont le succès aurait été certain si l'Angle- « terre avait jugé qu'elle pouvait y concourir. » Le ministre terminait en déclarant que son souverain, nonobstant le refus qu'il faisait de la médiation britannique, « voyait cependant « avec plaisir dans cette proposition un nouveau gage de la « disposition conciliatrice du gouvernement anglais, et pen- « sait qu'avec de tels sentimens, ce gouvernement pouvait « rendre un service essentiel à l'Europe, en offrant de la

« même manière, au gouvernement d'Espagne, des conseils
« qui, en lui inspirant des sentimens plus calmes, pourraient
« produire une heureuse influence sur la situation intérieure
« de ce pays; que S. M. T. C. apprendrait avec la plus vive
« satisfaction le succès de pareils efforts, et qu'elle y ver-
« rait un juste motif d'espérer la conservation de la paix,
« dont les gouvernemens et les peuples d'Europe ne pou-
« vaient trop apprécier le prix [1]. »

Le duc de Wellington partit pour Londres immédiatement après la réception de cette note, avec l'intention d'y employer toute son influence personnelle. Le même jour, M. de Châteaubriand arriva à Paris, rapportant une circulaire que les trois monarques réunis à Vérone venaient d'adresser à leurs légations respectives près des cours de l'Europe, pour les informer du résultat des conférences, et particulièrement de l'ordre que LL. MM. venaient de donner à leurs ministres ou envoyés, de quitter l'Espagne.

La discussion continua, plus animée que jamais, dans le conseil des ministres, sur la déclaration à faire au gouvernement espagnol. On y était à peu près d'accord sur les principes posés à Vérone, mais il y avait dissidence sur la forme de la déclaration; le duc de Montmorency opinait pour qu'elle fût faite conforme à celle des autres puissances, en rappelant également le ministre français de Madrid; M. de Villèle était d'avis d'appuyer les déclarations étrangères dont il approuvait le fond, par des remontrances plus énergiques, et de laisser encore le ministre, comte de Lagarde, à Madrid. Le conseil resta quelque temps indécis entre les deux opinions; enfin, le 25 décembre, à la suite d'une longue

[1] Note du duc de Montmorency au duc de Wellington (19 décembre 1822), numéro 11 des pièces présentées aux deux chambres du parlement par ordre de S. M. B., le avril 1823. (*Voyez* les journaux anglais, l'*Annual register*, 1823, et l'*Annuaire historique universel*, 1822.

séance, l'avis du président du conseil des ministres l'emporta, et le duc de Montmorency crut devoir remettre au roi le portefeuille des affaires étrangères. Le journal officiel (*Moniteur*) publia le lendemain, en même temps que la démission de M. de Montmorency, et sous la même date, une note du président du conseil des ministres, chargé par *interim* du portefeuille des affaires étrangères, au comte de Lagarde, ministre du roi à Madrid. La résolution prise par le gouvernement français est complétement exposée dans ce document [1].

[1] « Le président du conseil des ministres, chargé par *interim* du portefeuille des affaires étrangères, à M. le comte de Lagarde, ministre du roi à Madrid.

« Monsieur le comte, votre situation pouvant se trouver changée par suite des résolutions prises à Vérone, il est de la loyauté française de donner connaissance des dispositions du gouvernement de S. M. T. C. au gouvernement de S. M. C.

« Depuis la révolution arrivée en Espagne, au mois d'avril 1820, la France, malgré les dangers qu'avait pour elle cette révolution, a mis tous ses soins à resserrer les liens qui unissaient les deux rois, et à maintenir les relations qui existent entre les deux peuples.

« Mais l'influence sous laquelle s'étaient opérés les changemens survenus dans la monarchie espagnole, est devenue plus puissante par les résultats mêmes de ces changemens, comme il avait été aisé de le prévoir.

« Une constitution que le roi Ferdinand n'avait ni reconnue ni acceptée en reprenant la couronne, lui fut depuis imposée par une insurrection militaire. La conséquence naturelle de ce fait a été que chaque Espagnol mécontent s'est cru autorisé à chercher, par le même moyen, l'établissement d'un ordre de choses plus en harmonie avec ses opinions et ses principes : l'emploi de la force a créé le droit de la force.

« De là, les mouvemens de la garde à Madrid, et l'apparition de corps armés dans diverses parties de l'Espagne. Les provinces limitrophes de la France ont été principalement le théâtre de la guerre civile. De cet état de trouble de la péninsule est résultée pour la France la nécessité de se mettre à l'abri. Les événemens qui ont eu lieu depuis l'établissement d'une armée d'observation au pied des Pyrénées, ont suffisamment justifié la prévoyance du gouvernement de S. M.

En publiant une note de cette nature, avant qu'elle fût arrivée à sa destination, le ministère avait pour but de ras-

« Cependant le congrès, indiqué dès l'année dernière pour statuer sur « les affaires d'Italie, se réunissait à Vérone.

« Partie intégrante de ce congrès, la France a dû s'expliquer sur les « armemens auxquels elle avait été forcée d'avoir recours, et sur l'usage « éventuel qu'elle en pourrait faire. Les précautions de la France ont « paru justes à ses alliés, et les puissances continentales ont pris la réso- « lution de s'unir à elle pour l'aider (s'il en était jamais besoin) à main- « tenir sa dignité et son repos.

« La France se serait contentée d'une résolution à la fois si honorable « et si bienveillante pour elle; mais l'Autriche, la Prusse et la Russie « ont jugé nécessaire d'ajouter à l'acte particulier de l'alliance, une ma- « nifestation de leurs sentimens : des notes diplomatiques sont, à cet « effet, adressées par ces trois puissances à leurs ministres respectifs à « Madrid; ceux-ci les communiqueront au gouvernement espagnol, et « suivront, dans leur conduite ultérieure, les ordres qu'ils auront reçus « de leurs cours.

« Quant à vous, M. le comte, en donnant ces explications au cabinet « de Madrid, vous lui direz que le gouvernement du roi est intimement « uni avec ses alliés, dans la ferme volonté de repousser, par tous les « moyens, les principes et les mouvemens révolutionnaires; qu'il se joint « également à ses alliés dans les vœux que ceux-ci forment pour que la « noble nation espagnole trouve elle-même un remède à ses maux; maux « qui sont de nature à inquiéter les gouvernemens de l'Europe, et à « leur imposer des précautions toujours pénibles.

« Vous aurez surtout soin de faire connaître que les peuples de la pé- « ninsule, rendus à la tranquillité, trouveront dans leurs voisins des amis « loyaux et sincères. En conséquence, vous donnerez au cabinet de Ma- « drid l'assurance que les secours de tout genre dont la France peut dis- « poser en faveur de l'Espagne, lui seront toujours offerts pour assurer « son bonheur et accroître sa prospérité; mais vous lui déclarerez en « même temps que la France ne se relâchera en rien des mesures préser- « vatrices qu'elle a prises, tant que l'Espagne continuera à être déchirée « par les factions. Le gouvernement de S. M. ne balancera pas même à « vous rappeler de Madrid, et à chercher ses garanties dans des disposi- « tions plus efficaces, si ses intérêts essentiels continuent à être compro- « mis, et s'il perd l'espoir d'une amélioration qu'il se plaît à attendre des « sentimens qui ont si long-temps uni les Espagnols et les Français dans « l'amour de leurs rois et d'une sage liberté.

surer les esprits sur l'imminence d'une guerre dont on craignait assez généralement les résultats. Cette démarche, attribuée d'abord à l'influence britannique, semblait annoncer d'autres changemens dans le système du gouvernement; elle donna pour un moment à M. de Villèle les honneurs et les dangers de la popularité.

La démission du duc Mathieu de Montmorency avait attiré tous les regards sur le ministère des affaires étrangères. Deux jours après la publication de la lettre du président du conseil des ministres au comte de Lagarde, une ordonnance royale annonça (28 décembre) que le vicomte de Châteaubriand était appelé à remplacer le démissionnaire; et, par une circonstance bien remarquable, les esprits les plus opposés dans la grande question qui s'agitait, virent également des motifs d'espérance dans cette nomination.

En Espagne, ainsi qu'en France, on attendait avec anxiété le dénouement des affaires traitées à Vérone. Le ministère espagnol n'en avait encore eu que des informations assez vagues, sauf la déclaration faite par le cabinet de Londres, de sa neutralité. Dans les derniers jours de l'année, le gouvernement français fit renaître un moment l'espoir du maintien de la paix, en délivrant, comme à l'ordinaire, des congés aux militaires qui venaient d'achever le temps de leur service, sans en excepter ceux du corps d'observation des

« Telles sont, M. le comte, les instructions que le roi m'a ordonné de
« vous transmettre, au moment où les notes des cabinets de Vienne, de
« Berlin et de Saint-Pétersbourg vont être remises à celui de Madrid.
« Ces instructions vous serviront à faire connaître les dispositions et la
« détermination du gouvernement français dans cette grave occurrence.
« Vous êtes autorisé à communiquer cette dépêche, et à en fournir
« copie si elle vous est demandée.

Signé DE VILLÈLE.

(Voyez le *Moniteur*, 26-27 décembre 1823.)

Pyrénées, dont l'effectif se trouvait affaibli d'un sixième par cette mesure.

Les ministres des quatre grandes puissances continentales (la France, l'Autriche, la Prusse et la Russie) à Madrid reçurent simultanément, dans les premiers jours de janvier 1823, les dépêches qui leur étaient transmises par leurs gouvernemens respectifs, et dont nous avons parlé plus haut. On connaît déjà textuellement celle rédigée par M. de Villèle; les trois autres étaient basées sur les mêmes principes politiques : elles récapitulaient les diverses causes qui avaient forcé les souverains réunis à Vérone de s'occuper de la révolution d'Espagne, aussi dangereuse dans ses conséquences « que les révolutions de Naples et du Piémont, que les con- « spirateurs espagnols représentaient comme leur ouvrage[1]. » Elles entraient dans des développemens sur la théorie des gouvernemens, et exprimaient le désir des souverains de voir le roi d'Espagne recouvrer, « avec son entière liberté, « le moyen de mettre un terme à la guerre civile, de préve- « nir la guerre étrangère, et de s'entourer des plus éclairés « et des plus fidèles de ses sujets, pour donner au royaume « les institutions que demandaient ses besoins et ses vœux « légitimes[2]. »

Aux communications officielles, faites en conséquence de ces différentes dépêches, le ministre des affaires étrangères, D. Evariste San-Miguel, répondit par de simples billets adressés à chacun des trois chargés d'affaires d'Autriche, de Prusse et de Russie, avec des formes et en des termes inusités dans les relations diplomatiques modernes de l'Europe; il y joignit les passeports demandés dans le cas du refus

1822.
1823.

---

[1] Dépêche du prince de Metternich au chargé d'affaires d'Autriche, 14 décembre 1822.

[2] Dépêche du comte de Nesselrode au chargé d'affaires de Russie, 14-26 novembre 1822.

d'un arrangement[1]. Le ministre espagnol mit plus de politesse dans sa réponse au ministre français, comte de Lagarde; mais, pour être conçue en termes plus modérés, elle n'en renfermait pas moins le refus formel des propositions du cabinet des Tuileries.

Les chargés d'affaires d'Autriche, de Prusse et de Russie quittèrent Madrid le 11 janvier, sans recevoir la moindre insulte de la part du peuple, qui se borna à parcourir les rues toute la nuit, en chantant des hymnes à la liberté, et en donnant des sérénades aux ministres espagnols ainsi qu'aux principaux membres des cortès. Le comte de Lagarde reçut quelques jours après de Paris, l'ordre de demander ses passeports, et partit le 30 janvier.

Nous n'avons pas besoin de dire que les cortès avaient approuvé complétement la conduite du ministère. Cette assemblée vota à l'unanimité un message au roi (11 janvier), pour lui exprimer « l'indignation excitée par les notes di« plomatiques de la Sainte-Alliance, » l'approbation donnée aux réponses du gouvernement, et les dispositions des cortès à seconder ce même gouvernement dans les mesures qu'il jugerait convenables pour la défense du pays, de son indépendance et de sa constitution.

Le gouvernement français, en différant de rappeler simultanément son ministre à Madrid, avec ceux d'Autriche, de Prusse et de Russie, l'avait chargé d'ouvrir des voies

---

[1] Voici le texte de l'un de ces billets.

« A M. le comte Brunetti, chargé d'affaires de S. M. l'empereur d'Autriche, etc.

« Monsieur, j'ai reçu la note que vous m'avez fait passer hier, et me
« borne à vous dire qu'il est indifférent au gouvernement de S. M. C. de
« maintenir ou non des relations avec la cour de Vienne. Je vous remets,
« d'ordre du roi, les passeports que vous avez demandés.

Signé EVARISTE SAN-MIGUEL.

nouvelles à la négociation. On voulait amener le gouvernement espagnol à faire des modifications à la constitution de 1812; on lui demandait la création de deux chambres, la fixation des conditions d'éligibilité, l'augmentation du pouvoir royal, en sorte que le roi eût l'initiative des lois, le *veto* absolu, le droit de dissolution des chambres, la nomination du conseil-d'état, et qu'il fût mis en position d'accorder ou de consentir librement les modifications à introduire; après quoi il serait publié une amnistie générale pour les faits antérieurs à la proclamation de la volonté royale. Cette négociation fut sans succès, comme on l'a vu par le rappel du comte de Lagarde.

Le ministère anglais avait offert inutilement sa médiation entre les deux parties. Avec la France, il se refusait à reconnaître le droit d'intervention dans les affaires intérieures de l'Espagne, et le principe que les améliorations ou modifications dussent émaner directement de l'autorité royale pour satisfaire et tranquilliser les états voisins, ni être une condition de guerre ou de paix; avec l'Espagne, il ne s'engageait à rien, bien que le gouvernement constitutionnel invoquât instamment l'appui de ce même état dont la puissante coopération avait été si efficace pour soustraire la péninsule au joug de Bonaparte.

En France, on avait attendu, avec une impatience proportionnée à l'importance des résultats, l'ouverture de la session des chambres, fixée au 28 janvier, et le discours de la couronne comme devant résoudre la question de la guerre ou de la paix. Il resta peu d'incertitude dans les esprits, lorsqu'on eut connaissance de ce même discours. Après le préambule d'usage sur la situation intérieure du royaume, S. M. Louis XVIII s'exprimait en ces termes:

« La France devait à l'Europe l'exemple d'une prospé-
« rité que les peuples ne peuvent obtenir que du retour

« à la religion, à la légitimité, à l'ordre, à la vraie
« liberté : ce salutaire exemple, elle le donne aujourd'hui ;
« mais la justice divine permet qu'après avoir long-temps
« fait éprouver aux autres nations les terribles effets de nos
« discordes, nous soyons nous-mêmes exposés aux dangers
« qu'amènent des calamités semblables chez un peuple voi-
« sin. J'ai tout tenté pour garantir la sécurité de mes peuples
« et préserver l'Espagne elle-même des derniers malheurs.
« L'aveuglement avec lequel ont été repoussées les représen-
« tations faites à Madrid, laisse peu d'espoir de conserver la
« paix. J'ai ordonné le rappel de mon ministre ; cent mille
« Français, commandés par un prince de ma famille, par
« celui que mon cœur se plaît à nommer mon fils, sont prêts
« à marcher, en invoquant le dieu de saint Louis, pour
« conserver le trône d'Espagne à un petit-fils d'Henri IV,
« préserver ce beau royaume de sa ruine, et le réconcilier
« avec l'Europe. Nos stations vont être renforcées dans les
« lieux où notre commerce maritime a besoin de cette pro-
« tection ; des croisières seront établies partout où nos arri-
« vages pourraient être inquiétés. Si la guerre est inévitable,
« je mettrai tous mes soins à en resserrer le cercle, à en bor-
« ner la durée ; elle ne sera entreprise que pour conquérir la
« paix, que l'état de l'Espagne rendrait impossible. Que
« Ferdinand soit libre de donner à ses peuples les institutions
« qu'ils ne peuvent tenir que de lui, et qui, en assurant
« leur repos, dissiperont les justes inquiétudes de la France ;
« dès ce moment les hostilités cesseront : j'en prends devant
« vous, messieurs, le solennel engagement..... »

La session du parlement britannique s'ouvrit le 4 février ;
le discours de la couronne, attendu avec autant d'intérêt
que celui du roi de France, offrit un caractère bien différent [1].

---

[1] Le roi Georges IV, retenu par la goutte dans son palais de Brighton,

Le monarque anglais déclarait que, « fidèle aux principes « qu'il avait annoncés au monde entier, comme faisant la « base de sa conduite, il avait refusé de prendre part à Vé- « rone à aucune mesure qui pût être considérée comme une « intervention dans les affaires intérieures de l'Espagne, de « la part des puissances étrangères, mais qu'il avait employé « et continuerait d'employer ses efforts et ses bons offices « pour détourner, s'il était possible, le malheur d'une guerre « entre la France et l'Espagne. »

Les débats sur cette grande question eurent lieu dans les deux chambres du parlement, dès la discussion de l'adresse qui devait être votée, suivant l'usage, en réponse au discours de la couronne. Les orateurs de l'opposition appelaient l'Angleterre aux armes; ils voyaient dans le droit d'intervention armée, proclamé par les grandes puissances continentales, la destruction de toute indépendance nationale, et du droit qu'ont les peuples de régler à leur gré leurs affaires intérieures, sans qu'aucune puissance étrangère eût celui de s'en occuper. Ce droit, base de l'existence des nations, ne pouvait être limité que par celui de légitime défense de la part d'un état étranger. Chaque état, en effet, devant veiller à sa propre conservation, pouvait légitimement repousser les hostilités imminentes d'un pays voisin en révolution. Mais les puissances de l'Europe et la France elle-même n'étaient pas dans cette position à l'égard de l'Espagne; il était évident que les constitutionnels espagnols n'avaient ni l'intention ni les moyens d'employer les séductions, l'or ou la force pour propager leurs doctrines et leur code politique chez leurs voisins.

Suivant les mêmes orateurs, l'intérêt de l'Angleterre, d'accord avec l'honneur national, lui commandait d'épouser

ne put assister en personne à l'ouverture du parlement, et son discours fut lu par commission.

la cause des constitutionnels espagnols; cette cause était la sienne, puisqu'en attaquant le droit acquis à tous les peuples de réformer leurs lois et leur gouvernement, les puissances du continent attaquaient dans son principe la constitution anglaise, et manifestaient l'intention de la détruire par les armes dès qu'elles se croiraient en mesure de tenter cette entreprise. C'était trahir les intérêts de la Grande-Bretagne, que de laisser la France envahir la péninsule, et y établir son pouvoir par la force. La générosité anglaise était engagée à protéger l'Espagne par les secours efficaces qu'elle lui avait déjà prêtés contre une autre invasion plus formidable. Laisserait-on un peuple si intéressant par la lutte héroïque qu'il avait naguère soutenue, et par ses malheurs, succomber sous l'oppression d'un joug étranger? Laisserait-on le despotisme et la superstition triompher des nobles efforts des Espagnols pour établir chez eux des institutions libres et conformes aux progrès des lumières? Si la constitution des cortès de 1812 avait des défauts, les Espagnols seuls en étaient juges, et c'était à eux à les réformer, quand ils croiraient cette réforme nécessaire et praticable; nul n'avait le droit de la leur imposer et de leur en prescrire le moment. Cette constitution, jugée si défectueuse, avait d'ailleurs obtenu dans le temps l'assentiment de ces mêmes princes qui voulaient aujourd'hui s'armer contre elle; ils avaient même paru sanctionner la révolution militaire de 1820, l'objet actuel de leur réprobation, puisque, pendant trois années, leurs ministres avaient résidé auprès du gouvernement rétabli par cette révolution, auprès du roi dont l'adhésion l'avait légitimée. Sous quel prétexte pouvait-on donc déclarer tout à coup la guerre à ces mêmes institutions que l'on avait si long-temps reconnues?

Les ministres anglais (MM. Canning et Peel dans la chambre des communes, lord Liverpool dans la chambre des pairs) et les orateurs de leur parti, s'accordaient avec l'opposition sur la répudiation du droit d'intervention armée, en général, sauf le cas où un état est menacé par les troubles et les actes d'un pays voisin, cas très-difficile à déterminer avec précison. Ils s'accordaient encore avec leurs adversaires à reconnaître qu'aucun danger réel ne menaçant la France de la part de l'Espagne, la première de ces deux puissances ne semblait point suffisamment autorisée dans un projet d'invasion; mais ces considérations étaient-elles assez graves pour obliger la Grande-Bretagne à intervenir par les armes dans la querelle, et à prendre parti pour la constitution de Cadix? L'Angleterre était-elle forcée de sacrifier les avantages de la paix à la défense du gouvernement des cortès? Le ministère ne le pensait pas. Et d'abord, l'Angleterre avait maintenu son honneur et son droit en protestant hautement contre la doctrine de l'intervention armée; elle n'avait rien à redouter ni des principes qui dirigeaient les cabinets du continent, ni de leurs intentions ou de leur puissance; elle n'avait à consulter que ses intérêts et les circonstances. Or, quant à l'état des choses en Espagne, il n'était rien moins que prouvé que la masse de la nation espagnole voulût la constitution de Cadix, et qu'elle fût dévouée au gouvernement constitutionnel. Pourquoi donc l'Angleterre irait-elle s'ingérer au milieu des discordes civiles de l'Espagne, en y appuyant un parti contre l'autre, et peut-être le parti de la minorité? Ce qu'avait de mieux à faire la nation britannique, c'était de rester neutre, d'offrir à temps sa médiation, et d'être toujours prête à interposer ses bons offices entre les puissances belligérantes. Cette détermination était la plus conforme à la justice, à la raison, aux intérêts nationaux. Tous les gens sages pensaient que les constitutionnels espagnols eussent dû modifier leur code politique, qui attribuait au pouvoir populaire des facultés que l'Angleterre regarde comme parties intégrantes du pouvoir monarchique. Il fallait laisser agir la France : si la nation espagnole était réellement à peu près unanime dans son dévouement aux institutions nouvelles, elle saurait bien repousser l'agression de ses voisins; si, au contraire, la majorité des Espagnols se réunissait aux Français contre le gouvernement des cortès, on aurait la preuve de l'injustice et de l'inutilité d'une intervention armée en faveur de ce gouvernement. On n'avait point à craindre les succès que la France obtiendrait en Espagne. Ces succès ne pouvaient augmenter la puissance française, dont on n'y souffrirait jamais d'ailleurs l'établissement permanent. Il était également convenu qu'aucune augmentation de territoire ne serait, pour la France, le prix de ses succès. Quant au Portugal, il était à l'abri de toute attaque de la part de cette puissance, s'il ne l'attaquait pas lui-même par suite de l'alliance récemment contractée entre les deux cabinets de Lisbonne et de Madrid. Sous d'autres rapports, il fallait bien se garder de jeter, par des menaces d'hostilité, la France entre les bras de la Sainte-Alliance, et de provoquer ainsi une guerre générale très-périlleuse. La neutralité de l'Angleterre la mettait à même de continuer son commerce avec tous les peuples, et surtout avec les colonies espagnoles de l'Amérique. Ce dernier motif, qui fut peu dévoloppé dans les débats du parlement, entrait cependant en première ligne dans les raisons qui déterminèrent la conduite du gouvernement dans cette grande circonstance.

Les débats, dans les deux chambres de France, s'ouvrirent sur l'affaire d'Espagne, lorsque la demande d'un crédit extraordinaire, faite par le gouvernement pour le service de 1823, fut mise en discusssion (24 février). Ils roulèrent en grande partie sur les mêmes questions, sauf la différence d'intérêt et de position. Le ministère s'attacha à démontrer l'imminence du danger dont les mécontens menaçaient l'ordre public en France, tant qu'ils pourraient s'appuyer sur les constitutionnels d'Espagne. Il insistait sur la captivité et sur les périls du roi Ferdinand et de sa famille, sur la nécessité, pour la tranquillité des deux états, de rendre le monarque espagnol à la liberté, afin qu'il pût donner à son peuple des institutions mieux appropriées à ses vrais besoins, que la constitution de Cadix.

L'opposition, comme en Angleterre, déniait le droit d'intervention armée, arguait de l'adhésion du roi Ferdinand à la constitution, et de l'approbation tacite donnée pendant trois années à la révolution espagnole par le maintien des relations diplomatiques des grandes puissances avec le gouvernement constitutionnel, et niait l'existence d'aucun danger de la part de l'Espagne. Elle ne voyait, dans la guerre avec cet état, que des charges pour la France, et des malheurs pour les deux pays, sans aucun espoir d'indemnité. Elle accusait les ministres et l'ancienne aristocratie, dont ils s'appuyaient, de n'aller porter la guerre dans la péninsule, que pour consommer, au retour de l'armée victorieuse, la destruction des libertés publiques.

Le crédit extraordinaire, dont la demande n'avait point d'autre motif que les frais de la guerre éventuelle, fut voté à une très-grande majorité dans les deux chambres [1]. Le gouvernement put achever les préparatifs, commencés depuis long-temps, de l'expédition contre l'Espagne, et S. A. R. le duc d'Angoulême, désigné comme généralissime, se disposa à partir pour se mettre à la tête de l'armée déjà rassemblée au pied des Pyrénées.

Nous ne pouvons terminer cette introduction au récit de la campagne de 1823, sans jeter un coup d'œil sur ce qui se passa en Espagne depuis le mois de janvier jusqu'à l'époque où nous sommes arrivés (fin de mars).

[1] Le 5 mars dans la chambre des députés, et le 15 dans celle des pairs.

1823. Malgré les avantages remportés par Mina en Catalogne, et par d'autres généraux constitutionnels en Aragon et en Navarre, il s'en fallait bien que ces provinces fussent entièrement soumises. La révolution n'avait de partisans que dans les villes, les milices et l'armée. Au commencement de l'année (1823), Mina et ses lieutenans, avec vingt à vingt-cinq mille hommes de troupes régulières et de milices, occupaient toutes les places fortes de la Catalogne, à l'exception des forts d'Urgel et de Mequinenza, où commandaient les chefs Romagosa et Bessières ; mais plusieurs corps royalistes tenaient encore la campagne en partisans; Misas dans le Lampourdan, Mirallès et Boshoms sur la Sègre, Ulmann, Capape, Sempere, Chambo et quelques autres chefs avaient des bandes éparpillées au midi de la Catalogne, de l'Aragon, et des intelligences jusque dans le royaume de Valence. Mais les divisions survenues entre les généraux royalistes ôtaient à leurs opérations l'ensemble et l'harmonie qui pouvaient en assurer le succès. Le général O'Donnel avait quitté le commandement de l'armée de Navarre. Les chefs Juanito, Santos-Ladron, el Pastor, Merino, remportaient parfois quelques avantages éphémères, inutiles au succès de leur cause, s'ils n'avaient servi à entretenir l'esprit royaliste, la haine des habitans des campagnes contre le régime constitutionnel, et à y entraver la levée des milices et des impôts. De toutes les actions et entreprises de ces divers chefs royalistes, dont notre cadre exclut les détails, nous ne parlerons que de l'expédition tentée par Bessières et Ulmann.

Bessières, disparu pendant quelques temps après sa querelle avec le Trapiste, était rentré en grâce auprès de la régence, qui lui avait confié le commandement de Mequinenza. Soit de son propre mouvement, soit en vertu d'un ordre secret, il quitta cette place pour aller joindre Ulmann, colonel suisse au service d'Espagne, qui, se trouvant compris dans le dernier licenciement, avait embrassé la cause royaliste. On sait par quels moyens ces deux chefs réussirent à former une division de quatre à cinq mille hommes, avec laquelle ils se portèrent, le 5 janvier, sur Saragosse. Cette ville étant en état de défense, ils durent renoncer à s'en rendre maîtres. Leur objet était de surprendre Madrid, et d'enlever la famille royale par un coup de main hardi. Quoique plusieurs généraux constitutionnels se fussent déjà mis à leur poursuite, leur petite armée devint en peu de jours assez forte pour traverser sans obstacle une partie de l'Aragon, lever des contributions de toute nature, s'emparer de Medina Celi et de Guadalaxara, à quinze lieues de Madrid. Cette marche audacieuse jeta l'épouvante dans la capitale, et fit éclater quelques mouvemens séditieux dans les faubourgs; mais le gouvernement sut les réprimer, et envoya la plus grande partie de la garnison pour arrêter les progrès des deux chefs royalistes. Plusieurs bataillons de milice se joignirent, avec l'autorisation des cortès, aux troupes déjà parties; le comte de l'Abisbal fut nommé commandant-général par intérim du premier arrondissement militaire, et le général Ballesteros fut chargé de la défense de Madrid.

Le général O'Daly ayant rencontré les royalistes à Brihuéga, fut repoussé avec perte d'hommes et de deux pièces d'artillerie; mais le comte de l'Abisbal s'étant présenté ensuite avec une division plus nombreuse, reprit les prisonniers et les canons, força Bessières de se retirer sur Sacedon, et finit par disperser ce rassemblement d'insurgés qui avait compromis un moment l'existence du gouvernement constitutionnel. On a dit que Bessières, après l'affaire de Sacedon, avait eu ordre de se borner à éviter désormais tout engagement sérieux, en continuant d'inquiéter les détachemens mis à sa poursuite, jusqu'au moment où il lui serait envoyé d'autres instructions. Quant au colonel Ulmann, il se dirigea sur Montreal pour se porter ensuite du côté de Valence, où on le retrouvera plus tard, dans le récit de la campagne de 1823.

Les royalistes éprouvèrent bientôt en Catalogne un échec plus sensible que celui dont nous venons de parler. Les forts d'Urgel tombèrent, le 3 février, au pouvoir de Mina. La garnison manquait de vivres depuis quelque temps, et plusieurs soldats étant morts d'inanition, Romagosa ne crut pas devoir exposer la vie de ceux qui lui restaient. Il prit la résolution d'évacuer ces forts, en s'ouvrant au besoin le passage à la baïonnette. La retraite commença sans désordre; la fusillade, avec les postes avancés de Mina ne s'engagea qu'à une certaine distance, et fut peu meurtrière; mais les traînards, soldats malades et blessés, et quelques femmes furent massacrés, ou se noyèrent au passage d'une petite rivière (*la Balira*) qu'il leur fallut traverser pour échapper à la fureur des constitutionnels. Le reste, au nombre de quatorze cents, parvint à gagner la vallée d'Andorre, et Romagosa se présenta le lendemain avec quatre ou cinq cents hommes au poste français de l'Hospitalet, où ils furent désarmés et envoyés à Foix.

Mina, en prenant possession des forts d'Urgel, y trouva une soixantaine de soldats malades, peu de munitions et toutes les pièces de rempart, qu'on n'avait point fait enclouer, peut-être dans l'intention de disposer le vainqueur à traiter plus humainement les blessés, les vieillards, les femmes et les enfans qu'on avait été forcé d'abandonner. En effet, le général constitutionnel les traita avec tous les égards dus au malheur.

Il ne restait plus aux royalistes que la place de Mequinenza; mais ils n'étaient point découragés. Répartis en bandes de cinq, six et jusqu'à douze cents hommes, ils continuèrent, pendant les mois de février et de mars, à inquiéter les troupes constitutionnelles dans les plaines, à se maintenir dans les montagnes du Lampourdan, etc. Le baron d'Éroles dirigeait presque tous leurs mouvemens, et l'autorité militaire était passée tout entière dans ses mains.

Depuis les séances des 9 et 11 janvier, les cortès ne s'étaient occupés que d'objets d'intérêt intérieur; mais les ministres ayant eu connaissance du discours du roi de France prononcé à l'ouverture de la session législative, et ayant pris immédiatement des mesures pour mettre l'armée sur le pied de guerre, se rendirent en corps à la séance du 5 février. Le ministre de la guerre, Lopès-Banos, y proposa, 1° de porter l'armée au complet de guerre, et d'ordonner, à cet effet, la levée de trente mille hommes, répartis entre les provinces, à raison de leur population, opérée par les commandans militaires, de concert avec les députations provinciales, et dont les dépenses, pour l'habillement et l'armement, seraient prises sur les fonds de l'impôt territorial et local, etc.; 2° d'autoriser le gouvernement à incorporer dans l'armée les hommes destinés à former de nouveaux bataillons pour recruter la milice active; 3° de suspendre la délivrance des congés jusqu'à ce que le recrutement de l'armée fût complété; 4° de permettre l'importation des armes, munitions de guerre, et autres objets nécessaires; 5° d'autoriser le gouvernement à faire construire, acheter, ou obtenir par voie d'embargo les bâtimens nécessaires pour en former deux cents chaloupes canonnières destinées à défendre les côtes d'Espagne, et de leur accorder quatre mille quatre cents matelots pour en former les équipages. Ces propositions furent adoptées, sauf de légers changemens de rédaction, et quelques dispositions additionnelles pour assurer le succès de la levée.

Tout en excitant l'exaltation populaire, le gouvernement

essayait d'opérer une conciliation quelconque, une espèce de fusion entre les divers partis. C'est dans cet esprit, qu'à la sollicitation du général Ballesteros, il confia au général Morillo, quoique celui-ci fût encore sous le poids d'une enquête juridique, le commandement d'un corps d'armée à former dans les provinces des Asturies et de la Galice; et c'est ce qui lui fit proposer aux cortès d'accorder une amnistie à tous les factieux, chefs supérieurs et subalternes qui déposeraient leurs armes et rentreraient dans leurs foyers avant le 1er avril, avec autorisation au gouvernement de les employer s'ils désiraient servir contre les ennemis de la patrie. Cette proposition fut convertie en décret avant la séparation des cortès extraordinaires, et aucun des chefs royalistes ne voulut en profiter.

Un autre décret plus remarquable fut rendu par cette même assemblée, avant sa dissolution. On y avait élevé la question de la translation du gouvernement, comme une des mesures nécessitées par la crise actuelle. Après des débats très-animés, cette question fut résolue de la manière suivante : « si aussitôt la clôture des cortès extraordinaires, les
« circonstances exigent que le gouvernement change de ré-
« sidence, les cortès, d'accord avec la députation perma-
« nente, décréteront leur translation au point désigné par le
« gouvernement. Si les cortès avaient cessé leurs fonctions,
« le gouvernement s'entendra à cet égard avec le président et
« les secrétaires nommés par les cortès ordinaires. Dans ce
« cas le gouvernement consultera, sur l'endroit convenable à
« la translation, une junte d'officiers connus par leur capa-
« cité et leur attachement au sytème constitutionnel. » Il est à remarquer que, dans la discussion qui précéda ce décret, à peine osa-t-on parler de l'indisposition du roi et de la santé de la reine, qui rendaient, dans cette saison, leur déplacement dangereux.

Le jour fixé pour la clôture de la session des cortès extraordinaires étant arrivé (19 février), et le roi refusant de se rendre en personne à cette assemblée pour faire cette clôture, les ministres envoyèrent au président un discours qui était leur ouvrage, revêtu du sceau royal, dans lequel, après avoir rappelé succinctement les derniers événemens, les travaux de la session, la rupture avec les puissances, ils faisaient parler S. M. dans ces termes : « les circonstances « dans lesquelles se trouvent les affaires publiques sont graves, « mais rien ne doit intimider ni mon gouvernement ni les « cortès. Mon union ferme et constante avec les députés de « la nation sera un sûr garant de la bonne intelligence et « des jours de gloire qui nous attendent..... Un nouveau « champ de patriotisme va s'ouvrir aux représentans de la « nation, et à moi de nouveaux motifs pour déclarer publi- « quement mes sentimens. »

D'après ce discours, les ministres semblaient être dans toute la sécurité du pouvoir, lorsque, dans la soirée, le bruit se répandit qu'ils étaient tous congédiés, à l'exception du ministre des finances, D. Mariano Egea, qui avait signé les lettres de renvoi dont nous allons expliquer la cause.

La décision des cortès sur la translation du gouvernement avait déplu à la masse du peuple de Madrid : aux uns, parce que, dévoués au monarque, ils espéraient plus tôt sa délivrance ; aux autres, parce que le départ pouvait ôter des moyens de subsistance et de défense à la capitale, et leur enlever l'influence qu'ils exerçaient sur le gouvernement. Ainsi, les partis les plus opposés s'accordaient pour que le roi restât à Madrid, et même qu'il renvoyât le ministère, dans l'espérance d'y faire entrer leurs amis. Le roi, instruit de cet état de choses, était d'ailleurs fort mécontent des ministres et du discours qu'ils lui avaient attribué à la clôture des cortès ; au sortir de cette séance, ils s'étaient présentés pour lui renouveler leurs instances à l'égard du décret concernant la translation de sa personne et de son gouvernement, et le supplier de faire les dispositions nécessaires. S. M., qui avait déjà fort mal reçu la proposition, allégua d'abord l'état de sa santé (il avait une attaque de goutte), de celle de la reine, la rigueur de la saison, puis les conséquences que l'on tirerait d'un départ prématuré, et finit par déclarer qu'il ne quitterait la capitale que dans le cas où l'ennemi s'en approcherait; ce à quoi les ministres ayant répliqué que S. M. serait forcée de se transporter à l'endroit que désignerait la députation permanente des cortès, le roi, irrité de leur insistance, leur enjoignit de sortir, et signa immédiatement le décret de leur renvoi.

Cette nouvelle, circulant bientôt dans Madrid, ne fut desagréable ni aux amis du roi, qui en conçurent l'espoir d'une délivrance plus prompte, ni à ceux des *exaltados*, qui comptaient s'emparer du pouvoir. Mais le ministère avait pour lui les autorités de Madrid, une grande partie de la milice et des *communeros*; et son parti eut bientôt rallié les uns ou fait taire les autres; en un instant toute la population de Madrid fut en mouvement. La députation permanente des cortès, la députation provinciale, le corps municipal, se réunirent au lieu de leurs séances; la milice volontaire se forma sur la place de la Constitution; la garnison prit les armes dans ses quartiers. Des rassemblemens nombreux, mais sans armes, se portèrent sous les croisées du palais du roi, de la députation des cortès et de l'hôtel de ville, aux cris de *vive la constitution! vivent les ministres!* On y parlait hautement du renvoi de ceux-ci comme d'une intrigue suscitée par l'étranger; on demandait leur rétablissement, et même la nomination d'une régence, conformément au paragraphe 2 de l'article 162 de la constitution. Effrayé du tumulte qui avait lieu aux portes de son palais, dont la milice de garde ne voulut ou ne put empêcher qu'on ne violât l'enceinte, le roi crut devoir céder à l'orage, fit annoncer, à dix heures et demie du soir, qu'il garderait ses ministres, et signa un nouveau décret qui les rappelait à leur poste, mais seulement par *interim*. Cette concession parut d'abord calmer un peu les esprits ; cependant la foule toujours croissante continua à encombrer les places de l'hôtel de ville et du palais des cortès, en demandant à grands cris *la régence*. Vers minuit les attroupemens se dissipèrent, lorsque la municipalité eut fait annoncer que le vœu du peuple serait pris en considération.

Le lendemain (20 février), il se forma de nouveaux rassemblemens qui parcoururent les rues et y répandirent l'effroi. On établit sur la place Mayor deux tables où les passans étaient invités à mettre leur signature au bas d'une pétition dans laquelle on demandait aux cortès la nomination d'une régence. Toutefois ces mouvemens, attribués par les uns aux manœuvres des ministres, qui voulaient conserver le pouvoir, sans avoir de communication avec le roi ; par les autres, aux *exaltados*, qui voulaient détruire la monarchie ; ces mouvemens, disons-nous, n'eurent pas de suite. L'attitude ferme des milices imposa aux factieux, et les choses restèrent pendant dix jours dans l'état où elles étaient, sans que l'on sût si les ministres conserveraient ou non leurs portefeuilles. On était toujours dans la crainte d'une révolution, dans la terreur de l'invasion étrangère et de l'arrivée de Bessières (que beaucoup de gens croyaient toujours aux environs de Madrid, n'attendant qu'une occasion pour s'y montrer), et dans le choc des factions qui se redoutaient et s'enviaient le pouvoir.

Enfin, arriva le jour de l'ouverture des cortès ordinaires (1er mars). Le roi refusa encore d'assister à cette première séance, et les ministres furent de nouveau réduits à y lire un discours en son nom. Ce discours avait pour objet principal de répondre à celui que le roi de France avait prononcé à l'ouverture de la session législative, et de rassurer les Espagnols sur l'issue de la guerre. Il rejetait toute idée de conciliation, il annonçait la translation du roi et des cortès dans un lieu moins exposé que Madrid à l'influence des opérations militaires, et passait sous silence les dernières agitations, ainsi que la situation du roi avec ses ministres; mais on faisait dire à S. M. qu'elle était satisfaite de l'administration publique.

Ce jour même, le roi, comme pour manifester hautement son désaveu du discours prononcé en son nom, formait un nouveau ministère. Presque tous ceux qui y étaient appelés n'étaient pas moins connus que leurs prédécesseurs pour être attachés au système constitutionnel, et il y a lieu de croire que S. M. avait plus consulté dans ce choix des sentimens de haine pour les uns que des sentimens d'affection ou d'estime pour les autres. Les circonstances ayant paru trop critiques aux ministres nouveaux, ceux-ci refusèrent les portefeuilles qui leur étaient confiés, et force fut au roi de conserver encore les anciens, du moins jusqu'à ce qu'ils eussent fait un rapport aux cortès sur la situation de leurs départemens.

Dans leur seconde séance (2 mars), après avoir entendu le rapport de la députation permanente qui rendait compte à l'assemblée de l'état où l'on se trouvait sur l'affaire de la translation du gouvernement, les cortès mandèrent les ministres, pour qu'ils eussent à donner des éclaircissemens sur la situation de l'Espagne, quant aux relations avec la France, et à déclarer si le moment était arrivé ou non de transporter le gouvernement dans une place de sûreté [1]. Le ministre des

---

[1] Les cortès prirent cette détermination après une discussion dans laquelle le député Rico avait demandé que l'assemblée déclarât l'*incapacité physique* du roi.

affaires étrangères assura que l'état des choses n'était pas matériellement changé depuis la dissolution des cortès extraordinaires, si ce n'est quant à la probabilité de l'invasion des Français, qui se rapprochaient de plus en plus des Pyrénées, de manière qu'au milieu du mois il y aurait probablement quatre-vingts à quatre-vingt-dix mille hommes sur la frontière. Relativement à la translation du gouvernement, les ministres de l'intérieur et de la guerre donnèrent des renseignemens qui accusaient le conseil-d'état, et surtout l'opposition personnelle témoignée par le roi. Plusieurs députés insistèrent sur la nécessité d'une prompte décision. Malgré la répugnance que les ministres témoignaient de faire de nouvelles tentatives sur l'esprit de S. M. pour la déterminer à consentir à son déplacement, les cortès terminèrent la discussion en adoptant à l'unanimité la proposition faite par M. Canga, « que le gouvernement informerait le lendemain (3 mars) « les cortès de la résolution qu'il plairait à S. M. de prendre « relativement au choix d'une place convenable pour y « transférer le gouvernement et les cortès, et des mesures « qui avaient déjà été prises pour opérer la translation. »

Le roi céda à cette nouvelle injonction, appuyée par la terreur d'une faction décidée à tout oser; et le lendemain, les cortès reçurent un message qui les informait qu'en conséquence de leurs désirs, et après avoir consulté son conseil d'état, le roi avait résolu de désigner la cité de Séville pour la translation de sa personne, de son gouvernement et des cortès, et qu'à cet effet, il avait donné les ordres convenables pour la sûreté des routes et les préparatifs du voyage.

Diverses propositions furent présentées dans les séances des 6, 7 et 8 mars, sur les mesures à prendre pour la défense générale du pays, pour le service des miliciens, la levée des guérillas, et l'organisation des corps destinés à servir d'escorte au gouvernement dans son trajet de Madrid à Séville. Il fut décrété que les cortès recommanderaient au gouvernement la conclusion du traité d'alliance avec le Portugal, la formation des bataillons de milice qui devaient accompagner le roi, et le transport des objets précieux, de l'argenterie du palais et des églises, exposés à tomber entre les mains des ennemis.

De toutes les mesures recommandées au gouvernement, il ne put exécuter que les moins importantes à sa sûreté. L'influence de l'Angleterre, fidèle à son système de neutralité, empêcha l'exécution du projet d'alliance avec le Portugal. Il ne résulta des négociations ouvertes à ce sujet, qu'une convention signée le 8 mars à Madrid, pour l'extradition ou renvoi respectifs des déserteurs ou transfuges d'un royaume dans l'autre. Le gouvernement portugais eut bientôt assez d'occupation dans ses propres affaires, pour ne plus pouvoir se mêler de celles d'Espagne [1].

---

[1] Un seigneur portugais, le comte d'Amarante, leva l'étendard de l'insurrection contre le régime constitutionnel établi dans son pays depuis 1820, à l'imitation de l'Espagne. Ayant armé ses domestiques et ses vassaux à Villa-Réal, lieu de sa naissance, il publia, le 28 février, une proclamation par laquelle il appelait les Portugais aux armes « pour délivrer « leur pays du joug des cortès et du fléau des révolutions, la religion de « ses ennemis, et mettre le roi en liberté de rendre le bonheur et des lois « justes à son peuple. » L'insurrection fit des progrès; des régimens se déclarèrent en faveur du comte d'Amarante; mais celui-ci, après quelques affaires peu décisives avec les troupes constitutionnelles, prit le parti de se retirer avec quatre mille hommes environ, sur le territoire d'Espagne, dans la province de Léon, qu'il traversa sans opposition, et parvint jusqu'aux environs de Valladolid, où il se réunit au chef royaliste espagnol Mérino. Il offrit ensuite ses services au prince généralissime, lorsque l'armée française fut entrée en Espagne; mais S. A. R. le duc d'Angoulême refusa de le recevoir, attendu que la France n'était point en guerre avec le Portugal. Cette détermination laissa le comte d'Amarante et sa troupe dans une position équivoque, d'où il ne sortit que lorsque l'infant don Miguel, fils du roi de Portugal, eut achevé avec succès la contre-révolution qu'il (le comte d'Amarante) avait commencée.

Dès le 5 février, le ministère avait arrêté qu'il serait fait une nouvelle organisation de l'armée. Le corps qui opérait dans le septième arrondissement militaire (Catalogne) continuait d'être sous les ordres du lieutenant-général Mina; ceux des cinquième et sixième (Aragon et Castille) n'en formaient plus qu'un seul, sous les ordres du lieutenant-général Ballesteros. On réunissait, dans le premier arrondissement (Nouvelle-Castille), des troupes pour composer un corps d'armée de réserve, dont le roi avait confié le commandement au lieutenant-général comte de l'Abisbal; enfin, un quatrième corps d'armée devait opérer en Galice et dans les Asturies, sous les ordres du lieutenant-général Morillo. Ces quatre commandans en chef étaient en même temps capitaines-généraux des arrondissemens où se trouvaient leurs troupes, ce qui les investissait d'une sorte de dictature.

Quoique les ministres n'eussent pas de confiance dans le comte de l'Abisbal, ils lui avaient donné, comme on vient de le voir, les pouvoirs les plus étendus, de même qu'à Morillo, qui partit malgré lui pour la Galice. L'amnistie, dont on avait attendu les plus heureux effets, n'avait servi qu'à donner quelque répit aux insurgés royalistes qui arrêtaient les levées d'hommes et d'argent. Bessières et Ulmann, que l'on disait tous les jours battus ou détruits, se montraient sur divers points. Ulmann s'était approché de Valence, et Bessières poussait des partis jusqu'aux portes de Madrid et dans la Sierra-Morena. Le gouvernement n'avait ni argent ni crédit [1]. On ne savait où prendre des fonds pour habiller

---

[1] Les lettres de change tirées sur une maison anglaise à Madrid (Bernalès et compagnie), qui avait souscrit le dernier emprunt par un engagement fait le 14 janvier, avaient été protestées. Le gouvernement français avait suspendu le paiement des créances espagnoles.

et armer les troupes de nouvelle levée. A peine s'en trouvait-il assez pour faire les frais du voyage du Séville.

Cependant, le ministère pressait avec ardeur le départ, qui paraissait fixé pour le 10 ou le 12 mars, malgré l'état de la santé du roi. S. M., ayant consulté une réunion de médecins dont aucun n'osait répondre des conséquences du déplacement, avait ordonné aux ministres d'informer les cortès de cet obstacle. Mais la commission nommée par suite de la communication ministérielle, et dont six médecins faisaient partie, fut d'avis, sans s'occuper des considérations médicales, que la translation du roi et du gouvernement était indispensable [1]. Cette conclusion fut adoptée dans la séance des cortès du 11 mars, à la majorité de cent quatre voix contre quarante-trois. Une députation envoyée sur-le-champ au roi, rapporta sa réponse qu'il était prêt à partir, et qu'il fixait son départ au 17, tout en manifestant le désir que le voyage fût remis au 20, si l'assemblée n'y voyait aucun inconvénient. Les cortès accordèrent ce délai, et l'itinéraire fut fixé avec S. M. de manière que le voyage fût fait en vingt-deux jours, y compris six de repos, par Aranjuez, Manzanarès, la Caroline, Andujar, Cordoue et Carmona [2].

De ce moment jusqu'à celui du départ, Madrid fut dans la plus vive agitation. Les cortès continuèrent à siéger deux jours encore après que le roi eut quitté la capitale, à rendre décrets sur décrets, presque tous relatifs à l'organisa-

---

[1] « Si S. M. venait à en souffrir, dit le rapporteur, ce serait une chose « très-affligeante pour la commission, pour les cortès et pour toute la « nation; mais il serait peut-être plus préjudiciable à tous et à la dignité « de S. M. que le départ fût différé encore, puisque le salut du roi et de « la patrie tient à ce voyage. »

[2] La distance de Madrid à Séville, par cette route, est de quatre-vingt-sept lieues un quart d'Espagne, de dix-sept et demie au degré. Trois et demie de ces lieues égalent cinq lieues de France de 25 au degré. (*Géographie de l'Espagne*, etc., par D. Isidore Autillon.)

tion des moyens de défense du pays, et entre lesquels il faut citer la création d'une seconde armée de réserve composée des neuvième et dixième arrondissemens militaires (Andalousie), sous les ordres du lieutenant-général Villa-Campa. Soit crainte de l'invasion et des réactions qui devaient la suivre, soit zèle pour le système constitutionnel, les milices de Madrid se présentèrent sans difficulté pour escorter le roi et le gouvernement, et furent formées en bataillons, mises, pour la solde et l'habillement, sur le pied de la troupe de ligne. Tous les généraux nommés pour les armées d'opération se hâtèrent de se rendre à leur poste.

Le voyage du roi et du gouvernement se fit plus tranquillement qu'on ne l'avait espéré. L'escorte était, avec les renforts qu'elle reçut en sortant de Madrid, de cinq à six mille hommes, sans compter les colonnes mobiles organisées pour éclairer la route. Celles-ci eurent plusieurs affaires avec les partis de Bessières, mais il n'y eut aucun engagement bien sérieux. Le roi trouva dans quelques endroits des rassemblemens de constitutionnels exaltés comme ceux de Madrid; mais dans d'autres, dans les campagnes surtout, l'expression du respect et de l'amour du peuple; à Cordoue, on osa prononcer le cri de *vive le roi*, sans ajouter l'épithète ordinaire de *constitutionnel;* mais on ne fit d'ailleurs aucune tentative pour l'enlever à son escorte; et il arriva le 10 avril à Séville, au milieu d'une population en partie muette de terreur.

Les cortès et le corps diplomatique (qui n'était plus composé que des ministres d'Angleterre, des Pays-Bas, de Suède, de Portugal et des États-Unis), quittèrent Madrid le 22 mars, deux jours après le roi. Ils laissaient la capitale sous l'autorité du comte de l'Abisbal, mais toujours dans l'agitation, entretenue par des discussions presque publiques sur la nécessité de modifier la constitution, et par les nouvelles, de plus en plus alarmantes, des mouvemens qui se manifestaient dans les provinces pour favoriser l'invasion des Français. Bessières était du côté de Soria; les chefs royalistes Juanito, Santos-Ladron, Merino, Gorostidy, parcouraient la Navarre, l'Alava et la Biscaye avec leurs bandes, entravant les levées d'hommes et d'argent. En Catalogne, au milieu même des divisions de Mina, Mosès-Auton se maintenait dans les montagnes du Lampourdan. Sempère et Ulmann obtenaient des avantages sur l'Èbre inférieur. Le 19 mars, ils surprirent le château de Murviedro (ancienne Sagonte), où ils trouvèrent trente-trois pièces de canon et une garnison d'environ mille hommes, composée de milices et de dépôts de différens corps. Ce succès des royalistes, attribué à la trahison, jeta l'épouvante dans Valence, et cette ville fut déclarée en état de siége. On y prit les mesures les plus sévères contre les prêtres, les moines et les habitans suspects d'attachement à la cause royale. Les royalistes s'avancèrent jusqu'à demi-lieue de la place. Après une espèce de siége qui dura trois jours (du 26 au 28 mars), pendant lesquels quelques grenades furent lancées dans l'intérieur, Ulmann et Sempère, voyant qu'il ne se faisait point de mouvement en leur faveur, prirent le parti de se retirer. Le colonel D. A.-F. Bazan, commandant par intérim du district de Castalla, se porta rapidement de ce point sur Valence avec une colonne de douze à quinze cents hommes, et rencontra le gros des royalistes entre Murviedro et Almenara au nombre de quatre mille hommes, soutenus par trois pièces d'artillerie. Sans consulter sa propre infériorité numérique, il les fit charger avec tant de résolution, qu'ils furent enfoncés, et perdirent cinq à six cents hommes tués, deux cents prisonniers, mille fusils, huit caissons et une grande partie de leurs bagages. La colonne constitutionnelle entra le soir même de cette victoire dans Valence, aux cris répétés de *vive la constitution ou la mort!*

Telle était la situation des choses en Espagne, au moment où l'armée française rassemblée sur la frontière des Pyrénées-Occidentales, se disposait, sous les ordres immédiats de S. A. R. le duc d'Angoulême, généralissime de l'expédition, à franchir la Bidassoa pour rétablir le roi Ferdinand dans toute la plénitude de l'autorité que lui avait enlevée la constitution de 1812.

FIN DE L'INTRODUCTION.

VICTOIRES
CONQUÊTES

DÉSASTRES, REVERS ET GUERRES CIVILES

DES FRANÇAIS

GUERRE D'ESPAGNE

LIVRE PREMIER

CHAPITRE Iᵉʳ.

FORCE respective des armées française et espagnole au moment d'entrer en campagne. — Le duc d'Angoulême arrive à l'armée; ordre du jour de S. A. R. — Le ministre de la guerre à Bayonne; marchés passés pour les fournitures des vivres et des transports militaires. — Nouvel ordre du jour; revue générale. — Tentative insensée d'un rassemblement de transfuges; commencement des hostilités; passage de la Bidassoa; marche de l'armée française; affaire de Saint-Sébastien. — Installation d'une junte provisoire de gouvernement à Tolosa; sa proclamation. — Suite de la marche de l'armée. — Mouvement du deuxième corps d'armée sur Saragosse. — Occupation de Bilbao; prise de Guetaria. — Séjour du duc d'Angoulême à Vittoria. — combat de Logrono. — Suite de la marche du deuxième corps; les Français entrent dans Saragosse. — Le duc d'Angoulême à Burgos. — Marche sur Madrid; dispositions du comte de

1823.

1823. l'Abisbal; envoi d'un parlementaire. — Capitulation de Madrid; menées et fuite du comte de l'Abisbal; attaque de Madrid par le corps royaliste espagnol de Bessières; entrée du duc d'Angoulême et des troupes françaises à Madrid. — Création d'une régence.

Au 1er. avril 1823, le gouvernement français avait à peu près terminé les préparatifs de la guerre d'Espagne, dont la direction était confiée par le Roi, avec les pouvoirs les plus étendus, au duc d'Angoulême, prince héritier du trône de saint Louis, et parent du souverain pour la délivrance duquel l'expédition allait être entreprise. Un commissaire civil, M. Martignac, conseiller-d'état et membre de la chambre des députés, devait accompagner le généralissime; sa mission était d'entretenir les relations nécessaires de S. A. R. avec les autorités qui seraient établies en Espagne, après l'entrée de l'armée d'invasion, et, sans doute aussi, de préparer les voies de conciliation entre les parties. La détermination avait été prise dans le cabinet des Tuileries de n'imposer à ce royaume ni domination étrangère, ni sacrifice, ni contribution quelconque; il devait être traité comme pays indépendant et ami; la course en mer était interdite contre les bâtimens du commerce espagnol.

On a vu dans l'introduction que le corps d'observation des Pyrénées avait été successivement renforcé depuis le mois de février. Les troupes réunies sur la ligne de Perpignan à Bayonne présentaient, à l'époque où nous sommes arrivés, un effectif de plus de quatre-vingt mille combattans, sans compter les divisions royalistes espagnoles organisées en deça de la frontière par les généraux baron d'Eroles, d'Espagna et Quesada. La masse principale de ces troupes, rassemblée autour de Bayonne et destinée à pénétrer dans la péninsule par Irun, premier bourg espagnol sur la grande route de France à Madrid, se composait de trois corps d'armée et d'une réserve, au total de soixante-deux mille deux cent

GUERRE D'ESPAGNE. 177

cinquante-neuf combattans, infanterie et cavalerie. Le quatrième corps d'armée, rassemblé aux environs de Perpignan, et qui devait opérer en Catalogne, ne comptait guère alors que dix-huit mille hommes, infanterie et cavalerie; mais il fut renforcé plus tard, ainsi que nous le dirons en son lieu, par quatre régimens d'infanterie qui le portèrent à l'effectif de vingt-quatre mille combattans, non compris le corps espagnol organisé par le baron d'Eroles [1]. On peut évaluer à trente-cinq mille hommes le total des troupes royalistes qui devaient servir d'auxiliaires à l'armée française.

1823.

L'armée constitutionnelle espagnole, y compris les milices actives, ne s'élevait pas à plus de cent vingt mille hommes, distribués de la manière suivante :

Premier corps ou armée d'opération, en Guipuscoa, Biscaye, Navarre, etc., sous le commandement en chef du lieutenant-général Ballesteros. . . . . 20,000 h.

Deuxième. —— De Catalogne, commandé par le lieutenant-général Mina . . de 20 à 22,000.

Troisième. —— Du centre ou de réserve, sous les ordres du lieutenant-général comte de l'Abisbal. . . . . . . de 17 à 18,000.

Quatrième. —— Des Asturies et de Galice, commandé par le lieutenant-général Morillo. . . . . 10,000.

Garnisons des places fortes, au commencement de la campagne . . . . 50,000.

D'après les rapports officiels faits aux cortès, cette force aurait dû être plus considérable; mais la dernière levée de vingt-neuf mille neuf cent soixante-treize hommes, décrétée

[1] Voyez la situation générale ci-contre, dressée d'après les documens les plus exacts.

XXVIII. 12

le 7 février, n'avait pu être effectuée dans plusieurs provinces.

Le duc d'Angoulême parti de Paris le 15 mars, dans la soirée, arriva à Perpignan le 22. Il y trouva le maréchal Moncey, duc de Conegliano, commandant en chef le quatrième corps de l'armée, et le général espagnol baron d'Eroles dont le quartier-général était établi depuis quelques jours au village de Banyuls-les-Aspres, entre la frontière et Perpignan, à trois lieues environ de cette dernière place. Le 24, après avoir passé (la veille) la revue d'une partie des troupes du quatrième corps, et avoir fait exécuter sous ses yeux de grandes manœuvres sur la plage dite du Canet, S. A. R. quitta l'ancienne capitale du Roussillon pour se rendre, en longeant la chaîne des Pyrénées, à Bayonne, où elle fit son entrée le 30, au milieu des acclamations des habitans et des troupes réunies sous cette place. Dans le trajet qu'il venait de faire, le neveu de Louis XVIII, n'avait entendu que des cris unanimes, ceux de l'honneur et de la fidélité.

Au moment même de son arrivée, le généralissime fit mettre à l'ordre du jour de l'armée la proclamation qui suit :

« Soldats !

« J'arrive parmi vous ; j'ai été satisfait du bon esprit qui
« vous anime, de votre constance à supporter les fatigues
« d'une longue marche pendant l'intempérie de la saison.
« C'est par l'éclat de toutes les vertus militaires que vous
« montrerez bientôt votre dévouement au Roi et à la patrie.
« FIDÉLITÉ, HONNEUR et DISCIPLINE, sera toujours la devise
« du drapeau blanc sous lequel nous allons combattre. Je
« veillerai à tous vos besoins.   LOUIS-ANTOINE. »

Une seconde proclamation, destinée à faire connaître aux Espagnols le véritable but de l'invasion française, fut publiée le 2 avril, et les mesures furent prises pour la répandre dans l'intérieur de la péninsule[1].

Nous avons dit que les préparatifs de l'invasion de l'Espagne étaient à peu près terminés au 1er. avril. En effet, le

---

[1] Elle était conçue en ces termes :

« Espagnols !

« Le roi de France, en rappelant son ambassadeur de Madrid, avait espéré que le gouvernement espagnol, averti de ses dangers, reviendrait à des sentimens plus modérés, et cesserait d'être sourd aux conseils de la bienveillance et de la raison. Deux mois et demi se sont écoulés, et S. M. a vainement attendu qu'il s'établît en Espagne un ordre de choses compatible avec la sûreté des états voisins.

« Le gouvernement français a supporté, deux années entières, avec une longanimité sans exemple, les provocations les moins méritées. La faction révolutionnaire qui a détruit dans votre pays l'autorité royale, qui tient votre roi captif, qui demande sa déchéance, qui menace sa vie et celle de sa famille, a porté au-delà de vos frontières ses coupables efforts; elle a tout tenté pour corrompre l'armée de S. M. T. C., et pour exciter des troubles en France, comme elle était parvenue, par la contagion de ses doctrines et de ses exemples, à opérer les soulèvemens de Naples et du Piémont. Trompée dans ses coupables espérances, elle a appelé des traîtres, condamnés par nos tribunaux, à consommer, sous la protection de la rébellion triomphante, les complots qu'ils avaient formés contre leur patrie. Il est temps de mettre un terme à l'anarchie qui déchire l'Espagne, qui lui ôte le pouvoir de pacifier ses colonies, qui la sépare de l'Europe, qui a rompu toutes ses relations avec les augustes souverains que les mêmes intentions et les mêmes vœux unissent à S. M. T. C., et qui compromet le repos et les intérêts de la France. — Espagnols ! la France n'est point en guerre avec votre patrie. Né du même sang que vos rois, je ne puis désirer que votre indépendance, votre bonheur et votre gloire. Je vais franchir les Pyrénées à la tête de cent mille Français; mais c'est pour m'unir aux Espagnols amis de l'ordre et des lois; pour les aider à délivrer leur roi prisonnier, à relever l'autel et le trône, à arracher les prêtres à la proscription, les propriétaires à la spoliation, le peuple entier à la domination de quelques ambitieux qui, en proclamant la liberté, ne préparent que la ruine de l'Espagne. — Espagnols, tout se fera pour vous et avec vous; les Français sont et ne veulent être que vos auxiliaires; votre drapeau flottera seul sur vos cités; les provinces traversées par nos soldats seront administrées au nom de Ferdi-

1823. ministre de la guerre, duc de Belluno, avait formé des magasins considérables sur toute la frontière, et avait fait passer des marchés pour assurer le service des transports de vivres et d'artillerie. Toutefois le duc d'Angoulême n'était pas encore arrivé à Bayonne, que déjà des rapports alarmans avaient été envoyés au gouvernement, suivant lesquels les approvisionnemens en vivres et surtout en fourrages étaient incomplets; les moyens de transport manquaient entièrement; on ne pouvait hasarder, mandait on au ministère, de rien entreprendre avant d'avoir assuré ses subsistances, en entrant dans un pays dont on ne connaissait pas bien les ressources, et dont on voulait se ménager les dispositions amicales. Ces rapports avaient vivement inquiété le conseil du Roi. Il avait été décidé que le maréchal ministre de la guerre se rendrait lui-même sur-le-champ à l'armée, avec le titre de major-général, pour y examiner la situation des choses, et prendre les dispositions qu'il jugerait convenables. En conséquence, le duc de Belluno s'était dirigé sur Bayonne, où il arriva peu d'instans après le prince généralissime. La présence de S. A. R. occupant tout les esprits, celle du ministre fut à peine aperçue. Dans le même temps, un ancien fournisseur des armées, le sieur Ouvrard, se présenta et répondit du service des vivres et des transports de l'armée, si on voulait l'en charger exclusivement. Dans la nécessité où l'on croyait être

nand par des autorités espagnoles; la discipline la plus sévère sera observée; tout ce qui sera nécessaire au service de l'armée sera payé avec une religieuse exactitude. Nous ne prétendons ni vous imposer des lois, ni occuper votre pays; nous ne voulons que votre délivrance. Dès que nous l'aurons obtenue, nous rentrerons dans notre patrie; heureux d'avoir préservé un peuple généreux des malheurs qu'enfante une révolution, et que l'expérience ne nous a que trop appris à connaître.

Au quartier-général à Bayonne, le 2 avril 1823.

Signé Louis-Antoine.

Contre-signé de Martignac.

de ne pas différer d'un seul jour l'ouverture de la campagne, on passa avec ce fournisseur, des marchés très-onéreux, a-t-on dit depuis, mais auxquels les intendans militaires donnèrent leur adhésion, et que le ministre lui-même parut approuver par un assentiment verbal et dans sa correspondance officielle [1]. Après une semaine de séjour à Bayonne, le duc de Bellune retourna à Paris pour y reprendre le portefeuille de la guerre que le Roi avait confié provisoirement au lieutenant-général vicomte Digeon, membre de la chambre des pairs.

Cependant les troupes échelonnées de Bayonne à la frontière apprirent par ce nouvel ordre du jour qu'elles allaient entrer en Espagne :

« Soldats! la confiance du Roi m'a placé à votre tête pour remplir la plus noble mission. Ce n'est pas l'esprit de conquête qui nous a fait prendre les armes; un motif plus généreux nous anime. Nous allons replacer un roi sur le trône, le réconcilier avec son peuple, et rétablir dans un pays en proie à l'anarchie, l'ordre nécessaire au bonheur et à la sûreté des deux états. Soldats! vous respecterez et ferez respecter la religion, les lois et les propriétés; et vous me rendrez facile l'accomplissement du devoir qui m'est imposé, de maintenir les lois de la plus exacte discipline. »

Au quartier-général, à Bayonne, le 3 avril 1823.
LOUIS-ANTOINE.

Une revue générale fut passée le 5 avril, et M. le lieutenant général comte Molitor, général en chef du deuxième corps de l'armée, commanda les grandes manœuvres qui furent exécutées ensuite. Ce même jour, le prince transporta

---

[1] C'est tout ce que nous pouvons dire de cette affaire, qui a donné lieu depuis à des accusations rigoureuses, à des enquêtes sévères et à une procédure encore instante.

son quartier-général à Saint-Jean-de-Luz, et le maréchal duc de Reggio, commandant le premier corps, établit le sien à Urugne. Dans la nuit, le lieutenant-général d'artillerie Tirlet se porta sur la Bidassoa pour y faire établir un pont de bateaux à l'endroit appelé le Pas de Beobie, emplacement de l'ancien pont construit et détruit dans la dernière guerre. Le maréchal-de-camp Vallin, à la tête de la brigade d'avant-garde du premier corps fut chargé de protéger cette opération.

Le 6, un régiment espagnol, *Impérial-Alexandre*, posté sur la rive gauche de la rivière, fit mine de vouloir inquiéter les pontonniers dans leurs travaux; mais il cessa bientôt ses démonstrations pour aller prendre position sur la hauteur de Saint-Martial qui domine le passage de la Bidassoa.

Dans l'après-midi, une troupe de transfuges français, napolitains et piémontais, revêtus d'uniformes de l'ancienne garde impériale française, et qui depuis quelques jours s'étaient déjà montrés sur la rive gauche pour communiquer avec les avant-postes français et provoquer les soldats à la désertion, se présentèrent de nouveau, avec un immense drapeau tricolore, en criant *vive l'empereur! vive l'artillerie!* « Oui, s'écria à son tour le général Vallin! *vive l'artillerie! mais aussi vive le Roi! feu!* » A ces mots une décharge à mitraille et un feu de peloton d'une compagnie de voltigeurs du neuvième régiment d'infanterie légère, dispersèrent cette bande ennemie, qui laissa sur le terrain une douzaine d'hommes tués ou blessés grièvement [1]. Le régiment *Impérial-Alexandre*, resté d'abord tranquille spectateur de cette scène, se retira bientôt après, lorsqu'il vit les voltigeurs du neuvième se jeter dans des bateaux à la poursuite

---

[1] Parmi ces derniers, se trouvèrent les ex-officiers français Mallet et Delamotte.

des transfuges qui se sauvaient en toute hâte dans les montagnes du côté de Saint-Sébastien [1].

Le duc d'Angoulême, promptement informé de ces premières hostilités, s'empressa de témoigner au général Vallin et à sa troupe toute la satisfaction qu'il éprouvait de leur conduite. La présence du prince donna une nouvelle activité aux travaux du pont, qui fut achevé dans la nuit.

Le 7, à cinq heures du matin, l'infanterie de l'avant-garde commença à défiler sur le pont, tandis que la cavalerie légère traversait la rivière à gué. Le gros du premier corps ayant à sa tête le généralissime, et le deuxième en entier, suivirent immédiatement. Le troisième corps, sous les ordres du lieutenant-général prince de Hohenlohe-Bartenstein, débouchait dans le même tems en Navarre par la vallée de Roncevaux.

S. A. R. étant entrée dans le bourg d'Irun, à six heures, y fut reçue par les habitans avec les démonstrations d'une vive allégresse, et y établit son quartier-général. Le maréchal duc de Reggio s'avança avec ses troupes jusqu'à Oyarzun, poussant son avant-garde sur Ernani, pendant que la division du général Bourck allait occuper la petite place de Fontarabie et le Port-du-Passage, abandonnés par les troupes constitutionnelles. Le lendemain cette même division se porta sur Saint-Sébastien, dont la garnison, renforcée par

---

[1] L'interrogatoire que subirent les prisonniers fit connaître que le gouvernement espagnol, indépendamment du développement de ses ressources militaires, comptait beaucoup sur une défection dans l'armée française. Déjà, avant l'affaire de la Bidassoa, qui dut les désabuser complètement à cet égard, les révolutionnaires espagnols avaient pu juger de l'esprit de cette armée par le peu d'effet qu'avaient produit une adresse et un manifeste, rédigés, avec toute l'éloquence du style des hommes de 1793, au nom de quelques transfuges de France s'intitulant *membres du conseil de régence de Napoléon II*, et répandus avec profusion depuis plus d'un mois sur toute la ligne des Pyrénées.

tous les postes espagnols qui s'étaient repliés devant les troupes françaises, s'élevait à trois mille deux cents hommes.

La division arriva devant cette place que le général Bourck espérait surprendre par une attaque brusque et vigoureuse [1], au moment où un détachement de la garnison en sortait pour faire une reconnaissance; il s'ensuivit un engagement assez vif, à la suite duquel les Espagnols rentrèrent dans les ouvrages intérieurs, et les Français occupèrent la hauteur et le couvent de Saint-François qui dominent la ville. Un parlementaire fut envoyé pour sommer le gouverneur; mais celui-ci ayant déclaré qu'il n'écouterait aucune proposition, avant que les positions surprises, *contre les usages de la guerre*, disait-il, ne fussent évacuées, le général Bourck y consentit et ses troupes se retirèrent à quelque distance. L'envoi d'un second parlementaire n'ayant produit aucun résultat, les Français assaillirent de nouveau les postes que l'ennemi venait de réoccuper, et le rejetèrent dans la place. Une heure après, trois bataillons en sortirent, sous la protection du feu soutenu de vingt pièces de l'artillerie des remparts; mais cette sortie fut promptement repoussée par des détachemens des vingt-deuxième, trentième et trente-septième de ligne, conduits par les maréchaux-de-camp d'Albignac et Marguerye.

Cette première affaire des troupes françaises sur le territoire espagnol fut dignement récompensée. Le duc d'Angoulême se rendit le lendemain (10 avril), de Tolosa, où il avait pris la veille son quartier-général, sur les glacis de Saint-Sébastien, pour distribuer lui-même des grades et des décorations à ceux qui s'étaient particulièrement distingués. Dans cette occasion, le prince se trouvait si rapproché de la place

---

[1] Les Espagnols ont prétendu que le général comptait que la place lui serait livrée sans coup férir; mais que son attente fut déçue par le changement subit du gouverneur.

qu'un boulet parti des remparts vint tomber à ses pieds et couvrit de terre une partie de son uniforme.

S. A. R. venait de faire, à Tolosa, l'installation solennelle d'une junte provisoire de gouvernement, dont les membres avaient été déjà reconnus à Bayonne, et qui devaient administrer les provinces rentrées sous l'autorité royale, jusqu'à l'arrivée de l'armée française à Madrid, et la formation d'une régence dans cette capitale. Le premier acte de cette junte fut la publication de la proclamation suivante, rédigée et imprimée à Bayonne.

   Magnanimes Espagnols!

« Après trois années de calamités publiques qui ont pesé sur la patrie par l'effet de la rébellion de quelques-uns de ses enfans dénaturés, un jour de paix, accompagné de l'ordre et de la justice, luit enfin pour dissiper votre affliction.

« L'Europe, touchée de vos peines et fatiguée par les cris de la sédition, s'intéresse vivement à mettre un terme à vos maux. Un noble descendant de saint Louis, à la tête d'une armée fidèle et illustre, entre sur notre territoire pour appuyer vos efforts et accomplir les vœux des nations.

« Ce ne sont plus les mêmes drapeaux qui menacèrent naguère votre liberté : c'est la bannière de la paix, soutenue par de vaillans guerriers, destinée à cicatriser les plaies faites par le désordre et l'anarchie, à réunir sous son ombre salutaire les enfans de la bravoure, qui viennent relever le trône et l'autel, et délivrer notre roi infortuné et la famille royale de la captivité où les retiennent des sujets rebelles.

« Ces services signalés de nos alliés reçoivent un nouveau prix du désintéressement et de la générosité avec lesquels ils les rendent. Votre gouvernement vous jure sur son honneur et sur sa loyauté, que cette résolution n'est dictée par aucun motif d'ambition et d'intérêt.

« Le danger commun des maux dont la révolution menace

l'Europe, a rendu aux puissances le caractère et l'éclat antique de la chevalerie; et pour le bien de l'humanité, les cabinets et les conseillers des rois ont résolu de donner des exemples sublimes et répétés d'une politique dont les principaux avantages ne consistent pas en agrandissement de territoire ni en traités de commerce, mais bien à appuyer, à quelque prix que ce soit, les principes de la justice et les bases de la société, menacée d'une dissolution générale.

« Espagnols, l'Europe a rendu justice à votre fidélité; il est notoire que cette vertu est une de celles qui ornent votre caractère, et elle est bien éloignée de confondre vos généreux sentimens avec ceux que les révolutionnaires vous attribuent, pour voiler, sous le nom de l'opinion générale de la nation, les excès et les crimes qui ne sont que l'ouvrage de cette faction.

« Le moment est arrivé où, délivrés de l'oppression, vous pourrez prouver à l'Europe entière que le jugement qu'elle a porté de vos sentimens était fondé; mais que ce ne soit point à nos armées et à nos alliés qu'il faille attribuer la gloire de notre délivrance: toute la nation opprimée est intéressée à concourir à ce grand œuvre, et que jamais l'expression énergique de votre volonté ne soit souillée par aucun excès.

« Espagnols! votre gouvernement déclare qu'il ne reconnaît point, et considère comme n'ayant jamais existé, tous les actes publics et administratifs et toutes les mesures de gouvernement émanés de la rébellion. En conséquence, il remet provisoirement les choses dans l'état légitime où elles étaient avant l'attentat du 7 mars 1820.

« Une fois l'édifice de l'anarchie renversé et le roi notre maître rendu à la liberté, découleront de ce principe reconnu toutes les améliorations qu'exigent les circonstances, et que sa majesté daignera nous octroyer.

« La junte provisoire du gouvernement de la nation espagnole ne reconnaît d'autre siége ni origine de l'autorité souveraine que dans le roi, et par conséquent, aucune modification à son ancien système politique qui ne serait pas donnée par sa majesté en tout état de liberté, et aidée de conseils de personnes sages qu'elle aurait daigné consulter.

« Espagnols ! que l'exemple de ce qui vient de se passer vous serve à l'avenir de leçon pour exercer votre vigilance, et prendre vos précautions contre les suggestions insidieuses et toujours trompeuses d'une révolution. Parmi nos lois antiques, nos anciens et bons usages, sa majesté, toujours disposée à faire le bonheur de ses peuples, trouvera des moyens sages, fruit de l'observation réfléchie de notre caractère, et qui, étant en harmonie avec nos passions et nos besoins, suffiront pour fixer avantageusement et d'une manière stable notre destinée future.

« Espagnols ! c'est à vous qu'était réservée la gloire d'exterminer l'hydre révolutionnaire qui, repoussée de tous les états de l'Europe, est venue chercher un asile sur notre sol pour le rendre stérile et le combler de malheurs. Que la plus parfaite union soit donc la devise de notre noble cause, et qu'il n'y ait plus qu'une volonté comme il n'y a qu'une seule opinion et le même intérêt, savoir : de sauver la religion, le roi et la patrie.

« Au nom de la junte provisoire du gouvernement de l'Espagne et des Indes, les membres présens,

F. de Eguia, A. Gomez-Caldéron, J.-B. de Erro.

Après l'action dont nous avons parlé plus haut, la division Bourck se borna à faire le blocus de Saint-Sébastien, tandis que les autres divisions du premier corps poursuivaient sans obstacles leur mouvement sur la grande route de Madrid. Le deuxième corps, après avoir passé la revue du généralissime le 14, quitta les environs de Tolosa et prit la direction de

Saragosse, par la Navarre, afin d'assurer la ligne d'opérations et les communications entre le premier corps et le quatrième qui allait entrer en Catalogne.

Le 16, les troupes du maréchal duc de Reggio occupèrent Vittoria, et le grand quartier-général y fut établi le 17. Dans tous les lieux de leur passage, les Français gardant la plus sévère discipline, trouvaient des vivres en abondance que l'on payait exactement; et ils étaient accueillis comme des frères par une population dans l'ivresse de sa délivrance du régime constitutionnel.

Les corps royalistes espagnols avaient commencé à prendre part aux opérations de l'armée française. Dès le 8, après le passage de la Bidassoa, le général d'Espagna était allé prendre le commandement des troupes de sa nation, en Navarre; il en avait formé une division, destinée à agir sous le commandement supérieur du lieutenant-général de Conchy, qui se trouvait alors avec la sienne (première du troisième corps) sous les murs de Pampelune dont il était chargé de faire l'investissement [1].

Le général Quesada, dont la division devait être bientôt de sept mille hommes par la réunion et la réorganisation des différentes bandes qui se trouvaient dans les provinces basques, après avoir flanqué d'abord le mouvement du premier corps avec trois bataillons bien armés et organisés, s'était porté sur Bilbao. Cette place ayant été évacuée par les autorités et les milices constitutionnelles, il y entra le 14. Il devait être secondé dans ses opérations ultérieures en Bis-

---

[1] Quelques jours avant l'arrivée du duc d'Angoulême, le 25 mars, Santos-Ladron, chef d'une des bandes royalistes de la Navarre, enhardi par la prochaine entrée des Français en Espagne, s'était avancé jusque sur les glacis de Pampelune, et avait forcé un détachement de la garnison, sorti pour le repousser, de rentrer avec perte dans l'intérieur de la place.

caye et dans la province de Sant-Ander par le général Longa qui avait déjà rassemblé à Sarre deux mille cinq cents hommes.

D'après le plan d'opérations arrêté par le prince généralissime, les troupes du troisième corps devaient être particulièrement chargées des blocus de Pampelune et de Saint-Sébastien. On vient de voir que la division Conchy avait déjà fait l'investissement de la première de ces places : la division Canuel remplaça, le 14, devant Saint-Sébastien, celle du général Bourck rappelée au premier corps.

Cette dernière division commença son mouvement en suivant la côte de la mer, sur la gauche de la place que nous venons de nommer. Arrivé à la hauteur de Guetaria, le général Bourck dirigea deux bataillons des trente et trente-cinquième régiment sur ce port, occupé par un détachement de troupes constitutionnelles, qui paraissait vouloir le défendre. Mais à l'approche de la colonne française, les Espagnols abandonnèrent la ville pour se retirer dans un fort qui la protége, et dont l'attaque est difficile, parce que la mer en couvre les abords. Des dispositions furent prises sur-le-champ pour surmonter cet obstacle, et le commandant espagnol, craignant les suites d'une prise de vive force, demanda à capituler. La garnison, au nombre de deux cents hommes, parmi lesquels se trouvaient deux colonels et dix officiers, resta prisonnière ; on trouva dans le fort cinq bouches à feu et des approvisionnemens en assez grande quantité.

Le duc d'Angoulême avait résolu de s'arrêter quelques jours à Vittoria, pour y attendre le corps de réserve et les divisions de cavalerie des premier et deuxième corps, restées en arrière faute de fourrages, et pour diriger ensuite ses mouvemens suivant les circonstances. Nous avons dit que le troisième corps en entier avec les divisions espagnoles des généraux d'Espagna et de Quesada était chargé du blocus de Pampelune et de Saint-Sébastien ; il devait en outre faire celui de Santona, et assurer les derrières de l'armée, en attendant la formation d'une nouvelle réserve.

On avait déjà des renseignemens certains sur les moyens et les dispositions de l'ennemi. Le général Ballesteros, suivant le cours de l'Èbre, se retirait devant le deuxième corps, qui marchait, ainsi qu'on l'a vu, sur Saragosse. Informé que le général Morillo éprouvait de grandes difficultés dans la levée des milices actives qui devaient renforcer son faible corps d'armée, en Galice et dans les Asturies, le prince généralissime se proposait d'envoyer la division Bourck de ce côté, avant que le général espagnol pût augmenter ses moyens de résistance.

Le 18, la division du général Obert (troisième du premier corps) se mit en mouvement de Vittoria sur Logrono, pour établir la communication entre le premier et le deuxième corps, et soutenir au besoin ce dernier si le général Ballesteros, arrêtant sa marche rétrograde, eût voulu courir les chances d'un engagement sérieux. Le général Obert fut bientôt informé que Logrono était encore occupé par une arrière-garde espagnole ; le général comte de Vitré, commandant l'avant garde de la division française, arrivé en vue de cette ville, y envoya un officier en parlementaire, qui fut reçu à coups de fusil. L'attaque fut aussitôt ordonnée, et commencée par une compagnie de voltigeurs du vingtième régiment de ligne, et un escadron du neuvième de chasseurs.

Sept cents hommes d'infanterie et deux cent cinquante cavaliers étaient dans Logrono, sous le commandement du brigadier-général D. Juan Sanchez. Ils avaient barricadé les doubles portes du pont qui conduit dans cette ville, située sur l'Èbre, moins dans l'intention de s'y défendre, que pour assurer leur retraite sur Soria. Ne pouvant traverser le fleuve à gué, la troupe française ne balança point à enlever le pont de vive force. Les voltigeurs lancés au pas de course enfoncèrent la première porte. Un jeune tambour, nommé Matreau, franchit un mur, et ouvrit la seconde porte, sans cesser de battre la charge. Le général Vitré ordonna alors aux chasseurs du neuvième de passer dans les intervalles de l'infanterie et de poursuivre vigoureusement l'ennemi, en même temps qu'il faisait soutenir cet escadron par deux autres du cinquième régiment de hussards sous les ordres du colonel Muller.

Les Espagnols firent leur retraite dans la ville et au dehors pendant une lieue, avec beaucoup d'ordre, en montrant une grande résolution, et profitant de tous les accidens de terrain pour se défendre opiniâtrément. Parvenus au village de Villa-Medicina, ils y furent joints par deux détachemens de deux cents chevaux environ du régiment de Bourbon et la Reine. L'infanterie s'étant formée en carré, le colonel Muller la chargea à la tête de ses escadrons. L'ennemi fut culbuté, mis en déroute complète, et poursuivi jusqu'au village de Milla-Fucha.

Le résultat de cette affaire fut la prise du brigadier D. Julian Sanchez, de six officiers, cent cinquante-huit sous-officiers et soldats, d'un drapeau, d'un caisson d'artillerie, de bagages, et de deux à trois cents fusils. Une quarantaine de morts, parmi lesquels deux lieutenans-colonels, et quelques autres officiers, étaient restés sur le champ de bataille. Le reste de cette arrière-garde parvint à gagner Ornedillo, et rejoignit le gros du corps de Ballesteros, à Calahorra [1].

---

[1] Le duc d'Angoulême fit mettre à l'ordre de l'armée les noms de ceux qui s'étaient plus particulièrement distingués dans l'attaque de Logrono et le combat qui avait suivi. Les capitaines de Merville et Hyven obtinrent la décoration de Saint-Louis; celle de la Légion-d'Honneur fut donnée au sous-lieutenant Obled, au maréchal-des-logis Dorade, au tambour Matreau et au trompette Tonnelier.

Cependant le deuxième corps, auquel s'était jointe la division espagnole du général Santos-Ladron, s'avançait en Navarre, dont toute la population se soulevait en sa faveur, par Estella, Tafella, Olite et Tudella, sur l'Aragon, où le peuple se trouvait dans les mêmes dispositions. La présence des troupes françaises sur la frontière de cette dernière province décida le commandant du fort de Jaca à faire sa soumission à la junte provisoire de gouvernement. Un détachement de la division Santos-Ladron occupa de suite ce point important, qui commande la route de Saragosse à la frontière de France. A l'approche de l'avant-garde du deuxième corps, les troupes constitutionnelles qui se trouvaient à Saragosse évacuèrent cette ville, où il se manifesta bientôt après une réaction terrible. La populace s'y livra à de tels excès envers les partisans de la révolution de 1820, que les autorités allèrent au devant du lieutenant-général Molitor, pour le prier de hâter sa marche. Celui-ci entra dans Saragosse le 26 avril; dès la veille, il y avait envoyé un bataillon pour rétablir l'ordre. Les rues étaient ornées d'arcs de triomphe et les maisons pavoisées de drapeaux blancs. Le général français et ses troupes furent accueillis aux cris de vive Ferdinand! vive la religion! vive la France et le duc d'Angoulême. On trouva dans le château quarante-huit pièces d'artillerie, une grande quantité de munitions de guerre, et des magasins de vivres et d'équipement de toute espèce.

Le général Ballesteros s'était retiré de Calahorra sur Calatayud, où il se proposait de réunir tout son corps d'armée pour se porter ensuite dans le royaume de Valence, y reprendre Murviedro sur les royalistes, qui s'en étaient emparés comme on l'a vu dans l'introduction, et établir ensuite ses communications avec le général Mina en Catalogne. L'entrée des Français à Saragosse hâta le mouvement du corps espagnol, et Ballesteros établit son quartier-général à Daroca.

GUERRE D'ESPAGNE.

Après l'occupation de Saragosse, le général Molitor dut marcher avec précaution, afin de combiner ses mouvemens avec ceux des premier et quatrième corps. Son premier soin fut de détacher sur sa gauche la division du général Pamphile-Lacroix, et celle auxiliaire de Santos-Ladron, à l'effet d'établir les communications avec le corps du maréchal Moncey, qui était entré en Catalogne le 18 avril, ainsi que nous le dirons dans le chapitre suivant.

Chaque jour on voyait arriver au quartier-général de Vittoria les députés des villes déjà soumises à l'autorité royale, et de celles qui, se trouvant encore sous le régime constitutionnel, pressaient l'arrivée des troupes françaises dans leurs murs. Des adresses renfermant le vœu de la masse de la population, parvenaient de toutes parts.

Le 23 avril, le prince généralissime apprit l'arrivée du roi Ferdinand à Séville. Cette nouvelle décida S. A. R. à accélérer sa marche sur Madrid.

Le quartier-général du maréchal duc de Reggio et la première division de son corps d'armée étaient à Burgos depuis le 22. Dès le 17 l'avant-garde, aux ordres du général Valin[1], s'était avancée vers l'Èbre, et avait traversé ce fleuve, qui sépare la Biscaye de la Vieille-Castille, au pont de Miranda, que les constitutionnels avaient négligé de détruire. Le défilé de Paucorbo aurait pu présenter un nouvel obstacle ; mais le fort qui le commande se trouvant évacué, la marche des troupes ne fut point retardée.

D'après les dispositions arrêtées par le prince, le premier corps d'armée reçut l'ordre de continuer son mouvement dans la direction de Madrid, à la réserve de la division du général

---

[1] Promu par le duc d'Angoulême au grade de lieutenant-général, le 19 avril.

Bourck, qui devait rester quelque temps à Burgos pour assurer les communications entre Vittoria et la capitale du royaume, lorsque celle-ci serait occupée par les Français, et marcher ensuite sur les Asturies et la Galice contre le général Morillo. Le maréchal duc de Reggio, à la tête des deux divisions d'Autichamp et Castex, devait s'avancer par Palencia, Valladolid, Ségovie, le mont Guadarama et Galapagar; tandis que la division Obert, flanquant à gauche le mouvement du grand quartier-général et des corps de réserve, marcherait par Tudela, Tarazona, Soria, Gadraque, Guadalaxara et Alcala-de-Henarès.

Le troisième corps, sous les ordres du prince d'Hohenlohe, dont le quartier-général était établi à Tolosa, devait assurer la communication d'Irun à Vittoria, en même temps qu'il continuerait les blocus de Saint-Sébastien et de Pampelune.

Le général Molitor, après avoir communiqué avec le corps d'armée du maréchal duc de Conegliano, sur les confins de la Catalogne, devait régler les mouvemens du deuxième corps sur ceux du général Ballesteros.

Quant au quatrième corps, qui formait pour ainsi dire une armée à part, il était destiné à agir exclusivement en Catalogne, où la guerre paraissait devoir être plus longue, en raison de la difficulté du terrain, du nombre des places fortes, de la composition des troupes qui s'y trouvaient, et de la résolution du général qui les commandait.

Le corps de réserve, sous les ordres du lieutenant-général comte Bourdesoulle, devait marcher avec le grand quartier-général sur Madrid, par l'ancienne route directe qui, de Burgos, passe par Lerma, Aranda, Somo-Sierra, Buytrago, Cavanillas et Alcovendas[1].

---

[1] C'était la même qu'avait suivie Napoléon avec une partie de son armée, en 1808.

Le 5 mai, le prince généralissime leva son quartier-général de Vittoria, et se dirigea sur Burgos avec la réserve, en même temps que les deux colonnes du premier corps commençaient le mouvement qui leur était prescrit.

S. A. R. entra dans Burgos le 9 mai. Les principaux magistrats, ainsi qu'une grande partie de la population, s'étaient portés à sa rencontre, et renouvelèrent à cette occasion le bizarre spectacle des cérémonies usitées sous l'ancienne monarchie castillane. Un cortége nombreux avait été préparé pour accompagner le prince à son entrée. La marche était ouverte par douze hommes d'une taille gigantesque, qui représentaient la force et la vaillance; venaient ensuite différens groupes de danseurs, imitant dans leurs jeux expressifs des luttes et des combats à outrance. Au milieu de la foule, on voyait un mannequin, vêtu de lambeaux, le teint pâle et livide, et le corps chargé de chaînes (il figurait la constitution des cortès[1]); le peuple le couvrait de boue, et le poursuivait aux cris de : *Vive le roi! Mort à la constitution! Gloire aux Français!* Un char de triomphe, traîné par quarante jeunes gens, suivait immédiatement le cortége; il était destiné au prince, qui le refusa et voulut faire son entrée à cheval, à la tête des troupes.

Ce fut à Burgos où le grand quartier-général séjourna jusqu'au 13, que le comte d'Amarante dont nous avons parlé dans l'introduction, se présenta devant S. A. R., et lui proposa de joindre son corps d'insurgés portugais à l'armée française. Cette troupe forte de quatre mille hommes, avec quelques pièces de canon, se trouvait alors aux environs de la ville de Léon, après avoir été forcée d'abandonner le Portugal. La neutralité que la France voulait garder vis-à-vis de cette dernière puissance, ne permit pas au prince généralis-

[1] Dans les anciennes cérémonies, ce mannequin représentait un roi maure ou un hérétique.

sime d'accueillir la demande du comte d'Amarante. Celui-ci prit le parti de se rapprocher du Portugal, attendant pour y rentrer une occasion favorable qui ne tarda pas à lui être offerte [1].

A la nouvelle du mouvement de l'armée française sur Madrid, le comte de l'Abisbal, commandant en chef la faible armée dite du centre, avait porté sur la crête des monts *Carpentanos* qui séparent la nouvelle Castille de l'ancienne, le peu de forces dont il pouvait disposer, sans trop dégarnir la capitale, toujours menacée par les colonnes royalistes de Bessières, qui parcouraient les provinces de Guadalaxara et de la Manche. Les troupes constitutionnelles étaient ainsi postées depuis le Somo-Sierra jusqu'au Guadarrama; et des détachemens étaient échelonnés sur la route de Valladolid à Ségovie, occupant les positions de Cuellar, d'Olmedo, de Coca et de Santa-Maria de la Neve. A ses forces qui s'élevaient à huit mille hommes environ, le comte de l'Abisbal espérait ajouter quelques milliers de volontaires, et couvrir Madrid avec leurs secours. Mais l'appel fait au patriotisme des Castillans, aux militaires réformés auxquels il était enjoint de quitter les provinces envahies pour venir reprendre du service, demeurait sans effet; et les rapports des autorités civiles qui ne pouvaient réussir à former les bataillons de volontaires décrétés, convainquirent bientôt le général espagnol qu'il ne pouvait pas compter sur ces renforts pour défendre la capitale, et qu'il n'avait plus qu'à tenter d'obtenir pour elle une capitulation honorable. Ce fut le parti qu'il prit, comme on le verra bientôt.

La marche des colonnes françaises semblait être une pro-

---

[1] Le mouvement insurrectionnel, commencé par le comte, fut repris plus tard et achevé sous la direction de l'infant don Miguel, second fils du roi de Portugal.

menade plutôt qu'un mouvement d'agression. Des députations des villes, bourgs et villages, venaient au devant d'elles; partout elles entendaient des cris d'allégresse, de reconnaissance, et trouvaient les pierres de la constitution renversées et détruites. Les troupes constitutionnelles se retiraient en toute hâte sans chercher à défendre les positions avantageuses où elles pouvaient être placées. Les passages du Somo-Sierra du Guadarrama ne furent point disputés.

Le prince généralissime, après avoir quitté Burgos le 13, était le 17 à Buitrago, lorsque le général Zayas, envoyé par le comte de l'Abisbal, arriva dans ce même bourg, pour annoncer au major-général comte Guilleminot que le commandant en chef de l'armée du centre et le corps municipal de Madrid, convaincus de l'impossibilité de défendre cette capitale, proposaient à S. A. R. de la lui livrer; mais qu'ils priaient le prince de permettre, afin de maintenir la tranquillité et d'assurer la conservation des établissemens publics, qu'un détachement de troupes constitutionnelles restât dans la ville jusqu'à l'arrivée des troupes françaises; S. A. R. voulut bien accéder à cette demande. En conséquence il fut convenu qu'aussitôt après l'entrée des Français, la garnison de Madrid pourrait effectuer sa retraite sans être inquiétée ni poursuivie dans telle direction qu'il plairait à ses chefs de prendre, jusqu'au 26 mai, à trois heures du matin, époque où il serait permis de l'attaquer.

Le général Zayas s'empressa de porter cette décision à Madrid, où d'importans événemens avaient eu lieu pendant son absence.

Le comte de l'Abisbal avait cru devoir déclarer publiquement dans une proclamation la nécessité où il se trouvait d'abandonner la capitale au pouvoir des Français; une grande partie des habitans reçut cette communication avec joie; mais il n'en fut pas de même de la part des troupes et des partisans du système constitutionnel, qui témoignèrent un vif mécontentement. Déjà le bruit s'était répandu que le général en chef, de concert avec le comte de Montijo, chef politique de Madrid, Martinez de la Rosa et autres personnages restés dans la capitale, avait le dessein de faire opérer des changemens à la constitution. Bientôt il parut dans les journaux deux lettres dont la publication révéla tout le complot : l'une, à la date du 11 mai, écrite par le chef politique (Montijo) au comte de l'Abisbal, représentait à celui-ci que, dans l'état actuel de l'Espagne, la capitale menacée par les Français, la nation déchirée par ses discordes civiles, l'armée divisée entre les partis, une constitution qui ne pouvait être maintenue, lui seul (comte de l'Abisbal) pouvait mettre un terme à ces maux, et devenir le libérateur de l'Espagne, en arrêtant les progrès de l'anarchie et de l'invasion étrangère ; l'autre lettre était la réponse du comte de l'Abisbal, portant que comme chef d'une division de l'armée, il devait exécuter les ordres du gouvernement à la tête duquel se trouvait le roi, et qu'il était décidé à le faire, quoique le ministère actuel ne fût pas en état de retirer la nation de l'état critique où l'avait réduite l'impéritie des ministres antérieurs. Le général ajoutait que lui aussi était convaincu que la majorité de la nation ne voulait pas de la constitution de 1812; et que son avis était « d'annoncer à l'armée d'invasion que la nation, d'accord avec son roi, se proposait de faire dans la constitution actuelle les changemens que l'expérience lui indiquait comme nécessaires pour réunir les esprits des Espagnols ; et qu'en conséquence cette même armée d'invasion devrait se retirer du territoire espagnol en traitant amicalement par le moyen de son ambassadeur; que S. M. reviendrait s'établir à Madrid pour qu'on ne pût pas dire qu'elle était contre sa volonté à Séville ; que pour faire dans la constitution les réformes nécessaires, il serait convoqué

d'autres cortès; que le ministère serait changé; qu'il serait décrété un oubli général de tout le passé, avec engagement d'écouter et d'employer, sans avoir égard à aucune opinion antérieure, ceux qui par leurs lumières, leurs services et leur amour pour la patrie, seraient dignes d'être préférés...»
— Le comte de l'Abisbal regardant ces conditions comme propres à ramener la paix, avait envoyé copie de sa lettre aux généraux Mina, Ballesteros et Morillo, pour qu'ils agissent de concert avec lui; et en attendant leurs réponses il avait cru devoir la communiquer à quelques officiers de son armée; mais ne trouvant point en eux l'appui sur lequel il comptait, il se hâta de publier une déclaration dans laquelle, désavouant les expressions de cette même lettre, et se plaignant des interprétations fausses qu'on en donnait, il protestait de son zèle à soutenir la constitution de 1812, telle qu'il l'avait jurée, jusqu'à ce qu'elle eût éprouvé des changemens par les voies qu'elle prescrit; ajoutant qu'il considérerait comme traîtres à la patrie tous les Espagnols qui, se séparant du chemin tracé par la loi, cesseraient de lui obéir.

Ce général s'était trompé sur le caractère des partis qu'il espérait concilier. Les royalistes voulaient l'ancien ordre de choses, le roi absolu; les libéraux et les officiers de l'armée, qui se rappelaient la conduite du comte dans les affaires de juillet 1819, ne voyaient dans sa déclaration qu'un nouveau complot pour les compromettre. Après s'être concertés ensemble, les derniers se rendirent en corps chez lui, le 18 au matin, pour lui témoigner la surprise et l'indignation qu'ils éprouvaient de sa conduite. Vainement essaya-t-il de s'excuser, en leur disant que c'était dans leur intérêt même qu'il jugeait une conciliation nécessaire. Il s'engagea entre eux une discussion violente, dans laquelle l'Abisbal fut accusé de trahir la nation; et on le somma d'abandonner la direction de l'armée. Il avait déjà pris ce parti, en envoyant dans la nuit sa démission, et en invitant le marquis de Castel-dos-Rios, l'un de ses lieutenans, à se charger du commandement en chef. Lorsque les officiers se furent retirés, il demanda des passeports pour Séville, sous le prétexte d'aller se justifier auprès du roi, ou plutôt du gouvernement constitutionnel. On lui accorda ces passeports, en lui offrant une escorte, qu'il refusa. Quelques heures après, il sortit de Madrid, et prit la route de France [1].

Le marquis de Castel-dos-Rios, investi du commandement de l'armée du centre, se hâta de faire les dispositions nécessaires pour l'exécution de la capitulation conclue à Buitrago. Il quitta la capitale le 19, et prit, avec le gros de ses troupes (six à sept mille hommes), la direction de l'Estramadure, par Talaveyra de la Reyna, laissant le général Zayas avec une arrière-garde de douze à quinze cents hommes, infanterie et cavalerie, et quelques pièces d'artillerie, pour maintenir la tranquillité dans Madrid, jusqu'à l'arrivée des Français.

La population de cette ville était dans l'attente et dans l'anxiété naturelle en pareille situation, lorsque l'entreprise téméraire d'un chef royaliste vint mettre les partis aux prises et ranimer leur fureur.

Bessières, depuis le mouvement dont nous avons parlé dans l'Introduction, n'avait point quitté la Nouvelle-Castille; continuant à inquiéter les communications de la capitale, il s'était tenu constamment avec sa troupe sur le flanc gauche de l'armée du prince généralissime. Après avoir battu, dans les environs de Siguenza, une arrière-garde de Ballesteros,

---

[1] Le prince généralissime lui fit délivrer un sauf-conduit pour se rendre en France; mais il fut arrêté à Bergara par les royalistes espagnols, qui l'auraient massacré si un détachement français n'était venu l'arracher à la fureur de ses compatriotes; il lui fallut une escorte pour arriver sain et sauf jusqu'à la Bidassoa.

à laquelle il fit deux ou trois cents prisonniers et enleva quelques pièces d'artillerie, il avait rencontré, dans cette même ville, la division Obert, et il en suivait le mouvement. Toutefois, quoiqu'il dût avoir connaissance de la convention arrêtée entre S. A. R. et les autorités de Madrid, il forma le projet, soit par un orgueil mal entendu, soit par des motifs plus répréhensibles, de devancer l'entrée des Français dans cette capitale. En conséquence, il s'y porta à marches forcées. Arrivé dans la soirée du 20, avec une troupe de onze à douze cents fantassins et cavaliers, devant la porte dite d'Alcala, il détacha sur-le-champ quelques lanciers, qui entrèrent dans la grande rue de ce nom, aux cris de vive le roi absolu! meure la constitution! auxquels répondirent certain nombre d'habitans. De nombreux rassemblemens se formèrent aussitôt dans divers quartiers; mais une compagnie envoyée par le général constitutionnel fit rebrousser chemin aux cavaliers royalistes, et Zayas, après avoir fait prendre les armes au reste de sa troupe, s'avança de sa personne jusqu'à la porte d'Alcala, où il engagea un pour-parler très-vif avec Bessières. Il lui fit observer que, d'après la convention faite avec le chef suprême de l'armée française pour la remise de la ville, aucune autre troupe que celles du prince ne pouvait en prendre possession; que S. A. R. avait témoigné le plus grand désir de voir la tranquillité publique maintenue, et que lui, Zayas, avait offert ses propres soldats pour atteindre ce but. D'après cette explication, le général constitutionnel se croyait en droit d'exiger que Bessières se retirât avec sa troupe; mais celui-ci insistant pour qu'on lui livrât les diverses portes de la ville, et une partie de la population témoignant déjà l'intention de seconder les troupes royalistes qui se présentaient en colonne pour forcer le passage, Zayas fit avancer les siennes. Il s'ensuivit un engagement, auquel la populace voulut prendre part; mais quelques coups de canon tirés à mitraille la dispersèrent, et un escadron constitutionnel, chargeant alors la colonne royaliste, la mit en déroute, et lui fit deux à trois cents prisonniers. Il y eut, dans cette bagarre, à peu près quatre-vingts tués, et un plus grand nombre de blessés, la plupart parmi les hommes du peuple, qui s'étaient rangés du parti de Bessières. Le général constitutionnel fit enlever les morts et les blessés, et tout rentra momentanément dans l'ordre. A la nouvelle de ce fâcheux événement, dont Zayas se hâta d'informer le prince généralissime par un courrier, S. A. R. envoya le colonel de Vérigny, attaché au grand état-major de l'armée, pour s'assurer de l'état des choses et prendre des mesures en conséquence [1]. Cet officier fut reçu avec enthousiasme par la majeure partie de la population, et sa présence ne contribua pas peu à calmer l'effervescence des esprits. L'occupation de Madrid fut avancée d'un jour, et le 23, à quatre heures du matin, le général Foissac-Latour, à la tête de l'avant-garde du corps de réserve de l'armée, entra dans la ville, et fit relever les troupes constitutionnelles dans tous leurs postes. Le général Zayas commença aussitôt sa retraite sur Talaveyra de la Reyna, sans pouvoir éviter d'être insulté par le peuple avant de quitter les murs de Madrid, où une brigade de la division Obert arriva le même jour.

A la vue des premières troupes françaises, le peuple de la capitale s'était réuni sur les places, avait renversé les pierres de la constitution, envahi le palais des cortès, enfoncé les portes de la salle des séances, brisé les meubles, les bancs, les statues et les bustes, et jeté par les croisées les papiers et registres, dont on fit ensuite des feux de joie. D'autres apportèrent sur la place *Mayor* le buste de Riégo, qu'on avait peu de jours avant promené en triomphe, et il

[1] Le prince improuva hautement la conduite de Bessières.

y fut publiquement brûlé par la main du bourreau, aux cris de vive le roi absolu! vive la religion! etc. Au même instant, le portrait du roi Ferdinand fut exposé dans tous les édifices et tous les lieux de réunion publique. L'arrivée successive des troupes françaises mit fin à quelques excès déplorables qui suivirent ces démonstrations de sentimens royalistes. Cette même populace, naguère l'instrument des clubs, s'était portée dans plusieurs maisons de constitutionnels marquans, et y avait commis toutes sortes de violences et de brigandages.

Cependant, au moment même de l'entrée de l'avant-garde dans Madrid, le prince avait fait publier la proclamation suivante :

« Espagnols !

« Avant que l'armée française franchît les Pyrénées, j'ai déclaré à votre généreuse nation que la France n'était point en guerre avec elle. Je lui ai annoncé que nous venions, comme amis et comme auxiliaires, l'aider à relever ses autels, à délivrer son roi, à rétablir dans son sein la justice, l'ordre et la paix. J'ai promis respect aux propriétés, sûreté aux personnes, protection aux hommes paisibles. L'Espagne a ajouté foi à mes paroles. Les provinces que j'ai parcourues ont reçu les soldats français comme des frères, et la voix publique vous aura appris s'ils ont justifié cet accueil, et si j'ai tenu mes engagemens.

« Espagnols! si votre roi était encore dans sa capitale, la noble mission que le roi mon oncle m'a confiée, et que vous connaissez tout entière, serait déjà près de s'accomplir. Je n'aurais plus, après avoir rendu le monarque à la liberté, qu'à appeler sa paternelle sollicitude sur les maux qu'ont soufferts les peuples, sur les besoins qu'ils ont de repos pour le présent et de sécurité pour l'avenir.

« L'absence de S. M. m'impose d'autres devoirs.

« Le commandement de l'armée m'appartient ; mais quel que soit le lien qui m'attache à votre roi, et qui unit la France avec l'Espagne, les provinces délivrées par nos soldats alliés ne peuvent ni ne doivent être gouvernées par des étrangers.

« Depuis la frontière jusqu'aux portes de Madrid, leur administration a été provisoirement confiée à d'honorables Espagnols, dont le roi connaît le dévouement et la fidélité, et qui ont acquis, dans ces circonstances difficiles, de nouveaux droits à sa reconnaissance et à l'estime de la nation.

« Le moment est venu d'établir d'une manière solennelle et stable la régence qui doit être chargée d'organiser une armée régulière, et de conserver avec moi les moyens de consommer notre grand ouvrage, la délivrance de votre roi.

« Cet établissement offre des difficultés réelles que la franchise et la loyauté ne permettent pas de dissimuler, mais que la nécessité doit vaincre.

« Le choix de S. M. ne peut être connu. Il n'est pas possible, sans prolonger douloureusement les maux qui pèsent sur le roi et sur la nation, d'appeler les provinces à y concourir.

« Dans ces circonstances difficiles, et pour lesquelles le passé n'offre pas d'exemple à suivre, j'ai pensé que le moyen le plus convenable, le plus national et le plus agréable au roi, était de convoquer l'antique conseil de Castille, et le conseil suprême des Indes, dont les hautes et diverses attributions embrassent le royaume et ses possessions d'outre-mer, et de confier à ces grands corps, indépendans par leur élévation et par la position politique de ceux qui les composent, le soin de désigner eux-mêmes les membres de la régence.

« J'ai en conséquence convoqué ces conseils qui vous feront connaître leur choix.

« Les hommes sur qui se seront réunis leurs suffrages exerceront un pouvoir nécessaire jusqu'au jour désiré ou votre roi heureux et libre, pourra s'occuper du soin de consolider son trône, en assurant, à son tour, le bonheur qu'il doit à ses sujets.

« Espagnols, croyez-en la parole d'un Bourbon, le monarque bienfaisant qui m'a envoyé vers vous ne séparera pas, dans ses vœux, la liberté d'un roi de son sang et les justes espérances d'une nation grande et généreuse, alliée et amie de la France. »   Louis-Antoine.

Contresigné de Martignac.

Le 24 mai, S. A. R. suivie de son état-major, et des régimens d'infanterie et de cavalerie de la garde faisant partie du corps de réserve, entra dans Madrid par la porte dite des Recollets (Recoletos) où l'on avait élevé un arc de triomphe; tandis que le maréchal duc de Reggio, à la tête des troupes du premier corps, arrivait par la route de Ségovie, et la deuxième brigade de la division Obert, par celle d'Alcala. Une foule immense s'était portée dans ces trois directions des colonnes françaises, particulièrement de celle où se trouvait le prince, en faisant retentir l'air de ses bruyantes et joyeuses acclamations; beaucoup de constitutionnels même, confondus dans le cortége, avaient cédé à l'entraînement général [1].

---

[1] Les rues que traversa le prince généralissime étaient ornées de tentures, de guirlandes de fleurs, de drapeaux et de devises analogues à la circonstance. Le son de toutes les cloches de la ville se mêlait aux accords de la musique militaire, aux transports de l'allégresse populaire; des groupes de femmes, dansant au son du tambourin et des castagnettes, jetaient des fleurs sur le passage de S. A. R. Les fenêtres et les balcons étaient garnis de dames brillantes de parure et de beauté, agitant des drapeaux blancs aux armes de France et d'Espagne. Il est bien difficile de rendre l'enthousiasme de la population qui se pressait autour du prince et de ses troupes non moins imposantes par leur admirable discipline, que par leur belle tenue militaire.

Le duc d'Angoulême ne voulut point accepter le logement qui lui était offert dans le palais du roi, par le comte de la Puebla, au nom de S. M., et descendit à l'hôtel du marquis de Villa Hermosa, où il reçut les hommages des corps de l'état qu'il avait convoqués par sa proclamation. Le général comte d'Escars, commandant du grand quartier-général, fut investi par S. A. R. du commandement provisoire de Madrid. La cavalerie s'établit au Prado; de fortes colonnes furent à l'instant dirigées sur Aranjuez et Tolède; le reste des troupes fut logé dans Madrid ou cantonné dans les environs, de manière à ne pas incommoder les habitans.

Les premiers soins de la junte provisoire qui avait suivi S. A. R., furent de prendre possession du gouvernement, en attendant la formation de la régence, de destituer les autorités constitutionnelles encore existantes, et de publier deux proclamations par lesquelles elle déclarait les actes du gouvernement constitutionnel nuls et comme n'ayant jamais existé, et ceux qui l'avaient servi ou qui avaient été miliciens, indignes et incapables d'exercer aucun emploi. La junte rétablit aussi l'ancienne municipalité dans ses fonctions.

Les deux conseils suprêmes convoqués par le généralissime s'étant réunis, ne se jugèrent pas autorisés par les lois du royaume à élire eux-mêmes la régence, et se bornèrent à présenter à S. A. R. une liste des sujets qui leur paraissaient les plus propres à ces hautes fonctions. C'étaient le duc de l'Infantado, président du conseil de Castille; le duc de Montemar, président du conseil des Indes; l'évêque d'Osma, le baron d'Eroles, et D. Antonio-Gomez Calderon, ces deux derniers membres de la junte provisoire. Ils furent reconnus le 25, par le prince, au nom de S. M. le roi de France, comme composant la régence du royaume d'Espagne, pendant la captivité de S. M. Ferdinand VII; et cette régence, à laquelle le titre d'Altesse royale fut attribué, après avoir prêté serment d'obéissance au roi, quand il serait délivré de captivité, et de fidélité aux lois et statuts du royaume, entra sur-le-champ en fonctions.

Nous devons maintenant rendre compte des premières opérations du corps d'armée sous les ordres directs du maréchal duc de Conegliano, en Catalogne.

CHAPITRE II.

Le quatrième corps de l'armée française entre en Catalogne; investissement de Figuères; occupation de Roses. — Position des troupes constitutionnelles espagnoles sur la Fluvia. — Passage de ce fleuve par les troupes françaises. — Retraite du général Mina. — Occupation de Gironne. — Marche de la division Donnadieu. — Plan de campagne de Mina. — Opérations du général Donnadieu; combat de Castel-Tersol; combat et occupation de Manresa; défense de cette ville contre Mina. — La droite des Français se rapproche de Barcelone. — Combat de Mataro.

Le quatrième corps de l'armée française, destiné, comme nous l'avons déjà dit, à opérer en Catalogne, sous les ordres du maréchal Moncey, duc de Conegliano, était formé de trois divisions (cinquième, neuvième et dixième de la grande armée), commandées par les lieutenans-généraux comte Curial, baron de Damas, et vicomte Donnadieu, et présentant un effectif de dix-huit mille combattans environ, dont deux mille trois cents de cavalerie légère [1]. A cette force il faut ajouter la division de huit à neuf mille Espagnols royalistes, réunie et organisée sur la frontière de France, par le baron d'Eroles. Elle consistait en bataillons d'infanterie habillés et armés, et en quelques escadrons de cavalerie parmi lesquels se trouvaient des cuirassiers et des lanciers.

La nécessité d'attendre le complément des attelages de

---

[1] D'après le tableau de la composition de l'armée, inséré dans le chapitre précédent, la troisième brigade de la dixième division (Donnadieu) n'avait pas encore joint le quatrième corps à l'ouverture de la campagne, non plus qu'une brigade de réserve qui n'entra en Catalogne qu'à la fin de mai. Ces deux brigades devaient porter plus tard le quatrième corps à vingt-quatre mille combattans.

CATALOGNE.

l'artillerie et des transports militaires, formés en grande partie de mulets de bât, avait forcé le maréchal duc de Conegliano à retarder son mouvement offensif jusqu'au milieu du mois d'avril.

L'armée espagnole chargée de la défense de la Catalogne, sous les ordres du général en chef Mina, ayant pour lieutenans les généraux Milans et Llobera, et pour chef d'état-major le général Zorraquin, pouvait s'élever à trente mille hommes, dont douze à quinze mille de troupes de ligne et le reste de milice; mais l'occupation des places fortes de la Seu d'Urgel, Figuières, Girone, Hostalrich, Balaguer, Barcelone, Tortose, Lerida, Tarragone, et de quelques autres postes fortifiés, privait le général constitutionnel d'une grande partie de ces forces, et il n'avait guère de disponible que six à sept mille hommes, à la vérité l'élite de son armée, pour tenir la campagne [1].

Dès les premiers jours d'avril, le maréchal-de-camp Reynaud, employé dans la dixième division militaire, dont le chef-lieu est à Toulouse, avait reçu l'ordre d'occuper, avec une colonne de troupes appartenantes à cet arrondissement, la vallée d'Aran à l'extrémité occidentale de la frontière de Catalogne. A la vue des éclaireurs de la colonne française, les milices constitutionnelles prirent la fuite, et la population entière, au nombre de dix mille âmes, se prononça en faveur de la cause royale.

Le 18, les troupes du quatrième corps commencèrent leur mouvement. La division Curial, précédée de la première brigade de la division Donnadieu, franchit la frontière catalane

---

[1] C'est à tort que, dans plusieurs relations, cette force disponible est portée jusqu'à douze mille hommes. Les rapports officiels démentent cette dernière évaluation.

par le Perthus, et s'avança par la grande route sur Figuières; la division Damas, qui déboucha le lendemain par le col de Cortaga, prit la même direction. Le 20, le maréchal Moncey établit son quartier-général à Peraladas, entre la mer et Figuières; et le 21 cette dernière place fut investie par les deux divisions que nous venons de nommer, et le corps espagnol du général baron d'Eroles. Le même jour, une brigade de la division Curial, sous les ordres du maréchal-de-camp Vasserot, occupa la ville et la citadelle de Roses, dont les fortifications étaient presque ruinées, et que les constitutionnels n'avaient pas jugé à propos de défendre.

Le 22, le gouverneur de Figuières, sommé de se rendre, fit une réponse négative; toutefois il crut devoir évacuer la ville, pendant la nuit du 24 au 25, pour se retirer dans la citadelle, qui porte le nom de San-Fernando; et une des brigades de la division Damas, sous les ordres du maréchal-de-camp Maringoné, prit possession de la première. Au moment de l'entrée des Français en Catalogne, le général Milans, qui se trouvait à Figuières, en était parti avec une colonne de douze cents hommes, et avait laissé pour la défense de la citadelle, qui était bien approvisionnée, une garnison de deux mille cinq cents hommes.

Cependant le général Mina avait réuni ses troupes disponibles sur la rive gauche de la Fluvia[1]. La droite, sous les ordres du général Milans, s'appuyait au fleuve même; la gauche, sous les ordres du général Llobera, occupait Tortella; Mina, avec une troisième division formant le centre et la réserve, était à Castel-Follit. La grande route de Perpignan à Barcelone coupe la Fluvia, entre les deux places de

---

[1] Fleuve de Catalogne qui, prenant sa source dans les Pyrénées, court de l'ouest à l'est, et se jette dans la Méditerranée dans la partie méridionale du golfe de Roses.

Figuières et Girone, à Bascara, qui en défend le passage.

Le 26, le maréchal duc de Conegliano, décidé à attaquer son adversaire, donna l'ordre au général Curial de se porter avec sa division, renforcée de deux régimens de la division Damas et de trois bataillons du baron d'Eroles, sur Bezalu. Une colonne, sous les ordres du général Vasserot, flanqua ce mouvement, en se dirigeant sur le village de Maya, situé à une demi-lieue de Crespia, par Llado, Estella et Segura. Le maréchal se porta de sa personne à Crespia, le 27, et y trouva le général Curial, qui déjà avait reconnu la position de l'ennemi. Dans le même temps le général Donnadieu, qui s'était rendu de Perpignan à Mont-Louis pour réunir sa division, dont une partie était cantonnée dans la Cerdagne, descendait en Catalogne par la vallée de Rivas sur Campredon, et devait se trouver le 1er mai en avant de ce dernier bourg.

Informé du mouvement des troupes françaises sur la Fluvia, Mina crut devoir concentrer ses forces pour mieux défendre le passage de ce fleuve. En conséquence, rappelant sa gauche de Tortella à Bezalu, il porta une partie de ses troupes sur la rive droite, et leur fit occuper les hauteurs escarpées qui s'y trouvent.

Le premier soin du duc de Conegliano, en attendant pour l'ensemble de ses opérations que le général Donnadieu eût achevé le mouvement qui lui était prescrit, fut d'ordonner l'établissement de deux ponts sur la Fluvia, vis à vis de Crespia : l'un sur des charrettes, l'autre sur chevalets. Dès que le premier fut achevé, le 29, la brigade Vasserot et trois bataillons espagnols y passèrent pour se porter sur Banolas. Le lendemain, le trente-unième de ligne, appartenant à la division Damas, suivit la même direction. Le général Curial resta sur la rive gauche avec ses deux autres brigades, deux bataillons du huitième de ligne[1], un bataillon espagnol et quatre pièces de canon. Le surplus de son artillerie se porta en arrière de Bascara, où était établi, depuis le 28, le général Laroche-Aymon avec le sixième de hussards et quelques compagnies d'infanterie, pour éclairer la route de Girone. Le général Curial devait attaquer, le 1er mai, les positions de l'ennemi à Bezalu et sur la rive droite, et se porter ensuite (en cas de succès) sur Olot, à l'effet de communiquer avec la division Donnadieu; tandis que la brigade Vasserot et les trois bataillons du baron d'Eroles, sous la direction spéciale du maréchal duc de Conegliano, marcheraient vers Santa-Pau pour menacer la retraite des constitutionnels par Mieras et le grand Olot.

Mais, pendant la nuit du 30 avril au 1er mai, la pluie qui n'avait pas cessé depuis le 29, tomba en si grande abondance, que les bivouacs furent inondés, les armes hors d'état de faire feu, les ponts menacés, les chemins et les gués impraticables. L'ennemi, maître du pont de Bezalu, avait l'avantage de pouvoir réunir, à son gré, ses forces sur l'une ou l'autre rive. Le maréchal se vit ainsi forcé de suspendre l'exécution du plan qu'il avait conçu.

Le 1er mai, à sept heures du matin, au moment même où le duc de Conegliano se disposait à traverser la Fluvia, les ponts établis à Crespia furent emportés par la crue progressive des eaux du fleuve, et le maréchal attendit jusqu'au lendemain qu'il fût possible de manœuvrer le bac, ou pont volant de Bascara, pour se rendre à Banolas. A son arrivée dans ce village, il apprit que l'ennemi, intimidé par les mouvemens de la gauche des Français, et par la marche du général Donnadieu, avait abandonné ses positions pendant

---

[1] Ce régiment formait, avec le trente-unième de ligne, la brigade du général Rastignac, détachée de la division du général Damas, qui était resté devant Figuières avec ses deux autres brigades.

la nuit, et se retirait dans deux directions, Milans et Llobera par Mieras sur Amer, et Mina sur Vich, par Olot. Le baron d'Eroles reçut aussitôt l'ordre de poursuivre la première de ces colonnes, et le général Curial celui d'aller occuper Castel-Follit, et de se lier avec le général Donnadieu, à qui des instructions correspondantes furent aussitôt envoyées. Le général Vasserot dut rester à Banolas, pour se porter sur Mieras ou sur Girone, suivant les circonstances.

Le baron d'Eroles, s'avançant en toute hâte dans le dessein de joindre le général Milans avant qu'il gagnât le Ter, qu'il paraissait vouloir traverser à Amer, ou dans les environs, ne put atteindre qu'une faible arrière-garde, qu'il culbuta, et à laquelle il enleva la caisse et les bagages du régiment de Zamora.

Ce fut à Banolas que le duc de Conegliano reçut une députation de la ville de Girone pour hâter l'arrivée des troupes françaises dans ses murs. Écrasés depuis plusieurs mois sous le poids des contributions, les habitans étaient menacés de nouvelles exactions par un corps de miliciens, campés à peu de distance de la ville. La retraite de Mina permettant au maréchal de disposer de quelques troupes pour l'occupation de cette ville importante, il s'y rendit et y fut reçu comme un libérateur [1].

Le général Donnadieu avait commencé son mouvement sur Campredon le 27 avril, après avoir laissé à Puycerda quelques compagnies du deuxième régiment de ligne et trois es-

---

[1] Girone devint l'entrepôt général des approvisionnemens du quatrième corps; ses fortifications avaient été ruinées en partie, mais il était facile de les mettre promptement à l'abri d'un coup de main. L'occupation de cette place offrait de grands avantages. Outre qu'elle assurait les subsistances de l'armée, elle devenait le centre de l'administration du pays soumis à l'autorité royale, et facilitait l'organisation des forces alliées. Les dispositions amicales des habitans étaient un nouveau stimulant pour les troupes françaises.

cadrons incomplets du cinquième de chasseurs, sous les ordres du général Latour-du-Pin, chargé de couvrir momentanément, avec ce peu de troupes, les Cerdagnes française et espagnole, la vallée de Caroll, et d'observer la Seu d'Urgel, toujours occupée par les troupes de Mina. Arrivé le 30 à Campredon par une marche longue et pénible à travers des montagnes escarpées et couvertes d'une neige épaisse, le général Donnadieu apprit dans ce bourg les mouvemens qui venaient d'avoir lieu sur la Fluvia. Ce fut pour lui un nouveau motif de presser sa marche sur Olot, où il espérait rencontrer l'ennemi. Par l'effet des détachemens dont nous avons parlé (ceux des généraux Laroche-Aymon et Latour-du-Pin) la division Donnadieu présentait à peine un effectif de deux mille trois cents hommes de troupes françaises, et quelques centaines d'Espagnols, commandés par le général Romagosa, qui, de Campredon, fut dirigé sur Ripoll.

Quatre à cinq cents hommes des milices constitutionnelles occupaient en effet Olot; mais ils n'y attendirent point l'attaque des Français et se retirèrent sur Hostal-del-Grau, en laissant quelques prisonniers entre les mains d'un peloton de chasseurs, qui s'attacha à leur poursuite[1]. Le général Donnadieu se porta ensuite sur Vich, où l'avaient précédé des détachemens de la division Curial et du baron d'Eroles.

Mina, en prenant le parti d'abandonner ses positions sur la Fluvia et de se retirer dans deux directions différentes, avait formé le plan d'agir désormais sur deux lignes d'opérations:

---

[1] Le général Donnadieu, après avoir reconnu lui-même Olot, avait chargé le chef de bataillon d'état-major, Tartarat, d'en chasser les milices espagnoles. Cet officier, à la tête de deux compagnies de voltigeurs et du peloton de chasseurs qui servait d'escorte au général, était entré sans résistance dans la ville; s'étant ensuite porté à la poursuite de l'ennemi, avec ses quinze chasseurs, sans attendre les compagnies de voltigeurs, il avait culbuté, sabré et mis en fuite quatre cents hommes.

l'une parallèle, en s'appuyant au littoral de la mer; l'autre perpendiculaire dans les montagnes, en suivant les vallées du Ter et de la Sègre. Son but était de diviser ainsi les forces du maréchal français, et de fatiguer ses troupes par des marches pénibles sur un terrain dont les chaleurs de l'été et les privations devaient augmenter bientôt les difficultés.

Conformément à ce plan, le général Milans s'était replié par Miéras sur Amer où il avait passé le Ter. Marchant ensuite par Santa-Colonna de Farnès, il ravitailla Hostalrich et vint couvrir Barcelone, en occupant les deux routes qui conduisent à cette capitale de la Catalogne. Étendant sa droite jusqu'à Mataro, il posta sa gauche dans les défilés de San-Celoni, Trenta-Passos et Cardadeu, défilés qui se trouvent sur la route de poste de Girone à Barcelone, faciles à défendre pied à pied, et dont l'occupation couvrait la vallée du Congost au delà de Granoller.

Mina, en s'avançant d'abord dans la direction de la Seu d'Urgel, voulait établir sa seconde ligne d'opérations perpendiculairement au flanc droit de l'armée française; cette ligne devait s'appuyer sur la Seu et sur Cardona, où se trouvaient des magasins de vivres et munitions et des hôpitaux pour les troupes constitutionnelles. Ces dispositions habilement calculées par le général en chef espagnol, en multipliant les obstacles pour l'armée d'invasion, donnaient aux constitutionnels de grands avantages : 1.° en compromettant les communications de la droite du quatrième corps avec la France, Mina inquiétait la frontière; 2°. il se maintenait à portée de faire une utile diversion en faveur de son lieutenant Milans, soit en menaçant la Cerdagne, si le maréchal pressait trop vivement ce dernier; soit en faisant des démonstrations sur Girone, devenu le grand entrepôt de l'armée française, si le maréchal dégarnissait sa droite. C'est dans cette retraite de Mina et dans le plan qui en fut la suite qu'est la clef de toute la campagne de Catalogne.

Le général Vasserot s'était porté avec trois bataillons à la poursuite de Milans sur Santa-Colonna de Farnès; mais ayant trouvé ce village évacué, il prit momentanément position sur des hauteurs en avant de la petite rivière de Tiona, d'où il poussa une reconnaissance sur Hostalrich.

Le maréchal étendit ensuite la gauche de son corps d'armée en avant du Ter jusqu'à la mer, en faisant occuper les ports de Palamos et de San-Felice de Guixols. Le général Curial, après avoir communiqué à Vich avec le général Donnadieu, et laissé le baron d'Eroles à Ripoll, devait se rapprocher de la route de Barcelone pour observer la garnison de cette place et la division de Milans. Le général Damas avec la brigade Maringoné et quelques bataillons espagnols, faisait toujours le blocus de Figuières.

Le général en chef constitutionnel, faisant mine de s'avancer dans la direction de Vich, avait ensuite tourné brusquement à droite pour se porter sur San-Juan de Abbadessas, de là à Besora, Val-Fogona et Berga. Ces mouvemens pouvaient faire croire qu'il cherchait à donner le change sur l'intention qu'on lui supposait de se rapprocher de ses lieutenans Llobera et Milans pour opérer ensuite de concert avec eux. De son côté Milans faisait faire à ses troupes des marches et des contre-marches en avant de Granoller et de Gardiga, pour masquer le mouvement du général Llobera qui venait de se porter avec une partie de la garnison de Barcelone, sur Moya. En conséquence, le général Donnadieu qui était resté à Vich autant pour reposer ses troupes, harassées de leurs marches précédentes, que pour y attendre de nouvelles instructions, reçut du maréchal l'ordre de marcher sur ce même point de Moya pour déjouer le projet de l'ennemi.

A l'approche des troupes françaises, les constitutionnels évacuèrent Moya pour se replier sur Manresa, par le vallon de Monistrol, Caldès et Santa-Maria de Navalès. Le général Donnadieu fit marcher la brigade Laroche-Aymon sur Caldès, et, avec celle du général Saint-Priest et la troupe de Romagosa, il se porta rapidement sur Castel-Tersol, où l'ennemi avait pris position sur des mamelons boisés et d'un accès très-difficile. Les Français et leurs alliés, formés sur trois colonnes d'attaque, gravirent, presque sans tirer et la baïonnette en avant, un terrain escarpé, sous des feux croisés et nourris, poussèrent les troupes constitutionnelles de position en position, et les forcèrent, après quatre heures d'engagement, à se retirer sur San-Feliu de Godinas, par des sentiers presqu'impraticables. Poursuivies par le général Romagosa, ces mêmes troupes abandonnèrent pendant la nuit le village que nous venons de nommer.

Le général Donnadieu reçut bientôt du baron d'Eroles, qui se trouvait avec une partie de sa division à Pratz de Luzanès, l'avis que Mina, à la tête de quatre mille hommes, venait de se porter sur Cellent, d'où il menaçait à la fois Olot, Vich et Manresa. Laissant au baron le soin de couvrir Olot, le général Donnadieu résolut de se rendre maître de Manresa, sans laisser le tems à Mina de gagner cette ville, où se trouvait une partie de la division battue à Castel-Tersol, au nombre de douze cents hommes d'infanterie de ligne, cent cinquante cavaliers et quelques centaines de miliciens. Le général Latour-du-Pin, qui venait de rejoindre la division, fut laissé à Caldès avec le dix-huitième de ligne [2].

---

[2] Ce régiment faisait partie de la division Curial, et en avait été détaché momentanément pour renforcer celle du général Donnadieu. Le général Latour-du-Pin avait quitté Puycerda avec le cinquième de chasseurs.

Le général Laroche-Aymon entra le 20 dans Cellent dont il fit désarmer les habitans dévoués au système constitutionnel. Mina avait abandonné cette petite ville la veille, pour marcher dans la direction de Manresa; mais tournant tout à coup à gauche, il avait traversé Olot, comme s'il eût eu l'intention de s'avancer sur Vich; puis il s'était dirigé sur Cardona.

Le 21, la brigade Laroche-Aymon passa le Llobregat au pont de Cabriana. Son avant-garde rencontra l'ennemi sur une hauteur à une demi-lieue de Manresa, et fut accueillie par une vive fusillade; mais l'approche du gros de la brigade, décida les constitutionnels à se replier sur Manresa : traversant rapidement cette ville dont ils fermèrent les portes, ils allèrent ensuite prendre position sur les hauteurs qui dominent la rive droite de la Cardoner[1]. Le capitaine Letier, qui commandait l'avant-garde française, franchit avec cette troupe le faubourg, au pas de course, fit enfoncer les portes, et se porta sur la position de l'ennemi qui chercha à l'arrêter par une nouvelle fusillade.

Un léger pont en bois unit les deux rives de la Cardoner; mais les chevaux ne pouvant y passer, le commandant de l'avant-garde laissa les vingt-cinq chasseurs qui en faisaient partie, sur le quai, et passa avec l'infanterie (cent cinquante hommes du premier régiment d'infanterie légère) sur la rive droite. Dans le même moment, le général Laroche-Aymon pensant qu'une affaire sérieuse allait s'engager, détachait sur sa gauche le colonel Revel avec sept compagnies du premier léger, pour couper à l'ennemi la route de Barcelone, par Monistrol de Mont-Serrat, et se portait de sa personne, avec le sixième de hussards et trois autres compagnies du premier

---

[1] La ville de Manresa est située sur la rive droite du Llobregat et sur la rive gauche de la Cardoner, au confluent de ces deux rivières, à dix lieues de Barcelone.

léger, au soutien de son avant-garde. Ce secours fut inutile; l'ennemi qui de sa position apercevait ces divers mouvemens, n'attendit point l'attaque du capitaine Letier, et se retira sur Monistrol de Mont-Serrat.

Le général Donnadieu se rendit le même jour à Manresa où il changea les autorités civiles.

La brigade Saint-Priest occupait alors Artès et San-Frutuoso de Bargès, et le baron d'Eroles s'était avancé jusqu'auprès d'Avinyonet.

Le même jour de l'occupation de Manresa par la brigade Laroche-Aymon, le général Latour-du-Pin, informé qu'une colonne constitutionnelle venait de se montrer à Moya, partit de Caldès, à quatre heures du soir, atteignit l'ennemi dans son mouvement, rétrograde sur Castel-Tersol, lui mit une centaine d'hommes hors de combat, et le força d'achever sa retraite par des chemins détournés, à travers les montagnes, sur Barcelone.

Mina, après s'être porté sur Cardona, où il avait renouvelé ses provisions, était venu s'établir à Suria sur la Cardoner. De cette position bien choisie, il pouvait suivre les mouvemens de ses adversaires, et se diriger soit sur la frontière de France, soit sur Vich. Le colonel Salperwick qui commandait dans cette ville, n'ayant avec lui que deux faibles bataillons français et espagnols, une attaque vive et rapide présentait des chances de succès; aussi Mina prit-il ce parti, après avoir dérouté les Français, en les attirant sur Suria.

En effet, le général Donnadieu, décidé à l'attaquer vigoureusement dans cette position, avait combiné les mouvemens de sa division, de manière à ce que les diverses colonnes fussent rendues le vingt-quatre mai à la pointe du jour sur les points qui leur étaient assignés; mais pendant cette marche difficultueuse, à travers des ravins, des bois, des sentiers bordés de précipices, Mina quitta Suria, le 23 dans l'après-midi, pour se porter par Cellent sur San-Juan de Avino, et attaquer ensuite Vich. Il avait tout le temps d'effectuer cette attaque, avant que la garnison pût être secourue. Le général Donnadieu, trouvant Suria évacué, et n'ayant point de renseignemens précis sur la direction qu'avait prise le général constitutionnel, revint à Manresa, et fit occuper par la brigade Saint-Priest Moya et Caldés.

Mina, à la tête de trois mille hommes d'infanterie et de trois cents chevaux d'élite, se flattait de surprendre Vich ou de l'emporter d'assaut. Cette ville, entourée d'une simple muraille crènelée, d'un grand développement, ne renfermait qu'une garnison de huit cents hommes, moitié française (un bataillon du huitième de ligne), et moitié espagnole (un bataillon du corps de Romagosa). Le général constitutionnel avait partagé sa troupe en deux colonnes, qui aux approches de Vich, le 25 mai, menacèrent à la fois les portes dites de Saint-Joseph, des Capucins, de la Rembla et de San-Pedro. Une compagnie de voltigeurs, sortie de la place en reconnaissance sur la route de San-Juan, se trouva tout à coup à demi-portée de fusil de la cavalerie ennemie, qui fit un mouvement pour la couper; mais un renfort vint la dégager et faciliter sa rentrée dans la ville. Le colonel Salperwick ne perdit pas un instant pour faire barricader les portes, occuper les maisons voisines et distribuer sa faible troupe sur tous les points vulnérables.

Les constitutionnels s'étant pourvus d'échelles, essayèrent d'escalader les murs, tandis qu'une partie d'entre eux, placés dans des maisons hors de l'enceinte faisaient un feu très-nourri sur les soldats que le colonel français avait postés dans les bâtimens de l'intérieur; ils furent repoussés partout. Les habitans prirent les armes pour soutenir la garnison, et rivalisèrent avec elle de courage, de dévouement et d'intrépidité. Ce fut dans une de ces attaques, et au moment où il cherchait à ramener à l'escalade les soldats, découragés par la résistance qu'ils éprouvaient, que le général Zorraquin, chef d'état-major de l'armée de Mina, reçut une blessure mortelle.¹. Enfin, après six heures d'engagement, Mina convaincu de l'inutilité de ses efforts, et craignant l'arrivée de quelque secours, commença sa retraite à midi et demi, et rentra dans les montagnes, en emportant tous ses blessés, dont une grande partie succomba aux fatigues de la route. Il laissait plus de cent hommes tués, dont plusieurs officiers, sous les murs de la place contre laquelle il venait d'échouer si complétement².

Le général constitutionnel, en abandonnant l'attaque de Vich, marcha dans la direction de la Puebla de Lillet, d'où il gagna ensuite Baja. Il avait l'intention de se porter sur Cardona pour y déposer ses blessés et renouveler ses munitions; mais la crainte de rencontrer les troupes du général Donnadieu, avec lesquelles il aurait fallu s'engager de nouveau, ou celles du baron d'Eroles, qui ne tarda point à s'avancer sur Baja, le déterminèrent à quitter ce poste le 29 mai, à dix heures du soir, pour s'avancer à travers les montagnes, par des chemins presque impraticables, vers Urgel, où nous le retrouverons plus tard.

---

¹ Il mourut le lendemain. Ce fut une grande perte pour les constitutionnels, à raison de la valeur et des talens militaires de cet officier, qui était le conseil du général en chef.

² Le colonel Salpervick, à qui cette défense fait un grand honneur, assura, dans son rapport au maréchal Moncey, que si les troupes françaises postées à Moya eussent paru, il aurait fait une sortie pour suivre l'ennemi dans sa retraite; et qu'avec quelque cavalerie il eût obtenu de grands résultats. Cet officier avait reçu l'ordre d'évacuer Vich, en cas d'attaque par des forces supérieures; mais il ne put se résoudre à s'éloigner sans combattre, et surtout à livrer à la vengeance de Mina une ville dont la population était dévouée presque tout entière à la cause royale.

Cependant le général Donnadieu, laissant le colonel d'Astorg à Manresa avec soixante à quatre-vingts chevaux et quatre cents hommes du premier régiment d'infanterie légère, s'était porté sur Moya avec la brigade Laroche-Aymon, en même temps qu'il envoyait la brigade Saint-Priest soutenir et renforcer le baron d'Eroles, qui s'attachait plus que jamais à la poursuite de Mina. Il avait dirigé dans le même but la brigade Latour-du-Pin sur Olot, par Artès.

Le 27, la brigade Saint-Priest était à Olot; le baron d'Eroles marchait sur Baja; le général Latour-du-Pin s'avançait sur Caldès; Cellent était occupé par la brigade Laroche-Aymon.

Les ordres du maréchal duc de Conegliano étaient que le général Donnadieu s'occupât de couvrir Vich, en se concentrant sur la ligne de Caldès, Moya, Collsuspina et Tona, s'étendant au plus jusqu'à Artès. Il n'approuva point le mouvement de cette division, qui avait favorisé l'attaque de Vich par Mina; mais, grâce à la belle défense de cette ville, le général Donnadieu avait obtenu un résultat important. La possession assurée de Manresa facilitait par Calaf ou Igualada, sur Cervera, la communication du quatrième corps avec celui du général Molitor, dont une division, après avoir passé la Ciuca, s'avançait alors dans cette direction, et dont les opérations se liaient momentanément avec celles du maréchal, ainsi qu'on le verra dans le chapitre suivant.

Pendant ces mouvemens de la droite de l'armée de Catalogne, le maréchal avait ordonné, comme on l'a vu, au général Curial, de se porter de Vich, par Sant-Hilario, sur Santa-Colonna, d'y prendre l'artillerie qui y était parquée, et de s'avancer ensuite sur la route de Barcelone, pour déposter les constitutionnels des défilés de San-Celoni. En quittant Vich, le général Curial y avait laissé le dix-huitième régiment de ligne, appartenant à la deuxième brigade, pour renforcer la division Donnadieu.

Conformément aux instructions du maréchal, la cinquième division (Curial) occupait le 17 les villages de Ruidarens, Las Mallorquinas, Vidreras et Massanet. Une partie de la brigade Vasserot et un bataillon espagnol, sous les ordres du chef Mosen-Anton, investissait Hostalrich, tandis que le général Vasserot, de sa personne, avec un de ses régimens, le septième de ligne (de la brigade Peccadeuc), et un bataillon du sixième léger (brigade de Vence), se tenait prêt à marcher sur San-Celoni.

Le quartier-général de la division était le 18 à Massanet[1].

Le général Curial continua son mouvement dans la nuit du 18 au 19, laissant un bataillon et cent chevaux à Tordera, deux bataillons devant Hostalrich pour contenir la garnison de cette place, un bataillon à Las-Mallorquinas pour la garde du parc d'artillerie, et envoyant un cinquième bataillon à San-Juan de Sarcada.

Le 19 à dix heures du matin, l'avant-garde française entra dans San-Celoni d'où Milans avait retiré la veille ses troupes sur Mataro; traversant ensuite sans obstacle le défilé de *Trenta-Passos*, les Français arrivèrent, vers deux heures après midi, à Granoller, où ils furent bien accueillis par la population.

L'ennemi paraissait vouloir d'abord prendre position à Moncada, Parpès et Mataro; mais le général Curial, résolu d'appuyer sa ligne à la mer, pour se rendre maître de la chaussée marine qui conduit à Barcelone, marcha sur ces points le 21, les trouva évacués, et put établir ses troupes de la

---

[1] A cette époque, le dix-neuvième régiment de ligne (destiné à faire partie de la division Donnadieu) étant arrivé de France, fut envoyé par le maréchal à la division Curial, pour y remplacer le dix-huitième régiment laissé à la première.

manière suivante : deux bataillons du sixième léger, un autre du septième de ligne, quatre compagnies du vingt-sixième et le dix-huitième de chasseurs occupèrent Mataro, sous les ordres du général de Vence ; un bataillon fut porté à Parpès ; deux bataillons, du septième et du vingt-sixième, deux autres du trente-deuxième, et le vingt-troisième régiment de chasseurs furent placés à Granoller et environs ; un bataillon du trente-deuxième et celui du chef royaliste Mosen-Anton restèrent chargés du blocus d'Hostalrich, sous les ordres du général Vasserot qui établit son quartier à Granoller, où se trouvait une grande partie de sa brigade. Le dix-neuvième régiment et le parc d'artillerie eurent ordre de se diriger sur Mataro, où ils n'arrivèrent que le 24 au soir.

Cependant Milans et Llobera avaient réuni à Sant-Andréa de Palomar, presque sous les glacis de Barcelone, cinq régimens d'infanterie de ligne, un bataillon de transfuges français et italiens, douze cents miliciens environ, et deux cent cinquante chevaux d'élite, formant un total de cinq à six mille combattans. Avec ces forces ils espéraient surprendre les Français dans Mataro, et réparer par un coup de main hardi, les échecs qu'ils avaient essuyés jusqu'alors. C'était, en même tems, à leurs yeux, une diversion puissante en faveur de leur général en chef, avec lequel ils n'avaient pu communiquer, mais qu'ils supposaient en mesure de pouvoir profiter de ce mouvement offensif.

Dans la nuit du 23 au 24 mai, la division constitutionnelle se mit en marche sur une seule colonne, par la chaussée qui conduit de Barcelone à Mataro ; mais arrivée vers deux heures du matin, à la hauteur dite *Arriera-d'Argentona*, elle se sépara en deux colonnes : l'une, dirigée par Milans, prit à gauche, pour arriver sur Mataro par la route de Granoller à cette dernière ville, l'autre, dirigée par Llobera, continua à suivre la chaussée, et fit bientôt replier une garde avancée qui occupait une maison située à quelque distance du faubourg de Mataro. Aux premiers coups de fusils entendus, une compagnie de voltigeurs, postée dans ce faubourg, prit les armes et se mit en défense. Le colonel d'état-major Tholosé étant accouru presqu'aussitôt, dirigea cette petite troupe assez habilement pour arrêter la colonne ennemie, et donner le tems aux troupes qui étaient dans la ville de prendre les armes. En moins de dix minutes tout le monde fut sur pied. Le général de Vence, à la tête du sixième léger et du dix-huitième de chasseurs, soutenus ensuite par le premier bataillon du septième de ligne, reprit à l'instant l'offensive. Il déboucha au pas de charge sur la chaussée de Barcelone, et ses troupes abordèrent l'ennemi aux cris de *vive le roi!* Les voltigeurs du sixième léger qui faisaient tête de colonne, par un feu bien nourri et ensuite par une charge à la baïonnete, regagnèrent le peu de terrain perdu auparavant, et reprirent la maison du poste avancé. La colonne de Llobera fut culbutée et mise en déroute; la nuit empêcha le dix-huitième de chasseurs de charger les fuyards, qui furent toutefois poursuivis à une certaine distance.

Dans le même temps, la deuxième colonne conduite par Milans, ayant débouché par la route de Granollers, se trouvait aux prises avec le bataillon du septième et les quatre compagnies du vingt-sixième, sous les ordres du chef de bataillon d'Arnault. Le général de Vence, laissant un bataillon et un escadron sur la route marine pour couvrir Mataro de ce côté, se porta rapidement avec les deux autres escadrons du dix-huitième et le deuxième bataillon du sixième léger, dans la direction de cette nouvelle attaque. Les troupes de Milans prises en flanc par la colonne du général de Vence, et abordées en front par le détachement du commandant d'Arnault, ne tardèrent pas à être repoussées et se retirèrent par les montagnes où la cavalerie ne pouvait les atteindre. Le général les faisant poursuivre par deux bataillons des sixièmes léger et septième de ligne, reprit, avec l'autre bataillon du sixième et les trois escadrons du dix-huitième chasseurs, la poursuite de ce qui s'était enfui directement sur Barcelone par la route marine. Les Français trouvèrent sur cette même route un grand nombre de morts et de blessés; beaucoup de fuyards pour accélérer leur marche avaient jeté leurs sacs, leurs armes et jusqu'à leurs schakos.

L'arrière-garde du général Milans voulut se défendre dans Vilsarrar-de-Aiba; mais ce village fut emporté par le commandant d'Arnault.

L'attaque des constitutionnels avait commencé à deux heures un quart du matin; à onze heures l'action était terminée. La perte des Français ne fut que de quelques hommes tués et blessés; mais celle de l'ennemi fut considérable; la seule colonne de Llobera eut plus de cent cinquante hommes hors de combat. Cinq cents prisonniers parmi lesquels plusieurs officiers, un aide-de-camp de Milans et deux transfuges français, restèrent au pouvoir des vainqueurs, ainsi qu'un drapeau pris par un musicien du sixième léger.

Toute la garnison de Mataro avait fait son devoir dans cette affaire. Le général Curial cita, comme s'étant particulièrement distingués, le général de Vence, les colonels Hurell (du sixième léger), Beaumont (du dix-huitième chasseurs), Tholosé (chef d'état-major de la division), le chef de bataillon d'Arnault, le capitaine Faulchier (du sixième léger),[1] et MM. de Moncarville, de Bourgoing et Aynard, officiers d'état-major.

A cette époque, le maréchal duc de Conegliano ayant

---

[1] Messieurs d'Arnault et Faulchier furent nommés, le premier, lieutenant-colonel, et le deuxième, chef de bataillon.

transféré son quartier-général de Girone à Tordera, reconnut lui-même Hostalrich, dont l'occupation par les constitutionnels empêchait les communications directes de Girone avec Mataro.

Nous donnerons dans un autre chapitre la suite des opérations du quatrième corps.

CHAPITRE III.

Suite des opérations du deuxième corps d'armée; le général Molitor marche sur la Catalogne et communique avec le quatrième corps. — Dispositions du général Ballesteros dans le royaume de Valence; mouvement du deuxième corps sur Murviedro. — Retraite de l'armée constitutionnelle. — Les Français entrent à Valence. — Affaire d'Alcira. — Ballesteros rejeté dans le royaume de Murcie. — Suite des opérations du centre de l'armée française. — Poursuite de la garnison de Madrid par le général Valin. — Affaire de Talavera. — Le prince généralissime organise une expédition sur l'Andalousie. — Marche du général Bourdesoulle par la province de la Manche et la Sierra-Morena; combats de Vizillo et de Vilches. — Marche du général Bourmont par l'Estramadure; affaires de San-Lucar-la-Mayor et de San-Juan-del-Puerto. — Le général Bourmont entre à Séville.

Nous avons dit que le comte Molitor, après l'occupation de Saragosse par les troupes de son corps d'armée, reçut l'ordre de se mettre en communication avec le quatrième, par la frontière occidentale de la Catalogne, en même temps qu'il protégerait le mouvement du prince généralissime sur Madrid, en contenant et rejetant sur le royaume de Valence l'armée de Ballesteros. A cet effet, le général en chef du deuxième corps avait fait marcher la division Pamphile-Lacroix dans la direction de la Cinca, en suivant la rive gauche de l'Èbre, tandis que la division Loverdo et celle de dragons sous les ordres du lieutenant-général Domont, s'étaient avancées vers Calatayud et Daroca; mais le mouvement prononcé du général Ballesteros vers Valence ayant bientôt fait juger au prince que la division Obert (du premier corps), réunie au corps royaliste de Bessières, suffirait pour couvrir la marche sur Madrid, le général Molitor dut rappeler sur l'Èbre les deux divisions que nous venons de nommer, afin de mieux assurer la communication prescrite avec la Catalogne, et seconder, au besoin, les opérations du maréchal Moncey. D'autre part, pour ne point laisser à découvert le bas Aragon et toute la rive droite de l'Èbre, des détachemens espagnols royalistes furent placés à Borja, à Calatayud et Daroca, avec l'instruction de surveiller les mouvemens des troupes constitutionnelles, et, dans le cas où Ballesteros tenterait de revenir sur Saragosse, d'opposer une résistance telle, que les troupes françaises eussent le temps d'accourir sur le point menacé. Le deuxième corps laissait d'ailleurs une garnison dans Saragosse.

Deux brigades de la division Pamphile-Lacroix, sous les ordres des généraux Saint-Chamans et Pelleport, s'étaient portées dans la direction indiquée, sur Fraga, en même temps que la troisième, commandée par le général d'Arbaud-Jouques, s'avançait plus au nord sur la ville et le fort de Monzon, par la Sierra d'Alcubierra [1].

Cette dernière brigade arriva le 5 mai sur la rive droite de la Cinca, devant Monzon. Cette place, située sur la rive opposée, était occupée par un détachement de cent cinquante hommes de troupes de ligne, et environ cinq cents douaniers et miliciens. La crue des eaux ne permettant pas de traverser la rivière à gué, le général d'Arbaud-Jouques fit rétablir le bac d'un village situé à quelque distance, et le passage ne put être effectué que le 8. Une partie du quatrième régiment de ligne marcha de suite sur Monzon, et s'établit dans la ville après en avoir chassé l'ennemi qui se retira dans le fort avec perte de quelques hommes tués. Ce fort fut investi sur-le-champ. Dans la nuit du 10 au 11, le général français fit

[1] Voyez la carte.

enlever par deux compagnies d'élite, l'ouvrage appelé le Vieux-Château, qui domine la ville, et dont le feu incommodait les troupes qui occupaient cette dernière. Les constitutionnels se trouvèrent ainsi entièrement resserrés dans le fort.

Arrivé à Fraga avec ses deux autres brigades, le général Pamphile-Lacroix envoya, le 6, un escadron du quatrième de chasseurs sur Lérida. Cette reconnaissance ayant trouvé un détachement ennemi à Sosas, le chargea, lui sabra quelques hommes et le poursuivit jusqu'à Alcarras. Le 9 mai, le colonel du huitième léger, Levasseur, avec un bataillon de son régiment et un peloton du quatrième de chasseurs, se porta sur ce même point (Alcarras) occupé par deux cents hommes d'infanterie et quelques dragons, détachés de la garnison de Lérida. Ces derniers s'étant imprudemment avancés sur la route, tombèrent dans une embuscade et perdirent quelques hommes et des chevaux.

La division Loverdo passa l'Èbre à Caspe et Mequinenza, le 16 mai, et vint s'échelonner sur la Sègre avec celle du général Pamphile-Lacroix. Le général Molitor ordonna ensuite à cette dernière de remonter la rivière pour la traverser à Balaguer, et de là se porter sur Cervera[1]. Quelques troupes furent laissées devant Monzon et Lérida pour observer les garnisons de ces deux places. La première brigade de la division Pamphile-Lacroix rencontra, le 25, un détachement du baron d'Eroles; et, la communication entre le deuxième et le quatrième corps étant ainsi opérée, le général Molitor apprit l'occupation de Manresa par les troupes de la division

---

[1] Le 17 mai, un détachement de la garnison de Lérida s'étant porté sur Cervera, avait forcé une *guerilla* royaliste d'abandonner cette ville, après un engagement long et meurtrier. Le chef Mirallès, fait prisonnier dans cette retraite, fut impitoyablement massacré par les constitutionnels, qui promenèrent sa tête dans Cervera, à la lueur de l'incendie du bâtiment de l'Université auquel ils venaient de mettre le feu.

Donnadieu, la retraite de Mina vers le nord de la Catalogne, et la position critique de Milans et Llobera, acculés sur Barcelone.

Dans cet état de choses, le général en chef du deuxième corps, après avoir eu (le 29) une entrevue avec le général Donnadieu à Balaguer, se décida à marcher sur Valence pour reprendre ses opérations contre Ballesteros. La division Pamphile-Lacroix devant suivre le mouvement des deux autres du corps d'armée, les chefs royalistes Santos-Ladron et Ramcon-Chambo, eurent ordre d'observer ou bloquer avec leurs guérillas les places de Monzon, Lérida et Tortose.

Le général Ballesteros avait eu pour objet, en se portant sur le royaume de Valence, d'arrêter les progrès des généraux royalistes Ulmann et Sempère, qui, maîtres du fort de Murviedro depuis le 19 mars, comme nous l'avons dit dans l'introduction [1], pressaient assez Valence.

A son approche, les royalistes s'étaient retirés de devant cette dernière ville, et les troupes constitutionnelles assiégeaient alors Murviedro. Le général espagnol reconnaissait la nécessité de s'emparer de ce fort pour assurer l'exécution du plan qu'il méditait. En disposant ses troupes sur la ligne montueuse qui s'étend de Murviedro à Morella, il présenterait un front redoutable aux attaques que le général Molitor pourrait diriger contre lui; couvrant dans cette position une partie du royaume de Valence, il serait plus à même d'y organiser une résistance populaire, et d'accélérer la formation de nouvelles milices; enfin, maître de la grande route de Valence à Barcelone, il conservait les moyens de lier ses opérations avec celles de Mina, et de secourir au besoin les places du midi de la Catalogne.

Mais le général Molitor avait pénétré les desseins de son

[1] Page 172.

adversaire, et c'était pour les déjouer qu'il s'avançait sur le royaume de Valence. Après avoir repassé l'Èbre à Caspe avec la division Loverdo, et rallié la division Domont qui était restée sur la rive droite, il vint établir son quartier-général à Alcaniz, le 30 mai. De là, il dirigea la brigade du général Ordonneau sur Daroca, pour balayer le pays que parcouraient, suivant quelques rapports, de nombreux partis de constitutionnels. Le général Ordonneau avait ordre de revenir ensuite, par la grande route de Saragosse à Valence, sur Teruel, d'où les troupes réunies devaient marcher directement sur Murviedro. De son côté le général Molitor, avec les deux autres brigades de la division Loverdo, et la division Domont, se dirigea par un chemin plus court sur Teruel, en suivant les montagnes par Lucera, Segura, Pancrudo et Alhambra [1].

A Teruel, où le deuxième corps se trouva réuni, du 8 au 10, le général en chef, déjà informé de la position critique des royalistes renfermés dans Murviedro, reçut un nouveau message, qui lui apprit que cette garnison manquant de vivres et de munitions depuis trois jours ne pouvait plus prolonger sa résistance. Ainsi, il devenait de plus en plus urgent d'empêcher Ballesteros de se rendre maître d'une place qui aurait servi d'appui à sa ligne d'opération. Le comte Molitor se hâta de prévenir le commandant de Murviedro de sa présence à Teruel, l'engageant à tenir encore quarante-huit heures, avec la promesse d'arriver à temps pour le secourir; et pour ne point retarder ce secours, il mit de suite en mouvement la division Loverdo, avec laquelle il s'avança à marche forcée sur Ballesteros, tandis que les

---

[1] Ce chemin eût été peu praticable pour l'artillerie sans les soins et l'activité du capitaine Maleschard, secondé par la bonne volonté et le zèle des habitans du pays.

deux autres divisions le suivaient à quelque distance, par journée d'étape.

Le général espagnol ignorant le grand mouvement du général Molitor, croyait d'abord qu'un détachement était seul envoyé sur Valence; mais il apprit bientôt la marche du deuxième corps en entier dans cette même direction, et, sans attendre l'arrivée de l'avant-garde, commandée par le général Bonnemains, il leva brusquement le siége de Murviedro, et se retira précipitamment sur Valence, en abandonnant toutes ses munitions et une partie de son artillerie.

Le premier soin du comte Molitor, en entrant dans Murviedro, le 11 juin, fut de complimenter la garnison et le commandant sur leur belle résistance. Cette troupe royaliste, dont trois cents seulement étaient armés de fusils, et le reste de piques, avait soutenu et repoussé trois assauts consécutifs, dans lesquels les troupes de Ballesteros avaient eu plus de mille hommes hors de combat. C'est en partie à coups de pierre, dit le bulletin officiel, qu'elle avait répondu à la fusillade et à l'artillerie de ses adversaires. Ainsi, l'exemple de l'héroïque défense de l'antique Sagonte n'avait pas été perdu cette fois pour les défenseurs de la Sagonte moderne [1]. Ceux ci, au nombre de mille, presque tous paysans, à peine vêtus, sans aucune instruction militaire, étaient commandés, à la vérité, par des officiers dévoués, dont la bravoure et la fermeté contribuèrent puissamment à la défense de la place.

Le général en chef du deuxième corps, rejoint à Murviedro par le chef royaliste Sempère, marcha de suite sur Valence, où il entra le 13, à neuf heures du matin. Les auto-

---

[1] Le fort qui domine Murviedro a conservé le nom de Sagonte, et l'on sait que le maréchal Suchet s'en rendit maître par capitulation, le 26 octobre 1811. Voyez tome XX de cet ouvrage, page 348.

rités s'étaient portées au devant de lui pour lui en présenter les clefs; et il fut reçu aux acclamations unanimes des habitans[1].

Ballesteros avait rapidement traversé cette ville pour aller prendre position derrière le Xucar à Carcagente. Ses troupes, renforcées de la garnison de Valence et de quelques autres détachemens, s'élevaient à seize ou dix-huit mille hommes, tandis que le corps d'armée du général Molitor, montant à dix-neuf mille hommes au commencement de la campagne, se trouvait diminué par les détachemens qu'il avait laissés sur son passage dans les principales villes de l'Aragon pour assurer ses communications, et surtout pour empêcher les réactions populaires.

Le général Bonnemains, commandant la brigade d'avantgarde, renforcée de deux bataillons et de deux pièces d'artillerie, avait reçu l'ordre de suivre Ballesteros dans sa retraite. Le 14, après une marche de nuit, il atteignit l'arrière-garde ennemie, à Algemesi, la culbuta et arriva à huit heures du matin devant Alcira. Cette ville, autour de laquelle le général espagnol avait concentré ses troupes, est située dans une île sur le Xucar, non loin du point où ce fleuve reçoit la rivière de Requena. Le pont sur la route qui conduit à Valence était défendu par dix-huit cents fantassins et cent cinquante dragons. Deux pièces d'artillerie battaient la chaussée au delà de la tête du pont, qui était d'ailleurs fortifiée. Le gros des troupes constitutionnelles était échelonné sur la route de San-Felipe jusqu'à Carcagente.

Après avoir reconnu la position de l'ennemi, le général Bonnemains fit attaquer le pont par les voltigeurs du qua-

---

[1] Ceux d'entre eux qui étaient attachés à la cause des cortès, accueillaient avec confiance des troupes dont la modération, la discipline et la fermeté, préservaient du moins les provinces qu'elles occupaient des sanglans désordres qu'entraînent les discordes civiles.

trième léger soutenus de quatre compagnies, pendant qu'il cherchait à faire rétablir quelques écluses détruites[1] pour pouvoir passer à gué le Xucar avec le reste de ses troupes. Au bout d'un engagement de quatre heures, et au moment où les compagnies du quatrième léger allaient escalader la tête du pont, l'ennemi évacua cet ouvrage. Les cent cinquante dragons voulurent tenir dans le faubourg au-delà de la ville; mais les voltigeurs du quatrième, soutenus par des piquets des dixième et dix-neuvième régimens de chasseurs, les chargèrent, en tuèrent un grand nombre, leur firent plusieurs prisonniers, et s'emparèrent de deux pièces d'artillerie qu'ils s'efforçaient de sauver; plusieurs centaines de fantassins furent pris dans la déroute, et beaucoup se présentèrent comme déserteurs. On trouva dans Alcira des magasins assez considérables[2].

Le lendemain 15, le général Bonnemains continua la poursuite de l'ennemi par Carcagente; et le 16 il entra à San-Felipe que les constitutionnels évacuèrent à son approche. De là il envoya un détachement sur Denia, dont le fort, muni de dix-huit pièces de grosse artillerie, se trouva abandonné.

Ballesteros opérait sa retraite sur le royaume de Murcie, par les deux routes d'Alcoy et de Moxente. C'est dans cette dernière direction que le général Bonnemains le suivit jusqu'à

---

[1] La rive gauche du Xucar où se trouvaient les troupes françaises est cultivée en rizières, pour l'entretien desquelles les habitans ont établi des écluses et fait des coupures qui privent le fleuve d'une partie de ses eaux. Les constitutionnels avaient, en détruisant les écluses, fait grossir le Xucar assez pour qu'il ne fût plus guéable.

[2] Cette affaire valut au maréchal-de-camp le grade de lieutenant-général, et au colonel Bucher (du quatrième léger) celui de maréchal-de-camp. Plusieurs autres officiers et sous-officiers reçurent également des récompenses méritées.

Fuente-de-la Higuera, où l'avant-garde prit position en attendant de nouveaux ordres. Le général Loverdo avait suivi le mouvement de sa première brigade jusqu'à Alcira, en échelonnant les deux autres sur la route de Valence.

Avant de continuer le récit des opérations du deuxième corps, nous devons parler des divers mouvemens ordonnés par le prince généralissime à une partie des troupes qu'il dirigeait en personne.

S. A. R., aussitôt son entrée à Madrid, avait envoyé le général Valin avec l'avant garde du premier corps, renforcée de deux régimens de cavalerie légère et de quatre pièces d'artillerie, à la poursuite de la division du général Zayas, sur la route de Talavera-de-la-Reyna, de manière à l'atteindre le 26 mai à trois heures et demie du matin, époque à laquelle on pouvait l'attaquer aux termes de la convention conclue pour l'évacuation de la capitale. Après deux jours et une nuit de marche forcée, le général Valin joignit le général constitutionnel, le 27 à six heures du matin, près du pont sur l'Alberche, à une demie lieu de Talavera. Cette ville était occupée par environ trois mille hommes d'infanterie avec cinq cents chevaux et quatre pièces de canon. Deux escadrons de chasseurs passèrent le pont pour engager l'action par une charge, sur des tirailleurs embusqués dans les bois d'olivier, situés entre la ville et l'Alberche, tandis que les autres troupes de l'avant-garde française filaient sur la droite et sur la gauche.

Le général constitutionnel avait placé ses quatre pièces en batterie sur la route, en face du pont long et étroit par où devaient défiler ses adversaires, et sa cavalerie était en bataille derrière cette batterie pour la protéger; mais se voyant menacé sur ses flancs, il ne songea plus qu'à se retirer précipitamment par le pont du Tage, et parvint, en gagnant les bois qui bordent la route de l'Estramadure, à éviter les charges de la cavalerie, après avoir perdu quelques hommes, quinze voitures chargées d'armes, et la caisse militaire contenant quarante mille francs.

Le général Valin prit momentanément position à Talavera-de-la-Reyna.

Bientôt le prince jugea nécessaire de faire marcher des troupes sur l'Estramadure et l'Andalousie, où les constitutionnels avaient des forces encore imposantes, dont il fallait empêcher la concentration[1]. En conséquence, il ordonna la formation de deux fortes colonnes mobiles : l'une, de sept mille hommes, commandée par le lieutenant-général Bordesoulle, qui devait se porter (par Aranjuez, la Manche et Cordoue) sur Séville; l'autre, de huit mille hommes, sous les ordres du lieutenant-général comte de Bourmont, qui devait prendre à Talavera-de-la-Reyna, l'avant-garde du général Valin, se diriger par Truxillo sur l'Estramadure, et s'avancer ensuite selon les circonstances, soit sur Badajoz, soit vers Séville, pour y rejoindre la colonne du général Bordesoulle. Le prince ne conservait dans Madrid que cinq mille hommes; le reste était cantonné dans les environs; mais de manière à pouvoir se réunir promptement si quelque événement l'exigeait.

Le mouvement des deux colonnes, flanquées par des guérillas royalistes, commença le premier juin. Celle du général Bordesoulle traversa la Manche sans opposition. Le général

---

[1] Elles se composaient : 1° des troupes de l'armée du centre (précédemment commandée par le comte de l'Abisbal, et maintenant par les généraux Lopez-Banos et Zayas) fortes de six à sept mille homme; 2° de divers détachemens, sous les ordres des généraux Moscoso, Pedro Cevallos et Placencia, dont le gouvernement de Séville se proposait de former une armée de réserve que devait commander le général Villa-Campa; 3° de la garnison de Séville, au nombre de quatre à cinq mille hommes, chargés de la garde du roi. Toutes ces troupes pouvaient présenter un effectif de trente mille hommes.

Placencia qui commandait dans cette province, après avoir concentré le peu de troupes qu'il avait à sa disposition, au pied de la Sierra-Morena, dans l'intention d'en défendre les défilés, se retira à l'approche des Français, en envoyant quinze cents hommes sur la route neuve qui passe à Visillo, et se portant avec le reste de son monde sur la route plus difficile d'El-Viso.

Le général Bordesoulle arrivé, dans la soirée du 7, au village de Santa-Cruz, fut informé par quelques prisonniers des dispositions du général constitutionnel; et ordonna sur-le-champ, au général Edmond de Périgord, duc de Dino, qui commandait son avant-garde, de poursuivre la colonne qui se portait sur la route de Vizillo, en même temps qu'une brigade de dragons, commandés par le général prince de Carignan, de la division Castex, suivrait le mouvement de la colonne dirigée par Placencia.

La brigade du duc de Dino, composée du deuxième régiment d'infanterie légère et de celui des chasseurs à cheval de la garde, étant parti de Santa-Cruz à minuit marcha jusqu'au jour et aperçut la troupe ennemie en arrière de Vizillo. Des tirailleurs étaient postés dans des rochers à droite et à gauche de la route, tandis qu'un bataillon fort de huit cents hommes cherchait à prendre une position avantageuse. Le duc de Dino dirigea aussitôt le colonel d'Argoult avec deux escadrons des chasseurs sur la gauche de la route, pour tourner ce bataillon et le prendre en flanc, pendant que lui même continua à s'avancer pour charger l'ennemi en front, avec le troisième escadron, soutenu par le deuxième régiment d'infanterie légère. Cette double attaque eut un plein succès. Les chasseurs de la garde chargèrent avec tant d'ensemble et de résolution, que l'artillerie espagnole, qui déjà se mettait en batterie n'eut pas le temps de faire feu, et que, malgré la fusillade de ses tirailleurs, l'infanterie ne put parvenir à se former en carré comme elle en avait le dessein. Un drapeau, plus de six cent cinquante prisonniers, dont dix-huit officiers, deux pièces de canon, trois caissons et des bagages, furent le résultat de cette brillante affaire d'avant-garde, où les chasseurs de la garde royale firent preuve de la plus grande intrépidité. Le deuxième léger, laissé en arrière par la cavalerie, n'avait pu prendre part à l'action qui était terminée à son arrivée sur le champ de bataille.

Le général prince de Carignan avait marché avec sa brigade de dragons dans la direction qui lui était prescrite; mais la difficulté des chemins ne lui permit pas d'atteindre à temps l'ennemi. A son approche, le général Placencia s'était jeté dans les montagnes; toutefois un de ses détachemens resté en arrière fut chargé par l'avant-garde avec laquelle marchait le jeune prince Albert de Carignan [1], et on lui fit une soixantaine de prisonniers.

Tandis que le général Bordesoulle continuait à s'avancer par la Carolina dans la direction d'Andujar, Placencia qui avait rallié sur la droite de la route les débris de la colonne battue à Vizillo, se décida à traverser cette même route sur les derrières de la division française, et à se diriger par Vilches, sur les montagnes de Jane, pour de là se réunir à Ballesteros, dans le royaume de Valence; mais le général Bordesoulle avait prévu ce mouvement; et en quittant la Carolina, il y laissa le duc de Dino avec des instructions en conséquence.

Le 9 juin, un sous-officier des chasseurs de la garde, placé en observation à Santa-Cruz, avec la commission apparente de garder deux caissons, fut prévenu de la marche

---

[1] Ce prince, héritier présomptif du trône de Sardaigne, avait désiré servir comme volontaire dans l'armée française.

du général espagnol; il en informa sur-le-champ le duc de Dino par un billet confié à un paysan. Craignant ensuite que sa dépêche ne pût parvenir, il monta à cheval, et traversant le sabre à la main la queue de la colonne ennemie, il accourut à la Carolina. Le duc de Dino, déjà prévenu par le paysan, avait fait monter à cheval le régiment de chasseurs et prendre les armes au deuxième léger. Cette brigade, guidée par le brave sous-officier, se trouve bientôt en présence de l'ennemi, posté sur un plateau voisin du village de Vilches, et couvert par un ravin.

Les chasseurs de la garde demandaient à charger sur-le-champ; mais le général, après avoir reconnu la position des constitutionnels, qui s'étaient formés en plusieurs carrés, voulut attendre le deuxième léger. Dès que ce régiment fut arrivé, les compagnies de voltigeurs eurent ordre de passer le ravin et d'engager l'action. L'infanterie ennemie, bientôt abordée à la baïonnette, ne résista pas long-temps; ses carrés furent enfoncés. Trois escadrons, à la tête desquels s'était mis Placencia, tinrent avec plus de fermeté; mais les chasseurs de la garde s'étant formés sur la gauche de cette cavalerie, après avoir franchi le ravin, la força par une charge vigoureuse à prendre la fuite, et à entraîner avec elle une partie de l'infanterie qui avait profité de sa résistance momentanée pour se rallier, et qui faisait mine de vouloir recommencer le combat. Deux cent soixante-onze hommes, dont quarante cavaliers montés et onze officiers, furent faits prisonniers dans cette affaire. Les débris de la colonne ennemie se dispersèrent dans les montagnes.

La division française arriva le 13 à Cordoue d'où la garnison constitutionnelle s'était retirée depuis trois jours par suite d'un mouvement sérieux des habitans en faveur de la cause royale. Le général Bordesoulle informé de ce qui se passait à Séville, et du transférement du roi à Cadix, prit la résolution de marcher directement sur cette dernièr place par Ecija, Marchena et Utrera; laissant à la colonne du général Bourmont le soin de balayer la rive droite du Guadalquivir, et d'occuper la capitale de l'Andalousie.

Nous avons dit que cette colonne avait quitté Madrid le premier juin, le même jour que celle du général Bordesoulle. Réunie à l'avant-garde du général Valin, et flanquée par le corps du chef royaliste Merino, elle s'avança vers le pont de l'Arzobispo où une partie des troupes devait passer le Tage. Ce pont défendu par quatre cents hommes d'infanterie et cent dragons espagnols, fut enlevé le 6 juin, à huit heures du matin, par le neuvième léger faisant partie des troupes sous les ordres du général Valin. Le général Bourmont passa de sa personne au pont d'Almaraz, peu de temps après un engagement qui avait eu lieu à Moraleja entre la guérilla de Merino et le corps constitutionnel de l'Empecinado, et où celui-ci avait perdu une centaine d'hommes.

La division Bourmont occupa Truxillo le 11; de là le général envoya un détachement d'infanterie et de cavalerie légère sur Cacerès pour y achever la désorganisation du gouvernement constitutionnel, et favoriser l'armement des royalistes. Dans leur marche rapide à travers l'Estramadure, les troupes françaises trouvant la grande majorité de la population disposée à les seconder, n'éprouvèrent d'autre contrariété que celle de ne pouvoir joindre l'ennemi qui fuyait précipitamment devant elles.

Ce n'est qu'au bout de cinq à six jours de marche forcée que la brigade d'avant-garde de la colonne Bourmont, sous les ordres du général comte Lauriston, put atteindre l'arrière-garde du général Lopez-Banos, à San-Lucar-la-Mayor, le 19. Chargée par le neuvième de chasseurs et le cinquième de hussards, cette arrière-garde fut culbutée, avec perte de trois cent cinquante prisonniers (dont un brigadier-général et 22 officiers), deux étendards, quatre cents chevaux et quatre cents voitures d'équipages. Le général Valin, de la division duquel la brigade Lauriston faisait partie, arrivé peu de temps après cette affaire à San-Lucar, donna l'ordre à la brigade de dragons du général Saint-Mars de prendre la tête de la colonne et de continuer la poursuite de l'ennemi, qui, opérant sa retraite dans diverses directions, ne pouvait être atteint que difficilement.

En effet, on ne put empêcher l'infanterie de Lopez-Banos, déjà près de la mer au moment de l'affaire de San-Lucar, de s'embarquer à Huelba pour gagner Cadix. La cavalerie dont partie avait été battue à San-Lucar, et qui s'était retirée par Trigueros dans les montagnes de Aroche, parvint aussi à s'échapper en abandonnant toutefois un certain nombre de prisonniers et beaucoup de bagages; mais l'artillerie, dirigée sur San-Juan-del-Puerto, n'avait pas pu être embarquée sur-le-champ, à cause des délais qu'avait entraînés le rassemblement des barques nécessaires. Informé de cette circonstance, le général Saint-Mars envoya sur ce point le colonel du septième de dragons, à la tête de deux cents chevaux de ce régiment et du neuvième. Ce détachement étant arrivé le 21 à San-Juan au moment où on effectuait l'embarquement, la troupe chargée de protéger l'opération se jeta aussitôt dans les barques, laissant sur le rivage onze pièces de différens calibres, une trentaine de caissons et quatre forges dont les dragons s'emparèrent. Les barques dont le chargement était achevé faisaient force de rames pour s'éloigner du rivage; mais les officiers des dragons, après avoir remonté un canon et un obusier, en dirigèrent le feu avec assez d'adresse pour obliger ces mêmes barques à amener et à livrer neuf pièces qu'elles avaient à bord.

Le même jour, le général Bourmont entra à Séville.

La marche des deux colonnes françaises avait été combinée

pour empêcher la jonction des troupes de Lopez-Banos avec celles de Villa-Campa, commandant cette armée de réserve dont la formation avait été projetée ainsi que nous l'avons dit, et surtout pour surprendre les cortès à Séville avant le départ du roi. Le premier but était atteint en partie; mais le second était manqué par une suite de circonstances que nous allons rapporter dans le chapitre suivant.

CHAPITRE IV.

Séances des cortès à Séville; ils prennent la résolution de transférer le gouvernement à Cadix; refus du roi; nomination d'une régence; départ pour Cadix. — Désordres après le départ du roi; le général Lopez-Banos entre dans Séville; sa retraite. — Arrivée de la colonne du général Bourmont. — Le roi et les cortès à Cadix.

Nous avons dit que le roi d'Espagne était arrivé le 10 avril à Séville, deux jours plus tôt qu'il n'était marqué dans son itinéraire; mais les membres des cortès, retardés par la difficulté des transports, ne purent reprendre leurs séances que le 23 du même mois.

Dans la première de ces séances, la discussion s'ouvrit sur la guerre que la France venait de commencer. On demanda au ministre des affaires étrangères (D. Evariste-San-Miguel) si cette puissance avait fait précéder les hostilités d'une déclaration de guerre. Il répondit que la seule pièce venue à la connaissance du gouvernement était la proclamation du duc d'Angoulême; pièce que divers orateurs commentèrent ensuite, et au sujet de laquelle ils cherchèrent à démontrer que la conduite du cabinet des Tuileries était contraire au droit des gens. Plusieurs autres questions furent adressées aux ministres sur l'état des relations de l'Espagne avec les puissances étrangères, sur les mesures que le gouvernement avait prises pour résister à l'agression, sur le manifeste qu'on devait adresser à ce sujet aux Espagnols, et sur les comptes à rendre par le ministère. On se borna à la proposition faite par le député Sanchez, que le gouvernement soumettrait immédiatement aux cortès les moyens de pourvoir aux besoins de la guerre.

Ce jour même, le gouvernement publia un manifeste du roi à la nation espagnole, suivi d'une déclaration de guerre à la France, en ces termes :

Décret.

« Considérant que le territoire espagnol a été envahi par
« les troupes du gouvernement sans déclaration de guerre,
« et sans aucune de ces formalités que l'usage a consacrées;
« considérant qu'il est de mon devoir de repousser la force
« par la force, de défendre l'intégrité des états de la monar-
« chie et de punir l'audace des ennemis qui l'envahissent;
« j'ai résolu, après avoir consulté le conseil d'état, confor-
« mément à l'article 235 de la constitution politique, de
« déclarer la guerre, comme en effet je la déclare à la France;
« et en conséquence j'enjoins et ordonne aux autorités com-
« pétentes de la combattre par terre et par mer, par tous
« les moyens qui sont en leur pouvoir, ainsi que l'autorise
« le droit des gens. J'ordonne en outre que ma déclaration
« de guerre soit publiée avec toute la solennité convenable, etc.
« A l'Alcazar (palais) de Séville, le 23 avril 1823. »

FERDINAND.
A. D. Evariste San-Miguel.

Cette déclaration fut à l'instant expédiée à tous les généraux commandans de provinces et des armées d'opérations : on leur rappela les instructions déjà données d'éviter toute action générale avec l'ennemi, de le harceler sur ses flancs et sur ses derrières, d'intercepter ses convois et ses communications, de se borner enfin à la guerre défensive. Le ministre de la marine envoya en même temps, dans tous les ports, l'ordre de courir sur les bâtimens français. On espérait qu'il sortirait des ports d'Angleterre plusieurs corsaires sous pavillon espagnol; mais cette espérance était illusoire, comme les événemens l'ont prouvé; et le manifeste royal ne produisit presqu'aucun effet sur la masse du peuple espagnol, ainsi qu'on a pu déjà le remarquer dans les chapitres précédens.

Les cortès passèrent tout le mois de mai à délibérer sur l'exposé des divers ministres et sur des mesures de défense militaires. Quant à celles de finances, dont la pénurie paralysait toute l'action de gouvernement, celui-ci fut autorisé à réaliser l'aliénation de quarante millions de rentes aux époques et dans les termes qui seraient les plus convenables, et avec les maisons qui lui paraîtraient présenter plus de garantie. En attendant l'effet de cette autorisation, dont le ministère ne put pas user, les cortès eurent recours, pour faire face aux besoins les plus pressans, à des mesures qui annoncent bien la détresse où se trouvaient les constitutionnels. Il fut décrété 1° que le gouvernement emploierait la force militaire pour faire rentrer les contributions arriérées; que le bureau de crédit public mettrait à la disposition du ministre des finances, toutes les valeurs soumises à son administration, telles que dépôts de grains, de vif-argent, de plomb, rentes de couvens supprimés, etc.; 2° qu'il serait levé un emprunt forcé de deux cents millions de réaux, auquel devait concourir tout Espagnol, et mêmes les étrangers, domiciliés en Espagne, en proportion de leurs loyers, et qui devait être remboursé sur le produit de la vente de la septième partie des biens du clergé cédés à la nation, conformément à la bulle, obtenue en 1822, de sa Sainteté; 3° qu'on enverrait à l'hôtel des monnaies de Séville, pour être convertie en espèces, toute l'argenterie destinée au service des établissemens publics, à commencer par celle des églises qui ne serait point nécessaire au service du culte. Ces deux dernières mesures furent les seules au moyen desquelles on put se procurer quelque argent ; mais elles donnèrent lieu, dans plusieurs provinces, à des vexations et à des scandales qui augmentèrent encore la haine qu'on y avait pour le gouvernement.

Pour ajouter par la terreur aux mesures de défense militaire, on ordonna le séquestre des biens de tous les Espagnols qui suivaient les drapeaux de l'armée française, ou qui formaient des partis royalistes, sans préjudice des poursuites et des peines qu'ils pourraient avoir encourues, conformément au code pénal. On reproduisit un projet plusieurs fois ajourné, qui prononçait la peine capitale contre les conspirateurs et les traîtres, et qui soumettait aux peines établies par divers articles du même code toute personne qui, en cas d'invasion d'une contrée par les Français ou des partis de factieux, solliciterait, accepterait ou remplirait quelques fonctions de magistrature ou de judicature, dans les conseils, tribunaux, municipalité, et administration de police locale, supprimée par le système constitutionnel. Quelques députés eurent le courage de réclamer contre l'injustice ou l'extrême rigueur de ces mesures; ils invoquèrent ce principe de droit public, que les pays envahis avaient intérêt à être gouvernés et surtout à conserver les mêmes magistrats qu'avant l'invasion. D'autres orateurs soutinrent la légalité et la nécessité des dernières mesures; le ministre de la justice l'appuyait même, à cet égard, de la proclamation de la junte provisoire royaliste, qui avait annullé tous les actes du gouvernement constitutionnel. Le parti de la modération fut repoussé en cette circonstance, comme il l'est presque toujours dans les crises politiques.

Quoique le nom du roi fût prononcé dans les délibérations, on croira sans peine que sa volonté n'y était pour rien. Renfermé à l'Alcazar, il semblait étranger même à son ministère. Depuis l'installation du gouvernement à Séville, il y avait eu de fréquentes mutations dans ce même ministère; les refus et les remplacemens se succédaient presque journellement. Enfin, dans cette crise où l'agitation des partis allait toujours croissante, parut tout à coup (le 15 mai) un ministère composé d'hommes modérés, quoique connus pour être de zélés constitutionnels. C'étaient D. Perez de Castro pour les affaires étrangères (bientôt remplacé par M. Pando); Calatrava au département de grace et justice; Zarco del Valle au département de la guerre (remplacé pendant son absence par D. Sanchez Salvador); D. Garcia Herreros à l'intérieur; Capaz à la marine; Vadillo au département d'Outremer; et Yandola aux finances. Ce choix désagréable au parti des *exaltados* (ou de Riégo) faisait espérer des dispositions conciliatoires; mais les nouveaux élus étaient trop faibles pour se mettre en opposition avec l'opinion si récemment manifestée par la majorité des cortès; et ils ne répondirent pas à l'offre que leur fit l'envoyé d'Angleterre, sir W. A'Court de sa médiation, et même, dit-on, d'aller porter au prince généralissime à Madrid, des conditions dont il se promettait une issue favorable.

Dans la nuit du 9 au 10 juin, les ministres étant informés de la déroute des troupes sous les ordres du général Placencia, et de la marche des Français sur Cordoue, déclarèrent au roi qu'il faudrait sans doute que S. M. se résolût à transférer le gouvernement à Cadix. Ferdinand répondit d'abord qu'il prendrait l'avis de son conseil d'état, dont la convocation fut immédiatement ordonnée. Le prince d'Anglona y ouvrit l'avis d'entrer en négociation avec S. A. R. le prince généralissime; et sur le refus de cette proposition, il donna sa démission. Toute la journée du 10 se passa en délibérations et communications du conseil d'état avec le roi, les ministres et les membres les plus influens des cortès. En dernier résultat, le roi déclara qu'il ne quitterait pas Séville, alléguant qu'il régnait une contagion à Cadix, et qu'il ne voulait pas y exposer la reine et la famille royale; il ajouta d'ailleurs, s'il faut en croire quelques récits non suspects, qu'il ne pouvait voir avec indifférence l'état de la nation; que la majorité n'était point pour le système constitutionnel, et que, pour son propre compte, il devait prendre la voie la plus sûre de mettre un terme aux maux de la guerre civile; qu'il pouvait mourir, mais que sa sûreté personnelle ne lui était d'aucune importance dans ces conjonctures.

Le lendemain 11, Séville était dans le silence de la consternation. D'un côté les miliciens de Madrid qui formaient la garde du roi, voulaient forcer S. M. à partir; de l'autre, un parti royaliste, appuyé sur la majorité de la population, semblait disposé à défendre la famille royale. A l'ouverture de la séance des cortès, le député Galiano fit la proposition d'inviter le gouvernement à rendre compte de la situation exacte des affaires, et des mesures qu'il avait prises pour mettre en sûreté la personne du roi et les cortès. Il fut arrêté que l'assemblée resterait en permanence jusqu'à ce qu'elle eût reçu une réponse.

Les ministres ayant été introduits dans la salle, Galiano leur demanda d'abord des renseignemens sur les forces et la position actuelle de l'ennemi : le ministre de la guerre s'excusa de ne pouvoir donner à cet égard des détails positifs et certains, attendu que les généraux ne pouvaient se procurer d'espions et de rapports fidèles, tandis que les Français trouvaient partout des hommes prêts à leur servir de guides et d'auxiliaires; que cependant on avait pu s'assurer que la France avait maintenant sur le territoire espagnol quatre-vingt mille hommes, dont trente mille étaient entrés dans Madrid, du 24 au 25 mai, et qu'une forte division s'avançait de la Carolina sur Cordoue. Le ministre avouait encore qu'on ne pouvait opposer que des moyens insuffisans à l'invasion de l'Estramadure; que l'armée de réserve dont le gouvernement avait projeté la formation, sous le commandement du général Villa-Campa, était réduite en ce moment à quelques bataillons; et que les recrues destinées à la renforcer, n'arrivaient point. Et comme il se plaignait un peu trop vivement de l'apathie nationale à cet égard, il reçut sa démission.

Quant à la demande de renseignemens sur les mesures que le gouvernement avait adoptées pour la sûreté de la personne du roi et de la représentation nationale, le ministre de la justice, Calatrava, répondit que, depuis quelques jours, le ministère, informé que les Français allaient, contre toutes les règles de la prudence militaire, pénétrer dans l'Andalousie, avait assemblé une junte de généraux et d'officiers supérieurs, dignes de confiance, pour les consulter sur la possibilité de la résistance et sur le point de refuge le plus convenable; l'avis unanime de cette junte avait été qu'on ne pouvait empêcher l'invasion, et qu'il n'y avait point de refuge plus convenable que la place de Cadix; sur le rapport fait à cet égard au roi, S. M. avait encore décidé qu'il en serait référé au conseil d'état; le conseil étant de la même opinion quant au premier point (l'impossibilité de la résistance), mais indiquant Algésiras au lieu de Cadix, les ministres avaient porté au roi le résultat de cette délibération; mais S. M. n'avait pas encore pris ou communiqué sa résolution définitive; d'ailleurs ils assuraient avoir fait tout ce qui était en leur pouvoir pour l'accélérer, convaincus qu'ils étaient de la nécessité de mettre promptement en lieu de sûreté le gouvernement et les cortès.

Le 14, il fut décidé, par l'assemblée, après une légère discussion sur les deux derniers points, 1° qu'il serait envoyé sur-le-champ au roi une députation chargée de lui faire des représentations sur la nécessité de quitter Séville avec le gouvernement et les cortès; 2° que l'île de Léon serait le lieu de refuge; 3° que le départ aurait lieu le 15, à midi.

La députation chargée de communiquer cette délibération au roi, se rendit à cinq heures du soir au palais de l'Alcazar. D. Gayetano Valdès, portant la parole, annonça à S. M. que les cortès en séance permanente avaient résolu de quitter Séville le lendemain, attendu que, d'après les dernières nouvelles reçues et dans la situation des affaires, si l'ennemi faisait quelques marches forcées, on ne pourrait effectuer la retraite, et qu'il était indispensable de partir pour l'île de Léon; que S. M. était suppliée d'en agir aussi *gracieusement* qu'elle l'avait fait à Madrid, lorsqu'elle se résolut à venir à Séville; il ajouta que quand les cortès avaient pris la détermination de se rendre de Madrid à Séville, on était trop éloigné de l'ennemi pour prévoir qu'il serait nécessaire de se transporter plus loin; mais que la capitale étant envahie, et l'ennemi s'approchant avec une rapidité prodigieuse, il était convenable de choisir une retraite sûre comme celle qu'offraient les remparts de Cadix.

Le roi répondit « que sa conscience et les intérêts de ses sujets ne lui permettaient pas de quitter Séville; que comme simple particulier, il ne trouverait peut-être pas d'inconvénient à ce départ; mais que comme monarque, sa conscience lui défendait d'y consentir. » La députation représenta de nouveau à S. M. « que sa conscience ne pouvait être compromise ou blessée en cette matière; que s'il pouvait errer en qualité d'homme, il n'était, comme roi constitutionnel, sujet à aucune responsabilité; qu'il ne faisait que se ranger à l'avis de ses conseillers et des représentans de la nation, sur lesquels reposait le fardeau de la responsabilité pour le salut du pays. » Le roi ne repliqua que par ces seuls mots : « J'ai dit. »

La députation étant revenue rendre compte de sa mission aux cortès, un mouvement de surprise et de stupeur se manifesta dans l'assemblée; mais bientôt D. Galiano, après avoir exposé brièvement l'imminence des dangers ainsi que l'urgente nécessité d'une prompte décision, fit la proposition suivante : « Je prie les cortès, que, en conséquence du refus
« fait par S. M. de mettre sa royale personne et sa famille
« en sûreté aux approches de l'invasion de l'ennemi, il soit
« déclaré que le cas est arrivé de regarder S. M. comme
« étant en état d'*empêchement moral*, prévu par l'article
« 187 de la constitution, et qu'il soit nommé une régence
« provisoire qui sera investie, seulement pour le cas de la
« translation et pendant qu'elle s'opérera, de la plénitude
« du pouvoir exécutif. » Quelques députés combattirent cette proposition : défendue par plusieurs autres, elle fut adoptée à une très-grande majorité.

Une commission spéciale, nommée à l'instant même pour désigner les individus qui devaient composer la régence soumit, après une courte délibération, à l'approbation de l'assemblée, le choix qu'elle venait de faire, Valdès, D. Gabriel Ciscar et D. Gaspard Vigodet (ces deux derniers conseillers d'état.) Ils furent agréés et installés de suite au palais de l'archevêché; et les cortès se déclarèrent en séance permanente jusqu'au moment fixé pour le départ du roi.

La population de Séville restait toujours dans la plus grande anxiété. Dans la soirée, la régence fit arrêter un colonel anglais, nommé Downie, et plusieurs officiers de la milice de la ville qui avaient formé le projet d'enlever le roi et de soulever en sa faveur les deux régimens de la reine et de la marine, ainsi que la majeure partie des habitans. Quelques heures de résistance auraient suffi pour donner aux troupes françaises le temps d'arriver; mais l'espoir des royalistes fut déçu ; aucun mouvement n'eut lieu pour retarder le départ.

Il existait cependant une grande confusion. Les ministres ne voulaient plus rester en fonctions, par dépit sans doute que la régence n'eût pas été prise parmi eux. Le 12, à huit heures du matin : un des membres de cette dernière, D. Gabriel Ciscar, se rendit auprès du roi, pour lui dire qu'il fallait nécessairement partir dans la journée. S. M. répondit qu'elle était prête. Pendant qu'on faisait les préparatifs du voyage, la régence et les cortès s'adressèrent réciproquement plusieurs messages, et le général Zayas[1] fut nommé commandant de l'escorte. Il n'y avait ni argent ni moyen de transport. On jeta pêle-mêle dans des barques, sur des voitures, même dans celles du roi, des meubles, des ustensiles de cuisine, tous les effets nécessaires au voyage et à l'établissement de la famille royale. La troupe de ligne, les milices de Madrid et de Séville furent rassemblées pour escorter S. M., qui se mit en route à six heures et demie du soir et fut coucher à Utrera. On peut se faire une idée de l'état où se trouvaient les augustes captifs, envers lesquels leurs gardiens et conducteurs, suivant quelques relations, se portèrent à des violences pour les décider à monter en voiture.

Aucun du petit nombre de ministres étrangers encore auprès du gouvernement espagnol, ne voulut le suivre dans sa retraite sur Cadix. L'envoyé anglais, sir W. A'Court, avait déclaré à la régence qu'il n'était accrédité qu'auprès du roi Ferdinand, et, sur ce qu'on lui dit que S. M. reprendrait ses pouvoirs en arrivant à Cadix, il répondit qu'il attendrait à Gibraltar de nouvelles instructions de son gouvernement.

---

1. Ce général avait laissé au général Lopez-Banos, commandant en chef l'armée de réserve, le soin d'opérer la retraite de ces troupes sur l'Andalousie, et était venu de sa personne à Séville.

Toutefois l'envoyé de Saxe se décida à accompagner LL. MM. pour protéger spécialement, par sa présence, la personne de la reine, nièce de son souverain.

Dès que les troupes destinées à escorter le roi (au nombre de six à sept mille hommes), eurent quitté Séville, il s'y manifesta la plus dangereuse agitation. L'alcade constitutionnel avait ordonné aux habitans d'illuminer leurs maisons, et à la milice de faire des patrouilles nombreuses; mais ces précautions furent inutiles. Pendant toute la nuit, la populace alla piller les bateaux qui descendaient le Guadalquivir, força des maisons et se livra à toutes sortes d'excès, aux cris de *vive Ferdinand! vive la religion! vive l'inquisition!* Le 13 au matin, un détachement de troupes de ligne resté en arrière-garde, dispersa un moment la multitude; la plupart des membres des cortès et quelques conseillers d'état en profitèrent pour se sauver en voiture, en bateaux, comme ils purent; presque tous leurs bagages et leurs archives furent pillés. Une heure après leur départ, la contre-révolution était consommée dans toute la ville, les autorités renversées, la pierre de la constitution brisée en mille morceaux, le lieu des séances du club et la salle des cortès saccagés de fond en comble. Dans ce désordre, le magasin à poudre, placé dans l'ancien palais de l'inquisition, sauta en l'air, et plus de deux cents personnes furent tuées ou blessées grièvement par suite de cette explosion. Enfin, une nouvelle municipalité étant installée, on envoya des députés à la régence de Madrid pour demander ses ordres, et aux généraux français qui s'avançaient sur Séville, pour accélérer leur arrivée.

On a vu dans le chapitre précédent, que les troupes de Lopez-Banos avaient été atteintes le 19 juin par l'avant-garde du général Bourmont, à San-Lucar-la-Mayor; mais avant cet événement, le général constitutionnel ayant, par la rapidité de sa retraite, l'avantage de quatre à cinq jours de marche sur ses adversaires, était parvenu jusqu'auprès de Séville dans la nuit du 15 au 16. Le matin, à la pointe du jour, il s'était présenté aux portes de cette capitale de l'Andalousie. Le peuple qui avait pris les armes, les carabiniers et les gardes qui s'étaient joints à lui, voulurent d'abord s'y défendre avec deux pièces de canon. Refoulés dans l'intérieur de la ville, ils se barricadèrent dans les rues et se jetèrent dans les maisons; mais ils en furent délogés. Après cet engagement où deux cents soldats et gens du peuple furent tués, Lopez-Banos fit bivouaquer ses troupes sur la place Saint-François, rétablit les autorités constitutionnelles, imposa une contribution de trois millions de réaux (dont il ne put lever que deux cent mille sur les habitans), et enleva l'argenterie des églises que la régence n'avait point emportée.

Le général espagnol se proposait de continuer sa retraite sur l'île de Léon; mais étant informé de la marche de la colonne du général Bordesoulle dans la même direction, il se porta par la droite du Guadalquivir, vers la frontière du Portugal, soit pour manœuvrer ensuite sur le flanc droit des colonnes françaises, ou plutôt afin d'avoir la facilité, en gagnant les bords de la mer, de se réunir aux troupes qui occupaient Cadix et l'île de Léon. Nous avons rapporté les suites de ce dernier mouvement.

Le 21, le général Bourmont entra avec ses troupes dans Séville, et mit fin à l'anxiété des habitans, qui le reçurent au son des cloches, et avec toute l'expression de la reconnaissance. A ce moment la famille royale était rendue à Cadix, et la régence avait cessé ses fonctions. Le nom du roi était replacé à la tête des actes du gouvernement; les cortès reprenaient leurs séances, et le général Bordesoulle n'était plus qu'à deux ou trois journées de Puerto-Santa-Maria.

Nous reprendrons plus tard le cours des événemens militaires dans cette partie de l'Espagne.

CHAPITRE V.

Suite des opérations militaires en Catalogne. Mina se porte sur la Seu d'Urgel, en renouvelle la garnison, et paraît sur la frontière de France. — Dispositions du maréchal Moncey. — Marche de Mina sur Figuières; sa retraite; affaire du bois de Pallau; une colonne constitutionnelle met bas les armes, et est faite prisonnière. — Mina rentre dans Urgel, en sort avec douze cents hommes et continue sa retraite sur Barcelone, où il arrive malade. — Investissement de cette place par les divisions Curial et Donnadieu. — Affaires de Molins-del-Rey et de Martorell, sur le Llobregat. — Occupation de la place de Cardona par les royalistes espagnols. — Capitulation des îles de las Medas; reddition du fort de Monzon. — Retraite des généraux Milans et Llobera sur Igualada. — Mouvement du maréchal Moncey dans cette même direction. — Affaire de Jorba. — Grande sortie de la garnison de Barcelone repoussée.

Nous avons dit que le général Mina, après son attaque infructueuse sur la ville de Vich, avait gagné par des détours le village de Baja, d'où il comptait se porter sur Cardona, pour y déposer ses blessés et renouveler ses munitions; mais qu'à l'approche des troupes du baron d'Eroles, soutenues par la brigade du général Saint-Priest, il s'était décidé à quitter précipitamment son nouveau poste pour s'avancer vers la Seu d'Urgel. Arrivé dans cette place le 31 mai, il en renouvela la garnison, y laissa ses blessés, ses bagages, les vivres qu'il avait ramassés et les contributions levées sur sa route, et, prenant avec lui les soldats les plus propres à continuer le genre de guerre qu'il faisait, il se mit en marche vers la Cerdagne française. On était loin, d'après les dernières nouvelles reçues sur cette partie de la frontière, de soupçonner qu'il allait s'y présenter; aussi son approche causa-t-elle plus d'étonnement que de terreur. Le maréchal-de-camp Crossard, qui commandait le département de l'Arriége, et le lieutenant-général Rottembourg, commandant la subdivision militaire de Perpignan, de concert avec les autorités civiles, mirent aussitôt en mouvement tout ce qu'il y avait de troupes et de gardes nationales disponibles dans leur arrondissement respectif.

La faible crainte qu'avaient pu inspirer aux autorités françaises la présence de Mina sur la frontière, et l'intention qu'on lui supposait de vouloir révolutionner le pays, fut bientôt dissipée. Ce général, bornant ses mesures offensives à jeter cinq à six cents miquelets sur les hauteurs de la tour de Caroll, et quelques avant-postes aux environs de Puycerda, requit les autorités françaises des villages d'Osseja et de Palau de lui fournir des vivres, qu'il paya comptant au-dessus de l'estimation, comme pour parodier la conduite des Français en Espagne. Il quitta ensuite les habitans, en leur promettant de ne point les maltraiter, s'il était ramené chez eux par les événemens de la campagne, et prit le chemin de Campredon, où il entra le 8 juin, sans résistance, et sans avoir rencontré d'ennemis sur sa route.

Cependant le maréchal duc de Conegliano, qui était venu à Vich peu de temps après l'entreprise de Mina sur cette ville, avait résolu de rapprocher la division Donnadieu de Barcelone, laissant au baron d'Eroles le soin de suivre les mouvemans du général constitutionnel, et de couvrir la frontière de France avec ses troupes royalistes et la brigade du général Saint-Priest. A cet effet, le général Donnadieu quitta Solsona, où il s'était porté le 1er juin, et revint sur Manresa avec les brigades Laroche-Aymon et Latour-du-Pin, en gagnant par des sentiers détournés le village de Suria, afin d'éviter la place de Cardona que traverse la route directe de Solsona à Manresa. Cette marche de douze heures par des défilés étroits, à travers des masses de rochers et des monts escarpés, fut très-pénible aux troupes françaises, et une sortie de la garnison de Cardona n'eût pas été sans danger pour elles; mais elles atteignirent heureusement Manresa, où le maréchal venait de se rendre pour inspecter ce poste important et en faire augmenter les moyens de défense. Il se disposait à marcher sur Mataro dans le même dessein, lorsque la nouvelle de la marche de Mina sur la Cerdagne lui fit reprendre la route de Vich.

Bien servi par ses agens, le général constitutionnel, tout en s'avançant dans la direction que nous venons de dire, avait fait répandre le bruit que ce mouvement n'était qu'une feinte, et que son véritable dessein était de se reporter sur Vich par une de ces contre-marches rapides et hasardeuses qui lui étaient familières. D'après ces rapports, le maréchal ordonna au général Donnadieu de marcher de Manresa sur le même point avec le dix-huitième de ligne, deux bataillons du vingt-sixième, et le sixième régiment de hussards.

L'intention de Mina était d'aller faire lever le blocus de Figuières, ou du moins d'en rafraîchir la garnison. En conséquence, parti le 9 de Campredon, il se dirigea, par le Serrat, contrée très-montueuse, et dont les communications sont difficiles, sur Tortella; mais le baron d'Eroles ayant soupçonné le dessein du général constitutionnel se porta le 10 de Valfogona sur Olot, avec sa division et une partie de la brigade Saint-Priest, en poussant une avant-garde de deux bataillons sur Montagut, à quatre lieues de Figuières. De son côté, le lieutenant-général baron de Damas, informé de la présence de Mina sur la frontière de France, avait levé le blocus de Figuières pour prendre une bonne position à Llado.

Se voyant sur le point d'être tourné par ce double mouvement, le général constitutionnel revint sur la frontière, en remontant la Llera par Roccabruna, et déboucha le 12 sur le plateau de Santa-Margarita, par le col d'Acia, d'où il gagna la crête des montagnes qui séparent le département des Pyrénées-Orientales de la Catalogne. Là, partageant sa troupe en deux colonnes, il s'avança avec la première sur la chapelle Notre-Dame de Nuria, à travers les neiges et par des chemins presque impraticables, pour descendre par le col de Llo dans la Cerdagne; pendant que l'autre, forte de neuf cents hommes, sous les ordres du colonel Gorrea, se dirigeait dans le même but par le col de Volcevollera.

Le baron d'Eroles et le général Saint-Priest continuant leur marche, s'étaient avancés, le premier sur le chemin du col de Tossas à Alp, le second sur celui de Dorri, laissant le huitième de ligne et un escadron du cinquième de chasseurs à Olot. Le 14, le général Saint-Priest quitta Dorri, où il avait couché, et marcha sur Pallau. Au moment de descendre dans la plaine, il apprit qu'une troupe ennemie s'était présentée dans les environs; et bientôt, comme il faisait quelques dispositions pour éviter une surprise, la colonne de Gorrea se démasqua tout à coup près du bois de Pallau par une vive fusillade. L'engagement dura quelque temps avec perte de part et d'autre; mais, pris en flanc par un bataillon du deuxième de ligne, et débordés sur la droite par le douzième léger, les constitutionnels cédèrent le terrain, et cherchèrent à se retirer sur Aja par la montagne dite *Pla-de-Salinas*. Ils allaient la gravir, lorsqu'ils aperçurent sur la crête un bataillon qui, les ayant devancés, leur coupait le seul point de retraite qui leur restât. Dans cette situation, les munitions de sa troupe étant épuisées, le colonel Gorrea, après avoir consulté les officiers, prit le parti de faire mettre bas les armes, sous la seule condition que lui et les siens seraient conduits prisonniers en France; ce qui lui fut accordé. Il ne lui restait plus que six cent cinquante hommes[1]; le reste avait été tué ou avait réussi à s'échapper dans différentes directions.

Mina était descendu avec les quinze cents hommes qui composaient sa colonne, par le col de Llo à Err, pour y rafraîchir ses soldats excédés de fatigue et de faim; traversant ensuite la plaine, harcelé par des détachemens royalistes et par les douaniers français, il poussa jusqu'à Llivia, où il se fit donner trois mille rations et reposa quelques heures. Le 15, il entra dans la vallée de Caroll, d'où se rabattant par Quittz sur la Seu d'Urgel, il réussit à gagner cette place, après s'être fait jour, avec une perte de quelques centaines d'hommes, à travers les troupes qui la bloquaient, ou qui avaeint suivi la marche de la colonne constitutionnelle.

Quatre jours après (le 19) il sortit de la Seu avec douze cents hommes, en y laissant, comme la première fois, ses malades et ses éclopés, et descendit la Sègre. Parvenu à Pons, il prit, par Cervera, la direction de Tarragone, où il arriva malade et blessé au pied, du froid qu'il avait éprouvé dans sa marche au milieu des neiges des montagnes de Nuria. S'étant fait ensuite transporter à Barcelone, le 26, il établit son quartier-général à Sans, à une demi-lieue de cette capitale, et l'ex-ministre des affaires étrangères, D. Evariste San-Miguel, récemment arrivé de Cadix, ne dédaigna point de remplir auprès de lui la place de chef d'état-major, restée vacante depuis la mort du général Zorraquin.

Il faut convenir que Mina, dans son expédition aventureuse, avait habilement profité des localités, et développé sa grande expérience de la guerre de montagnes pour fatiguer ses adversaires, en les détournant sans cesse de leur objet principal, en maintenant indécise une partie de la popula-

---

[1] Le secrétaire et un aide-de-camp de Mina étaient au nombre des prisonniers.

tion; mais il n'en résultait rien de vraiment utile au succès de la cause constitutionnelle.

Le baron d'Eroles s'étant porté sur la Seu d'Urgel, avait occupé la ville que les constitutionnels évacuèrent à la suite d'une légère fusillade, pour se renfermer dans les forts qui en sont la principale défense; mais d'après les ordres du maréchal Moncey, qui ignorait encore la direction que Mina avait prise dans sa retraite, il dut rétrograder sur Cardona avec sa division et la brigade Saint-Priest, en laissant à Urgel le général Romagosa avec deux bataillons royalistes, renforcés plus tard d'un bataillon du deuxième de ligne, venu de Puycerda. Après avoir inutilement sommé le gouverneur de Cardona, le baron continua sa marche sur Berga, et le général Saint-Priest, avec sa brigade, prit la direction de Suria.

Au 1er juillet, le quatrième corps d'armée occupait les positions suivantes: la division Donnadieu, à Vich, Toua, Moya, Caldés et Manresa; la division Curial à Granoller, Parpés et Mataro; la division Damas, devant la forteresse de Figuières, et couvrant le Lampourdan.

La retraite de Mina sur Barcelone ayant délivré le duc de Conegliano de toute inquiétude sur d'autres parties de la province, dont les places étaient bloquées ou observées par les troupes royalistes espagnoles, ce maréchal résolut de faire investir la capitale de la Catalogne, par les divisions Curial et Donnadieu. En conséquence, le général Damas eut ordre d'étendre les postes de sa division, de manière à pouvoir, tout en continuant le blocus de Figuières, soutenir au besoin les troupes royalistes placées devant Hostalrich, et assurer la tranquillité des districts d'Olot, de Vich et de Gironc. La division Curial quitta ses positions de Mataro, Parpés et Granoller, et s'avança sur la rive gauche du Besos, depuis son embouchure dans la mer jusqu'au point où il reçoit le

Ripollet, la droite se prolongeant sur cette dernière rivière; la division Donnadieu qui s'était portée de Vich et de Manresa sur Caldès et Garriga, vint occuper Sabadell et San-Cugat, se liant par sa gauche à la division Curial.

Pendant que s'opérait le mouvement des deux divisions françaises, les généraux Milans et Llobera, au lieu de se renfermer dans la place de Barcelone, sous les murs de laquelle ils étaient restés campés après l'affaire de Mataró, s'étaient repliés sur la rive droite du Llobregat et avaient pris position, Milans au pont de Molins-del-Rey, Llobera à Martorell. Leur ligne s'étendait sur les hauteurs qui bordent la rivière entre ces deux points; le pont de Martorell était coupé, celui de Molins-del-Rey défendu par deux bataillons placés sur une hauteur qui commande le pont et où se trouvait une maison que Milans avait fait créneler; dans cette position les deux généraux constitutionnels avaient la facilité de pouvoir se porter sur le flanc droit ou sur les derrières de leurs adversaires.

Mais le maréchal Moncey ayant jugé qu'il fallait, pour compléter l'investissement de Barcelone, être maître des deux rives du Llobregat, donna l'ordre au général Donnadieu de s'avancer sur Martorell et Molins-del-Rey, et d'attaquer l'ennemi.

Le 9, à trois heures du matin, les troupes de la cinquième division (Donnadieu) se mirent en mouvement. La brigade Laroche-Aymon partant de Cugat, se dirigea sur Molins-del-Rey, pendant que le général Donnadieu marchait avec la brigade Achard de Sabadell sur Martorell. Parvenu à la hauteur du village de Papiol, le général Laroche-Aymon aperçut sous les armes les deux bataillons ennemis, placés sur les hauteurs qui dominent la route en avant du pont de Molins-del-Rey, et n'hésita point à les attaquer. Les hauteurs, la maison crénelée et le village furent bientôt emportés et l'ennemi rejeté sur le pont, après une perte assez considérable. Malgré l'infériorité de ses forces, le général français crut devoir forcer le passage que les constitutionnels tentaient de défendre, mais qu'ils furent forcés d'abandonner pour aller se reformer derrière les autres bataillons, que Milans avait placés sur les hauteurs qui commandent la route de Tarragone.

Pendant ce temps, le général Donnadieu, étant arrivé devant Martorell, s'était convaincu de l'impossibilité de passer le Llobregat, attendu que le pont était coupé et qu'il n'y avait aucun gué dans les environs. Il redescendait vers Molins-del-Rey, lorsque le bruit de la fusillade qu'il entendit dans cette direction, lui fit connaître que le général Laroche-Aymon était aux prises avec les constitutionnels. Ordonnant aussitôt au général Achard de presser la marche de sa colonne, il accourut au galop sur le lieu du combat, et arriva à Molins-del-Rey au moment où la brigade Laroche-Aymon était déjà sur la rive droite. Il fit continuer la poursuite de l'ennemi qui, attaqué de nouveau dans sa position sur la route de Tarragone, se retira en désordre par le col d'Ordal, où la difficulté du terrain ne permit point à la cavalerie française de l'atteindre.

Attaqué dans sa position de Martorell par le général Achard, qui, après avoir passé le pont de Molins, s'était porté dans cette direction, Llobera en fut chassé à la suite d'une action très-vive dans laquelle le seizième de ligne, soutenu du cinquième de chasseurs, avait eu à combattre près de quatre mille hommes.

Sur ces entrefaites, le duc de Coneglianio joignit le général Donnadieu avec le premier régiment d'infanterie légère; il avait été précédé par le vingt-sixième de ligne qui, détaché de la brigade Vasserot, avait pris part aux attaques qui avaient eu lieu sur la route de Tarragone. Le maréchal ne jugeant pas à propos de faire suivre l'ennemi au delà du col d'Ordal, la division Donnadieu prit position à l'Hospitalet et San-Feliu, pour tenir en respect la garnison de la citadelle de Mont-Jouy, et observer l'embouchure du Llobregat. Les troupes du général Curial occupaient Esplugas, Sarria, Gracia, Sant-Andreu, et complétaient ainsi l'investissement de Barcelone.

Pendant l'action de Molins-del-Rey, un bataillon d'élite de la garnison de Barcelone, et un corps de Miquelets, avec deux pièces d'artillerie, avaient tenté une sortie sur les troupes du général Vasserot, à Esplugas; mais ils furent vigoureusement repoussés. Le 11, une nouvelle sortie de deux mille hommes, soutenus de quatre pièces de canon, n'eut pas plus de succès dans l'attaque des villages de Sarria et de Gracia. Une troisième faite sur les mêmes points, le 13, fut également ramenée en désordre jusque sous le canon de la place.

Vers le même temps, le général constitutionnel Sarsfield, vint offrir ses services au maréchal Moncey, qui reçut bientôt après la nouvelle que la garnison de Cardona, formée d'un bataillon des milices provinciales de Siguenza, s'était soulevée contre le gouverneur D. Manuel Fernandez et ses officiers, et avait ouvert les portes aux troupes du baron d'Eroles. La possession de cette place munie d'une artillerie nombreuse[1] et renfermant des magasins considérables en vivres et en munitions de guerre, était d'une grande importance comme point stratégique. Le 15, les îles de Las-Medas, situées à l'embouchure du Ter, dans la Méditerranée, furent rendues en vertu d'une capitulation, par les troupes qui les occupaient; à cette même époque, la garnison du

---

[1] Il y avait soixante-deux pièces de bronze en batterie et quinze non montées.

fort de Monzon, après un long blocus et plusieurs sorties infructueuses contre les troupes du général Santos-Ladron, se soumit également à l'autorité royale.

1823.

Cependant Milans et Llobera avaient rallié leurs divisions à Villa-Franca, d'où ils s'étaient portés à Igualada, sur la route de Cervera, pour y prendre position, avec cinq à six mille hommes d'infanterie, cinq cents chevaux et quelques pièces d'artillerie qu'ils avaient fait venir de Tarragone. Le maréchal Moncey prévoyant le dessein que les généraux constitutionnels avaient de l'inquiéter sur ses derrières, résolut de les prévenir, en marchant à eux sans délai. En conséquence il réunit trois brigades, sous les ordres des généraux Tromelin, Montgardé et Achard, pour marcher sur Igualada, en même temps qu'il envoyait l'ordre au baron d'Eroles d'éclairer la droite, en s'avançant de Manresa sur Calaf. Le 23, les troupes françaises se mirent en mouvement sur deux colonnes; l'une, avec laquelle marchait le maréchal, suivit la route neuve par Esparaguera, Bruch et Castel-Oli; l'autre, suivant à gauche la vieille route par Masquesa et Piera-Capelladas, devait se porter sur Monbuy, pour couvrir le chemin de Santa-Colona et menacer également les derrières de l'ennemi à Igualada.

Le 24, le maréchal ayant reçu à Castel-Oli des renseignemens qui le portaient à croire que Milans, parti la veille d'Igualada avec quatre mille hommes, pouvait avoir l'intention de se porter contre les troupes du blocus, détacha de sa colonne de gauche, le dix-huitième de ligne, sous les ordres du général Achard, et se dirigea sur San-Sadurni, afin que si le général Milans, après avoir dérobé une ou deux marches, s'avançait sur Barcelone, il pût être pris en flanc et sur ses derrières.

Le lendemain, la colonne de gauche, commandée par le général Montgardé, ne se trouvant plus composée que du premier léger, et de trois escadrons des sixième de hussards, dix-huitième et vingt-troisième de chasseurs, marcha sur Monbuy où elle ne rencontra aucune troupe ennemie. Celle de droite, aux ordres du général Tromelin, formée des seizième et soixantième de ligne, du sixième de chasseurs, avec une batterie d'artillerie, se porta sur Igualada dont l'ennemi avait achevé l'évacuation pendant la nuit. Milans en était parti la veille dans la soirée, avec le gros de ses troupes, n'ayant laissé qu'une arrière-garde de douze à quinze cents hommes pour couvrir sa retraite.

Des reconnaissances envoyées sur Cervera, trouvèrent les avant-postes ennemis à Saint-Genis, en avant de Jorba. Le général Tromelin eut ordre d'aller avec le seizième de ligne, le sixième de chasseurs et deux pièces de canon, reconnaître positivement la situation de l'ennemi. Peu d'instans après, le maréchal Moncey monta lui-même à cheval, dans le même but. Son intention n'était pas d'attaquer de front Milans, dans la belle position de Jorba, et il avait recommandé d'éviter tout engagement. Mais bientôt informé qu'un détachement de cent cinquante hommes du seizième régiment, sous les ordres d'un chef de bataillon, s'étant trop aventuré, était aux prises avec les constitutionnels, il fit faire volte face aux troupes que le général Tromelin, suivant ses instructions, faisait rétrograder, et donnant l'ordre à deux bataillons du soixantième de joindre le seizième au pas de course, il s'avança sur Jorba. Milans s'y trouvait avec des forces supérieures à celles qui l'attaquaient avec une grande résolution; et il leur opposa une résistance non moins vigoureuse; mais l'arrivée et les manœuvres du soixantième peu après le commencement de l'action, décidèrent l'avantage pour les assaillans. L'ennemi fut forcé d'abandonner successivement Jorba, le mamelon en arrière de ce village, et enfin les crêtes de la rive gauche de la Noya, entre Jorba et le lieu appelé l'*Altar-del-Gancho* (l'autel du Crochet); et il fit sa retraite sur Cervera.

Pendant cette affaire, le baron d'Eroles ayant opéré son mouvement sur Calaf, attaquait dans ce bourg un bataillon constitutionnel fort de quatre à cinq cents hommes et le mettait dans une déroute si complète que le colonel qui le commandait put à peine s'échapper avec une douzaine d'hommes montés et quelques fantassins. Il y en eut plus de cent tués et deux cents prisonniers; les troupes royalistes s'emparèrent presqu'en totalité des armes, bagages et munitions de cette troupe.

Dans le même temps, le général Rotten, gouverneur de Barcelone, voulant profiter de l'absence du maréchal et des troupes parties pour l'expédition d'Igualada, ordonnait des sorties journalières pour préparer sa garnison à une expédition plus sérieuse qu'il méditait sur la ligne du blocus.

Le 30, à quatre heures du matin, une colonne forte d'environ cinq mille hommes sortit de la place avec huit pièces de canon et quatre-vingt chevaux, et se présenta sur l'extrême gauche de la ligne d'investissement, en se dirigeant vers Santi-Marti; six chalouppes canonnières longeaient le rivage pour protéger à droite ce mouvement. Mais les troupes françaises étaient en éveil, et le général Curial, prévenu pendant la nuit des préparatifs de la sortie, avait fait d'avance toutes les dispositions nécessaires. Aussitôt que les constitutionnels eurent passé le Besos, ils furent accueillis par le feu des tirailleurs placés dans les bois voisins de la route. La colonne marcha toutefois sans s'arrêter jusqu'au village du Clot, où le sixième régiment d'infanterie légère et le vingt-troisième de chasseurs étaient sous les armes avec deux pièces d'artillerie légère. Ces troupes reçurent le premier choc avec une grande intrépidité, et prenant bientôt l'offensive, elles firent rétrograder l'ennemi sur plusieurs points. Les deux pièces d'artillerie légère placées en batterie sur la route marine, répondaient à la fois au feu de l'artillerie de la colonne et à celui des chaloupes. Pendant cet engagement, le général Curial qui avait posté en réserve un bataillon du dix-neuvième de ligne à la Casa-Nova, se mit à sa tête et s'avança, précédé par les deux compagnies d'élite (voltigeurs et grenadiers), pour prendre l'ennemi en flanc. La vigueur de cette attaque acheva la déroute des bataillons constitutionnels, qui, culbutés sur tous les points, furent poursuivis, malgré le feu de mitraille du fort Pio, jusque sous les murs de la citadelle de Mont-Joui, où ils rentrèrent dans le plus grand désordre, laissant sur le champ de bataille une quarantaine de morts, parmi lesquels sept officiers. Ils avaient eu deux cent cinquante blessés environ pendant l'action, qui dura quatre heures.

Peu de jours après l'affaire de Jorba, le maréchal duc de Conegliano apprenant que Milans était redescendu de Cervera par Monblanch et Vals vers Tarragone, établit son quartier-général à Villa-Franca, pour être plus à portée de surveiller les nouveaux mouvemens de son adversaire. Un détachement de six cents chevaux fut posté au col d'Osdal pour établir la communication entre le quartier-général et les troupes du blocus. Celles employées à l'expédition sur Igualada restèrent avec le maréchal.

A cette époque, le général Donnadieu quitta par raison de santé le commandement de la dixième division, et fut remplacé par le comte de Laroche-Aymon, récemment promu au grade de lieutenant-général [1].

---

[1] Nous avons placé à la fin du volume la nomenclature de tous les officiers généraux supérieurs et autres militaires français, cités particulièrement dans les bulletins officiels; et nous y renvoyons le lecteur, tant pour les affaires en Catalogne que pour toutes celles qui vont suivre.

CHAPITRE VI.

Suite des opérations du deuxième corps d'armée. — Reddition de Tortose aux troupes royalistes. — Situation du corps d'armée de Ballesteros. — Mouvement du général Molitor sur le royaume de Murcie. — Défection de deux régimens constitutionnels. — Retraite de Ballesteros. — Occupation de Murcie. — Prise du fort de Lorca. — Occupation de Grenade. — Affaire de Guadalhuertuna. — Ballesteros continue sa retraite dans la direction de Jaën. — Combat de Campillo-de-Armas

Le général Molitor, maître de la plus grande partie du royaume de Valence, par la retraite de Ballesteros sur celui de Murcie, avait sa communication directe avec la Catalogne assurée. Pendant que le général Bonnemain battait les constitutionnels à Alcira, la place de Tortose avait ouvert ses portes aux troupes royalistes du chef espagnol D. Ramon-Chambo. D'après les instructions du prince généralissime, le deuxième corps devait continuer à pousser Ballesteros, et l'empêcher d'inquiéter les opérations du général Bordesoulle en Andalousie; mais avant de reprendre son mouvement offensif, le général en chef avait jugé nécessaire de rétablir l'ordre dans la province qui allait servir de base à ses opérations, et d'ouvrir une autre communication également directe avec Madrid, par la province de Cuenca, encore parcourue par quelques colonnes constitutionnelles; et il envoya à cet effet les généraux royalistes Sempère et Capape pour en chasser l'ennemi[1].

juin.

---

[1] « Un autre motif impérieux, dit un historien de cette campagne, empêchait le général Molitor de précipiter son mouvement. Dans cette guerre,

Cependant Ballesteros avait pris position en avant de la Segura, depuis le fort de Chinchilla, où s'appuyait son extrême gauche renforcée de la colonne constitutionnelle de Chapalanguera[1], jusqu'à Orihuella. Il avait jeté deux mille cinq cents hommes dans la place d'Alicante, qui, ainsi que celle de Carthagène, protégeait sa droite. Le rappel des divers dépôts des régimens espagnols placés dans les royaumes de Murcie et de Grenade, et des garnisons de quelques places maritimes d'une importance secondaire, remplacées par des milices locales, portait encore l'effectif du corps espagnol à quinze mille hommes.

Dans cette situation, Ballesteros reçut de Cadix l'ordre de se diriger à marches forcées, avec un fort détachement, sur l'Andalousie, afin d'inquiéter les troupes françaises déjà arrivées devant l'île de Léon. Il était en outre appelé

où la plus sévère discipline était si vivement recommandée par le prince généralissime, le soldat devait acheter et payer comptant tout ce qui était nécessaire à sa subsistance. Jusqu'alors, et pendant tout le temps que le deuxième corps avait manœuvré sur les bords de l'Èbre et de la Cinca, aucun retard n'avait eu lieu dans le paiement de la solde. Les convois d'argent suivant un itinéraire direct et des chemins faciles, arrivaient à temps pour subvenir aux besoins du service; mais le mouvement rapide sur le royaume de Valence, et la présence de l'ennemi dans la province de Cuença, empêchant les convois de suivre une route tracée à l'avance, les troupes se trouvèrent privées tout à coup des fonds indispensables pour leur subsistance. Il fallait attendre, pour presser la poursuite de Ballesteros, qui d'ailleurs était toujours tenu en respect sur les frontières de Murcie, que le convoi qui apportait la solde du corps d'armée arrivât à Valence. Ce fut dans cet intervalle que les officiers-généraux et supérieurs des différentes divisions donnèrent un exemple de désintéressement que le dévouement seul pouvait leur suggérer; ils versèrent dans la caisse des régimens tout l'argent qu'ils avaient à leur disposition, et assurèrent ainsi, en se privant de leurs ressources personnelles, le prêt du soldat et le maintien de la discipline. »

[1] Ce chef avait rallié à sa troupe les débris de la division Placencia battue à El-Viso et à Vilches.

à Cadix même pour assister à un grand conseil de guerre, où des généraux des diverses armées d'opération devaient examiner les ressources du parti constitutionnel, ses dangers présens, ses périls futurs, et discuter les mesures à prendre dans l'intérêt commun². Le général espagnol à la tête d'une colonne de quinze cents hommes d'élite avait déjà commencé le mouvement qui lui était prescrit, lorsqu'il fut informé que les troupes du deuxième corps allaient reprendre l'offensive. Jugeant que sa présence devenait plus que jamais nécessaire sur la ligne qu'il avait établie, il s'y reporta sur-le-champ, pour manœuvrer suivant les circonstances.

Les communications étant bien établies, la tranquillité publique affermie et la solde des troupes assurée, le général Molitor venait de quitter Valence le premier juillet pour mettre en mouvement la division Loverdo, alors échelonnée à Villena, Elda et Elche. A l'approche de l'avant-garde commandée par le général Bonnemains, Ballesteros voulut profiter des avantages qu'offrent les positions de la rive droite de la Segura et concentrer ses troupes entre Murcie et Lebrilla, sur la route qui conduit à Grenade; mais deux régimens, celui de Lorca (infanterie) et celui de la reine (cavalerie), postés à Albatierra et Orihuella, refusèrent d'exécuter ce mouvement rétrograde, et passèrent en entier, avec leurs officiers, drapeaux et étendards, du côté des Français. Cette défection ayant jeté le découragement parmi les autres troupes de l'armée constitutionnelle, Ballesteros dut renoncer à son projet d'arrêter la marche de ses adversaires, et se retira sur la Sierra de Huescar, vers la frontière

---

¹ Ce conseil ne put être réuni. Morillo fit sa soumission avant d'y envoyer un officier, et Mina, dont les communications avec le gouvernement étaient interceptées, fut dans l'impossibilité de s'y faire représenter.

de Grenade, avec l'intention de s'y maintenir, appuyé au fort de Lorca qui commande la route de Murcie à Baza.

Le général Molitor entra à Murcie, le 7, avec la division Loverdo, et y fut reçu avec le même enthousiasme qu'à Valence. Rejoint bientôt par ses deux autres divisions, il laissa deux brigades, l'une d'infanterie et l'autre de cavalerie, pour contenir la garnison de Carthagène,[1] et continua sa marche sur Grenade, où il avait ordre d'être rendu à la fin du mois.

Son avant-garde arriva le 12 devant Lorca. Le fort qui commande la ville est bâti sur un rocher presqu'à pic et du plus difficile accès. Le général Bonnemains ayant inutilement sommé le gouverneur de rendre la place, la fit investir par sa cavalerie et prit toutes ses mesures pour l'enlever par une attaque brusque et décisive. C'était une entreprise hardie. Le fort, dont les murs ont soixante-dix pieds de hauteur, était armé de dix-huit pièces de canon, et défendu par six cents hommes d'élite que Ballesteros y avait jeté. A dix heures du soir, la ville fut occupée par le quatrième régiment d'infanterie légère; qui plaça de suite des tirailleurs dans tous les clochers de la partie haute. Les collines des environs furent couvertes d'habitans armés qui s'étaient réunis aux Français.

Le 13, à la pointe du jour, l'ennemi voyant les dispositions qui avaient été faites, dirigea le feu de son artillerie tant sur les clochers que sur les hauteurs environnantes; les Français y ripostèrent avec plus d'adresse et de bonheur, par une fusillade qui mit hors de combat une partie des canonniers espagnols; pendant cet engagement, qui dura cinq heures, le général Bonnemains faisait apporter des échelles

---

[1] Un détachement royaliste sous les ordres du brigadier D. Lopez observait Alicante.

et menaçait les points les plus faibles. Les compagnies de carabiniers du quatrième léger, placées vis-à-vis de la fontaine, profitèrent de l'hésitation que manifestait la garnison, pour s'élancer au pas de course à travers les rochers, et, malgré l'extrême difficulté du terrain et le feu qui devint plus vif, ils arrivèrent à la première barrière qui fut enfoncée par un sapeur. Vainement l'ennemi cherche-t-il à se masquer derrière le pont-levis mal assuré; les carabiniers franchissent ce nouvel obstacle, en montant sur les traverses et les garde-fous, et abattent le pont-levis. Soutenus par d'autres compagnies, ils forcent leurs adversaires à gagner l'enceinte supérieure, où le gouverneur et la garnison demandent à capituler; ce qui leur est accordé, à la seule condition d'avoir la vie sauve[1].

Pendant que le fort de Lorca tombait ainsi au pouvoir de l'avant-garde française, Ballesteros, renonçant au projet de défendre les montagnes d'Huescar, continuait sa retraite sur Grenade. Il trouva dans cette ville le général Zayas, commandant de la province, et le général Villa-Campa que la marche du général Bordesoulle sur l'île de Léon avait forcé de quitter précipitamment Utrera. Ces généraux s'étant réunis en conseil de guerre, dans la circonstance, il fut décidé que Zayas et Villa-Campa resteraient à Grenade, à l'effet de s'opposer de front au corps d'armée qui s'avançait, tandis que Ballesteros se rejetterait sur sa droite, et que Chapalanguera et Torrijas réunis opéreraient sur les derrières. Ce plan, assez habilement conçu, ne fut exécuté qu'en partie, à cause de la rapidité de la marche du général Molitor. Cha-

---

[1] La perte, de part et d'autre, ne fut pas aussi considérable qu'on pourrait le croire, après un engagement aussi chaud. La garnison de Lorca n'eut que huit hommes tués dont deux officiers, et vingt blessés. Le quatrième léger n'eut à regretter qu'un officier et trois soldats tués. Le nombre des blessés s'élevait à trente-neuf, y compris trois officiers.

palanguera et Torrijas ne purent pas effectuer leur réunion, par suite des manœuvres du général Vincent qui sut contenir le dernier dans Carthagène[1]. Le mouvement de Ballesteros, grâce à la prévoyance et à l'activité du général en chef du deuxième corps, n'eut qu'un résultat désastreux pour lui, ainsi qu'on va le voir.

Le général constitutionnel s'était avancé des environs de Grenade, en prenant toutes les précautions possibles pour dérober son mouvement à ses adversaires, et avait pris position au village de Guadal-Huertuna, à trois lieues environ sur la droite de Guadix, lorsque l'avant-garde du deuxième corps, avec laquelle marchait le général Molitor, arriva dans cette dernière ville. Ballesteros espérait que les Français continueraient, sans s'arrêter, leur marche sur Grenade, et qu'alors il pourrait, ou envelopper le deuxième corps en entier, ou du moins le couper en partie. Pour inspirer plus de confiance au général Molitor, et l'engager à presser son mouvement, Zayas (resté à Grenade comme nous l'avons dit) le fit prévenir qu'il allait évacuer cette ville, en y laissant seulement un bataillon pour y maintenir la tranquillité publique, jusqu'à l'arrivée des troupes françaises.

Mais le général Molitor venait d'être informé du mouvement de Ballesteros; quand le parlementaire espagnol se présenta, il comprit aussitôt quel était le but de la proposition qu'on lui faisait, et tout en l'acceptant il combina les dispositions convenables pour attaquer l'ennemi le lendemain,

---

[1] Le général Torrijas commandait Carthagène, dont la garnison s'élevait à six mille hommes. Une colonne de quinze cents hommes, sous les ordres du brigadier-général Basau, étant sortie de cette place le 18 juillet pour faire des vivres et lever des contributions, le général Vincent, parti de Murcie avec un bataillon de ligne et un escadron de dragons, atteignit l'arrière-garde ennemie au village de Roda, et la prit tout entière, au nombre de trois officiers et cent soldats du régiment *de la marine*.

dans la position de Guadal-Huertuna. Il se porta immédiatement de sa personne, avec toute la division Loverdo, de Guadix à Moreda, en envoyant l'ordre au général Pelleport (commandant par interim la division Pamphile-Lacroix) de s'avancer de Gor sur Guelajo, et au général Domon qui arrivait à Baza, de marcher sur Almiar.

Le général Bonnemains, à la tête de quatre cents chevaux de l'avant-garde, s'étant avancé jusqu'auprès de Guadal-Huertuna, où se trouvait un corps de douze cents cavaliers, n'hésita point à les attaquer. Les escadrons constitutionnels placés en avant et dans l'intérieur du village furent d'abord repliés, ensuite les quatre cents chasseurs des dixième et dix-neuvième régimens, qui formaient le détachement français, exécutèrent trois charges successives qui mirent la cavalerie ennemie en déroute complète; poursuivie jusqu'à deux lieues du village, elle laissa le champ de bataille couvert de morts, de blessés et d'armes; et perdit en outre un étendard et deux cents prisonniers, dont onze officiers.

Après ce combat, Ballesteros se retira sur Huelma, et à la suite de plusieurs marches et contre-marches, il prit position, le 27, sur les montagnes escarpées qui entourent la vallée de Campillo, dans l'intention de s'y défendre. Dans le même temps le général en chef français avait concentré ses troupes pour marcher sur son adversaire; mais comme il ne pouvait tirer ses subsistances que de Grenade, il commença par diriger le général Ordonneau sur cette ville avec cinq bataillons d'infanterie et un régiment de chasseurs à cheval. Zayas en se retirant, avait laissé, suivant qu'il en était convenu, un bataillon pour maintenir la tranquillité, jusqu'à l'arrivée des Français; mais dès qu'ils parurent, cette troupe se joignit à eux aux cris de *vive le roi!*.

Les divers détachemens laissés par le deuxième corps sur

la ligne de communication, et celui qui venait de se porter sur Grenade, avaient réduit les forces disponibles du comte Molitor à quatorze bataillons et à neuf ou dix escadrons, chasseurs et dragons; en tout moins de huit mille combattans, tandis que Ballesteros avait encore avec lui dix à onze mille hommes; mais le général français comptait pleinement sur le dévouement et l'intrépidité de ses troupes. Le 28, d'après les dispositions arrêtées la veille, la division Loverdo, partant de Montehijar à six heures du matin, marcha par la droite sur Campillo-de-Arenas; le général en chef, à la tête de la division Pelleport, flanquée et soutenue par les escadrons du général Domon, suivit le chemin direct qui conduit au même point.

La vallée de Campillo est formée par deux chaînes de montagnes, dont l'une (*Sierra de las Albunuelas*) regarde Grenade, et l'autre (*Sierra del Castillo*) le royaume de Jaën. Le bourg de Campillo-de-Arenas est placé dans la partie la plus large de la vallée, sur la rive droite d'un torrent qui la traverse dans toute sa longueur, et qui en sort par un déchirement profond que ses eaux ont fait à la *Sierra del Castillo*. Les deux chaînes parallèles qui bordent la vallée communiquent par une traverse de rochers escarpés qui partant de Puerto-de-Arenas, lieu par où s'échappe le torrent *Dormillo*, viennent aboutir au pied de Santa-Coloma, point culminant de la chaîne des *Albunuelas*. La route directe de Grenade à Jëan passe par Campillo; mais, impraticable pour les voitures, elle est peu fréquentée, et se confond, à une lieue au delà de ce bourg, avec le lit du *Dormillo*. Depuis Campillo jusqu'à Puerto-de-Arenas, la vallée se resserre de plus en plus et et se termine à des mamelons plus ou moins élevés, au milieu desquels serpente le torrent. Le chemin de Montehijar par où s'avançaient les troupes françaises, longe la chaîne des *Albunuelas*, depuis Santa-Coloma jusqu'à l'embranchement de la route de Grenade et du chemin de Novalejo. C'est sur cette chaîne et sur ses contreforts que les constitutionnels étaient postés, leur droite appuyée sur Santa-Coloma et leur gauche sur Novalejo.

La marche des colonnes françaises se fit avec tant d'ensemble qu'elles arrivèrent et commencèrent l'attaque presque dans le même temps, après avoir culbuté les reconnaissances poussées devant elles. Ballesteros avait fait avancer sa réserve pour tourner la division Loverdo par sa droite; mais le général Corsin fit attaquer cette colonne par six compagnies de voltigeurs, conduites par le chef de bataillon Fleury-Bourckholtz, et soutenues par le gros de sa brigade. L'ennemi, malgré l'avantage de sa position et du nombre, fut chassé des hauteurs de Santa-Coloma, après une résistance assez vive, et poursuivi dans les autres montagnes où il se retira en désordre. Le régiment d'Aragon perdit une quarantaine d'hommes dont plusieurs officiers, beaucoup de blessés et de prisonniers. Ce succès rendit le général Loverdo maître des Albunuelas où la brigade Corsin prit position.

Pendant cette première action, le général Bonnemains, avec les quatrième et huitième régimens d'infanterie légère, attaquait avec succès la montagne qui domine Campillo; et le général en chef, à la tête de la division Pelleport que suivaient les dragons du général Domon, s'avançait rapidement sur l'extrémité de la droite de l'ennemi. Arrivé à une demi-lieue de Campillo, à l'embranchement de la route de Grenade et du chemin de Novalejo, le comte Molitor voyant que le terrain devenait de plus en plus difficile pour le passage de l'artillerie, la laissa sous la garde de deux bataillons. Le général Saint-Chamans, avec les quatrième et vingtième de chasseurs, marcha sur Novalejo d'où il chassa les constitutionnels, tandis que l'infanterie de la division Pelleport, et les dragons du général Domon, s'avançaient par la droite dans la direction de Campillo.

Les bataillons du général Pelleport et les chasseurs du général Saint-Chamans arrivèrent au même moment devant ce dernier bourg, d'où les chasseurs, appuyés de deux compagnies de voltigeurs des vingt-quatre et trente-neuvième de ligne, eurent bientôt débusqué l'ennemi. Les constitutionnels couronnaient les premières hauteurs qui ferment la vallée à peu de distance en arrière de Campillo. Le général Saint-Chamans s'y porta sans perdre de temps, et après plusieurs charges brillantes, les poussa vivement sur le chemin de Cambil où le général en chef le fit soutenir par quelques compagnies du trente-neuvième, et où il parvint à se maintenir malgré le feu plongeant et soutenu de ses adversaires, jusqu'à la jonction des troupes de la division Loverdo.

Sur ces entrefaites, le vingt-quatrième régiment et un bataillon du trente-neuvième, conduits par le général Buchet avaient gravi les hauteurs, qui, entre les deux chaînes de montagnes principales, commandent Campillo à droite, et, poussant l'ennemi devant eux, étaient parvenus, sous un feu très-meurtrier, à s'établir sur un plateau assez vaste, où le général en chef se transporta de son côté avec les dragons Domon. Le général Loverdo, après avoir vu déboucher la division Pelleport dans la vallée, avait dirigé le général Bonnemains vers un pic, à une petite lieue de Campillo, et où l'avant-garde avait reconnu des éclaireurs ennemis. Le premier bataillon du huitième léger fut lancé au pas de charge sur ce point difficile, et pendant qu'il l'escaladait, le deuxième bataillon tournait la position, abordait le régiment de Valence et le mettait en déroute.[1]

---

[1] Ce régiment perdit, avec son drapeau, un grand nombre d'hommes

Ce succès ouvrait aux troupes de la division Loverdo, le chemin de Cambil; mais l'ennemi présentait encore sur les hauteurs, entre Campillo et la Sierra-del-Castillo, cinq régimens d'infanterie et sept à huit cents chevaux. Le général Bonnemains se porta rapidement au delà du moulin de Velasco, situé au pied du pic dont il venait de s'emparer, pendant que la brigade Corsin continuait à se porter en avant des hauteurs de Santa-Coloma, dans la direction du *Puerto-de-Arenas*.

A ce moment la majeure partie des troupes françaises étaient engagées. Deux régimens ennemis essayèrent de charger à la baïonnette les bataillons de la division Loverdo qui les pressaient; mais ils furent repoussés, et cet échec décida la cavalerie constitutionnelle à gagner en toute hâte la Sierra-del-Castillo; chassée de position en position par les quatrième et huitième légers, et le onzième de ligne, l'infanterie ennemie ayant voulu se rejeter sur la gauche, trouva les bataillons du général Pelleport qui débouchant du plateau qu'ils occupaient, et soutenus par la brigade de dragons du général Faverot (de la division Domon), lui firent éprouver de nouvelles pertes. Le premier de ligne (de la brigade Corsin) s'était emparé du *Puerto-de-Arenas*.

Les constitutionnels étant parvenus à faire leur retraite sur le Castillo, en couronnèrent les crêtes, et Ballesteros hérissa de tirailleurs les rochers qui y conduisent. Alors le général Molitor fit avancer une partie des troupes de la division Loverdo pour attaquer cette nouvelle position du côté du Puerto-de-Arenas, en même temps que deux régimens du général Pelleport la tourneraient sur la gauche. L'ennemi abordé à la baïonnette et forcé sur tous les points,

tués ou blessés, deux lieutenans-colonels, cinq officiers et une soixantaine de soldats faits prisonniers.

abandonna sa position et se retira en désordre sur Cambil, avec une perte considérable en morts, blessés, prisonniers, armes et bagages. Poursuivi jusqu'à demi-lieue de Charchelejos le corps d'armée de Ballesteros n'aurait pu éviter une entière destruction, sans la nuit et la difficulté du terrain qui empêchèrent l'action de l'artillerie et de la cavalerie françaises.

On verra dans un autre chapitre quels furent les grands résultats de cette affaire brillante, dont les Espagnols constitutionnels ont essayé dans leurs relations d'affaiblir la gloire et l'importance, mais qui porta le coup mortel à leur cause. Déjà on a pu remarquer que leurs soldats, découragés de voir partout le peuple se déclarer contre eux, ne se battaient qu'avec répugnance, et sans cette confiance qui donne souvent la victoire. Le combat de Campillo acheva de les démoraliser, et, dans les deux nuits qui suivirent, il en déserta plus de quinze cents. Ainsi, le corps d'armée sur lequel le gouvernement des cortès fondait le plus d'espérance pour la défense du midi de l'Espagne, se trouvait réduit, le 30 juillet, à huit mille hommes.

CHAPITRE VII.

Dispositions du général Morillo en Galice ; mesures prises par le prince généralissime pour l'invasion de cette province. — Opérations du général Huber dans la Montana et les Asturies. — Mouvement du général Bourcke sur la Galice ; affaires de Campomanés et d'Astorga. — Morillo abandonne le parti des cortès, et négocie avec le général Bourcke ; sa rupture avec Quiroga, et sa soumission à la régence de Madrid. — Engagement à Navia. — Le Ferrol est occupé par les troupes françaises. — Marche du général Bourcke sur la Corogne ; combat devant cette place ; son investissement. — Morillo marche contre les troupes constitutionnelles ; affaire de Sampago. — Siége de la Corogne ; le général anglais Robert Wilson et Quiroga abandonnent cette place. — Capitulation de la Corogne ; la division Bourcke rejoint le premier corps d'armée à Madrid. — Situation des choses en Biscaye et en Navarre. — État des forces navales françaises employées à l'expédition d'Espagne ; instructions du ministre de la marine.

Nous devons faire connaître maintenant les événemens militaires qui avaient eu lieu dans le royaume de Léon, les Asturies et la Galice, pendant les opérations d'une grande partie de l'armée française au centre, à l'est et au midi de l'Espagne.

Le général Morillo, appelé au commandement du corps d'armée d'opération en Galice et dans les Asturies, avait d'abord montré du zèle pour la cause des cortès, en s'occupant de rétablir la discipline parmi les troupes, de renouveler leur armement, de compléter les anciens cadres, de lever et organiser de nouveaux bataillons. Mais bientôt, soit qu'il fût découragé par la mauvaise disposition des esprits dans les provinces placées sous son pouvoir militaire, soit que déjà il méditât le plan de défection qu'il devait exécuter plus tard, ainsi que nous le dirons, on put remarquer un grand ralentissement dans ses mesures. Il mit moins d'activité à rassembler son corps d'armée, à le pourvoir de vivres, à diriger les généraux Quiroga, Palarea et Campillo, employés sous ses ordres.

On a vu que le prince généralissime en quittant Burgos pour se porter sur Madrid, avait donné l'ordre au général Bourcke (laissé à cet effet avec sa division à Burgos) de s'avancer par le royaume de Léon sur la Galice, pour y attaquer Morillo, avant qu'il fût en mesure d'opposer une forte et longue résistance. Mais afin d'assurer le succès de cette expédition, il devenait nécessaire de balayer la province de la Montana (au nord de la vieille Castille) et les Asturies des partis constitutionnels qui les parcouraient, et qui auraient pu inquiéter le flanc droit de la division dans sa marche, et se porter sur ses communications avec les premier et troisième corps. Le prince d'Hohenlohe dont le quartier-général était à Vittoria, avait dû détacher (d'après les instructions de S. A. R. le duc d'Angoulême) une colonne mobile, sous les ordres du général Huber, pour agir dans ces deux provinces concurremment avec le corps royaliste du général Longa qui s'était déjà porté sur Sant-Ander et Santona, comme on l'a vu plus haut.

La marche de la colonne française sur la Montana suffit pour faire rentrer dans les Asturies le général constitutionnel Campillo qui en était sorti avec une colonne de mille à onze cents hommes dans le dessein de débloquer et de ravitailler cette place. Le général Huber après avoir poursuivi son adversaire jusque sur la Deba, rivière qui sépare les deux provinces, simula un mouvement rétrograde pour l'attirer sur un terrain plus favorable à l'attaque.¹ Campillo, trompé par cette manœuvre, ayant cru devoir repasser la rivière qu'il avait déjà traversée, fut culbuté le 21 juin aux trois points de Pisués, Casa-Maria et Puente-Viejo, et rejeté sur la Deba dans le plus grand désordre. Une partie de ses soldats seulement put gagner la rive gauche; le reste fut tué ou fait prisonnier; et lui-même, blessé dans l'action, faillit à être enveloppé. Le général Huber donna à Longa l'ordre de marcher sur Oviedo, en balayant les bandes constitutionnelles qu'il pourrait trouver sur son passage, et lui-même traversa la Deba pour continuer la poursuite de Campillo qui se retirait par les côtes de l'océan, détruisant tous les moyens de passage sur les nombreuses rivières qui coupent la route marine. Arrivé le 23 sur les bords de la Sella, il fit réunir des barques pour passer cette rivière avec les deux bataillons du vingt-unième de ligne, et attaquer Campillo arrêté sur l'autre rive. L'ennemi s'étant remis en retraite pendant que ce passage s'effectuait, fut poursuivi par le colonel Goutefrey (du vingt-unième), qui l'atteignit avec quatre-vingt-dix hommes seulement, à Couvion, le força d'abandonner ce village et de continuer sa retraite en désordre. Cette dernière affaire coûta encore à Campillo, trente-cinq morts, dont deux officiers supérieurs, quarante-deux blessés et cinquante-sept prisonniers.

Des bords de la Sella, le général Huber marcha dans la direction qu'avait prise le général espagnol, sur Oviedo où il arriva le 27. Dans ce trajet un détachement des hussards du quatrième et des chasseurs du dix-septième obtint un nouvel avantage sur la colonne ennemie, près d'Avilés, en

---

¹ Le général Huber avait avec lui, outre la troupe de Longa, le septième régiment d'infanterie légère, deux bataillons du vingt-unième de ligne, le quatrième régiment de hussards et le dix-septième de chasseurs

s'emparant de quatre pièces de canon, ainsi que de beaucoup d'armes et de bagages. Longa avait successivement battu et dispersé dans sa marche trois partis constitutionnels, à Cangas, à Campo-di-Cuso et aux environs d'Oviedo.

Cependant le lieutenant-général Bourcke ayant commencé son mouvement dans les derniers jours de mai, s'était avancé par Carrion et Sahagun sur Léon. De cette dernière ville où son quartier-général fut établi le 31 mai, il envoya le quinzième régiment de ligne dans la direction d'Oviedo pour lier ses opérations avec le général Huber. Ce détachement, dirigé par le général d'Albignac, rencontra le 21 juin à Pajares, sur le revers de la chaîne des Asturies, les avant-postes de la division constitutionnelle du général Palarea que Morillo avait chargé d'observer la route de Léon à Oviedo, et qui avait pris position au village de Puente-de-los-Hierros. Après avoir replié ces avant-postes, le général d'Albignac profita de la nuit pour faire tourner la position par les montagnes en envoyant un bataillon à Campo-Manes sur la route d'Oviedo, et le 22, il attaqua de front la division constitutionnelle. Malgré les retranchemens et les barricades dont l'ennemi s'était couvert, il fut chassé du village et forcé de fuir précipitamment vers Campo-Manes, où le bataillon qui venait d'y prendre poste, acheva de rendre sa déroute complète. Le général Palarea avec trois cents hommes seulement, eut peine à gagner Oviedo qu'il quitta bientôt à l'approche des troupes du général Huber, pour rentrer en Galice. Les généraux d'Albignac et Huber ayant fait leur jonction à Oviedo, réunirent leurs colonnes et marchèrent sur Lugo où le général Bourcke devait se rendre de son côté par Astorga et Villa-Franca.

Aussitôt après l'occupation de Léon, la première brigade de la division Bourcke, sous les ordres du général Laroche-Jacquelin, s'était portée sur Astorga. Un détachement de cent chevaux, soutenu par deux cents hommes d'infanterie, ayant rencontré le 20 juin, une arrière-garde ennemie, composée de trois cents chevaux et de sept cents fantassins, l'avait culbutée et poursuivie jusqu'à une lieue au delà d'Astorga, avec perte de quinze hommes tués et de cent cinquante prisonniers, au nombre desquels se trouvaient un maréchal-de-camp et un chef d'escadron. A la suite de cette affaire le général Laroche-Jacquelin avait occupé Astorga.

Le 26, le général Bourcke s'avançait sur Lugo, lorsque la nouvelle d'un événement de la plus haute importance pour le succès de son expédition contre Morillo, lui fit accélérer le mouvement général de sa division.

Morillo, informé par des dépêches venues de Séville, de ce qui s'était passé dans cette capitale de l'Andalousie (la déchéance provisoire du roi et la nomination d'une régence), n'avait plus hésité dans son projet d'abandonner la cause des cortès. Il était convenu avec les principaux officiers qui se trouvaient alors auprès de lui, et les autorités ecclésiastiques et civiles de la province, de ne pas reconnaître la régence de Cadix, et d'établir une junte qui, de concert avec lui, gouvernerait la Galice et les Asturies, jusqu'à ce que *le roi et la nation eussent établi l'espèce de gouvernement qui devait régir l'Espagne*. Un parlementaire devait être envoyé au général Bourcke pour l'inviter à suspendre les hostilités, et même, au besoin, à coopérer avec l'armée constitutionnelle, à la réduction du parti révolutionnaire. Cette résolution fut annoncée à l'armée et aux habitans de la Galice et des Asturies par deux proclamations, datées du quartier-général de Lugo, le 26 juin. Dans l'une, Morillo invitait ses soldats à maintenir l'ordre et la discipline; dans l'autre, adressée aux habitans, il insistait fortement sur l'illégalité des procédés de l'assemblée des cortès à Séville, et sur l'indignation qu'ils avaient excitée parmi les troupes et les habitans.

Le général Quiroga, nommé par le gouvernement commandant particulier de la Galice, tout en blâmant la conduite des cortès, avait témoigné une grande répugnance à se séparer de leur cause, et surtout à traiter avec les Français. Toutefois, craignant pour lui-même les suites d'une contre-révolution, il avait promis de ne plus prendre part aux affaires, et résolu de s'embarquer pour mettre sa personne en sûreté. A cet effet, il avait demandé des secours à Morillo, qui lui offrit quatre mille réaux sur soixante-dix mille qui restaient dans la caisse de l'armée. Mais revenu tout à coup de la terreur que lui avait d'abord inspirée le soulèvement de l'opinion, s'étant abouché avec quelques chefs du parti révolutionnaire, et ayant vu l'exaltation de la garnison de la Corogne, qui, travaillée par des meneurs en sens contraire de la proclamation de Morillo, paraissait décidée à se défendre jusqu'à la dernière extrémité, Quiroga se prononça contre les desseins du général en chef, arrêta ses courriers, intercepta ses dépêches, le déclara déchu du commandement, et lui débaucha en peu de jours, un bon nombre de soldats, par des contre-proclamations où il offrait des récompenses et de l'avancement à ceux qui le suivraient, comme il l'avait fait en 1820 aux troupes de l'île de Léon.

L'intention de Morillo ne paraissait pas être de se soumettre à la régence de Madrid plus qu'à celle de Cadix; et tout en secouant l'autorité des cortès il avait fait entrevoir qu'il voulait toujours un régime constitutionnel. Dans la position critique où le plaçait alors la résipiscence révolutionnaire de Quiroga, il crut arrêter la défection des troupes, en leur offrant de tenter le sort des armes contre les Français, si, refusant de reconnaître la régence de Cadix, elles voulaient rester unies pour combattre sous ses ordres. Il prouvait d'ailleurs que, dans le sens contraire, la scission que Quiroga venait d'opérer dans l'armée portait un coup funeste à la cause nationale, en divisant les forces des défenseurs de la Galice, lorsque leur union pouvait seule amener le général français à accorder, sous des garanties d'indépendance et de liberté, la trêve qu'il avait demandée.

Le général Bourcke reçut pendant sa marche sur Lugo la proposition de Morillo, et lui répondit qu'il ne pouvait consentir à suspendre les hostilités, avant qu'au préalable, le général constitutionnel n'eût reconnu, ainsi que son armée, l'autorité de la régence instituée à Madrid par S. A. R. le prince généralissime. Cette condition ayant été acceptée par Morillo, le général français entra dans Lugo, le 10 juillet. Le général espagnol reconnut formellement la régence de Madrid, et réunit aux troupes françaises trois mille soldats qui lui restaient encore.

Cependant le général Huber qui n'avait pas cessé de poursuivre les colonnes de Campillo et de Palarea, battues par lui et par le général d'Albignac, était entré en Galice, en suivant les bords de la mer. Son avant-garde avait eu le 7 juillet à Navia, après avoir passé la rivière de ce nom, un engagement dont les détails méritent d'être rapportés. Le lieutenant Richepanse, à la tête d'un peloton de trente chevaux des quatrième de hussards et dix-septième de chasseurs, ayant rencontré l'arrière-garde ennemie, forte de plus de deux cents hommes, n'hésita point à la charger et la dispersa promptement. Toutefois cent hommes environ se réunirent dans un enclos où ils espéraient arrêter la poursuite des vainqueurs. Richepanse suivi seulement de quatre hussards y pénètre, tombe avec impétuosité sur les soldats qui veulent s'y défendre, en sabre une partie, et force les autres à chercher leur salut dans la fuite. Le reste du peloton français achève la déroute de cette arrière-garde. Quatre-vingts prisonniers, parmi lesquels un colonel du génie et trois autres officiers, un drapeau, seize chevaux et deux cents fusils, furent le résultat de cette brillante affaire. Le général Huber se porta de Navia sur Mondonedo où il fut joint par le général d'Albignac qui avait suivi un chemin parallèle, et d'où il marcha bientôt après sur le Ferrol. Cette place, dont la garnison avait fait sa soumission à la régence, fut occupée le 15 juillet par un détachement qui fit le service conjointement avec les troupes espagnoles.

D'après les dispositions arrêtées entre le général Bourcke et Morillo, celui-ci dut se diriger avec ses trois mille hommes du côté d'Orense et de Vigo, places occupées par les généraux Palarea et Rosello; et le général français commença, le 13, son mouvement sur la Corogne. Le lendemain son avant-garde rencontra les avant-postes ennemis à Betanzos et les rejetta sur Burgo, avec perte de plusieurs prisonniers, au nombre desquels se trouvait un aide-de-camp de Quiroga. Le 15, la division française arriva devant la Corogne, après que le général Laroche-Jacquelin eut empêché les constitutionnels d'achever la destruction du pont de Burgo qui y conduit, et dont ils avaient déjà fait sauter une partie.

Le parti constitutionnel semblait attacher tout le sort de la Galice à la défense de la Corogne. Quiroga s'était rendu dans cette place, après s'être séparé de Morillo, et il en avait pris le commandement en chef. La garnison était composée de quatre à cinq cents hommes de troupes de ligne, quinze cents miliciens ou volontaires de Burgo et du Guipuscoa, très-exaltés, à peu près cent cinquante transfuges français, formant toute la légion dite *Libérale étrangère*, et quelques officiers anglais à la tête desquels se trouvait le célèbre sir Robert Wilson. Il était débarqué le 4 mai à Vigo où on lui avait fait une réception brillante. Il avait promis d'amener un corps de dix mille hommes au secours de l'Espagne; mais ce renfort se bornait quant à présent à sa personne et à quelques aventuriers.

En approchant de la place, déjà bloquée par un vaisseau de ligne et plusieurs autres bâtimens français, le général Bourcke aperçut les avant-postes ennemis couronnant les hauteurs qui la dominent et qui étaient garnies de retranchemens. La gauche des constitutionnels s'appuyait à une redoute, liée par une traverse avec une colline placée sur leur droite et où plusieurs batteries avaient été établies. Quelques moulins-à-vent s'élevaient sur cette colline, formée de différens mamelons sur le revers desquels on avait jeté de nombreux tirailleurs. Les soldats français, de même qu'à Saint-Sébastien, ne furent point arrêtés par le désavantage du terrain. L'attaque eut lieu immédiatement. Les voltigeurs du septième léger poussèrent les tirailleurs ennemis et les forcèrent à se retirer derrière les retranchemens. Le général Bourcke, par une allocution brève et énergique, redoubla l'ardeur des bataillons assaillans qui, formés en colonne, se précipitèrent à la baïonnette sur la colline Santa-Margarita, et s'en emparèrent, sous le feu le plus violent de mitraille et de mousqueterie. L'ennemi abandonna successivement la redoute de gauche, ses retranchemens, ses batteries, le village de Riasol, pour se retirer dans la place dont le général fit former à l'instant même l'investissement sous le feu de l'artillerie des remparts.

Dans cette affaire, où la perte des constitutionnels fut très-considérable, sir Robert Wilson et son aide-de-camp furent blessés assez grièvement, le premier à la cuisse, le second à l'épaule. Le colonel des milices du Guipuscoa fut tué ainsi que plusieurs autres officiers. L'honneur de l'action appartenait tout entier au septième léger qui fut seul engagé. Les autres régimens, malgré la promptitude de leur marche, n'arrivèrent sur le champ de bataille qu'après que l'ennemi eut été culbuté et chassé de ses retranchemens.

Quelques jours après l'investissement de la Corogne, le général Bourcke détacha la brigade Laroche-Jacquelein pour seconder les opérations du général Morillo qui venait de remporter un avantage sur les troupes constitutionnelles, au pont de Sampayo. Le 24, dans la soirée, un détachement que Morillo avait placé à ce poste, avait été attaqué par une colonne de sept cents hommes, sortie de Vigo, sous les ordres du général Rosello, et s'était retiré après une résistance assez vive. Restés maîtres du pont, les constitutionnels l'avaient barricadé, lorsque Morillo accourut avec deux bataillons et cent quarante chevaux. Le passage du pont fut forcé, les positions environnantes enlevées; et l'ennemi, poursuivi dans sa retraite, perdit bon nombre de prisonniers.

Cependant le général Huber avait reçu l'ordre d'envoyer à la Corogne, par mer, afin d'abréger le chemin, les pièces de gros calibre et les munitions de guerre qui seraient disponibles au Ferrol. Le transport en fut effectué sur des barques de pécheurs, sous la garde d'un détachement de trente hommes commandé par le capitaine Fromentin, aide-de-camp du général Huber. Cet officier, aussi brave qu'intelligent, profitant de l'obscurité de la nuit, réussit à échapper au feu de trois corsaires constitutionnels, armés chacun de dix-huit pièces de canon et en croisière devant la Corogne; et arriva heureusement à Betanzos, le 17.

Aussitôt que les travaux des batteries de siége furent assez avancés pour menacer la place, le général Bourcke envoya un parlementaire à Quiroga pour lui proposer une capitulation honorable; mais celui-ci, n'exigeant rien moins que la retraite des troupes françaises, refusa toutes les conditions qui lui étaient offertes. Pour assurer la tranquillité de l'intérieur et soutenir le courage des habitans, il fit publier une proclamation qui prononçait peine de mort contre tous ceux qui correspondraient avec les Français, qui chercheraient à affaiblir l'énergie populaire, et parleraient de capitulation, même indirectement.

1823.

Malgré leurs démonstrations de résolution, Quiroga et ses officiers étaient peu rassurés sur l'issue du siége. Ils mirent en délibération s'il n'était pas à propos d'aller à Vigo tenter un effort sur la population, et réorganiser une armée qui jointe aux troupes de Palarea, ramenerait ou détruirait celles de Morillo, et manœuvrerait sur les derrières de la division française. Sir Robert Wilson, à peine guéri de sa blessure, se chargea de cette mission, sortit secrétement du port de la Corogne et débarqua du côté de Vigo. Mais il essaya en vain de produire le mouvement qu'il espérait : l'enthousiasme avec lequel il avait été reçu le 4 mai, était passé. Il ne fut pas plus heureux dans la tentative qu'il fit pour amener Morillo à une suspension d'armes, en vertu de laquelle on aurait offert au gouvernement anglais d'occuper en son nom les places de la Corogne et de Vigo, en attendant le résultat de sa médiation. Après d'autres efforts pour renouveler les troubles en Portugal, le général Wilson fut réduit à se jeter dans Cadix. Quiroga, prétextant le dessein d'aller se mettre à la tête des troupes des généraux Palarea et Rosello pour manœuvrer sur les derrières des assiégeans, partit aussi par mer, et laissa le commandement de la Corogne au général Novella. Mais au lieu de se diriger sur Vigo, il se rendit en Angleterre, d'où il envoya quelques secours en argent à la place assiégée, et revint ensuite à Cadix où il était mandé depuis quelque temps.

Le 6 août, les batteries devant la Corogne étaient achevées et prêtes à commencer leur feu. Quelques bâtimens détachés de l'escadre du contre-amiral Hamelin croisaient devant le port, déclaré, ainsi que tous ceux de la Galice, en état de blocus par le gouvernement français, jusqu'à l'entière soumission de cette province. Depuis le départ de Quiroga, et celui de la légion Libérale étrangère qui s'était également embarquée sur un brick pour Vigo, l'effervescence de la garnison avait beaucoup diminué. Toutefois lorsqu'un nouveau parlementaire français se présenta pour sommer le gouverneur de rendre la place, menacée d'un bombardement immédiat, le général Novella répondit qu'il était décidé à la défendre jusqu'à la dernière extrémité; et dix-huit minutes après le retour du parlementaire, l'artillerie des remparts ouvrit le feu le plus vif sur la ligne des assiégeans.

Le général Bourcke fit aussitôt démasquer ses batteries qui commencèrent à tirer avec non moins de vivacité sur la place. Cette première attaque eut pour résultat de mettre le feu dans trois quartiers différens, à des bâtimens que l'ennemi ne put empêcher de brûler entièrement. La canonnade et les incendies continuèrent les jours suivans. Dans la nuit du 10 au 11, l'ennemi redoubla la vigueur de son feu, et quelques maisons furent endommagées autour du quartier du général Bourcke; mais à huit heures du matin les assiégeans aperçurent un drapeau blanc arboré sur le chemin couvert, et bientôt un parlementaire demanda à être conduit au général français. Les propositions du général Novella étaient fort exagérées. Il demandait que l'on déclarât préliminairement que la garnison de la Corogne avait fait son devoir et obéi à Ferdinand VII. Il consentait à se mettre avec ses troupes sous la protection de S. A. R. le duc d'Angoulême; mais il refusait de reconnaître la régence de Madrid; et il voulait attendre dans cette attitude l'issue des affaires de Cadix et les ordres de son souverain. Ces conditions furent rejetées, et toute la journée se passa en pour-parlers. Enfin, à six heures du soir, le général Bourcke ayant envoyé son *ultimatum* portant qu'il voulait entrer dans la place *en ami ou en ennemi*, il fut convenu que la garnison se mettrait sous les ordres de Morillo qui stipulerait ses intérêts. Deux officiers furent dépêchés à celui-ci pour lui faire part de cette convention. Morillo envoya un de ses aides-de-camp au quartier-général français; et il fut décidé que la Corogne serait remise aux mêmes conditions que le général espagnol avait obtenues pour lui-même.

Pendant le siége de cette place, le fort de Bayona et la ville de Vigo avaient été occupés par les troupes de Morillo, conjointement avec celles du général Laroche-Jacquelin.

Il ne restait plus en Galice d'autres troupes ennemies que la colonne du général Rosello qui, après l'échec éprouvé au pont de Sampayo, s'était rejeté sur Orense. Les troupes réunies du général Laroche-Jacquelin et de Morillo se portèrent dans cette direction, en même temps que la brigade du général Marguerye, qui récemment arrivé de la province de la Montana à Lugo, avait reçu l'ordre de s'avancer sur le même point, afin de placer la colonne constitutionnelle entre deux feux et lui couper toute retraite. La brigade Marguerye atteignit l'ennemi à Gallegos-del-Campo, le 27 août. Le général Rosello déjà menacé sur ses derrières par la brigade de Laroche-Jacquelin, et n'espérant aucun avantage d'un engagement, se décida à mettre bas les armes. La capitulation qui fut signée le même jour à Maidé portait que les généraux Rosello, Palarea et Vigo, quatre colonels, six lieutenans-colonels, cent quarante officiers de tout grade, et douze cent soixante-quatre sous-officiers et soldats, seraient conduits en France. Un drapeau, quinze tonneaux de cartouches, une grande quantité d'armes, la caisse militaire renfermant vingt-neuf mille francs, restèrent au pouvoir de la brigade Marguerye.

L'expédition de Galice étant ainsi terminée, le général Bourcke laissa des garnisons françaises dans les places du Ferrol, de la Corogne et de Vigo, remit au comte de Carthagène (Morillo) le soin d'assurer la tranquillité de la province et de la maintenir sous l'autorité royale, et partit avec le gros de sa division, dans les premiers jours de septembre, pour rejoindre le premier corps d'armée à Madrid.

A cette époque les affaires militaires en Biscaye et en Navarre étaient dans le même état à peu près : c'est-à-dire que la population des campagnes et des villes était entièrement dévouée à la cause du roi Ferdinand, et que les places de Santona, Saint-Sébastien et Pampelune se trouvaient toujours bloquées par des troupes françaises ou royales espagnoles. Ces dernières, composées en très-grande partie de soldats peu accoutumés à la discipline, n'étaient guère propres qu'à faire une guerre de partisans. L'inaction leur pesait autant que l'ordre. Dans le dénuement qu'elles éprouvaient elles désertaient par compagnies ou s'insurgeaient contre leurs chefs. C'est ce qui était arrivé devant Santona, aux bataillons chargés du blocus, sous le commandement de Longa et de Zabala. Les assiégés s'étant aperçus de cette défection, avaient fait, dans la nuit du 15 au 16 mai, une sortie, dont les mesures furent si bien prises et le secret si bien gardé, que les assiégeans ne purent éviter d'être tournés et cernés, et perdirent cinq à six cents hommes tués, pris ou noyés. Le petit port de Laredo, occupé par les royalistes depuis près d'un mois, retomba par suite de cette affaire au pouvoir des troupes constitutionnelles. Le général en chef du troisième corps (prince de Hohenlohe) fut obligé d'envoyer sur ce point quelques bataillons français qui rétablirent l'ordre parmi les troupes royalistes, et forcèrent la garnison de Santona à se renfermer dans ses murs, jusqu'au moment de la reddition de la place, qui eut lieu le 11 septembre.

Les blocus de Saint-Sébastien et de Pampelune étaient plus régulièrement tenus. Quelques sorties avaient été vigoureusement repoussées par les troupes françaises, dont le bon exemple ne contenait pas toujours l'indiscipline de leurs alliés. On en avait vu devant Pampelune une nouvelle et déplorable preuve. Le 2 juin, les troupes espagnoles employées au blocus de cette place, ne reconnaissant plus l'autorité du lieutenant-général comte d'Espagna, avaient déclaré ne vouloir obéir désormais qu'au chef Juanito et à l'ancienne junte royale de Navarre. On craignait les conséquences de cet événement; mais la régence de Madrid réussit à concilier les différends qui s'étaient élevés, et l'ordre se rétablit dans la division insurgée.

On attendait pour former le siége régulier des places dont nous parlons, l'arrivée de la grosse artillerie et la formation d'un cinquième corps de l'armée française, sous les ordres du maréchal marquis de Lauriston.[1]

Nous n'avons point parlé jusqu'à présent des forces navales françaises, appelées à coopérer aux travaux de l'armée d'invasion. Nous devons en donner ici un aperçu pour mettre nos lecteurs à même de suivre les opérations postérieures de la campagne, qui seront décrites dans la deuxième partie de cette relation.

Le gouvernement français avait armé deux escadres, composées de quelques vaisseaux de ligne, frégates, cor-

---

[1] M. le lieutenant-général de Lauriston avait été nommé maréchal de France le 6 juin, en remplacement du duc d'Auerstaedt et prince d'Eckmuhl (Davoust), mort le 1ᵉʳ du même mois.

vettes, bricks, goëlettes, avisos et canonnières;[1] l'une, sous les ordres du contre-amiral Hamelin, était destinée à agir dans l'Océan; après avoir laissé quelques bâtimens sur les côtes de la Biscaye, des Asturies et de la Galice, pour soutenir les opérations de terre dans ces provinces, et bloquer les petits ports que les constitutionnels occupaient encore, le contre-amiral s'était dirigé vers la baie de Cadix. La seconde, commandée par le contre-amiral Desrotours, était chargée de surveiller les côtes de Catalogne, de Murcie et de Grenade, jusqu'au détroit de Gibraltar, où elle devait ensuite prendre part aux opérations devant Cadix, ainsi qu'on le verra plus tard.

Au moment même du passage de la Bidassoa par l'armée française, le ministre de la marine avait fait parvenir à tous les commandans des bâtimens du roi, une circulaire dans laquelle étaient rappelées les expressions pacifiques du prince généralissime alors que S. A. R. déclarait aux Espagnols et à ses propres troupes « que la France n'était point en guerre avec l'Espagne; que tout se ferait pour et avec les Espagnols; que les Français n'étaient que les auxiliaires de ces derniers; qu'ils ne prétendaient point leur imposer des lois, ni occuper leur pays, mais seulement les délivrer du joug des cortès, replacer Ferdinand VII sur son trône, reconcilier son peuple avec lui, et rétablir dans un pays en proie à l'anarchie, l'ordre nécessaire au bonheur et à la sûreté des deux états. »[2] Le ministre ajoutait : « La marine royale trouve la règle de sa conduite dans ces déclarations généreuses qui sont l'expression fidèle des intentions et de la volonté du roi. »

---

[1] Voyez l'état ci-joint.
[2] Voyez les proclamations de S. A. R. le duc d'Angoulême, du 2 et 3 avril, pages 179 et 181.

Telles étaient, au surplus, les dispositions prescrites : on n'arrêterait que les bâtimens de guerre espagnols qui fuiraient à l'approche des vaisseaux français, et les corsaires; on ne confisquerait que les munitions de guerre qui seraient trouvées sur les bâtimens marchands, et les cargaisons de ceux qui chercheraient à s'introduire dans les ports déclarés en état de blocus, après avoir été prévenus selon les formes accoutumées; les bâtimens seraient ensuite relachés; et tous les passagers, à l'exception des déserteurs ou des transfuges français, seraient mis en liberté.

Ces instructions étaient communes aux commandans des escadres en croisière sur les mers d'Europe, et à ceux des stations d'Amérique. Ainsi, les relations commerciales ne devaient être troublées que dans les cas nécessaires pour assurer le succès de l'intervention de la France dans les affaires de la péninsule.[1]

---

[1] C'est ici le cas de parler de la prise faite le 22 février dans le voisinage des Açores, par le vaisseau de guerre *le Jean-Bart*, du bâtiment de commerce espagnol *la Nueva Veloz-Mariana*; cet événement (étranger d'ailleurs à notre narration), arrivé six semaines avant le commencement des hostilités sur le continent, avait été amené, dit-on, par l'imprudence du capitaine espagnol. La manœuvre de celui-ci pour éviter la visite du vaisseau français, et l'examen de ses papiers, le firent considérer comme corsaire, et son navire fut conduit à la Martinique. Plus tard, la capture ayant été déclarée valable par le conseil des prises, on confisqua les trois millions en espèces qui se trouvaient à bord; on vendit le reste de la cargaison, consistant en denrées et autres productions coloniales; et toutes ces valeurs furent déposées à la caisse des dépôts et consignations, pour faire droit, s'il y avait lieu par la suite, aux réclamations des négocians intéressés.

LIVRE SECOND

CHAPITRE Iᵉʳ.

Installation des cortès à Cadix. — La régence provisoire remet ses pouvoirs. — Suicide du ministre de la guerre D. Stanislas Sauchez Salvador ; mesures prises par les cortès et le ministère constitutionnel. — Le général Bordesoulle arrive devant Cadix ; ses dispositions pour assurer le blocus de cette place. — Les troupes constitutionnelles sorties de l'île de Léon sont repoussées sur tous les points de la ligne française. — Dispositions prises par le général Bourmont ; expédition d'une colonne de troupes françaises dans le comté de Niebla. — Le duc d'Angoulême quitte Madrid pour se rendre devant Cadix. — Capitulation du général Ballesteros. — Ordonnance d'Andujar ; ses suites.

Le roi d'Espagne était entré à Cadix le 15 juin, à six heures du soir, avec le même cérémonial qu'on eût observé s'il eût été en possession de sa pleine et entière autorité. Le lendemain 16, une centaine de membres des cortès, arrivés de Séville dans un bateau à vapeur, s'assemblèrent en séance extraordinaire dans le même local où s'était tenue la réunion des cortès de 1812. La régence provisoire introduite dans le sein de l'assemblée, déclara qu'elle remettait ses pouvoirs, attendu que S. M. était rendue au lieu qu'on lui avait prescrit, et que les cortès étaient en nombre suffisant pour reprendre le cours de leurs délibérations. Le roi parut très-indifférent à cette prétendue remise de l'autorité entre ses mains, ainsi qu'à toutes les félicitations officielles qui lui furent adressées à cette occasion ; mais les ministres se hâtèrent de reprendre l'exercice du pouvoir exécutif, et les cortès leurs séances ordinaires. Le 18, cent dix députés étaient alors présens.

Le matin de ce même jour (18), un funeste événement avait eu lieu dans la ville. D. Stanislas Sanchez Salvador, ministre de la guerre par intérim dans l'absence du général Zarco-del-Valle, s'était coupé la gorge avec un rasoir, après avoir passé la nuit à brûler ses papiers. Ce suicide fut attribué à plusieurs motifs : aux circonstances fâcheuses où se trouvait le gouvernement, à des tentatives avortées, à la crainte de compromettre des amis. Il avait laissé un écrit, dans lequel il disait que la vie lui était devenue insupportable ; mais qu'il descendait au tombeau « sans que sa conscience lui reprochât d'avoir jamais commis un crime ou une offense. » On ne chercha point à approfondir le secret de cette mort, et le portefeuille de la guerre fut remis, toujours par intérim, au ministre de la marine.

Le premier acte des cortès fut de déclarer que la régence nommée à Séville avait bien mérité de la patrie. L'assemblée s'occupa ensuite des mesures sanitaires d'approvisionnement et de défense de la place de Cadix et de l'île de Léon, et renvoya à une commission spéciale la proposition faite par plusieurs membres d'inviter le gouvernement à indiquer les moyens de sauver la patrie de la crise dans laquelle elle se trouvait.

De son côté, le ministère prit aussi des mesures d'organisation et de défense. Le gouvernement politique et militaire de Cadix et le commandement en chef de la marine furent confiés au lieutenant-général D. Gayetano Valdés, ex-président de la régence provisoire. Le général Alava eut l'inspection générale de l'artillerie et du génie; D. Raphaël Riégo reçut le commandement en second de l'armée sous les ordres de Ballesteros, et Zayas, celui d'une armée de réserve qui devait être organisée à Grenade. Toutes ces nominations étaient faites au nom du roi; mais on pense bien que S. M. n'avait pas été consultée sur les choix. Déjà on avait beaucoup amélioré, depuis les événemens de 1820, les fortifications de Cadix, de l'île de Léon et des forts qui en défendent l'accès, le Trocadero, la tête du pont de Suazo, le fort de Santi-Petri; il s'y trouvait une artillerie très-nombreuse et des munitions de guerre en abondance. On désarma quelques vieux bâtimens, entre autres *l'Asia*, vaisseau de 64, pour armer des chaloupes canonnières, dont le nombre fut porté jusqu'à quatre-vingts. Comme la population de Cadix s'était augmentée de vingt-cinq à trente mille réfugiés de Madrid et de Séville, on eut dans les premiers momens quelque inquiétude sur les subsistances; mais les forces françaises employées au blocus maritime étant alors insuffisantes par le grand développement qu'il nécessitait dans des parages bordés d'écueils et de bas-fonds, il fut facile à un certain nombre de bâtimens neutres d'apporter des vivres en assez grande quantité pour former des magasins d'approvisionnement.

Cependant le général Bordesoulle continuant sa marche directement sur Cadix, après être entré en communication par Séville avec le général Bourmont, était arrivé le 24 juin à Puerto-Santa-Maria. Sa colonne, affaiblie par quelques détachemens laissés sur la route depuis la Sierra-Morena, était réduite à un effectif moindre de six mille hommes, force bien inférieure à celles dont l'ennemi pouvait disposer pour la défense de ses positions dans l'île de Léon. A la vérité, après avoir poursuivi des débris du corps de Lopez-Banos, et avoir fait les dispositions nécessaires pour observer les débouchés de Badajoz et du comté de Niebla, d'où quelques partis ennemis pouvaient venir inquiéter le flanc droit du corps d'expédition, et se porter sur ses communications, le général Bourmont put fournir une brigade de renfort à la division devant Cadix. D'autre part, le général Latour-Foissac avait été placé avec un détachement à Cordoue et Andujar pour observer la Sierra-Morena, le royaume de Jaën, et les mouvemens que le général Ballesteros pourrait tenter de ce côté.

Le général Bordesoulle dut s'occuper d'abord d'intercepter toutes les communications de l'île de Léon avec l'intérieur du pays, au moyen de l'occupation (outre Puerto-Santa-Maria où il établit son quartier-général) de Rota, Puerto-Real et Chiclana, sur un développement de plus de dix lieues, pendant que la croisière déjà établie devant Cadix, et avec laquelle le général français s'était d'abord mis en communication, cherchait à empêcher les arrivages par mer.

A cette époque, le contre-amiral Hamelin ayant détaché (en venant des ports de France) plusieurs bâtimens de son escadre sur les côtes de la Biscaye et de la Galice, se trouvait réduit à un vaisseau, deux frégates et quelques bâtimens légers. Comme ces forces n'étaient pas en rapport avec l'étendue et la nature des opérations à embrasser, il fallut former à Séville, à San-Lucar de Barameda, et Puerto-Santa-Maria, des ateliers de construction propres à disposer en canonnières et bombardes les bâtimens de commerce trouvés sur ces différens points. De plus, les moyens en artillerie manquant absolument par suite de la désorganisation de l'arsenal et de la fonderie de Séville, on dut en faire arriver de Valence, de Bayonne et même de Lisbonne [1].

---

[1] Ce nouvel armement devait se composer d'une vingtaine de cha-

Ces dispositions préparatoires exigeaient du temps, surtout dans un pays dépourvu de moyens d'exécution de tout genre; aussi les constitutionnels en profitèrent-ils, comme nous l'avons déjà dit, pour faire arriver des vivres à Cadix par des bâtimens qui s'introduisaient sans obstacles dans le canal de Santi-Petri, sous la protection du fort de ce nom qui en défend l'entrée.

Le général français fit établir et armer sans délai les ouvrages qui devaient assurer la ligne d'investissement et arrêter les sorties des troupes de l'île et de la place de Cadix, dont l'effectif était de douze à quatorze mille hommes [1]. Les anciennes redoutes élevées lors du premier siége, et dites de *Bellune* et *Ruffin* [2], et les anciens postes depuis Torre-Vermeja jusqu'à Puerto-Real furent rétablis. Cette dernière ville fut barricadée et crénelée, et l'on construisit sur le plateau qui en forme la tête une batterie qui reçut le nom d'*Angoulême*.

Ces travaux étaient à peu près terminés, lorsque le 16 juillet, à cinq heures du matin, les troupes constitutionnelles, au nombre de huit à neuf mille hommes, sous les ordres des brigadiers-généraux Burriet, Carlos Espinosa et Demetrius O'daly, divisés en quatre colonnes, débouchèrent du Trocadero et de l'île de Léon, dans le dessein de se porter sur les divers points de la ligne de blocus; mais le général Bordesoulle avait pris d'avance ses dispositions, en donnant

---

loupes canonnières, de quelques bâtimens légers, et de douze à quinze bombardes.

[1] On comptait huit à neuf mille miliciens et cinq mille hommes environ de troupes de ligne, indépendamment d'un assez grand nombre de marins, répartis sur une cinquantaine de chaloupes canonnières.

[2] Ainsi appelées du nom du maréchal commandant le premier corps et de l'un des généraux de division blessé à mort à la bataillle de Chiclana, le 5 mars 1811. Voyez tome xx de cet ouvrage.

l'ordre aux troupes (à l'exception de celles placées dans les postes fortifiés), de se retirer pour attirer l'ennemi hors de la portée de ses batteries, et pour l'empêcher ensuite, par une attaque vigoureuse et bien combinée, de rentrer dans ses retranchemens.

Soutenues par l'artillerie des batteries de l'île de Léon et du fort Santi-Petri, et celle de neuf chaloupes canonnières, trois de ces colonnes s'avancèrent dans les directions de Puerto-Real, du moulin de l'Osio et de Chiclana, tandis qu'une quatrième, qui avait passé en barques le Rio-Santi-Petri, près son embouchure, sous la protection du fort, marchait directement sur Chiclana, en traversant le bois de sapin qui s'étend depuis la mer jusqu'auprès de cette ville.

La colonne ennemie qui s'était portée sur Puerto-Real, forte de quatorze à quinze cents hommes, fut d'abord repoussée par un détachement de cent hommes du trente-sixième de ligne, sous les ordres du chef de bataillon Monistrol, pendant que le général Gougeon manœuvrait avec le gros de sa brigade (deux bataillons du trente-sixième de ligne et le huitième régiment de dragons) pour envelopper les assaillans. Ceux-ci se retirèrent en désordre sous la protection de leurs batteries, et rentrèrent dans le Trocadero avec une perte presque égale en nombre au détachement du trente-sixième [1].

Une autre colonne de mille hommes, sortie de la Carraca, s'était dirigée par la Venta-Nueva sur la redoute Ruffin; mais une seule compagnie du trente-quatrième régiment s'étant montrée sur ce point, suffit pour arrêter le mouvement; et l'ennemi n'osa point s'éloigner de la protection du

---

[1] La colonne constitutionnelle eut quatre-vingt-quatre hommes tués, blessés ou prisonniers; cet engagement fit honneur au chef de bataillon Monistrol.

feu de deux chaloupes canonnières et des batteries de la Carraca, quoique les troupes qui occupaient la redoute Ruffin se fussent repliées dans l'intention de l'attirer plus avant.

Une troisième colonne, forte de cinq mille hommes environ, après avoir débouché par le pont de Suazo, s'était divisée en trois sections : l'une de quinze cents hommes, appuyée par une chaloupe canonnière, attaqua le moulin d'Osio, et fut d'abord si vigoureusement reçue par une compagnie de voltigeurs du trente-quatrième régiment qui défendait ce poste, qu'elle joncha le terrain de morts et de blessés. Dans le même temps la seconde section, à peu près de la même force que la précédente, s'était portée sur la redoute de Bellune; mais le feu de deux compagnies, soutenues par deux bataillons échelonnés, la força de se rejeter sur le détachement qui continuait à menacer le moulin d'Osio. La compagnie de voltigeurs placée à ce dernier poste, redoublant alors de vigueur, arrêta seule par sa belle résistance les deux sections réunies (près de trois mille hommes). Au bout d'une heure de fusillade, et après avoir éprouvé une perte considérable, les assaillans prirent le parti de rentrer dans l'île de Léon. Les deux mille hommes qui composaient la troisième section ne furent pas plus heureux devant Chiclana, où ils devaient attaquer, de concert avec la quatrième colonne, sortie de Santi-Petri; accueilli d'abord par une vive fusillade, et mitraillé ensuite par trois pièces d'artillerie de la garde royale, ce détachement ennemi se retira avec une assez grande perte et fut poursuivi jusqu'au canal.

Arrivée non loin de Chiclana, la quatrième colonne avait rencontré un bataillon du vingtième régiment en position à la Chapelle Santa-Anna, sous les ordres du général prince de Carignan. Le combat qui s'était engagé aussitôt durait depuis une heure, lorsque le général comte de Béthisy, débarrassé des troupes qu'il venait de repousser à Chiclana, accourut sur le lieu de l'action avec un bataillon de la garde. Ce renfort décida la retraite des constitutionnels, qui se replièrent en désordre pour regagner leurs barques, sur lesquelles les Français voulaient s'élancer, malgré les feux croisés du fort Santi-Petri, d'une batterie du canal et de deux chaloupes canonnières.

La perte de l'ennemi, dans cette journée, s'éleva à plus de mille hommes, tant tués que blessés [1]. La contenance intrépide des troupes françaises, le grand parti qu'on avait su tirer des anciens postes occupés dans la guerre précédente, firent connaître aux constitutionnels que si leur position dans l'île de Léon offrait des ressources pour la défensive, elle présentait peu d'avantage pour l'offensive.

Cette grande sortie avait été entreprise dans le but de rétablir la confiance très-ébranlée des troupes constitutionnelles, et de favoriser le mouvement que Ballesteros devait faire sur l'Andalousie, conformément à l'ordre qu'il en avait reçu du gouvernement des cortès, ainsi que nous l'avons dit dans le chapitre IV. Nous avons fait connaître le motif qui l'avait fait rétrograder sur Murcie, au moment où il apprit la marche offensive du général Molitor. Nous ajouterons qu'il s'était proposé de reprendre la direction qui lui était prescrite, après avoir essayé de repousser ou d'arrêter son adversaire et de pénétrer en Andalousie par le royaume de Jaën, afin de venir prendre à revers le corps français devant Cadix; mais les événemens qui suivirent le combat de Campillo, et que nous rapporterons bientôt, devaient, en faisant échouer

---

[1] Une trêve de trois heures fut accordée aux troupes constitutionnelles pour enterrer leurs morts; et elle donna lieu à quelques pourparlers qui furent suivis de désertions nombreuses parmi les Espagnols.

le dessein du général constitutionnel, anéantir les espérances du gouvernement de Cadix, et délivrer les troupes françaises réunies devant cette place de toute crainte d'être inquiétées sur leur flanc gauche, pendant une entreprise à laquelle étaient attachées la délivrance du roi d'Espagne et la fin de la guerre.

Sur ces entrefaites, l'escadre du contre-amiral Hamelin fut renforcée de quelques bâtimens de guerre; une flotille de chaloupes canonnières, placée sous les ordres de l'amiral espagnol Villa-Vicencio, et organisée à Séville par les soins du général Bourmont, descendit le Guadalquivir pour venir prendre part aux opérations de la marine française devant Cadix et l'île de Léon.

Le général Bourmont était resté à Séville pour protéger, comme nous l'avons dit, les communications des troupes du blocus avec l'armée et le grand quartier-général, et accélérer le transport de l'artillerie et des munitions à Puerto-Santa-Maria, couvrir le cours du Guadalquivir, et tenir en respect les débris du corps de Lopez-Banos qui s'étaient retirés dans le comté de Niebla, à l'est de la province ou royaume de Séville. Ces débris s'étaient réunis en un parti fort de trois cents fantassins et deux cent cinquante chevaux environ de la ligne, sous les ordres du brigadier D. Ramirez. Cet officier actif et entreprenant s'était posté sur la rive droite du Rio-Tinto, et avait formé près de lui une junte de défense, au moyen de laquelle il frappait tout le pays environnant de contributions extraordinaires, ralliait les déserteurs et les fuyards, armait les milices locales, rassemblait les ressources du comté et des provisions en vivres qu'il expédiait à Cadix par le port d'Ayamonte; il était maître d'ailleurs de plusieurs autres ports, tels que Huelva, Moguer, etc., et occupait Trigueras, Gibraleon, s'appuyant au petit fort de Paymago, près de la frontière de Portugal, où se trouvait une garnison spéciale sous les ordres du général du génie D. Ramon Arocha.

Il eût été dangereux de laisser ce parti ennemi prendre une plus grande consistance ; aussi le général Bourmont prit-il la résolution de diriger sur le comté de Niebla une colonne mobile, composée d'un bataillon du neuvième d'infanterie légère et de cent cinquante chevaux du septième et neuvième de dragons, sous les ordres du colonel marquis de Conflans, pour chasser les constitutionnels des différens postes qu'ils y occupaient. Ramirez instruit de la marche de la colonne française, se hâta de rappeler près de lui les détachemens qu'il avait sur divers points du comté. Posté dans Trigueras, il faisait mine de vouloir s'y défendre; mais le marquis de Conflans l'en délogea promptement, le poursuivit sur la route de Gibraleon et le força à se jeter dans les montagnes. L'occupation des divers ports du comté de Niebla eut lieu immédiatement, et toute communication entre Ramirez et Cadix fut interceptée.

Ce partisan avait gagné la frontière du Portugal, d'où se rabattant vers l'embouchure de la Guadiana, une portion de sa troupe était parvenue à s'embarquer pour Gibraltar. Le fort de Paymago restait encore à soumettre; la garnison en sortit à l'approche des troupes françaises pour se retirer en Portugal ; mais une reconnaissance de vingt-huit dragons, commandés par le capitaine Delarue Saint-Léger, s'étant mise à sa poursuite, l'atteignit, la culbuta et lui fit soixante-quatorze prisonniers, parmi lesquels le général D. Ramon Arocha, un colonel et cinq officiers. Ce dernier événement acheva de débarrasser le comté de Niebla des partisans constitutionnels, et assura la droite du corps d'opération en Andalousie.

Cependant S. A. R. le duc d'Angoulême, incertain des résultats du dernier mouvement du général Molitor sur

Murcie et Grenade, et sentant la nécessité de porter de plus grands moyens d'attaque contre Cadix, avait résolu de venir prendre lui-même la direction des opérations devant cette place, qu'on ne pouvait plus espérer de réduire par le manque de subsistance, depuis les arrivages dont nous avons parlé, et que la croisière n'avait pas été en mesure d'empêcher[1].

Le départ du prince généralissime fut fixé au 28 juillet; et avant de quitter Madrid, S. A. R. ordonna les dispositions suivantes :

Le maréchal duc de Reggio, dont le quartier-général restait à Madrid, était chargé du commandement supérieur des provinces de la Castille-Nouvelle, de l'Estramadure, de Ségovie, de Léon (y compris les provinces particulières de Salamanque et de Valladolid), de Galice et des Asturies.

Le prince de Hohenlohe, général en chef du troisième corps, avait le commandement supérieur des provinces de Saint-Ander, Burgos, Soria, Santo-Domingo ou la Rioga, l'Alava et Biscaye. Le quartier-général de S. A. S. restait à Vittoria.

Le maréchal duc de Lauriston, commandant en chef du cinquième corps (ou deuxième corps de réserve de l'armée), était chargé du commandement supérieur des provinces de Guipuscoa, de Navarre, d'Aragon et de l'Èbre inférieur; son quartier-général devait être placé à Tolosa.

Le lieutenant-général comte Molitor avait le commandement supérieur du royaume de Valence, de Murcie et de Grenade.

Le général vicomte Latour-Foissac, commandant en chef une colonne d'opérations détachée du corps d'expédition d'An-

---

[1] A l'arrivée des troupes françaises devant Cadix, le 24 juin, cette place, dont la population était alors évaluée à plus de cent mille âmes, n'avait pas pour quinze jours de vivres. Un mois après elle était approvisionnée pour six mois, sans avoir rien reçu par la voie de terre.

dalousie, avait le commandement supérieur des royaumes (ou provinces) de Jaën et de Cordoue.

Enfin, le lieutenant-général Bordesoulle, commandant en chef le premier corps de réserve, avait le commandement supérieur du royaume de Séville et des opérations devant Cadix.

Cette division pouvait recevoir des modifications selon les circonstances; mais, jusqu'à nouvel ordre, tous les généraux commandant des troupes françaises et espagnoles devaient correspondre avec les commandans supérieurs ci-dessus dénommés.

Le 28, le duc d'Angoulême partit de Madrid, emmenant avec lui une colonne de trois mille hommes, composé de troupes d'infanterie de la garde, sous les ordres du général d'Ambrugeac, et prit la direction de l'Andalousie. S. A. R. traversa la Manche et la Sierra-Morena; et partout sur son passage elle fut saluée des acclamations et des vœux de la population [1]. C'est dans ce voyage que le prince apprit successivement la défaite de Ballesteros à Campillo, et la convention que ce général venait de conclure avec le comte Molitor.

Nous devons parler ici de cette dernière circonstance.

Mécontent de la conduite des cortès et du ministère constitutionnel, hésitant déjà, même avant le combat de Campillo, sur le parti qu'il devait prendre, Ballesteros n'avait pu se dissimuler la position de plus en plus critique où il se trouvait après sa dernière défaite. La présence de la colonne

---

[1] La colonne se mettait en marche tous les jours à deux heures du matin, et à dix heures elle était arrivée au lieu d'étape. Le prince donnait l'exemple; il était toujours le premier à cheval, marchant au pas à la tête ou au milieu des troupes, que sa présence portait au dernier degré d'enthousiasme.

du général Latour-Foissac sur la seule route par laquelle il pût continuer sa retraite, la désertion effrayante qui se manifestait alors parmi ses troupes, avaient achevé de fixer ses idées. Le 30 juillet, il avait envoyé un de ses aides-de-camp au général en chef du deuxième corps pour lui proposer une suspension d'armes, ou plutôt une capitulation avec les garanties que l'état des choses rendait nécessaires. A la suite de plusieurs conférences, il fut convenu, le 4 août, que le général constitutionnel, l'armée sous ses ordres, les autres généraux et gouverneurs des places situées dans l'étendue de son commandement, reconnaîtraient la régence établie à Madrid durant l'absence du roi; les troupes devaient se rendre dans des cantonnemens fixés de concert avec le général en chef français. Les généraux, chefs et officiers de l'armée constitutionnelle conservaient leurs grades, emplois et décorations, ainsi que la solde dont ils jouissaient; aucun des individus de cette armée ne pouvait être inquiété, poursuivi ni molesté pour ses opinions antérieures à cette convention, ni pour les faits analogues, excepté ceux qui étaient de la compétence de la justice ordinaire; la solde devait être payée par le trésor d'Espagne, et, en cas de retard ou d'impossibilité, on devait continuer de donner aux troupes les rations d'étape dans les cantonnemens qui leur seraient assignés. Les individus de la milice qui voudraient retourner dans leurs foyers pourraient le faire librement, et trouveraient sûreté et protection.

Le prince généralissime, à son passage à la Caroline (le 6 août), ratifia cette capitulation qui amena bientôt l'entière soumission des royaumes de Murcie, de Grenade, et de la partie de l'Andalousie qui y confine. Cette heureuse circonstance permit alors à S. A. R. de détacher du deuxième corps six bataillons qui, sous les ordres du général Ordonneau, se rendirent immédiatement de Grenade devant Cadix, pour prendre part aux opérations qu'on allait pousser avec vigueur.

Ce fut deux jours après la ratification dont nous venons de parler, le 8 août, que le digne neveu de l'auguste auteur de la Charte française, arrivé à Andujar, rendit la célèbre ordonnance qui porte le nom de cette ville, et qui sera dans nos annales un témoignage impérissable de l'esprit de modération et de sagesse du prince qui avait déjà fait entendre aux Français, après la terrible crise de 1815, les mots si consolans d'*union* et d'*oubli*. Selon des rapports dignes de foi, cette détermination avait été inspirée à S. A. R. par la nécessité de rassurer les troupes constitutionnelles disposées à capituler, contre les excès d'un parti que l'armée française venait de délivrer de l'oppression, et qui ne voulait pas respecter les engagemens de ses libérateurs [1]. Le duc d'Angoulême voulut

---

[1] Ces excès avaient eu lieu dans plusieurs des provinces rentrées sous l'autorité royale, et où la régence de Madrid avait donné les places administratives aux plus zélés partisans du gouvernement absolu. Les événemens de Séville et la translation de la famille royale à Cadix avaient exalté les passions d'une populace qui servait tour à tour d'instrument à tous les partis. Le bruit répandu, dans le cours du mois de juillet, d'une conciliation générale au moyen de modifications à la constitution de 1812, ou d'une nouvelle charte octroyée par le roi, avait excité plus que jamais l'horreur que les royalistes exagérés manifestaient pour toute espèce de transaction avec leurs adversaires. A Saragosse, on fit en trois jours (du 20 au 23 juillet), quinze à seize cents arrestations des personnes les plus riches. Des bandes ou escouades de gens de la lie du peuple opéraient ces arrestations; les prisons de l'inquisition en étaient encombrées; les femmes qui portaient des alimens à leurs maris détenus étaient insultées; quelques-unes même furent massacrées. Une de ces bandes poussa l'audace jusqu'à se présenter chez le commandant espagnol de la ville pour demander l'autorisation de procéder régulièrement au pillage des maisons des *negros* (c'était le nom que les réacteurs donnaient aux constitutionnels) pendant trois jours; et le commandant ne put les détourner de ce

donner en même temps à tous les Espagnols une garantie de son noble caractère et de sa puissance médiatrice. Voici le texte de l'ordonnance :

« Nous Louis-Antoine d'Artois, fils de France, duc d'Angoulême, commandant en chef l'armée des Pyrénées : Considérant que l'occupation de l'Espagne par l'armée française sous nos ordres, nous met dans l'indispensable obligation de pourvoir à la tranquillité de ce royaume et à la sûreté de nos troupes;

« Avons ordonné et ordonnons ce qui suit :

Art. 1. « Les autorités espagnoles ne pourront faire aucune

dessein qu'en les assurant que la garnison française ne permettrait pas de semblables violences. En effet, cette faible garnison, consistant en quinze cents hommes de dépôts des différens régimens du corps d'armée du général Molitor, sous les ordres du brave colonel Bellanger, fit bonne contenance; mais, malgré ses généreux efforts, elle ne put empêcher que des caisses publiques et quelques maisons particulières ne fussent pillées. — A Madrid même, la présence de la régence, celle du prince généralissime et de l'élite de l'armée française, avaient à peine suffi pour contenir la fureur des exaltés, et un accident fâcheux était venu la redoubler. Le dimanche 20 juillet, comme le duc d'Angoulême sortait de l'église des *Clerigos minores d'el spiritu santo*, où S. A. R. venait d'entendre la messe, un incendie se manifesta de trois côtés à la fois dans l'église, autour du cœur, près de la place que venait de quitter le prince. Cet événement extraordinaire fut attribué à un complot dont s'accusaient réciproquement les deux partis. Suivant l'un, c'étaient les *negros* qui voulaient se débarrasser du chef de l'armée française; suivant l'autre, les *manolos* (nom donné aux royalistes exaltés) avaient commis cet acte sacrilége dans l'intention d'en rejeter l'odieux sur leurs ennemis, qu'on ménageait trop à leur gré, et de se venger de la modération qui voulait les contenir. Quoi qu'il en soit des causes réelles de cet incendie durant lequel on vit des gens de la plus basse classe du peuple répandus en armes dans les principaux quartiers de la capitale, parler de pillage et d'assassinat, l'événement n'avait rien changé au système du prince et à la conduite des soldats français, qui continuèrent à sauver les victimes de la réaction.

arrestation sans l'autorisation du commandant de nos troupes dans l'arrondissement duquel elles se trouveront.

2. « Les commandans en chef des corps de notre armée feront élargir tous ceux qui ont été arrêtés arbitrairement, et pour des motifs politiques, notamment les miliciens rentrant chez eux. Sont toutefois exceptés ceux qui, depuis leur rentrée dans leurs foyers, ont donné de justes motifs de plainte.

3. « Les commandans en chef des corps de notre armée sont autorisés à faire arrêter ceux qui contreviendraient au présent ordre.

4. « Tous les journaux et journalistes sont placés sous la surveillance des commandans de nos troupes.

5. « La présente ordonnance sera imprimée et affichée partout, etc., etc. »

Au moment où cette ordonnance était rendue, une grande agitation régnait à Madrid, où il n'était resté après le départ du prince que trois mille deux cents hommes de troupes françaises et quatorze pièces d'artillerie. Le bruit venait de se répandre que le roi Ferdinand jouissait de toute sa liberté, et que des arrangemens avaient été conclus à Cadix entre les Français et les constitutionnels. A cette nouvelle, le peuple, en se livrant aux démonstrations de la plus vive allégresse, avait fait entendre les cris de *Vive le roi absolu ! Meurent la constitution et les libéraux !* et les patrouilles françaises avaient eu beaucoup de peine à dissiper les nombreux rassemblemens, où des officiers de l'armée de la Foi et des agens de la junte apostolique faisaient hautement l'éloge du pouvoir absolu, de la sainte inquisition, et se répandaient en injures conte le système représentatif et les chambres.

Cet état de choses durait depuis quelques jours, lorsque le maréchal duc de Reggio reçut, le 12, l'ordonnance d'Andujar. Il se disposait à la publier; et des relations disent qu'elle était déjà livrée à l'impression, mais qu'elle en fut tout à coup retirée. Pendant les pourparlers que cette communication amena entre le maréchal, la régence, et même, dit-on, des membres du corps diplomatique [1], des officiers français se mirent en devoir de procéder à l'exécution des ordres du prince généralissime, et firent sortir des prisons plusieurs détenus, au grand mécontentement de la populace et de la faction qui l'excitait. La régence, informée de cet événement, envoya sur-le-champ au duc de Reggio une protestation en forme contre cet acte qu'elle considérait comme un outrage fait à l'autorité dont elle était investie. C'était ainsi qu'elle répondait officiellement à la communication de l'ordonnance. Une conduite aussi inconvenante pouvait avoir les plus fâcheuses conséquences; mais la régence s'empressa d'y apporter un palliatif en publiant le lendemain, 14 août, un décret par lequel elle ordonnait de son chef, *en son nom*, de mettre en liberté ceux des détenus qui ne se seraient pas rendus coupables d'excès pour renverser la constitution fondamentale du royaume, et qui n'auraient été qu'entraînés *par défaut d'instruction ou de bon jugement*.

Madrid n'était pas le seul point où l'ordonnance d'Andujar dût rencontrer une opposition scandaleuse. Le fameux trapiste, Maranon, avait été chargé par la régence de poursuivre, dans la province de Rioja, quelques bandes constitutionnelles, et d'organiser un corps de milices royales, composé d'infanterie et de cavalerie; ce moine défendit la publication de l'ordonnance, et destitua les autorités royales qui voulaient s'y soumettre. Appelé à Vittoria par le général en chef du troisième corps, prince d'Hohenlohe, il osa déclarer qu'il

---

[1] Après l'établissement de la régence de Madrid, plusieurs des ministres étrangers étaient revenus dans cette ville.

ne coopérerait point à l'exécution des ordres de S. A. R. le duc d'Angoulême; et cette insolence resta impunie, par la crainte que l'on eut d'augmenter l'effervescence publique, en faisant arrêter le fougueux agent de la régence.

Lorsque le même décret d'Andujar parvint à la division royaliste espagnole employée au siége de Pampelune en Navarre, cette troupe se mit en insurrection; des officiers haranguèrent les rassemblemens et s'exprimèrent en termes injurieux contre l'armée française et son auguste chef, qui, disaient-ils, après être entré en Espagne pour rétablir le roi absolu, voulait maintenant y établir deux chambres et une constitution libérale. On rédigea une adresse à la régence, où la division tout entière protestait de la manière la plus insolente contre l'exécution de l'ordonnance [1].

Cette adresse, signée par tous les chefs des corps et par

---

[1] Ce document est trop remarquable pour que nous négligions de le faire connaître littéralement:

« Les militaires de cette division, disait l'adresse, résolus à tout sacrifier pour le gouvernement légitime et l'honneur de leur pays, n'ont pu voir avec indifférence l'autorité suprême de V. A. S. (la régence) renversée, nos lois violées, la nation outragée par ceux qui n'étaient venus que pour les protéger. V. A. S. a été dépouillée de sa puissance suprême; les autorités inférieures des provinces n'exercent plus leurs fonctions. C'est ainsi que le duc d'Angoulême l'a décidé, et il a consommé cette usurpation par un décret (l'ordonnance d'Andujar)..... Si ce décret a été réellement promulgué, et s'il doit être mis à exécution, V. A. S. peut compter sur tous les individus de cette division qui, la première, a fait entendre le cri de guerre contre les rebelles, avec l'intention de replacer le roi sur le trône de ses ancêtres, et la nation sous les auspices de son gouvernement légitime; elle sera aussi la première à se sacrifier tout entière, plutôt que de consentir à ce que la nation espagnole soit gouvernée par une autorité militaire étrangère. Un attentat que n'osa pas commettre le tyran du monde doit être réprimé à l'instant, quelles qu'en soient les conséquences, et dussions-nous être exposés aux plus grands dangers; que l'Espagne soit couverte des cadavres de ses enfans, plutôt que de vivre avilie par le déshonneur et de subir le joug de l'étranger!.... »

un militaire de chaque grade, accompagnée d'une protestation anticipée contre l'établissement de tout autre gouvernement que celui qui existait avant la révolution de 1820, fut envoyée à Madrid et bien accueillie par la régence; elle était déjà livrée à l'impression, et on en avait tiré quatre mille exemplaires, lorsque le duc de Reggio les envoya saisir par un piquet de gendarmes, et se plaignit en même temps à la régence, en lui rappelant qu'elle avait promis de ne point donner de publicité à un écrit aussi inconvenant. La régence répondit au maréchal par une espèce de désaveu, tout en se plaignant à son tour de l'emploi des gendarmes français dans un acte de police espagnole. L'adresse ne fut point publiée, mais elle n'en produisit pas moins d'agitation et d'inquiétude. Enfin, pour ne plus revenir sur cette affaire qui attira l'attention des politiques dans toute l'Europe, nous dirons ici que le prince généralissime, cédant à de puissantes considérations d'intérêt local, envoya de son quartier-général de Puerto-Santa-Maria (le 26 août) une explication de son ordonnance d'Andujar, signée seulement du major-général comte Guilleminot, en forme d'instruction adressée aux généraux en chef des différens corps de l'armée française, par laquelle S. A. R. réduisait l'application des mesures prescrites aux individus compris dans les capitulations, et, pour la surveillance des journaux espagnols, à empêcher « qu'il fût in-
« séré des articles qui pussent aigrir les partis, ou paralyser
« l'effet des mesures prises par le prince, par des personna-
« lités inconvenantes, soit sur ce qui touchait les opérations
« militaires, soit sur ce qui était relatif à la pacification de
« l'Espagne et à la liberté de S. M. C., objet principal des
« efforts de S. A. R. »

S'il était besoin de justifier les vues du prince généralissime dans son ordonnance d'Andujar, il suffirait de remarquer qu'au moment même où elle excitait tant de fureur dans un parti, le général Bourcke obtenait, d'après les mêmes principes, la reddition de la Corogne, dont le siége prolongé eût coûté à l'armée française de nouveaux combats et de nouvelles fatigues, et l'entière soumission de la Galice qui rendait disponible une des divisions du corps du maréchal duc de Reggio, laissé avec trop peu de forces à Madrid pour assurer la tranquillité des provinces placées sous son commandement.

CHAPITRE II.

Arrivée de S. A. R. le duc d'Angoulême à Puerto-Santa-Maria. — Occupation d'Algésiras, de l'Ile Verte et de Tarifa par les troupes françaises. — Convocation d'un conseil de guerre au quartier-général français. — Dispositions prises pour l'attaque du Trocadero. — Le prince généralissime envoie un de ses aides-de-camp à Cadix pour demander que le roi soit remis en liberté. — La tranchée est ouverte devant le Trocadero. — Sortie repoussée. — Reconnaissance de la coupure faite devant les retranchemens ennemis. — Attaque et prise de ces mêmes retranchemens et du fort Saint-Louis. — Effet produit dans Cadix par la perte du Trocadero; le général Alava est envoyé en parlementaire au prince généralissime; réponse de S. A. R. — Le ministère espagnol convoque les cortès extraordinaires.

Le prince généralissime étant arrivé le 16 août à Puerto-Santa-Maria, où fut établi son quartier-général, S. A. R. se fit rendre compte sur-le-champ de la position des troupes, de l'état des travaux, et témoigna sa satisfaction des dispositions prises par les lieutenans généraux Bordesoulle et Dode-Labrunerie. Ce dernier, commandant en chef l'arme du génie, avait précédé le prince de plusieurs jours pour préparer les moyens d'attaque. Avec la colonne qui avait accompagné S. A. R. dans son trajet de Madrid à Cadix, et les six bataillons récemment détachés du deuxième corps, l'armée de siége présentait un effectif de plus de vingt mille hommes, sans compter les troupes restées sous les ordres directs des généraux Bourmont et Latour-Foissac à Jaën, Cordoue et Séville, et quelques autres postes ou détachemens dans l'Andalousie.

Peu de temps après son arrivée, le prince reçut la nouvelle de l'occupation d'Algésiras par les troupes françaises, ce qui lui assurait toute la côte qui s'étend de Gibraltar à l'île de Léon.

Jusqu'alors Cadix avait tiré ses approvisionnemens du comté de Niebla et de la place de Gibraltar; mais on a vu dans le chapitre précédent que les ressources du comté avaient été enlevées aux constitutionnels par l'expédition dirigée sur ce point par le général Bourmont. Restait le port de Gibraltar, où la cupidité de quelques marchands anglais avait réuni des vivres et des munitions de guerre, qui étaient vendus au poids de l'or. L'escadre française n'ayant pas, comme nous l'avons déjà dit, assez de bâtimens légers pour la surveillance de la longue ligne de ses opérations, les caboteurs espagnols, sortis du Rio Santi-Petri, arrivaient en rasant le rivage jusqu'à Gibraltar, y formaient leurs chargemens, et revenaient par la même route apporter ces secours à Cadix. Les ports de Tarifa, d'Algésiras, et les anses de l'Ile Verte, voisine de cette dernière ville, pouvaient leur servir de refuge dans le cas où les chaloupes canonnières françaises auraient tenté d'inquiéter leur trajet. L'importance de l'occupation de ces trois points (Tarifa, Algésiras et l'Ile Verte) avait été reconnue par le général Bordesoulle et le contre amiral Hamelin. En conséquence, le premier donna l'ordre au comte Lauriston, placé avec sa brigade en observation dans le pays de Ronda, de se porter sur Algésiras pour attaquer cette place par terre, tandis que les frégates *la Guerrière* et *la Galathée*, sous les ordres du capitaine de vaisseau Lemarant, étaient envoyées par le contre-amiral pour attaquer l'Ile Verte et Tarifa. Algésiras ouvrit, sans résistance, ses portes au général Lauriston, le 13 août; le commandant de l'Ile Verte, après avoir d'abord répondu assez vivement au feu des deux frégates qui s'étaient embossées devant le fort, demanda à capituler ; et, le 15, l'île ainsi que le fort furent occupés. La petite place de Tarifa ne tarda pas à imiter l'exemple d'Algésiras, en arborant d'elle-même le drapeau royal d'Espagne.

Le 17, le duc d'Angoulême assembla en conseil de guerre, les lieutenans-généraux Guilleminot, major-général de l'armée ; Bordesoulle, commandant en chef le corps d'expédition ; Tirlet et Dode-Labrunerie, commandans en chef du génie et de l'artillerie, et le contre-amiral Hamelin, chef des forces navales. Chacun d'eux, après avoir fait connaître les ressources dont il pouvait disposer dans sa partie, fut appelé à donner son avis sur trois projets d'attaque mis en délibération : la descente dans l'île de Léon, le bombardement de Cadix et l'attaque du Trocadero.

L'opinion généralement admise qu'un bombardement de la ville de Cadix, exécuté par un grand nombre de bombardes, pourrait être d'un effet décisif sur l'esprit d'une population riche, dont l'exaltation ne tiendrait pas contre ses intérêts les plus positifs fortement compromis, ayant déjà prévalu avant l'arrivée du prince à Puerto-Santa-Maria, on avait porté tous les moyens sur ce genre de construction, pour lequel il avait fallu créer toutes les ressources. Toutefois, la croisière n'ayant pas le complet des équipages nécessaires à son service propre, on s'était trouvé dans la nécessité de confier ces nouveaux armemens, en grande partie, à des marins espagnols recrutés à la hâte, et sans organisation fixe et régulière, circonstance qui devait atténuer la confiance qu'on pouvait donner à l'emploi de ces nouvelles forces.

D'autre part, le prince ayant reconnu, par le compte qui lui fut rendu de l'ensemble des positions des constitutionnels devant Cadix, qu'une descente dans l'île de Léon entraînerait de longs délais, et voulant d'ailleurs profiter de

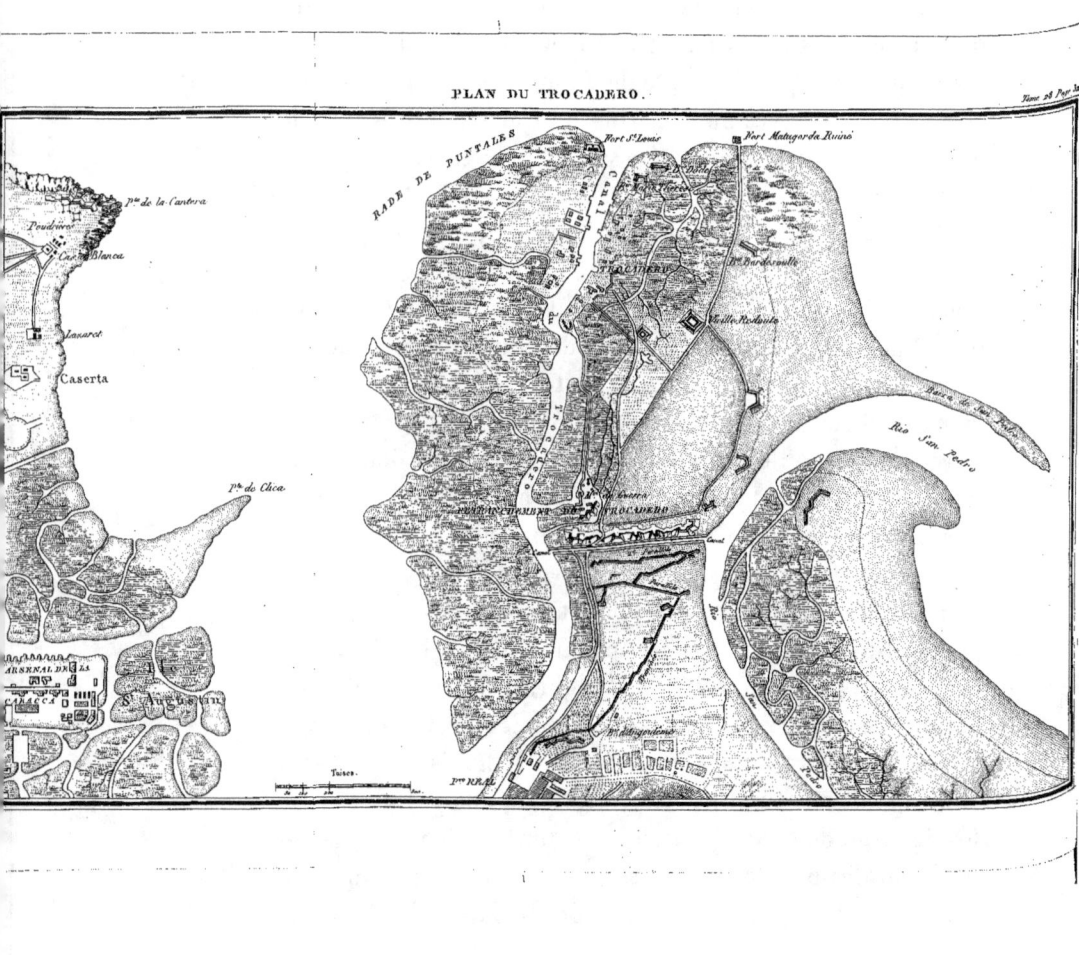

l'ardeur que sa présence inspirait aux troupes, pour frapper le moral de l'ennemi par un coup d'éclat, décida, comme opération préliminaire qui devait rendre les autres plus faciles, l'occupation du Trocadero. En effet, la possession de ce point plaçait les assiégeans au nœud des communications maritimes de l'ennemi, privait celui-ci de son principal appui, assurait les moyens de dominer dans les deux rades (la grande rade, et celle dite de *Puntalès*), en offrant aux opérations offensives de la marine française la protection de nombreuses batteries disposées sur les pointes les plus avancées de la presqu'île qui sépare ces mêmes rades [1].

On sait que l'occupation du Trocadero par le premier corps de l'armée française, lors de la dernière guerre [2], avait donné la facilité de lancer des bombes et des obus jusque dans Cadix; aussi le premier soin des autorités espagnoles, après la levée du siége en 1812, fut-il de prévenir le retour d'une semblable tentative, en comprenant cette langue de terre ou presqu'île dans le système général de défense de la place, et l'isolant du continent au moyen d'une large coupure, communiquant par le Rio San-Pedro de la grande rade à celle de Puntalès. Mais ce travail n'avait pas été porté au point de perfection dont il était susceptible. Le peu de probabilité du retour des troupes françaises après leur évacuation de l'Espagne en 1813, quelques difficultés dans l'exécution de certaines parties des excavations où l'on rencontra le roc, et peut-être aussi l'insuffisance des fonds alloués pour cette opération, furent cause qu'on ne donna pas partout au fossé, large de soixante-dix mètres, une profondeur convenable au dessous des plus basses marées. Des renseignemens sûrs avaient appris au général Bordesoulle, ainsi qu'aux

---

1. Voyez la carte.
2. Voyez tome XX de cet ouvrage, page 117.

chefs de l'artillerie et du génie, qu'un point était resté guéable à marée basse; mais on ne connaissait pas positivement où il se trouvait, ni quelle pouvait être précisément la hauteur d'eau, suivant les variations des marées, dont l'action, depuis dix ans, devait avoir fait subir beaucoup de modifications aux profondeurs données primitivement à ce canal[1].

Les déblais provenant de l'excavation avaient été employés à former un retranchement très-élevé, d'environ neuf cents mètres de front, disposé extérieurement en glacis prolongé jusque sur la surface de l'eau, présentant intérieurement un tracé angulaire, susceptible de donner des feux de flanc sur tous les accès de cette ligne droite, et fortement appuyé par des batteries à embrasures armées de quarante-cinq pièces de gros calibre. Une nouvelle activité ayant été donnée aux travaux de défense, lorsque les troupes du général Bordesoulle s'étaient approchées de Cadix, les constitutionnels avaient cherché à multiplier les obstacles de la coupure du Trocadero, en bordant le pied de son glacis d'une ligne de chevaux de frise, soutenue immédiatement en arrière par des tranchées propres à contenir des tirailleurs pour mieux défendre le passage du canal et en éclairer les accès. Comme ils craignaient principalement une opération de débarquement par le Rio San-Pedro, ils avaient multiplié les précautions de défense sur leur extrême gauche, en bordant sa rive d'une grande quantité de grillages en fer, et en construisant deux batteries basses qui prenaient d'enfilade ce cours d'eau, ainsi que la langue de sable qui le sépare de la rade exté-

---

[1] « Des indications auxquelles on devait accorder le plus de confiance avaient désigné le point de passage dans l'endroit qui s'est trouvé être un des plus profonds. » (*Précis des opérations militaires dirigées contre Cadix*, etc., par M. le lieutenant-général, vicomte Dode de Labrunerie.)

rieure. Ils avaient même établi un fourneau à rougir les boulets, pour le service de la dernière batterie haute qui voyait le mieux le canal.

En arrière de la droite de la coupure, les ingénieurs ennemis avaient retranché un moulin, appelé *Guerra*, entouré de fossés pleins d'eau. La communication entre le Trocadero et l'île Saint-Louis, déjà bien assurée puisqu'elle se faisait en partie par une chaussée très-étroite de plus de six cents mètres de longueur, au travers d'un marais impraticable, était encore défendue par deux redoutes construites dans la guerre précédente, et qu'on avait cru devoir conserver, et par un retranchement. Des chaloupes canonnières pouvant manœuvrer sans aucune opposition sur le Rio San-Pedro, appuyaient cette ligne de défense par des feux de flanc très-avancé sur ses accès, et s'opposaient à toute tentative de débarquement sur les côtés de la presqu'île qui étaient défendus par des batteries, et d'ailleurs presqu'inabordables aux embarcations, à cause du peu de fond de la plage.

Enfin, le terrain compris entre la coupure et les hauteurs de Puerto-Real, sur une étendue d'environ dix-huit cents mètres, n'est qu'une plaine basse remplie d'inégalités, recouverte d'une légère végétation de bruyères et d'arbustes, sans aucun couvert qui permît alors d'y disposer des colonnes d'attaque, dans le cas d'une tentative de vive force. Un si grand espace à parcourir sous le feu de nombreuses pièces de gros calibre, auxquelles on n'avait à opposer qu'une seule batterie de six pièces de 24, éloignée de seize cents mètres, présentait trop de chances défavorables, et dont les résultats pouvaient exercer la plus fâcheuse influence sur la suite des opérations[1].

1823

---

[1] *Précis des opérations militaires dirigées contre Cadix*, par M. le lieutenant-général, vicomte Dode de Labrunerie.

Ces propriétés défensives du Trocadero avaient inspiré aux constitutionnels une grande confiance dans la force de cette position qu'ils regardaient comme le boulevard de Cadix ; ils y avaient posté leurs meilleures troupes, et surtout un grand nombre d'artilleurs, dont les dispositions en faveur de la cause des cortès étaient les plus prononcées.

Le duc d'Angoulême, parfaitement instruit de l'état des choses, appréciant les difficultés et les dangers de toute espèce qu'offrait une attaque de vive force, convaincu d'ailleurs que les moyens maritimes manquaient alors pour faciliter une opération de cette nature, s'arrêta au plan d'attaquer la coupure du Trocadero, par une marche méthodique qui, en portant les troupes destinées à l'assaut des ouvrages, sur le bord même du fossé, donnerait la facilité d'en reconnaître la partie véritablement guéable, et assurerait, en quelque sorte, le succès de l'attaque. En conséquence, S. A. R. ordonna l'ouverture de la tranchée pour la nuit du 17 au 18, sans attendre que le personnel et le matériel de l'artillerie et du génie[1], qu'elle avait emmenés de Madrid fussent arrivés.

Toutefois, avant de faire commencer les travaux, le prince avait voulu tenter les voies d'une négociation. Dès son arrivée à Puerto-Santa-Maria, S. A. R. avait envoyé le colonel de La Hitte, un de ses aides-de-camp, à Cadix, pour demander que le roi fût rendu à la liberté, et faire connaître sa détermination d'attaquer sur-le-champ en cas de refus. Cette demande et cette notification étaient contenues dans une lettre autographe de S. A. R., adressée au roi lui-même. On refusa d'abord de recevoir le colonel parlementaire ; mais ayant fait connaître ses titres, il fut admis dans la place le 18, et le gouverneur de Cadix (D. Gaetano Valdès, qui

---

[1] Deux compagnies d'artilleurs et de pontonniers, deux compagnies de troupes du génie approvisionnées d'outils.

réunissait en sa personne le commandement politique, maritime et militaire avec la présidence de la députation permanente des cortès) consentit à lui laisser voir le roi, en présence des membres du gouvernement. M. de La Hitte remit à S. M. la lettre dont il était porteur, mais il n'eut la réponse que le lendemain.

Dans sa lettre, le duc d'Angoulême exprimait au nom du roi de France, le désir que le roi d'Espagne, rendu à la liberté, et usant de clémence, accordât une amnistie « nécessaire après tant de troubles, et donnât à ses peuples, par la convocation des anciens cortès, des garanties d'ordre, de justice et de bonne administration »; et dans cette espérance, S. A. R. se portait « pour garant du concours de l'Europe entière pour consolider cet acte de sagesse »; mais en rappelant à cet égard les dispositions du roi son oncle, S. A. R. déclarait que si, au bout de cinq jours, elle n'obtenait point de réponse satisfaisante, si le roi d'Espagne restait privé de sa liberté, elle aurait « recours à la force pour la lui rendre, et que ceux qui écouteraient leurs passions de préférence à l'intérêt de leur pays, répondraient seuls du sang qui serait versé. »

Dans leur réponse, au nom du roi, à cette lettre noble, énergique et touchante, les ministres, rappelant ce qui avait été plusieurs fois dit à la tribune des cortès, récriminèrent sur l'invasion; ils affirmaient que le roi était libre, que les malheurs de l'Espagne venaient de cette même invasion, et que le remède indiqué par la lettre de S. A. R. (l'établissement des anciens cortès) était aussi incompatible avec la dignité de la couronne qu'avec l'état actuel de la civilisation, la situation politique des choses, les droits, les usages et le bien-être de la nation espagnole; que le roi désirait aussi mettre un terme aux désastres de la guerre actuelle; qu'il y avait à ce sujet des négociations entamées avec le gouvernement britannique « dont S. M. T. C. avait également sollicité la médiation » (assertion fausse, mais qui paraissait utile aux ministres pour tromper le peuple et l'armée); et que « si S. A. R. abusait de la force, elle serait responsable des maux qu'elle pourrait attirer sur la personne du roi, sur la famille royale et sur Cadix. »

Toute espérance d'accommodement étant évanouie par cette réponse, les travaux de la tranchée ouverte devant le Trocadero, dans la nuit du 19 au 20, furent poussés avec vigueur; le général d'artillerie Tirlet pressa l'arrivée du matériel destiné aux batteries, et l'organisation de l'équipage de pont qui devait être jeté au besoin sur le fossé.

Pendant la nuit du 24 au 25, le capitaine de grenadiers du trente-sixième régiment, Petit-Jean, s'offrit pour reconnaître la profondeur de la coupure sur l'extrême droite, où quelques renseignemens, et surtout les moyens de défense accumulés par l'ennemi sur ce point, portaient à croire qu'il y avait un gué. Cet intrépide officier, habile nageur, s'étant avancé dans cette direction par le Rio San-Pedro, trouva partout une hauteur d'eau de huit à dix pieds, et reconnut sur le bord opposé une ligne de chevaux de frise contenus par des pieux. En prolongeant davantage la coupure, il s'aperçut que la hauteur diminuait sensiblement; mais découvert par les sentinelles ennemies à la faveur de la lune, il se vit contraint de revenir, après être resté plusieurs heures dans l'eau, et avoir échappé, par son adresse à plonger, à plusieurs coups qui lui furent tirés de très-près. Le 28, le même officier, accompagné de trois autres braves[1], entreprit une nouvelle reconnaissance. A dix heures du soir, les quatre explorateurs se mirent à l'eau dans l'espace du fossé

---

[1] MM. Borne, aide-de-camp du général duc de Dino, Grooters, lieutenant au trente-quatrième régiment, et Hue, caporal de sapeurs.

compris entre les deux batteries centrales de l'épaulement; gardant une distance de dix pas entre eux, pour sonder la profondeur du canal[1], ils reconnurent que les bords de la coupure étaient très-accessibles des deux côtés, qu'elle offrait un bon fond de sable recouvert d'une légère couche de limon, qu'il n'y avait pas de chevaux de frise ni d'autres obstacles sur ce point, et que le passage y était praticable.

Le 29, la seconde parallèle était achevée, les quatre batteries qui devaient agir étaient armées et approvisionnées. Le lendemain, à la pointe du jour, le prince généralissime qui, trois jours auparavant, était déjà venu visiter la tranchée, se rendit aux attaques, accompagné du jeune prince Albert de Carignan, et fit ouvrir le feu des batteries armées de mortiers et d'obusiers. L'ennemi riposta vivement à ce feu, et crut avoir remporté un grand avantage quand les Français eurent cessé tout à coup de tirer au bout de deux heures. La population de Cadix en fit de grandes réjouissances qui devaient se changer bientôt en cris de détresse.

Le prince généralissime avait décidé que l'attaque du Trocadero aurait lieu pendant la nuit du 30 au 31, à l'heure de la marée basse; et le lieutenant-général Bordesoulle en dressa le dispositif, qui fut approuvé de S. A. R.

A onze heures du soir, les troupes désignées pour cette attaque furent réunies en arrière de la batterie dite d'Angoulême, et formées ensuite en trois colonnes. La première (colonne d'attaque), commandée par le général Goujeon, se composait de quatorze compagnies d'élite, dont six des troisième, sixième et septième régimens de la garde royale, six du trente-quatrième de ligne et deux du trente-sixième, une compagnie de sapeurs, et une autre d'artillerie à pied de la garde, devaient suivre le mouvement de cette colonne.

---

[1] Le capitaine Petit-Jean le traversa entièrement, et remonta même le glacis opposé.

La deuxième colonne, formée des compagnies du centre des bataillons de la garde, était sous les ordres du général comte d'Escars, aide-de-camp de S. A. R. La troisième colonne, avec laquelle marchait le lieutenant-général Obert, commandant l'attaque, était formée des trois bataillons du trente-quatrième de ligne (moins les compagnies d'élite). Enfin, le troisième bataillon du trente-sixième de ligne formait la réserve.

Le lieutenant-général Tirlet avait fait préparer avec une grande célérité un équipage de pont de bateaux, pour le jeter sur le fossé, immédiatement après que les colonnes se seraient emparées des retranchemens. Tous les moyens en avaient été réunis sur le Rio San-Pedro, de manière à pouvoir promptement descendre le courant et s'introduire dans la coupure. On avait mis un tel secret dans les préparatifs de cette opération, que l'ennemi n'en concevait aucun soupçon, comme les événemens l'ont prouvé [1].

A minuit et demi, les troupes entrèrent dans la tranchée et la suivirent jusqu'à son couronnement (en face du point de passage), où le lieutenant-colonel du génie Dupau avait fait toutes les dispositions nécessaires pour qu'elles pussent se former par division et en sortir avec facilité. Il leur était ordonné de franchir le fossé et de marcher rapidement, sans tirer, aux retranchemens.

Le moment de l'attaque avait été fixé à deux heures et demie, époque où la marée devait être assez baissée pour que le passage pût s'effectuer sans inconvénient. Mais l'ardeur et l'impatience des soldats étaient telles, que le général Obert donna l'ordre d'avancer. Les colonnes d'attaque franchirent rapidement le parapet de la parallèle, au moyen de

---

[1] Un déserteur espagnol qui franchit la coupure dans la soirée, déclara au prince que les troupes constitutionnelles ne paraissaient point s'attendre à une attaque pour cette nuit, mais que cependant, suivant l'usage, à toutes les marées basses, elles étaient sous les armes et bordaient le parapet.

gradins que le lieutenant-colonel Dupau y avait fait disposer, et se portèrent au pas de course sur la coupure, où elles se jetèrent à l'eau, précédées par les capitaines Petit-Jean et Borne, le lieutenant Grooters, et le caporal Hue qui en avaient précédemment sondé la profondeur. Au premier bruit de ce mouvement, l'ennemi borda les parapets des retranchemens, d'où il dirigea un feu très-vif de mousqueterie et de mitraille sur le point du passage; mais rien ne put arrêter l'élan des troupes françaises; elles franchirent la coupure ayant de l'eau jusqu'aux épaules, et en moins de quinze minutes elles escaladèrent les parapets des retranchemens aux cris de *vive le Roi!* Les colonnes ou divisions se dirigèrent ensuite, ainsi qu'elles en avaient reçu l'ordre, à droite et à gauche, et prenant en flanc toute la ligne ennemie, la balayèrent d'un bout à l'autre, en culbutant et passant au fil de la baïonnette la plus grande partie des canonniers espagnols qui se firent tuer sur leurs pièces. Celles-ci, au nombre de quarante-cinq, furent à l'instant tournées contre l'ennemi. La colonne sous les ordres du général comte d'Escars se porta immédiatement sur le moulin retranché de *Guerra*, et y surprit la réserve qui l'occupait. Ce mouvement fut si rapide, qu'une batterie en attaque volante sur la droite du Rio San-Pedro, destinée à appuyer l'assaut, ne put faire qu'une seule décharge. La profondeur de l'eau n'ayant pas permis aux soldats de conserver leurs cartouches sèches, l'action s'était engagée à l'arme blanche, et la valeur française s'était montrée dans tout son éclat.

Dès que le passage de la coupure avait été effectué, les pontonniers, avertis par une fusée lancée d'une des batteries françaises, s'étaient hâtés de descendre leur équipage de pont, le long du Rio San-Pedro; et, à peine les colonnes assaillantes s'étaient-elles emparées des retranchemens, que déjà l'établissement du pont était en activité; long-temps avant la pointe du jour et le retour de la marée haute, le passage était assuré. Le duc d'Angoulême, qui pendant l'attaque était resté avec son état-major au bord de la coupure, traversa le pont le premier. Sa présence dans la position enlevée fit éclater les transports des troupes victorieuses au milieu des cris de *vive le Roi! vive le duc d'Angoulême!* S. A. R. ayant entendu ces mots : *Notre prince est-il content?* — *Oui, mes amis*, répartit le prince, *je sens tout mon bonheur de commander à des braves tels que vous.*

Tout ce qui avait pu échapper à l'ardeur de la première attaque, s'était replié derrière les maisons du village de Trocadero, dont les accès étaient garnis de retranchemens d'un abord très-difficile, au milieu de marais au travers desquels il n'y a de communication que par une levée très-étroite qui était défendue à sa tête par deux redoutes entourées de fossés remplis d'eau. Acculé sur cette extrémité de la presqu'île, sous la protection de ses canonnières, et même de la batterie de Puntalès [1], l'ennemi pouvait s'y maintenir, surtout s'il recevait des renforts de Cadix. A la vérité, il ne pouvait tirer aucun parti des ruines du fort Matagorda qu'on avait négligé de rétablir depuis 1812; mais il était à craindre qu'à la marée haute, les chaloupes canonnières ne vinssent canonner en flanc la nouvelle position des Français sur les retranchemens de la coupure et dans l'intérieur de la presqu'île. En conséquence, les troupes du génie se portèrent aux deux extrémités de la ligne pour en tourner les défenses contre les deux rades et les maisons du Trocadero, et l'artillerie, utilisant les grands moyens que l'ennemi venait de laisser à sa disposition, retourna une partie des pièces de gros calibre, et en dirigea le feu sur les retranchemens du Trocadero et sur l'île Saint-Louis.

[1] Voyez la carte.

Pendant que ces dispositions s'exécutaient et que les troupes renouvelaient les cartouches de leur giberne, le prince généralissime, ayant examiné par lui-même la situation de l'ennemi, et sentant la nécessité de ne pas lui donner le temps de se reconnaître, fit former une colonne, composée de deux bataillons du trente-quatrième et un du trente-sixième, sous les ordres du colonel Farincourt, pour attaquer le village, et compléter l'occupation de la presqu'île. Un bataillon de la garde devait appuyer ce mouvement.

Les difficultés que le terrain opposait à la marche de cette colonne, donnèrent le temps à un assez grand nombre d'embarcations de venir dans le canal du Trocadero recueillir une partie des fuyards; mais les Français ayant précipité leur marche, malgré le feu qui partait du village et celui des canonnières et de Puntalès, réussirent à tourner la position, à la forcer, et à faire un grand nombre de prisonniers, parmi lesquels se trouva le colonel Garcès, membre des cortès, et commandant supérieur du Trocadero[1]. Cette seconde attaque, exécutée de jour, avait coûté plus de monde que la première. Cependant, le total de la perte pour les Français se réduisait à un officier et quarante soldats tués, six officiers et cent dix soldats blessés, tandis que celle de l'ennemi montait à plus de cent cinquante tués, trois cents blessés et environ mille prisonniers. Cinquante-neuf bouches à feu, la plupart de gros calibre, et un approvisionnement considérable de poudre et de projectiles tombés au pouvoir des vainqueurs, étaient pour eux d'un grand prix, car l'armée manquait absolument de grosse artillerie pour la continuation des opérations contre Cadix.

---

[1] Cet officier fut pris par le jeune Édouard Cerf-Beer, grenadier au trente-quatrième de ligne, entré un des premiers dans les retranchemens du Trocadero.

S. A. R. avait ordonné à la partie de la flotille qui avait été organisée à Puerto-Santa-Maria, et réunie dans le Guadalète, d'en sortir pour aller se rallier à l'escadre. Onze canonnières avaient appareillé à la pointe du jour; mais au débouché de la passe, quinze chaloupes canonnières ennemies forcèrent de voile pour venir leur couper le passage. Les bâtimens français se trouvèrent d'abord protégés par le fort Santa-Catalina; et bientôt le brick *la Lilloise*, détaché de l'escadre, étant arrivé à leur secours, les chaloupes ennemies furent contraintes de regagner leur mouillage. Cette affaire de mer, dont les troupes françaises furent spectatrices du haut des retranchemens qu'elles venaient d'emporter, était un heureux augure du concours et de l'appui qu'on pouvait attendre de la marine dont les opérations devaient prendre un caractère plus décisif par suite de tous les avantages de position qu'on venait d'obtenir [1].

Maître du Trocadero et de l'île Saint-Louis, le prince généralissime donna l'ordre d'en relever les anciennes batteries (celles construites dans la dernière guerre), et d'en établir de nouvelles pour dominer les passes, contre-battre le fort Puntalès, intercepter les communications maritimes entre Cadix et l'île de Léon, et donner à la marine toute la protection dont elle pouvait avoir besoin pour entrer en action dans les deux rades.

La croisière française s'était renforcée de nouveaux bâ-

---

[1] Parmi les braves qui se distinguèrent dans cette occasion, et dont on trouvera la nomenclature à la fin du volume, nous devons citer particulièrement S. A. R. le prince Albert de Carignan, qui, ayant voulu marcher comme volontaire dans les rangs des grenadiers de la garde royale, avait escaladé des premiers les retranchemens ennemis, et à qui ses compagnons d'armes de la garde offrirent, comme hommage à sa brillante valeur, les épaulettes de l'un de leurs plus intrépides camarades tué dans l'action.

timens de guerre; mais beaucoup n'étaient point propres à manœuvrer dans l'intérieur des rades. Les chaloupes canonnières, dont les constitutionnels avaient reconnu l'importance comme moyen défensif, paraissaient également aux chefs de la marine française le moyen principal pour agir offensivement dans ces parages remplis de bas fonds. Si, après la prise du Trocadero, dit le judicieux auteur du Précis des opérations contre Cadix en 1823 [1], S. A. R. eût disposé d'une flotille de canonnières qui eût eu quelque supériorité sur celle de l'ennemi, on eût pu, sous la protection des batteries de la presqu'île, faire irruption dans les deux rades, refouler tous les bâtimens espagnols dans les rentrans les plus reculés, en détruire une partie, intercepter toutes ses communications maritimes, et l'on eût fait tomber, par des opérations de débarquement sur les plages intérieures, tout le système de défense de l'île de Léon, ainsi que de la langue de terre qui l'unit à la place de Cadix [2].

Le ministère espagnol ne pouvait pas cacher à la population de Cadix, le nouvel et important échec que venait de recevoir la cause révolutionnaire au Trocadero. Les barques chargées de blessés annonçaient assez le désastre des troupes constitutionnelles. Bientôt le peuple en rumeur se rassembla sous les fenêtres des hôtels occupés par le gouvernement et les

---

[1] Le lieutenant-général Dode de Labrunerie, auquel nous sommes redevable de la plupart des détails de notre relation.

[2] Le lieutenant-général Dode ajoute : « Par suite de la terreur qu'avait inspirée à l'ennemi l'audacieuse attaque du Trocadero, et de la confiance qu'elle avait donnée à nos troupes, on pouvait tout espérer de cette combinaison des forces de terre et de mer. Ce ne fut qu'à regret que S. A. R. dut renoncer à des opérations dont le résultat eût pu amener la reddition immédiate de Cadix, et qu'elle s'en tint pour le moment à presser les préparatifs du bombardement qu'elle se proposait de faire concourir à ses desseins ultérieurs. »

ministres. Il fallut bien avouer la défaite; mais les gouvernans répandirent que les Français vaincus la veille, avaient su profiter des fatigues, de l'épuisement de la garnison du Trocadero, en surprenant les soldats endormis dans leurs postes et les canonniers sur leurs pièces. Ces détours ne firent point prendre le change sur l'importance de l'événement. Malgré les miliciens de Madrid qui repoussaient toute idée de conciliation, les ministres se virent forcés de promettre au peuple l'envoi du général Alava, comme parlementaire, au duc d'Angoulême, avec une lettre du roi renfermant la demande d'un armistice, afin de pouvoir arrêter les bases d'un accommodement. S. A. R. répondit qu'elle ne pouvait accorder aucune suspension d'armes, ni entendre à aucun arrangement que le roi ne fût d'abord mis en liberté, c'est-à-dire sous la protection des troupes françaises, soit que celles-ci fussent reçues dans Cadix, soit que le roi eût la faculté de se rendre à Puerto-Santa-Maria. On en était à ces pourparlers sans résultats, lorsque le ministère et la députation permanente des cortès, n'osant prendre sur eux de traiter définitivement avec le prince généralissime, crurent devoir convoquer les cortès en session extraordinaire [1].

Mais avant de rendre compte des derniers efforts des révolutionnaires espagnols pour prolonger leur résistance, et de la suite des opérations des Français devant Cadix, nous devons faire connaître les événemens qui accélérèrent la reddition de cette place et le rétablissement du roi Ferdinand dans l'exercice de tous ses droits monarchiques.

---

[1] Le terme de la session des cortès ordinaires de 1823 étant arrivé, on en avait fait la clôture le 5 août, dans les formes accoutumées.

CHAPITRE III.

Suite des opérations du deuxième corps de l'armée française. — Arrivée du général Riego à Malaga. — Dispositions du lieutenant-général Molitor. — Occupation d'Almeria par les troupes du général Bonnemains. Riego quitte Malaga avec une colonne de trois mille hommes ; cette place est occupée par les troupes françaises. — Marche de Riego sur les cantonnemens de Ballesteros ; il échoue dans sa tentative pour entraîner ce général et ses troupes. — Combat de Jaën. — Combat de Jodar. — Défaite complète des troupes de Riego. — Fuite de ce dernier ; il est arrêté dans un village par des paysans espagnols, et livré aux autorités royalistes. — Mesures prises par le général Molitor pour achever la destruction des partis constitutionnels dans les provinces de Grenade et de Murcie.

Le lieutenant-général Molitor avait porté son quartier-général à Grenade, presque immédiatement après le combat de Campillo, et c'est dans cette ville qu'il avait conclu avec Ballesteros la convention dont nous avons rendu compte dans le premier chapitre. Conformément à cet acte, le corps d'armée constitutionnel, restant sous les ordres de son général, et présentant encore un effectif de neuf mille combattans, dont sept mille sept cents hommes d'infanterie et treize cents chevaux, occupait les cantonnemens qui lui avaient été assignés par le général en chef du deuxième corps de l'armée française, dans la partie méridionale des provinces ou royaumes de Cordoue et de Jaën, à Montilla, Cabra, Lucena, Priego, Ubeda, Cazorla, etc. Le quartier-général de Ballesteros était à Priego.

Affaibli par les détachemens que le général en chef avait dû laisser dans les royaumes de Valence et de Murcie pour assurer la tranquillité publique et contenir les garnisons des places encore au pouvoir des constitutionnels, et par l'envoi des six bataillons, sous les ordres du général Ordonneau, pour renforcer l'armée devant Cadix, le deuxième corps se trouvait alors numériquement inférieur aux troupes espagnoles cantonnées près de lui. A la vérité, le général Molitor pouvait être appuyé par les troupes du général Foissac-la-Tour, qui, posté dans la province de Cordoue, observait les derrières de l'armée de Ballesteros; mais ses embarras étaient augmentés par la présence à Malaga, de la division Zayas, dont Riego venait de prendre le commandement, et par les mouvemens du général Torrijos, gouverneur de Carthagène, qui, loin de reconnaître la capitulation faite par son général en chef (Ballesteros), se disposait à continuer les hostilités plus vivement que jamais.

Riego, nommé dans les premiers jours d'août commandant en second du corps d'armée de Ballesteros, avait eu ordre de se rendre à sa destination. Sa mission était aussi d'enlever au général Zayas, devenu suspect au gouvernement, les troupes qu'il avait sous ses ordres, de lever le plus d'argent et d'hommes qu'il pourrait dans le royaume de Grenade; de marcher sur les cantonnemens de Ballesteros; de ramener ce général à la cause révolutionnaire, ou au moins d'entraîner ses soldats; d'appeler à lui les déserteurs et les hommes dispersés après le combat de Campillo, et d'opérer ensuite de concert avec le général Placencia (qui rôdait encore avec quelques débris dans les montagnes du royaume de Jaën), sur les derrières de l'armée française, de manière à faire lever le siége de Cadix. Avec ces instructions, mais sans argent, Riego, quittant sans peine les ministres qu'il n'aimait pas, et qui le redoutaient, avait échappé, dans un bateau de pêcheur, à la surveillance de la croisière française, était passé à Gibraltar et de là à Malaga où il était débarqué le 17 août.

Après avoir notifié à Zayas le décret des cortès qui le rappelait à Cadix, Riego prit le commandement de la division que ce général avait amenée de Grenade à Malaga, et s'empressa de lever, par emprunt forcé, des contributions énormes sur les habitans et les négocians les plus riches, même sur les étrangers établis dans cette place maritime; faisant emprisonner, déporter et même fusiller ceux qui s'y refusaient ou manifestaient des sentimens contraires à la révolution [1].

En apprenant le débarquement de Riego à Malaga, le lieutenant-général Molitor avait prévu les mouvemens que pouvait tenter ce nouvel adversaire. Le général constitutionnel, du point où il se trouvait, avait la facilité de se porter par les montagnes de Ronda et la Sierra d'Antequerra sur les cantonnemens de Ballesteros dont les troupes ne partageaient pas entièrement les dispositions pacifiques de leur chef; ou de s'avancer, en suivant le littoral de la Méditerranée vers la place de Carthagène pour s'y réunir avec la division du général Torrijos et ouvrir une seconde campagne qui pouvait contrarier les opérations contre Cadix, et reculer l'époque de la pacification. D'après ces considérations, le général en chef du deuxième corps avait dirigé le général Bonnemains avec sa division d'avant-garde sur Almeria, pour fermer à Riego la route de Carthagène, en même temps que le général Loverdo, avec cinq bataillons, deux régimens de dra-

---

[1] Les négocians anglais ne furent pas plus épargnés que les autres, et l'on a imputé au général constitutionnel des excès qu'on ne peut pas même expliquer par sa situation critique; il pilla l'argenterie des églises et les caisses des principaux commerçans, et poussa, dit-on, l'impudence jusqu'à faire frapper de la monnaie à son effigie pour la distribuer à ses soldats.

gons et six bouches à feu, se portait sur Antiquerra, à l'effet de couvrir les cantonnemens de Ballesteros et la route du pays de Ronda, où se trouvait d'ailleurs le général Caro avec un corps de royalistes espagnols. Les deux généraux français devaient ensuite marcher simultanément sur Malaga.

Le général Bonnemains entra le 27 à Almeria, au milieu des acclamations de tous les habitans. Le commandant de cette ville avait d'abord demandé un délai de quinze jours pour recevoir des instructions de Malaga, sur la proposition qui lui avait été faite de faire sa soumission, conformément à l'art 2 de la convention conclue entre le général Molitor et Ballesteros le 4 août; mais le général français arrivé devant Almeria avait déclaré à cet officier (le brigadier Gueudulain) qu'il ne pouvait plus le considérer que comme prisonnier de guerre, ainsi que sa garnison, forte de de sept cents hommes d'infanterie et de cent quatre-vingts chevaux environ. Une colonne mobile de quatre cents hommes, détachée de cette même garnison, et parcourant les environs pour y lever des contributions, s'était jetée dans les montagnes à l'approche des troupes françaises. Le général Bonnemains la fit poursuivre par le général Levavasseur, à la tête du huitième léger, qui réussit à lui faire mettre bas les armes [1]. Après avoir renouvelé les autorités d'Almeria et organisé les royalistes armés du pays pour former la garnison de la ville, le général Bonnemains s'avança, en suivant la côte, dans la direction de Malaga, et arriva le 4 septembre

---

[1] Ce succès fut particulièrement dû à l'activité et à l'intelligence du chef de bataillon Talabot (du huitième léger) qui, à la tête d'un détachement de cent hommes, atteignit la colonne ennemie à Laujar, près d'Ujicar, la culbuta d'abord dans un premier engagement où quarante hommes, dont huit officiers, furent faits prisonniers; et qui, ayant continué à la poursuivre, fit mettre bas les armes aux trois cent cinquante soldats qui restaient.

à Motril. Ce mouvement, ainsi que nous l'avons dit, était combiné avec celui du général Loverdo, qui le même jour, dans la matinée, parut devant Malaga. Riego, instruit sans doute des dispositions prises contre lui, avait quitté cette dernière ville la veille, en y laissant une garnison de cinq cents hommes, et s'était porté sur Velez-Malaga, avec une colonne forte de trois mille hommes environ.

Le général Parrès, qui commandait dans Malaga, n'ayant fait aucune résistance, et s'étant rendu prisonnier avec sa troupe à la première sommation[1], le général Saint-Chamans, commandant l'avant-garde de la division Loverdo, dirigea sur-le-champ le vingtième de chasseurs, soutenu par un escadron du dixième de dragons, à la poursuite de la colonne de Riego. L'arrière-garde constitutionnelle fut atteinte près de Velez-Malaga, et il s'ensuivit un engagement dans lequel le régiment espagnol des *Dragons du Roi*, chargé, sabré, et poursuivi vigoureusement par le vingtième de chasseurs, éprouva une perte considérable tant en tués que blessés, et laissa au pouvoir de ses adversaires dix-neuf officiers, dont trois supérieurs, et cent quarante hommes montés. De son côté, l'escadron du dixième de dragons français fit prisonnier en entier un escadron d'artillerie à cheval fort de plus de cent chevaux.

---

[1] Avant de quitter Malaga, Riego avait fait embarquer les contributions levées dans Malaga, l'argenterie des églises, et toutes les personnes dont il avait ordonné la déportation; ce convoi, composé d'un brick, d'une chaloupe canonnière et de dix bateaux, avait déjà quitté le port au moment de l'entrée des Français; mais un des premiers soins du général Loverdo fut d'envoyer à sa poursuite un brick et deux chaloupes canonnières qui réussirent à ramener la chaloupe ennemie et huit bateaux: le reste parvint à s'échapper. On trouva sur ces bâtimens douze caisses d'argenterie, dont le comte Molitor ordonna la restitution aux églises et aux particuliers qui en étaient propriétaires.

Cependant Riego continuait sa marche en longeant la côte. Apprenant à Nerja que le général Bonnemains s'avançait par Motril, et craignant avec raison d'être pris entre deux feux, il se jeta à gauche dans les Alpujaras, chaîne de montagnes entre la mer et les plaines de Grenade, impraticable pour des colonnes de troupes, et dont ses soldats passèrent les défilés un à un. Après trois jours de la marche la plus pénible, à travers des rochers escarpés et coupés par des torrens non moins dangereux, il parvint à la rivière de Genil, qu'il passa le 8, près du village de Villa-Nueva-de-Moria, entre les villes de Loja et Santa-Fé, à quatre lieues de Grenade. Le général Bonnemains, informé le premier de la direction qu'avait prise la colonne ennemie, s'était mis à sa poursuite. Averti de son côté, le comte Molitor, après avoir réuni à Grenade le peu de troupes qui lui restaient disponibles, avait envoyé au général Loverdo l'ordre de quitter Malaga et de suivre les traces du général constitutionnel. Il avait donné en même temps avis de ce qui se passait au général Latour-Foissac, à Cordoue, afin que cet officier se trouvât à portée d'agir suivant les circonstances.

De Villanueva, Riego suivit la route d'Acala-la-Real, comme s'il eût voulu se porter sur Andujar; mais dans le même temps le comte Molitor dirigeait le général Bonnemains sur la première de ces villes; et l'avant-garde du général Loverdo, composée de deux bataillons du vingt-neuvième régiment de ligne et du vingtième de chasseurs à cheval, s'avançait par Loja dans la même direction. Le général Saint-Chamans ayant accéléré la marche des chasseurs, ce régiment atteignit la colonne ennemie au village de Monte-Frio, le 9 septembre. Le colonel Tessier de Marouze manœuvra pour attirer les constitutionnels dans la plaine, et y exécuta une charge dans laquelle l'ennemi eut plusieurs tués, un grand nombre de blessés et quinze à vingt hommes faits prisonniers. Ce petit échec ne put empêcher Riego de poursuivre sa route, et il arriva le lendemain à la pointe du jour, près de Priego.

Ballesteros n'avait que peu de troupes avec lui dans cette petite ville qui lui avait été assignée pour son quartier-général; mais informé de l'approche de Riego, il n'hésita point à s'opposer de vive force à son passage, et à l'attaquer le premier, avec douze cents hommes d'infanterie et cent chevaux. La fusillade était déjà vivement engagée entre les deux partis, lorsque les soldats de Riego, à un signe de leur chef, baissent leurs armes, jettent leurs schakos en l'air, et s'avancent pour embrasser ceux de Ballesteros, aux cris réitérés de *union ! vive Ballesteros ! vive la nation libre ! vive la constitution !* A ces cris, les soldats de Ballesteros sont ébranlés, les deux troupes se confondent, on s'embrasse en frères; Riego et ses aides-de-camp entourent Ballesteros, le proclament leur général et le supplient de prendre le commandement en chef; celui-ci répond qu'il en conférera avec les officiers de son armée. Les deux chefs entrent ensemble dans Priego, paraissant bien d'accord entre eux. Toutefois Ballesteros ayant rassemblé les généraux et les chefs de corps de son armée, leur expose l'état des choses. Tous tombent d'accord avec lui, que l'armée ne peut violer la foi jurée, en rompant la convention conclue avec le général Molitor; il leur ordonne de faire sortir à l'instant même les troupes de la ville pour éviter tout contact avec celles de Riego; et cet ordre est exécuté.

Alors Riego, après avoir tenté de persuader le général en chef et ses principaux officiers, en leur représentant l'obligation où ils étaient, selon lui, de consentir à la réunion des deux troupes, l'irrégularité de la convention du 4 août, faite sans le consentement du gouvernement établi à Cadix; enfin, la gloire dont Ballesteros se couvrirait en se mettant à la tête, non-seulement des deux troupes réunies, mais encore de toutes celles qui se trouvaient en Andalousie et en Estramadure; Riego, disons-nous, fait désarmer la garde du quartier-général par ses propres troupes, y place une compagnie pour en garder toutes les issues, constitue Ballesteros et tous ceux qui étaient avec lui prisonniers, et leur signifie qu'ils partiraient dans la nuit pour un château-fort.

Mais pendant ce temps, quelques bataillons, détrompés par le général Balanzat, furieux de la conduite que Riego venait de tenir envers le général en chef, et de la perfidie dont il avait usé envers eux, voyant revenir les soldats de la garde du quartier-général sans armes, menaçaient de revenir en force délivrer leurs chefs. Averti de ce mouvement, Riego se décida à remettre en liberté ses prisonniers, et prit la route d'Alcaudete. Son entreprise avait complétement échoué; et, grâce à la précaution que Ballesteros avait prise d'éloigner ses troupes, il n'y eut pas de défection de leur côté, tandis qu'une grande partie des régimens de cavalerie de *Numance* et d'*Espagne* abandonnèrent la colonne de Riego pour se réunir à l'armée soumise.

Désormais sans espérance, le général des cortès ne cherchait sans doute qu'à gagner la Sierra-Morena, pour se rabattre ensuite sur Carthagène avec deux mille cinq cents hommes qui lui restaient encore. A Jaën, où il entra le 12, on l'accueillit encore au son des cloches et au milieu des *vivat;* mais alors des troupes arrivaient autour de lui dans différentes directions : le général Latour-Foissac par Andujar, le général Bonnemains par Alcala-la-Real. Ce dernier, dans la soirée du 11, informé par un aide-de-camp de Ballesteros de ce qui s'était passé à Priego, avait hâté sa marche; et il arriva le 13 devant Jaën. Le dix-neuvième de chasseurs, qui marchait en tête, enleva les postes avancés, mais ne put pas pénétrer dans la ville, ceinte d'une muraille assez haute et protégée par un château-fort en bon état. Le général Bonnemains n'avait alors avec lui que la cavalerie de sa division et six compagnies de voltigeurs, réduites, par la rapidité de la marche, à cent cinquante hommes environ. Le reste de l'infanterie qui, depuis deux jours, marchait sans s'arrêter que le temps nécessaire pour recevoir ses vivres, était encore très en arrière.

A l'approche des Français, Riego avait d'abord garni d'infanterie les murailles et le château; sa cavalerie, soutenue par deux bataillons, sortit ensuite de la ville, et se forma à droite en arrière sur le chemin de Mancha-Real. Cette position, dont la gauche s'appuyait sur la ville de Jaën, et dont la droite s'étendait vers une rivière (Rio de Jaën), était protégée par l'escarpement des collines et par un ravin qui s'étendait sur leur front entre la ville et la rivière. Les quatrième et huitième d'infanterie légère étant arrivés, le général Bonnemains fit ses dispositions d'attaque. Les constitutionnels furent successivement chassés de Jaën, de la position en arrière, ainsi que des autres qu'ils tentèrent de prendre sur la route de Mancha-Real, et poursuivis jusqu'au delà de cette dernière ville, où les troupes françaises entrèrent à onze heures du soir, après quatorze heures de combat et une marche de soixante-douze heures. Riego perdit dans cette journée plus de cinq cents hommes en tués, blessés et prisonniers; le régiment de cavalerie de Santiago y fut taillé en pièces, et la colonne révolutionnaire était anéantie si l'infanterie du général Bonnemains eût été moins fatiguée.

Le lendemain, Riego prit la direction d'Ubeda, ville aux environs de laquelle était cantonnée une division de Ballesteros, qu'il espérait peut-être encore entraîner; mais le général Latour-Foissac avait pris des dispositions pour s'opposer à cette tentative, en envoyant le colonel d'Argout sur Jodar avec trois escadrons de chasseurs et trois compagnies d'infanterie de la garde royale, tandis qu'il se portait lui-même, avec le régiment de dragons et cinq autres compagnies de la garde sur Baeza, afin de contenir la colonne ennemie, dans le cas où elle aurait dépassé Jodar avant l'arrivée du colonel d'Argout.

Le général constitutionnel, après s'être arrêté quelque temps dans le village que nous venons de nommer pour y faire rafraichir ses troupes, se disposait à continuer son mouvement lorsque le colonel d'Argout arriva avec les trois escadrons de la garde seulement, les compagnies d'infanterie n'ayant pu suivre la marche rapide des chasseurs. Quelque désavantage qu'il y eût pour les assaillans, trois fois moins nombreux, le colonel n'hésita point à attaquer. Longeant l'un des côtés extérieurs du village, il se porta à l'autre extrémité, où Riego avait formé son infanterie en deux carrés entre les chemins de Quesada et de Cabra, sa cavalerie (quatre cents chevaux) placée dans l'intervalle. Le premier escadron de chasseurs, soutenu du deuxième, charge et enfonce un de ces carrés; s'avançant ensuite sur la cavalerie, il l'attaque avec la même vigueur et la met en fuite. Pendant ce temps, le second carré n'osant point tenir, se retire précipitamment vers les montagnes qui avoisinent Jodar, s'y disperse et fuit dans toutes les directions. Le colonel d'Argout fait poursuivre les fuyards par son troisième escadron qui ramène bon nombre de prisonniers [1].

---

[1] La perte des constitutionnels, dans cette affaire, fut de soixante hommes tués ou blessés; le total des prisonniers se monta à sept cent soixante, dont un général, deux colonels, quatre lieutenans-colonels et quatre-vingts autres officiers, un drapeau; une caisse renfermant une somme de 124,000 réaux environ (30,000 fr.) et presque tous les bagages de la colonne, tombèrent entre les mains des chasseurs de la garde. Ce brave régiment n'avait eu que deux hommes tués et une vingtaine de blessés.

Ainsi finit l'expédition de Riego dont il pouvait résulter des conséquences graves pour l'issue de la campagne, et qui présente beaucoup d'analogie avec celle que le même général avait entreprise trois ans et demi auparavant [1]. Blessé dans le combat, abandonné de ses soldats, dont une grande partie se rendit aux cantonnemens de Ballesteros, Riego s'était échappé déguisé avec une vingtaine d'officiers encore fidèles à sa mauvaise fortune. Il espérait atteindre les montagnes de la Sierra-Morena, lorsque, épuisé de fatigue et de faim, il voulut descendre dans une ferme près du village d'Arquillos, où il fut reconnu, dénoncé aux autorités voisines et arrêté par des paysans avec trois des compagnons de sa fuite [2].

---

[1] Voyez l'introduction, pages 31 et suivantes.

[2] Un témoin oculaire de ce dernier événement en a donné une relation très-circonstanciée dont voici les principaux traits :

Après avoir été mis dans une déroute complète par les Français, Riego errait dans les montagnes avec vingt hommes à cheval, dont dix-sept étaient des officiers supérieurs. Épuisé par la fatigue et la faim, il rencontra l'ermite de la *Torre de Pedrogil* et un habitant de Vilches, nommé Lopez-Lara. Les ayant pris à part, il leur dit : « Mes amis, voici une occasion de faire votre fortune et celle de vos familles; il s'agit seulement de me conduire, sans être aperçu de qui que ce soit, à la Caroline, à Carbonerar et à Las-Navas de Tolosa. J'y ai de bons amis qui me procureront un guide pour l'Estramadure, où je veux me rendre. » L'ermite et le paysan refusèrent; mais Riego les fit saisir et jeter sur deux mules, en leur disant que, bon gré, malgré, ils serviraient de guides à sa troupe.

On se mit en route à l'entrée de la nuit. Riego parlait à ses compagnons de son voyage de Madrid en Andalousie, des endroits où il avait trouvé des connaissances, etc. Les guides conclurent de cette conversation indiscrète que l'homme qu'ils conduisaient devait être le fameux Riego. Dès ce moment Lopez-Lara conçut le projet de le faire tomber dans les mains de la justice. A la pointe du jour, ils se trouvaient à la ferme de Baquerizones, près d'Arquillos. Riego dit qu'il fallait y demander un asile : Lara frappa à la porte, et ce fut précisément un de ses frères, nommé Mateo, qui vint ouvrir.

Riego, craignant qu'une escorte trop nombreuse ne le fît découvrir,

La nouvelle de cette capture ayant été transmise aux premiers postes français, un des aides-de-camp du général Latour-Foissac, avec quelques hussards, vint prendre les quatre prisonniers et les escorta jusqu'à Andujar où ils arrivèrent le 17. Toute la population était en masse dans les rues pour voir passer Riego, et un grand nombre d'hommes exaspérés menaçaient de l'égorger s'il était question de le soustraire à la vindicte publique. Il fut accablé d'injures, et la multitude ne se retira qu'après qu'il eut été renfermé dans la prison de la ville [1].

n'avait voulu garder que trois de ses affidés auprès de lui. L'un était un officier anglais, qui, plein de méfiance, referma brusquement la porte de la ferme et s'empara de la clef. Ils donnèrent à manger à leurs chevaux et se couchèrent dans l'écurie, leurs épées nues à côté d'eux. A son réveil, Riego dit à Lopez qu'il fallait absolument faire ferrer son cheval. Eh bien! répondit le paysan, qui sentit toute l'importance de l'occasion, je vais le mener à Arquillos; mais Riego s'y refusa, et voulut que ce fût Mateo qui se chargeât de la commission, non en conduisant le cheval à Arquillos, mais en allant chercher un maréchal. Lopez n'eut que le temps de dire à l'oreille de son frère : « Cet homme est Riego, avertis la justice, et dis que nous sommes prêts à faire notre devoir. »

Riego se mit à table aussitôt que Mateo lui eut dit que le maréchal allait venir ; mais l'Anglais, toujours dans la crainte, ne quitta pas la fenêtre, d'où, la lorgnette à la main, il regardait de tous côtés. — Tout à coup il s'écrie : « général, nous sommes perdus ! voici des gens armés qui accourent ! » — « Aux armes !... » cria Riego. Mais dans un instant Lopez et Mateo saisirent des carabines et couchèrent en joue les trois étrangers, en leur criant : « le premier qui fait un mouvement est mort ! » Ils avaient déjà mis le sabre à la main, mais la résolution de Riego l'abandonna soudain. Il se laissa garrotter les mains derrière le dos, et dit à Lopez : « Ayez la bonté de dire aux hommes qui viennent nous prendre, de ne point nous faire de mal, puisque nous sommes vos prisonniers. »

L'alcade entra suivi de paysans armés. Riego le supplia pareillement de ne point le maltraiter, et offrit tout l'argent qu'il avait sur lui. L'alcade ayant défendu à son monde de rien accepter, dit aux quatre prisonniers que la justice déciderait de leur sort.

[1] En cette circonstance, Riego dit à l'officier français qui l'accompa-

Il s'éleva bientôt à son sujet un conflit de juridiction entre les autorités espagnoles et les généraux français. Celles-là réclamaient Riego comme ayant été pris par les Espagnols, et comme sujet aux lois de son pays : ceux-ci prétendaient que, n'ayant été pris qu'à la suite d'un combat que les troupes françaises avaient seules soutenu, le général constitutionnel devait, par cela même, être considéré comme leur prisonnier. La question portée au grand quartier-général fut décidée en faveur des Espagnols, et le général Latour-Foissac reçut l'ordre de livrer aux autorités du pays, Riego et les trois officiers arrêtés avec lui, qui furent ensuite conduits à Madrid [1].

Cependant le général Molitor avait pris des mesures pour fermer toute voie de retraite aux débris de la colonne de Riego, ainsi qu'aux autres partis constitutionnels qui se trouvaient encore dans les royaumes de Grenade et de Murcie, et cherchaient à joindre le général Torrijos dans Carthagène : le général Vincent commandant en Murcie, l'officier supérieur commandant de Lorca, avaient reçu des ordres en conséquence. Le général Saporta avait été envoyé à Baza dans le même but, et le général Bonnemains continuait ses opérations avec son activité ordinaire. Par suite de ces dispositions du général en chef du deuxième corps, aucun parti constitutionnel ne put renforcer la garnison de Carthagène. Une bande commandée par le partisan Marconchini, repoussée

gnait : « ce peuple que vous voyez aujourd'hui si acharné contre moi ; ce peuple qui, sans vous, m'aurait déjà égorgé, l'année dernière me portait en triomphe. La ville me força à accepter, malgré moi, un sabre d'honneur. Toute la nuit que je passai ici, les maisons furent illuminées, le peuple dansa sous mes fenêtres et m'assourdit de ses cris. »

[1] Traduit par décret de la régence devant le tribunal des *Alcades de cour*, Riego fut condamné, comme coupable du crime de lèse-majesté, au supplice du gibet.

par le commandant de Lorca sur une colonne du général Vincent, fut détruite par ce dernier qui força en même temps un détachement de la garnison de Carthagène à rentrer dans cette place.

Après le combat de Jodar, quelques débris de la division de Riego s'étaient réunis et formés en un bataillon de cinq à six cents hommes, lequel, à l'imitation de celui organisé par Riego dans son expédition révolutionnaire de 1820, avait pris le nom de *bataillon sacré*. Cette troupe, qui s'était dirigée par Castril, Galera, Maria et Totana, cherchait à gagner Carthagène lorsqu'elle fut atteinte et attaquée simultanément en tête et en queue, le 19, par les troupes du commandant de Lorca (M. de Lasbordes), et par le dixième de chasseurs, commandé par le colonel de Serant, soutenu par le quatrième, formant l'un et l'autre l'avant-garde du général Bonnemains. Après un court engagement, la colonne fut entièrement détruite. La garnison de Lorca fit, pour sa part, trois cent vingt prisonniers, et le dixième de chasseurs cent quarante. Deux drapeaux furent les trophées de cette action. Peu de temps auparavant, un autre parti constitutionnel de trois cents hommes environ, avait été pris en entier près de Baza par le colonel royaliste Moreno [1].

Ainsi, l'entière destruction du corps de Riego, due aux habiles et prévoyantes dispositions du général Molitor, à

---

[1] Ces trois cents hommes faisaient partie d'une colonne de six cents sous les ordres du brigadier Puig, chef d'état-major de Riego. Coupé de la division constitutionnelle par le général Buchet dans l'affaire de Mancha-Real, forcé de se jeter dans les montagnes, et poursuivi successivement par le colonel du trente-neuvième de ligne et le chef royaliste Abelda, le brigadier Puig avait été fait prisonnier avec une partie de sa troupe; le reste cherchait à gagner Carthagène, quand il fut rencontré par le colonel Moreno.

l'activité de ses lieutenans, au zèle infatigable des troupes du deuxième corps, enlevait au gouvernement de Cadix tout espoir d'une diversion qui aurait pu troubler les opérations du siége, et assurait la tranquillité du midi de la péninsule. La révolution espagnole était vaincue avec l'homme qui en avait donné le signal.

CHAPITRE IV.

Suite des opérations militaires en Catalogne. — Nouvelle expédition tentée par les généraux constitutionnels Milans et Llobera. — Dispositions prises par le maréchal duc de Conegliano; combat de Cabriana et de Caldès; affaire d'Altafulla; reconnaissance de Tarragone. — Expédition d'une colonne de la garnison de Barcelone sur Figuières; affaires de Llado et de Llers; capitulation de la colonne expéditionnaire; reddition de Figuières. — Formation d'un cinquième corps d'armée française. — Siége de Pampelune; capitulation de cette place; reddition des places de Santona et de Saint-Sébastien.

août

Malgré les succès obtenus par le quatrième corps de l'armée française sur les troupes de Mina et de ses lieutenans, la révolution espagnole présentait toujours en Catalogne une résistance et des ressources dont on n'avait pas eu l'idée. La ville de Barcelone, remplie de réfugiés, de miliciens et d'une population de tout temps difficile à gouverner, incitée, échauffée par les déclamations des clubs, tenue dans l'ignorance des revers qu'éprouvait dans les autres provinces la cause constitutionnelle, Barcelone était comme un grand camp retranché; tout le monde y portait la cocarde dite nationale, avec l'inscription : *la constitution ou la mort*. Il n'y restait plus qu'un petit nombre de prêtres. La plupart des moines avaient été déportés, renfermés ou fusillés. Les garnisons de Figuières, des forts d'Urgel, d'Hostalrich, Lérida, paraissaient disposées à tenir jusqu'à la dernière extrémité, et profitaient du moindre relâchement dans la rigueur du blocus de ces places pour faire des sorties, et inquiéter les communications. La place de Tarragone, qu'on avait jugée peu formidable par l'état de ses fortifications presque détruites dans la dernière guerre, et réparées à la hâte, était devenue une autre Barcelone, défendue par une garnison nombreuse, exaltée, sous la direction de Milans, qui s'y était retiré, comme on l'a vu, après l'affaire de Jorba, et dont la vieillesse (il avait soixante-dix ans) n'avait point ralenti l'étonnante activité. Mina avait envoyé son chef d'état-major, D. Évariste San-Miguel, ancien ministre des affaires étrangères, pour concerter avec Milans et Llobera, une nouvelle expédition dont le but était de débloquer la Seu d'Urgel, la forteresse de Figuières, d'en rallier les garnisons, de réunir ainsi huit à dix mille hommes, et, par suite d'un mouvement combiné des garnisons de Barcelone et de Tarragone, de faire lever le blocus de la première de ces places, et de reporter le théâtre de la guerre des rives du Llobregat sur la frontière de la France.

Nous avons dit que M. le maréchal duc de Conegliano avait transféré son quartier-général à Villa-Franca, afin d'être à portée d'observer la garnison de Tarragone, en même temps qu'il continuerait de surveiller les opérations du blocus de Barcelone. S. E. informée de la convention conclue entre le comte Molitor et Ballesteros, s'était empressée de proposer à Milans de traiter avec lui aux mêmes conditions; mais le vieux général constitutionel s'y était refusé.

Vers le 12 août, en conséquence des dispositions arrêtées avec D. Évariste San-Miguel, Milans et Llobera[1] ayant réuni à Montblanch un corps d'environ six mille hommes, s'avancèrent par Santa-Coloma dans la direction de Calaf, où le baron d'Éroles n'avait avec lui qu'un faible détachement de mille à douze cents hommes. Plus tard, lorsque ce mouvement aurait attiré l'attention du duc de Conegliano, D.

---

[1] Ce dernier n'était point entré dans Tarragone et avait cantonné ses troupes à Vals et aux environs.

Évariste San-Miguel devait marcher de Tarragone sur Molins-d'El-Rey, avec une colonne de trois à quatre mille hommes, tandis que Mina sortirait de Barcelone, à la tête d'une grande partie de la garnison de cette derniere place.

Averti du mouvement des généraux Milans et Llobera, le maréchal fit sur-le-champ des dispositions qui allaient déjouer le plan assez habilement combiné de ses adversaires. Ayant porté, le 13, son quartier-général de Villa-Franca à San-Sadurni, il dirigea de suite le général Tromelin avec la brigade de réserve et quatre escadrons du dix-huitième de chasseurs et sixième de hussards sur Manresa, en lui prescrivant de prévenir le baron d'Éroles de la marche des troupes constitutionnelles sur Calaf; le colonel Salperwick eut ordre de quitter Vich, qu'il occupait avec deux bataillons du huitième de ligne, pour se rendre devant Urgel, à l'effet de renforcer les troupes qui en formaient le blocus; les généraux Curial et Damas, chargés des blocus de Barcelone et de Figuières, furent prévenus de se tenir plus que jamais sur leurs gardes; et le maréchal conservant avec lui le dix-huitième de ligne, un bataillon du premier léger, et un escadron du régiment espagnol *d'El-Principe*, se tint prêt à marcher suivant les circonstances sur Tarassa ou sur Granoller.

Le baron d'Éroles, prévenu comme nous l'avons dit par le général Tromelin, et n'ayant point assez de monde pour s'opposer à la marche des troupes constitutionnelles, se rapprocha en toute hâte de Manresa, où s'était portée la colonne française forte de cinq bataillons, quatre escadrons et deux pièces d'artillerie de montagne. Les deux troupes étant réunies, le 14, le baron, avec son détachement renforcé de quatre cents hommes, et le général Tromelin avec ses quatre escadrons que devaient suivre les seizième et soixantième de ligne, se dirigèrent vers le pont de Cabriana, au devant de l'ennemi, qui, ayant changé de direction, s'avançait de ce côté. A la vue de la colonne franco-espagnole, les généraux constitutionnels replièrent leurs troupes sur Caldès (route de Manresa à Vich). L'avant-garde du baron passa le pont au moment où l'arrière-garde ennemie franchissait la hauteur boisée qui le domine. Attaquée par les troupes royales espagnoles, cette arrière-garde fit volte-face. Une charge de cavalerie jeta d'abord quelque désordre parmi les assaillans, mais un escadron du sixième de hussards français étant accouru, culbuta les cavaliers ennemis et les força à accélérer leur retraite.

L'ennemi ne s'était retiré du pont de Cabriana qu'il pouvait défendre, que pour prendre une position plus avantageuse en avant de Caldès. Ce village, situé sur la route qui conduit de Manreza à Vich, est bâti sur le versant d'une montagne fort élevée. Des montagnes encore plus hautes le dominent à droite et à gauche. Les troupes constitutionnelles avaient leur droite appuyée à ce village, et leur gauche à un ravin profond, au delà duquel se trouve un bois, qui fut occupé par de nombreux tirailleurs.

Les généraux Milans et Llobera, attaqués de nouveau dans cette position, avaient des forces trop supérieures pour ne pas repousser d'abord les troupes du baron d'Éroles. Le général Tromelin ayant été joint par le seizième de ligne, le fit avancer sur la droite de l'ennemi; mais ce régiment, tourné sur sa gauche au moment où il engageait l'action, se vit forcé de faire un mouvement rétrograde pour ne pas se trouver entre deux feux. La position des troupes alliées allait devenir très-critique, sans l'arrivée des deux bataillons du soixantième de ligne. Le colonel Monck d'Uzer, qui était à la tête de ce régiment, fit porter le premier de ces bataillons sur la gauche des constitutionnels, que Milans avait dégarnie pour renforcer sa droite, en même temps que le second s'avançait pour secourir le seizième de ligne sur ce dernier point. Ce double mouvement fut couronné d'un plein succès. Le lieutenant-colonel Magnan, qui conduisait le premier bataillon du soixantième, attaqua la gauche de l'ennemi avec la plus grande vigueur, et déborda à son tour les troupes qui avaient tourné le seizième de ligne. Pendant cette attaque, le colonel Monck d'Uzer, qui s'était porté rapidement avec son second bataillon par une marche de flanc sur la droite, allait attaquer de front cette partie de la ligne ennemie; mais les généraux constitutionnels, intimidés par l'avantage obtenu sur l'aile opposée, se décidèrent à la retraite. Les deux bataillons du soixantième se réunirent à Caldès et poussèrent, la baïonnette dans les reins, jusqu'à Moya, les constitutionnels, qui jonchèrent la route d'armes, de sacs, de shakos, en abandonnant même leurs blessés, dont la plupart furent achevés par les paysans. Le général Tromelin et le baron d'Éroles passèrent la nuit à Moya avec leurs troupes qui, au nombre de deux mille cinq cents hommes, avaient combattu depuis neuf heures du matin jusqu'à huit heures du soir contre six mille.

Poursuivis le lendemain, les constitutionnels parurent vouloir tenir à Gironella, où ils avaient pris position; mais à la première démonstration de la brigade Tromelin, ils continuèrent précipitamment leur retraite per Estany, Prats de Lluzanès, Solsona, Tora et la Curulleda, et rentrèrent le 23 dans Tarragone. Milans et Llobera avaient eu plus de six cents hommes hors de combat, dans la journée de Caldès; et l'on peut évaluer à dix-huit cents le nombre de ceux qu'ils perdirent par la fatigue et la désertion pendant leur retraite jusqu'à Tarragone.

Le maréchal duc de Conegliano ayant reçu la nouvelle de l'avantage remporté à Caldès, et craignant que l'ennemi quoique battu, n'essayât de se jeter du côté de Figuières, s'était avancé avec quatre mille hommes d'infanterie, trois cents chevaux et de l'artillerie, sur Vich. Bientôt informé de la retraite prononcée des troupes constitutionnelles, il se dirigea sur Cervera par Manresa et Igualada, pour leur couper le chemin; mais l'ennemi avait échappé au danger de ce mouvement pendant la première marche du maréchal sur Vich.

Nous avons dit que la garnison de Barcelone devait tenter une diversion pour faciliter la réussite de l'expédition des généraux Milans et Llobera; mais le gouverneur de cette place s'était borné à faire sortir par une des portes, le 20 août, une forte colonne qui, après avoir longé les glacis, était rentrée par une autre porte. Pendant la nuit précédente, le bataillon de transfuges et une compagnie de miquelets avaient cherché, mais sans succès, à surprendre les poste avancés de la Casa-Gironella. Les troupes qui formaient le blocus avaient constamment montré la plus grande vigilance.

Le maréchal résolut de faire, autant que les moyens dont il pouvait disposer le lui permettaient, l'investissement de Barcelone. En conséquence, les troupes du baron d'Éroles prirent position à Montblanch, la brigade Tromelin à Wals et à Valmol; celle du général Montgardé à Cattlar, Altafulla et Torre-den-Barra. Pour augmenter ces forces, et afin d'être en mesure de porter un coup décisif aux généraux constitutionnels qui, deux jours auparavant, avaient rejeté une seconde proposition d'arrangement, le maréchal appela du blocus de Barcelone quelques bataillons, sous les ordres du général Achard.

L'investissement de Tarragone restant incomplet, parce que l'insuffisance des troupes ne permettait pas de faire occuper Reuss, Constanti et Villa-Seca, le duc de Conegliano crut devoir effectuer une reconnaissance générale, à la suite de laquelle il se proposait de tenter un coup de main sur la place. Dans ce dessein, il se porta le 27 août à Wals, pour diriger lui-même le mouvement de la brigade Tromelin et du corps du baron d'Éroles, laissant au général Berge le commandement supérieur des troupes qui occupaient Torre-den-Barra et Altafulla, avec des instructions relatives à la reconnaissance générale qui devait se faire le 28.

Par un concours de circonstances assez remarquable, les généraux ennemis avaient précisément choisi le jour où le maréchal se rendait de Torre-den-Barra à Wals, pour attaquer eux-mêmes les troupes du blocus à Altafulla. Le 27, à sept heures du matin, cinq mille hommes d'infanterie, deux cent cinquante chevaux et deux obusiers de 6 sortirent de Tarragone, et se portèrent sur le point que nous venons de nommer. Le général Berge se trouvant alors au poste de la Chapelle Saint-Jean, qui domine tout le pays environnant, aperçut ce mouvement de l'ennemi, et fit aussitôt ses dispositions de défense.

En avant d'Altafulla, sur la rive droite de la Gaya, règne une chaîne de hauteurs parallèles au cours de la rivière ; c'est sur une de ces hauteurs, à gauche de la grande route de Tarragone, qu'est située la Chapelle Saint-Jean : une compagnie d'infanterie occupait ce poste.

L'ennemi avait divisé ses forces en trois colonnes : l'une, forte de douze cents hommes, s'avançait directement sur la Chapelle Saint-Jean, la seconde, composée de quinze cents hommes, avec de la cavalerie et de l'artillerie, marchait sur la grande route ; la troisième, forte de plus de deux mille hommes, se dirigeait sur Riega ; son but paraissait être de s'avancer directement de ce point sur Torre-den-Barra, et de couper ainsi la ligne d'opération du général Berge. Celui-ci donna l'ordre au général Montgardé de se porter avec dix compagnies d'infanterie sur la Chapelle Saint-Jean, et de placer une partie du sixième régiment de chasseurs, avec deux obusiers, sur la grande route, que défendaient en outre deux pièces de 8. Le reste du sixième de chasseurs devait former la réserve. Le général Achard fit occuper par un bataillon du premier de ligne le village de Riera, en même temps qu'il couvrait, avec le dix-huitième de ligne, l'intervalle qui sépare ce même village de la grande route. Un escadron du vingt-troisième de chasseurs était en arrière de cette infanterie; deux bataillons du troisième de ligne étaient placés en réserve, sous les ordres du général Fantin-Desodoards.

L'attaque faite sur la Chapelle Saint-Jean fut repoussée avec la plus grande vigueur. Sans répondre à cinq décharges des bataillons ennemis, les compagnies du trente-unième régiment les chargèrent à la baïonnette, les culbutèrent et les forcèrent à la retraite.

La seconde colonne des constitutionnels ayant atteint et couronné les hauteurs qui sont à la droite de la route de Tarragone, le dix-huitième de ligne, ayant à sa tête le général Achard et le colonel Fitz-James, l'en délogea et lui fit éprouver une perte considérable. Ce mouvement fut bien secondé par le feu de deux obusiers attachés à la brigade Achard. Dans le même temps, le bataillon du premier léger placé à Riera repoussait avec la même vigueur et le même succès la troisième colonne ennemie qui s'était portée sur ce point. Ayant ainsi échoué sur tous les points de leur attaque, sans que le général Berge eût été dans la nécessité d'engager ses réserves, les troupes constitutionnelles se retirèrent sous les murs de Tarragone; et elles furent poursuivies jusqu'à la tour dite de Scipion [1].

---

[1] Elles avaient laissé une soixantaine de morts sur le champ de bataille; et le nombre des blessés était considérable. Les Français n'eurent que cinq tués et quatre-vingts blessés.

Le maréchal duc de Conegliano, prévenu à Wals, dans les premiers momens, de l'attaque dirigée contre Altafulla (la distance de Wals à ce dernier village est de sept lieues), ordonna au général Tromelin et au baron d'Éroles de se porter de suite, le premier par Semita, le second par Argelarga, sur le flanc gauche de l'ennemi; il dirigeait lui-même ce mouvement, lorsque, apprenant en route que les troupes constitutionnelles avaient rétrogradé sous Tarragone, il fit rentrer la brigade Tromelin et la troupe du baron d'Éroles dans leurs positions.

L'affaire qui venait d'avoir lieu à Altafulla ne changea rien aux dispositions ordonnées pour la reconnaissance générale qui devait être effectuée le lendemain 28.

Les troupes françaises se mirent en mouvement aux heures fixées; le maréchal dirigeait lui-même celles qui partirent de Wals, et le général Berge commandait celles qui sortirent d'Altafulla. Le moment du départ des colonnes avait été indiqué de manière qu'elles pussent arriver en même temps sur les points qui leur étaient assignés. La brigade Tromelin, composée du seizième et soixantième de ligne, de deux escadrons (des dix-huitième chasseurs et sixième hussards), et de deux obusiers de montagnes, se dirigea sur le mont Olivo. Dix compagnies du huitième de ligne et la division royaliste du baron d'Éroles, marchèrent sous les ordres de ce dernier vers la *Madona de Loreto*. Le général Berge s'avança aussi dans cette direction avec la brigade Achard, composée du dix-huitième de ligne et d'un bataillon du premier régiment d'infanterie légère. Le général Montgardé s'avança d'Altafulla par la grande route, avec dix compagnies du trente-unième de ligne, deux bataillons du troisième de ligne, commandés par le général Fantin-Desodoards, le sixième régiment de chasseurs à cheval et deux pièces de canon.

Toutes les positions occupées par l'ennemi en dehors de la place et du fort du mont Olivo, et qui pouvaient gêner la reconnaissance des ouvrages, furent enlevées par les différentes colonnes. Le général Berge commandant en chef l'artillerie, le général Rohault de Fleury, commandant en chef le génie, et le général Després, chef de l'état-major général du quatrième corps d'armée, eurent la facilité de faire toutes les observations nécessaires pour l'entreprise d'une attaque régulière ou de vive force, les troupes s'étant approchées des remparts jusqu'à portée de fusil, et s'y étant maintenues jusqu'à ce que l'objet de la reconnaissance fût parfaitement rempli. Entre trois et quatre heures de l'après-midi, le maréchal ordonna la retraite, qui se fit avec autant d'ordre que l'attaque du matin, et les différentes colonnes rentrèrent dans leurs positions respectives.

Cette reconnaissance ne put avancer de beaucoup les opérations du siége de Tarragone, parce que le duc de Conegliano fut obligé de renvoyer au blocus de Barcelone une partie des troupes qu'il en avait détachées précédemment, pour renforcer celles du général Curial, incessamment inquiétées par des sorties, sans résultats fâcheux à la vérité, mais qui nécessitaient une surveillance toujours plus active.

Mina et les autres généraux constitutionnels renfermés dans Barcelone, après avoir vu échouer l'entreprise de Milans et Llobera, dont ils avaient espéré pouvoir faciliter le succès, s'étaient décidés à tenter un dernier effort. Réunis en conseil de guerre vers la fin d'août, ils arrêtèrent le plan d'une expédition dont le but devait être de ravitailler Hostalrich et Figuières, et de réunir dans le Lampourdan un corps de troupes destiné à agir sur les derrières de l'armée française, en coupant les communications et en inquiétant les frontières de France. Cette diversion pouvait contraindre le maréchal Moncey à lever le blocus de Tarragone ou à dégarnir celui de Barcelone, changer la face des affaires en Catalogne, et y ranimer le moral des partisans de la révolution.

Le brigadier-général Fernandez, gouverneur de Cardona avant sa reddition, et qui était venu chercher un asile à Barcelone, se chargea de diriger cette nouvelle entreprise; mais il demandait qu'on lui laissât le choix des troupes, et surtout qu'elles fussent bien équipées et mises au courant de la solde qui était due à la garnison depuis plus de trois mois. Tout lui fut accordé : il forma son avant-garde d'un bataillon de transfuges français, italiens, piémontais, liés par l'intérêt de leur propre salut, à celui de la cause qu'ils étaient venus défendre. A ce corps, le plus déterminé de tous ceux de la garnison, il joignit un bataillon provisoire, pris dans les régimens de Léon et de Barbastro[1], un autre, dit *de la Constitution*, un quatrième appelé *Souverain National*, un cinquième, de milices de la Catalogne, et cinquante à soixante lanciers ou guides à cheval, le tout s'élevant à deux mille six cents hommes environ, reconnus pour les plus dévoués à la cause des cortès.

Le 10 septembre, en même temps que la garnison de Barcelone faisait une sortie générale et des attaques sur plusieurs points de la ligne d'investissement, les troupes que nous venons de nommer sortirent du port sur des barques de pêcheurs; et, profitant d'un temps obscur et orageux pour se dérober à la vue des bâtimens français, alors un peu au large, elles vinrent prendre terre le soir même, entre le Castillo de Mougat et Masnou, à quelques lieues de Barcelone.

---

[1] Ce régiment était l'un des plus dévoués à la cause révolutionnaire; toutes les fois qu'il prenait les armes, son colonel lui faisait l'interpellation suivante : « Barbastro, quel sera ton sort ? » — Et tous les soldats répondaient : « la constitution ou la mort ! »

A la nouvelle de ce débarquement, les habitans de Mataro et les employés des établissemens et magasins militaires réunis dans cette ville, en barricadèrent les portes, et se préparèrent à la défense. Le général Curial fit prévenir le maréchal duc de Conegliano, et détacha sur-le-champ quinze cents hommes du blocus de Barcelone, sous les ordres du général Nicolas. Le lieutenant-général baron de Damas, également prévenu, ordonna de suite à un bataillon de marche, fort de quatre cents hommes environ, qui passait à Gironne pour rejoindre le gros de l'armée, de se porter sur Hostalrich, où le général de Rastignac, chargé du blocus, n'avait avec lui qu'un bataillon du trente-unième de ligne, et un autre des troupes de la Foi.

La colonne constitutionnelle s'étant avancée par San-Celoni, dans la direction d'Hostalrich, cherchait à gagner de vitesse les troupes que son général supposait bien avoir été promptement envoyées à sa poursuite. Après avoir laissé Hostalrich sur sa droite sans tenter de secourir cette place, le brigadier Fernandez suivit la route d'Olot, en évitant d'approcher de Vich pour ne point s'engager avec les troupes qui occupaient cette ville. La population des pays que traversait la colonne la regardait passer en silence sans chercher à inquiéter sa marche, mais aussi sans donner aucune marque d'intérêt ou de satisfaction. Ce froid accueil commença à ébranler la résolution d'une partie des bataillons constitutionnels. Fernandez avait compté sur le soulèvement du peuple, dont il espérait réveiller le courage et l'énergie patriotique.

Des dépêches arrivées de Vich, dans la nuit du 13 au 14, apprirent au baron de Damas que la colonne ennemie prenait la direction de Figuières. La position de ce général devenait embarrassante : il se trouvait à Gironne avec un seul bataillon du huitième de ligne [1]; les troupes qui formaient le blocus de Figuières ne consistaient que dans le cinquième régiment de ligne et deux bataillons espagnols, sous les ordres du général Maringoné. Celui-ci reçut l'ordre de se porter en avant de Figuières, sur la route de Besalu, avec tout le monde dont il pouvait disposer, laissant seulement autour de la place les postes nécessaires pour observer et contenir la garnison. De son côté, le baron de Damas partit de Gironne, le 14, avec le bataillon du huitième, et se dirigea sur Besalu, par Banolas, dans l'espoir plus qu'incertain d'y arriver avant la colonne constitutionnelle, et de l'arrêter jusqu'à l'arrivée du général Nicolas.

Informé par une reconnaissance envoyée sur Besalu que l'ennemi n'arriverait dans ce village que le lendemain, le baron de Damas crut devoir passer la Fluvia et aller joindre le général Maringoné à Navata. Les deux colonnes françaises réunies présentaient un total de seize à dix-sept cents hommes, qui prirent position le 15, en avant de Llado, sur la route de Besalu. De ce point, le lieutenant-général Damas pouvait couvrir les chemins qui conduisent à Figuières, soit par Navata, soit par Sistella; et la position était la même qu'il avait déjà occupée le 11 juin, lorsque Mina avait paru menacer le blocus de Figuières. On fut bientôt averti que la colonne ennemie, après avoir traversé Besalu, s'avançait sur Llado. Le général Damas envoya aussitôt audevant d'elle une reconnaissance de quatre cents hommes, commandée par le capitaine d'état-major d'Eyragues. Cet officier avait l'ordre de ne point s'engager sérieusement, et de profiter des

---

[1] Les autres troupes de la division Damas étaient employées aux blocus de Figuières et d'Hostalrich, ou détachées sur d'autres points, et au blocus de Tarragone.

dispositions du terrain pour attirer adroitement l'ennemi sur la position occupée par le gros des troupes françaises en avant de Llado; mais entraîné par son courage et par l'ardeur de ses soldats, il s'attacha imprudemment à la poursuite de quelques éclaireurs, et gravit une côte rapide qui masquait le gros des constitutionnels; son détachement y fut à l'instant entouré et accablé des feux croisés de l'ennemi, et lui-même tomba percé de deux balles. Le baron de Damas, en entendant la fusillade, fit avancer en toute hâte les autres troupes pour dégager le détachement compromis : l'action devint très-vive; mais l'ennemi renonçant, malgré sa supériorité numérique, à se frayer de front le passage jusqu'à Llado, se porta par sa gauche sur le chemin qui conduit de San-Martin-de-Sasseras à ce premier village; arrêté dans ce mouvement par une charge vigoureuse de soixante chasseurs à cheval du vingt-deuxième régiment, commandés par le brave capitaine Fontnouvelle, il fut contenu jusqu'à la nuit par le bataillon du huitième et une compagnie de grenadiers du cinquième. A la suite de cet engagement, qui dura depuis une heure de l'après-midi jusqu'à sept heures du soir, les constitutionnels prirent position à San-Martin-de-Sasseras dans l'intention de dérober quelques heures de nuit à leurs adversaires pour parvenir jusqu'à Figuières.

En effet, le 16, à une heure du matin, ils levèrent leurs bivouacs et s'avancèrent vers cette forteresse par la Stella et Terradas. Mais le général Damas, informé de leur mouvement, marcha sur Llers, qu'il occupa à onze heures. L'ennemi débouchant, trois heures après, des défilés de Terradas, se jeta dans un chemin en avant du front de la colonne française, et se dirigea, sur la droite, vers les hauteurs qui séparent Llers du fort de Figuières, non sans éprouver une perte considérable, parce qu'il lui fallut défiler sous le feu de plusieurs pelotons, embusqués derrière des murs. Le général

Maringoné occupait déjà, avec un bataillon du cinquième régiment, les hauteurs que voulaient franchir les constitutionnels; alors ceux-ci, exténués de fatigue et de faim, et menacés par la colonne du général Nicolas, qui arrivait par Besalu sur leurs derrières, demandèrent à capituler, et même plusieurs bataillons déposèrent leurs armes et se rendirent sans condition. Le seul bataillon des étrangers, où se trouvait, comme nous l'avons déjà dit, un grand nombre de transfuges français, qui connaissaient le sort que leur réservaient les lois militaires, conservait encore une attitude menaçante et paraissait décidé à combattre jusqu'à la dernière extrémité. Le baron de Damas voulant éviter une nouvelle effusion de sang, leur fit porter des paroles de paix; et en accordant aux Espagnols les honneurs de la guerre, il crut pouvoir promettre aux transfuges français la vie sauve, sans aucune autre condition, en les recommandant à la clémence du roi. Plusieurs d'entre eux, désespérant de leur sort, s'étaient déjà donné la mort sur le champ de bataille; le reste mit bas les armes, au nombre de cent vingt[1].

Ces deux journées, si glorieuses pour les armes françaises, et si honorables pour le lieutenant général baron de Damas, aux bonnes dispositions duquel il convient d'attribuer une grande part du succès, coûtaient aux Espagnols constitutionnels près de cinq cents hommes hors de combat, et deux mille prisonniers qui furent conduits en France avec le brigadier-général D. Fernandez. La destruction de la colonne ennemie, opérée pour ainsi dire sous les yeux de la garnison de Figuières, devait entraîner la reddition de cette place.

---

[1] Conduits en France et traduits devant les conseils de guerre, ces transfuges furent condamnés à mort; mais le roi Louis XVIII leur fit grâce de la peine capitale, à la sollicitation de M. le général baron de Damas, devenu ministre de la guerre; ils ont été entièrement amnistiés par le roi Charles X, à l'époque du sacre de S. M., le 29 mai 1825.

Aussi le gouverneur ne tarda-t-il point à proposer une capitulation qui fut signée le 26 septembre. La garnison, forte de deux mille quatre cents hommes, ayant encore pour vingt jours de vivres, resta prisonnière de guerre. La place était armée de cent trente-neuf pièces en bronze de différens calibres, et les approvisionnemens de guerre s'y trouvaient en très-grande quantité.

A cette même époque, la cause révolutionnaire n'éprouvait pas de moindres revers dans les autres provinces du nord de la péninsule, où les constitutionnels occupaient toujours quelques places fortes qui n'avaient point été jusqu'alors attaquées sérieusement. Les troupes du troisième corps d'armée, employées en grande partie à assurer les communications de l'armée, de Bayonne à Madrid, et à maintenir la tranquillité dans le pays dépendant du commandement supérieur du lieutenant-général prince d'Hohenlohe, avaient dû se borner à faire, conjointement avec les faibles troupes royales espagnoles, le blocus des places de Santona, Saint-Sébastien et Pampelune, les seules qui restassent encore à se ranger sous l'autorité du roi Ferdinand, dans cette partie de l'Espagne.

Dès le mois de juin, le gouvernement français avait ordonné la formation d'un cinquième corps destiné à servir de seconde réserve à l'armée sous les ordres de S. A. R. le duc d'Angoulême, et à presser la reddition des places pour le siége régulier desquelles les troupes des troisième et quatrième corps étaient insuffisantes. Le marquis de Lauriston, ministre de la maison du roi, et récemment élevé à la dignité de maréchal de France, était appelé au commandement de ce nouveau corps, dont une brigade, sous les ordres du général Tromelin, était déjà entrée en Catalogne vers la fin de juin, pour renforcer provisoirement, comme on l'a vu, le corps du maréchal duc de Conegliano.

Le maréchal Lauriston arriva, le 27 août, au camp devant Pampelune. Le cinquième corps d'armée était composé de deux divisions[1]; mais on vient de voir que la brigade Tromelin, faisant partie de la première, se trouvait alors détachée en Catalogne; une autre brigade de la même division avait, dès son entrée en Espagne, relevé devant la place de Saint-Sébastien la brigade Scheffer qui s'était portée devant Santona, pour en renforcer le blocus, jusqu'alors confié à des troupes espagnoles royalistes. Ainsi, le maréchal n'ayant avec lui que la brigade de cavalerie légère du général Chastellux, et la division d'infanterie du général Pécheux, les troupes jusqu'alors employées au blocus de Pampelune (la première division du troisième corps[2] et la division espagnole du comte d'Espagna) dûrent rester sous ses ordres

---

[1] *Voici l'organisation sommaire de ce corps:*

Le maréchal marquis de Lauriston, commandant en chef; le maréchal-de-camp baron Saint-Cyr-Nugens, chef d'état-major; le maréchal-de-camp vicomte Garbé, commandant le génie; le colonel Lasnon, commandant l'artillerie.

1ère division (11e de l'armée) lieutenant-général, comte Ricard. Le colonel Vivian chef d'état-major.
- 1ère brigade, sous les ordres du maréchal-de-camp comte Chastellux, formée des régimens 3e de chasseurs et 3e de hussards, en tout 8 escadrons.
- 2e *idem*. Maréchal-de-camp, baron Rapatel, 19e léger et 41e de ligne — 5 bataillons.
- 3e *idem*. Maréch.-de-camp baron Tromelin, 16e et 60e de ligne — 6 bataillons.

2e division (12e de l'armée) lieutenant-général, baron Pécheux. N... chef d'état-major.
- 1ère brigade. Maréch.-de-camp, baron Denis de Dauremont, 2e léger et 33e de ligne. — 5 bataillons.
- 2e *idem*. Maréchal-de-camp, baron Fernig, 10e et 40e de ligne. — 6 bataillons.

Force présumée du corps d'armée { infanterie, 11,500 h. cavalerie, 750

[2] Le lieutenant-général de Conchy, qui commandait cette division, étant mort, le maréchal Lauriston le remplaça provisoirement par le maréchal-de-camp Jamin.

immédiats, afin de hâter par leur concours la reddition de cette place.

Les dehors de Pampelune, et surtout les faubourgs de la Roche-Appea et de Madalena, qui sont en quelque sorte adossés à cette place, étant encore occupés par les troupes constitutionnelles, le maréchal Lauriston jugea nécessaire de s'en rendre maître, afin que les officiers du génie pussent faire les reconnaissances indispensables pour commencer les travaux de siége. Le 3 septembre, à cinq heures du matin, la division commandée par le général Jamin commença l'attaque des deux faubourgs, aux cris de *vive le roi!* Les troupes s'avancèrent avec la plus grande résolution, à découvert, à travers la mitraille de sept batteries. En deux heures de temps elles eurent emporté toutes les maisons barricadées, retranchées et crénelées, après en avoir enfoncé les portes à coups de hache. Un escadron du troisième de chasseurs, sous les ordres du commandant Daloigny, placé pour soutenir l'infanterie en cas d'une sortie, resta pendant la durée de cette attaque sous le feu le plus violent de mitraille, avec une constance admirable, sans faire le moindre mouvement en arrière. Le chef d'escadron Daloigny et le colonel Saint-Gilles, du troisième régiment de chasseurs, furent grièvement blessés. Dans le même temps, la division du général Pécheux faisait diversion en attaquant à découvert les avant-postes de la citadelle, ainsi que les autres positions opposées aux faubourgs. Le succès fut complet sur tous les points. Les ingénieurs que le général du génie Garbé avait désignés d'avance, reconnurent les abords de la place, relevèrent le terrain pour l'ouverture de la tranchée, et, dans cette opération aussi difficile que dangereuse, donnèrent de nouvelles preuves du talent, de l'intrépidité et de l'entier dévouement qu'on a toujours reconnu dans les officiers de cette arme.

Peu de temps après cette affaire brillante, où toutes les troupes avaient mérité les plus grands éloges, le génie commença ses travaux; ils furent conduits avec tant de rapidité, qu'en moins de douze jours, malgré le temps pluvieux et les difficultés que présentait un terrain cailloúteux, la parallèle fut tracée dans un développement de deux mille quatre cents mètres, la tranchée ouverte, les zigzags poussés à cent quarante mètres de la place, et quatre-vingt-une pièces d'artillerie (cinquante canons de 16 et de 12, et trente-un mortiers ou obusiers) distribuées et placées dans treize batteries.

Dans la nuit du 15 au 16, le génie ouvrit, à la sape volante, trois boyaux d'environ cent toises chacun, au centre et aux deux ailes de la parallèle, avec des retours pour placer des compagnies de voltigeurs à portée de soutenir la tête des attaques. Le 16, à la pointe du jour, toutes les batteries furent démasquées et le feu commença. Il fut soutenu des deux côtés pendant quelques instans avec une égale vigueur; mais la supériorité de celui des assiégeans ne tarda pas à s'établir. A dix heures du matin, la plupart des embrasures de la citadelle étaient entamées, celles du grand cavalier au bastion royal s'écroulaient; le feu de la citadelle, qui allait toujours en diminuant, finit par cesser. A deux heures le drapeau espagnol fut arboré dans la partie apparente du rempart, et bientôt remplacé par un drapeau blanc. Le général en chef ordonna alors qu'on cessât le feu partout, sans discontinuer les travaux de la tranchée. Vers le soir, le général Danremont, commandant de tranchée, fit parvenir au maréchal une lettre du gouverneur, qui demandait à envoyer des parlementaires pour traiter des conditions de la capitulation. Les articles en furent arrêtés pendant la nuit, par le général Saint-Cyr-Nugues, chef d'état-major du corps d'armée, et ratifiés le lendemain, 17, par le maréchal.

La garnison, encore forte de trois mille huit cents hommes, était déclarée prisonnière; il était stipulé que le général en chef du cinquième corps de l'armée française emploierait son influence auprès des autorités espagnoles pour empêcher les réactions et les vengeances politiques; le maréchal accordait la sortie de deux charriots couverts qui ne devaient pas être visités. Cette clause, qui avait pour objet de sauver des individus trop gravement compromis dans la révolution pour sortir de la place à découvert, fut ponctuellement exécutée.

Six jours avant la capitulation de Pampelune (le 11 septembre) le brigadier général D. Raphaël de Horé, gouverneur de Santona, avait également capitulé avec le général Scheffer, commandant les troupes du blocus, sous la condition de ne rendre la place que le 28 du même mois, si elle n'était pas secourue avant cette époque; s'engageant alors à reconnaître la régence de Madrid, et à se mettre lui et sa garnison entre les mains des Français, pour être conduits en France comme prisonniers de guerre. Un article stipulait encore qu'aucun Espagnol, soldat, milicien ou habitant, ne serait inquiété, poursuivi ni molesté pour son opinion ou conduite politique, jusqu'au jour de l'occupation de la place par les troupes françaises. Cette capitulation reçut son entière exécution à l'époque indiquée.

Le 27 septembre, la place de Saint-Sébastien capitula sous les mêmes garanties politiques, avec la condition que les troupes et les habitans reconnaîtraient la régence de Madrid et lui prêteraient serment de fidélité.

Ainsi, au 1er octobre, tout le nord de l'Espagne était soumis: neuf mille hommes, formant les garnisons de Santona, Pampelune et Saint-Sébastien, après avoir déposé leurs armes, se rendaient en France prisonniers de guerre, heureux d'échapper aux vengeances de leurs compatriotes. Le cinquième corps n'étant plus nécessaire en Biscaye et en

Navarre, allait traverser l'Aragon pour entreprendre le siége de Lerida et appuyer les opérations de la Catalogne.

Mais alors les affaires de Cadix marchaient avec une rapidité qui devait bientôt terminer toutes les autres ; et il est temps que nous en reprenions le récit.

CHAPITRE V.

Suite des opérations militaires devant Cadix. — S. A. R. le duc d'Angoulême rejette les propositions qui lui sont faites par le gouvernement des cortès. — Séances des cortès extraordinaires à Cadix. — Préparatifs d'une attaque générale de l'île de Léon. — Attaque et prise du fort de Santi-Petri. — Bombardement de Cadix. — Le quartier-général du prince généralissime transféré à Chiclana. — S. A. R. fait la reconnaissance des travaux ordonnés pour l'attaque de l'île de Léon. — Alarmes dans Cadix. — Le gouvernement des cortès rend au roi son autorité absolue; dissolution de cette assemblée. — Le roi envoie le comte de Valmediana au quartier-général français. — Les miliciens de Madrid s'opposent au départ de S. M. — Mission du général Alava et d'un autre membre des cortès auprès du prince généralissime; S. A. R. refuse de recevoir ces députés. — Arrivée du roi d'Espagne et de la famille royale à Puerto-Santa-Maria. — Déclaration et actes de S. M. Occupation de Cadix et de l'île de Léon par les troupes françaises. — Départ du roi pour Séville.

septembre.

Nous avons dit, à la fin de l'avant-dernier chapitre, que le gouvernement des cortès, forcé par la situation éminemment critique où le plaçait la prise du Trocadero, avait envoyé le lieutenant-général Alava au quartier-général du duc d'Angoulême, pour remettre à S. A. R. une lettre, signée du roi d'Espagne, dans laquelle S. M. C. paraissait demander de son propre mouvement une suspension d'hostilités, afin qu'on pût traiter d'une paix honorable; et nous avons fait connaître la réponse du prince qui fut portée à Cadix par le général duc de Guiche, son premier aide-de-camp.

Sur cette réponse, le gouvernement espagnol demanda,

dans une seconde missive, qu'il plût à S. A. R. de s'expliquer sur ce qu'il fallait faire pour que le roi pût être regardé comme libre; et, dans ce cas, de dire de quelle manière on avait l'intention de traiter avec lui. A quoi le prince généralissime répondit encore qu'il ne pouvait considérer ni S. M. ni sa famille comme en liberté que lorsque ces augustes personnages seraient au milieu des troupes royales : ajoutant que, faute d'une réponse satisfaisante à cet égard, et à une note communiquée au général Alava [1], il regarderait toute négociation comme rompue.

Cette déclaration ne laissait sans doute aucune ressource aux évasions; cependant le gouvernement de Cadix fit porter par le général Alava au quartier-général français une troisième lettre, dans laquelle on faisait dire au roi qu'il était prêt à traiter avec le duc d'Angoulême seul, et en pleine liberté, soit dans un endroit à égale distance entre les deux armées, et avec toute sécurité convenable et réciproque, soit à bord d'un bâtiment neutre quelconque, sous la foi de son pavillon [2]. Ces propositions furent rejetées par S. A. R.

---

[1] Cette note avait été remise comme *memorandum* au général espagnol par le major-général comte Guilleminot et le commandant en chef de l'armée de siége comte Bordesoulle; elle était ainsi conçue (c'est S. A. R. qui parle) : « Je ne puis traiter de rien que le roi ne soit libre. Que le roi et sa famille se rendent, soit à Chiclana, soit au port Sainte-Marie, à la volonté de S. M.; j'userai de toute mon influence auprès de S. M. pour qu'elle promette et donne, de sa pleine volonté, telles institutions qu'elle jugera convenir au bonheur, aux besoins et à la tranquillité de ses peuples, et pour qu'elle déclare qu'elle oublie le passé. Tous ceux qui voudront quitter l'Espagne pourront se retirer partout où bon leur semblera. Des ordres seront donnés en conséquence à l'amiral; une division française entrera dans Cadix pour y maintenir l'ordre, *y empêcher les réactions et protéger tout le monde.* »

[2] Pour l'intelligence de cette dernière proposition, nous devons rappeler que depuis long-temps le gouvernement de Cadix pressait vivement l'en-

GUERRE D'ESPAGNE.

Au milieu de ces négociations, l'installation des cortès extraordinaires eut lieu le 6 septembre au soir. Cent douze membres s'y trouvaient présens. Le roi ayant refusé d'ouvrir la session, sous le prétexte qu'il n'avait pas eu le temps de s'y préparer, le ministre de l'intérieur lut au nom de S. M. le discours d'usage, dont la briéveté singulière devait faire assez connaître l'embarras du gouvernement et le peu d'espérance qu'il conservait du succès de sa cause et des négociations entamées[1]. La réponse que fit le président était du même style.

voyé d'Angleterre, sir W. A'court, retiré à Gibraltar, de renouveler ses tentatives pour obtenir la médiation de son gouvernement, que la France avait constamment repoussée. Dans la circonstance présente, on lui demandait de la manière la plus pressante de vouloir bien se rendre à Cadix, à bord d'un vaisseau de guerre anglais; ce qui pourrait arrêter, disait-on, les prétentions des Français, et offrirait en tout cas un asile à la famille royale. Le gouvernement espagnol se flattait ainsi d'amener une intervention de fait du gouvernement britannique, et sa garantie pour les stipulations qu'on aurait arrêtées, et qui devaient reposer sur une amnistie générale, l'oubli du passé, et l'établissement en Espagne du système constitutionnel de France. Sir W. A'Court refusa de se rendre à Cadix, alléguant que le bâtiment de guerre dont il serait obligé de se servir violerait le blocus, ce qu'il voulait éviter; mais en même temps, il envoya son secrétaire de légation, M. Elliot, auprès du duc d'Angoulême, avec les propositions du gouvernement espagnol, et pour s'assurer si S. A. R. était disposée à les accepter par l'intervention de la Grande-Bretagne. M. Elliot n'eut pas d'autre réponse à reporter à Gibraltar que celle qu'on venait de faire au gouvernement de Cadix.

[1] Voici ce discours :

Messieurs les députés,

Le jour où les cortès ordinaires terminèrent leur session, je vous annonçai que si les circonstances l'exigeaient, je trouverais dans la convocation des cortès extraordinaires un port de salut pour le vaisseau de l'État. Un rapport qui vous sera présenté par mon gouvernement, et par mes ordres, vous convaincra que le vaisseau est sur le point de faire naufrage, si le congrès ne le sauve. C'est dans ce moment critique que j'ai

Les ministres exposèrent ensuite au congrès, dans le rapport qui fut lu sur l'état des affaires qui avaient nécessité la réunion des cortès extraordinaires, la situation affligeante du pays, la conduite que le gouvernement avait suivie depuis l'invasion des Français, les efforts faits à plusieurs reprises pour obtenir une paix honorable, l'insuccès de ces efforts par suite de l'obstination avec laquelle l'ennemi persistait dans ses vues; la situation de Cadix et de l'île de Léon, le manque de ressources, et la nécessité pour les cortès de déployer avec énergie tous les moyens de coopérer avec le gouvernement dans l'intérêt de la cause constitutionnelle. Il fut donné communication à l'assemblée, dans cette même séance, de la dernière réponse de S. A. R. le duc d'Angoulême aux propositions qui lui avaient été faites; réponse sur laquelle le prince demandait une décision avant huit heures du soir. Ce terme prescrit n'empêcha pas que l'examen n'en fût renvoyé à un comité spécial, ainsi qu'une proposition tendant à ce qu'il fût accordé à la junte de défense les pouvoirs les plus étendus pour les mesures nécessaires à la défense de l'île.

cru nécessaire de convoquer les cortès extraordinaires, afin qu'elles délibèrent et qu'elles adoptent avec leur zèle et leur patriotisme accoutumés les mesures les plus convenables à la cause publique; ce que vous dira mon gouvernement et ce que je vous dis moi-même vous démontrera l'inutilité de nos efforts pour obtenir une paix honorable. L'ennemi, poursuivant contre tout droit l'exécution du système d'intervention dans les affaires intérieures de ce royaume, s'obstine à ne vouloir traiter qu'avec moi seul et libre, et déclare qu'il ne me regardera comme libre, que lorsque je serai entouré de ses baïonnettes. Inconcevable et ignominieuse liberté qui aurait pour base le déshonneur de se mettre à la discrétion de ses ennemis! Pourvoyez, Messieurs, aux besoins de la patrie, de laquelle je ne veux ni ne dois séparer mon sort; et convaincus que l'ennemi n'écoutera ni la raison, ni la justice, si elles ne sont appuyées par la force, sondez promptement toutes nos plaies, et adoptez les moyens propres à les guérir.

Le rapport fait sur ces objets fut conforme aux vues du gouvernement. Après une discussion fort animée, la junte défensive fut investie d'un pouvoir presque absolu. Les cortès décrétèrent, pour remédier à la pénurie des finances, un nouvel emprunt forcé de 8,000,000 réaux; et, malgré le mécontentement bien prononcé du peuple et de la plus grande partie des troupes de la garnison, il fut résolu que l'on continuerait de défendre la place de Cadix et l'île de Léon, dans l'espérance que les vents de l'équinoxe et les dangers ordinaires de la saison forceraient la flotte française à s'éloigner et les troupes à prendre des cantonnemens.

De son côté, le prince généralissime, forcé de renoncer pour le moment aux opérations décisives qui devaient résulter de la combinaison des forces de terre et de mer, si ces dernières eussent été en mesure comme on l'avait d'abord espéré[1], n'en avait pas moins pressé avec ardeur les préparatifs du bombardement qu'il s'était proposé de faire concourir à ses desseins ultérieurs. S. A. R. voulut s'assurer s'il ne serait pas possible de s'emparer de l'île de Léon, en exécutant par la plage du côté de la haute mer un débarquement de cinq à six mille hommes, qu'on soutiendrait par l'opération simultanée du bombardement, et par des démonstrations sur les autres points de la ligne ennemie; mais une reconnaissance particulière des abords de cette plage ayant été faite conjointement par des officiers de terre et de mer[2], ils reconnurent qu'une ligne presque continue de rescifs régnant parallèlement au rivage, et à peu de distance, s'opposerait au passage simultané et en ordre du grand nombre d'embar-

---

[1] Voyez page 333.

[2] MM. le colonel Lecouteux, aide-de-camp de S. A. R.; le chef de bataillon de Lostende, aide-de-camp du comte Guilleminot; le capitaine de frégate Venancourt et le lieutenant de vaisseau Salvy.

cations nécessaires pour porter d'un seul jet une telle masse de troupes, et qu'il ne serait pas possible de faire suivre cette ligne, à portée convenable, par des bâtimens légers qui pussent lui donner la protection nécessaire pendant le trajet, surtout au moment difficile du débarquement. Cette opération n'aurait pu, d'ailleurs, s'exécuter qu'à la vue de l'ennemi, et presque sous le feu de son camp établi sur le revers de la montagne dite des Martyrs; la lenteur forcée des préparatifs donnant aux constitutionnels tout le temps nécessaire, il était à craindre que, réunissant leurs forces de Cadix à celles de l'île de Léon, ils ne disputassent avec succès cette position, et que la double tête du pont de Suazo, restant en leur pouvoir, les troupes françaises débarquées se trouvassent sans communications avec l'armée. On dut considérer aussi que l'état habituel des vents et de la mer sur cette plage très-tourmentée, n'eût jamais permis d'assigner à l'avance le moment où cette attaque aurait été exécutable; la marine n'ayant pas, en outre, à sa disposition le nombre d'embarcations nécessaires pour le transport simultané de troupes suffisantes, S. A. R. dut abandonner un projet qui présentait trop de difficultés réunies, et trouver d'autres moyens plus sûrs de s'emparer de ce centre de défense que la nature a environné d'obstacles de toute espèce [1].

---

[1] *Précis des opérations militaires dirigées contre Cadix*, etc.

M. le général Dode de Labrunerie ajoute :

« L'aspect de la carte et la connaissance parfaite des localités, acquise pendant un blocus de près de trois ans dans la précédente guerre, n'ont laissé aucun doute sur l'*impossibilité* d'attaquer l'île de Léon de front, séparée du continent par le large et profond canal de Santi-Petri, qui communique de la rade intérieure à la haute mer, bordée en avant par une vaste ceinture de marais salans, de flaques, de canaux et de terrains que couvrent les hautes marées; tout son développement compris entre *la Carraca* et la pointe sablonneuse de l'embouchure de Santi-Petri, est

Toutefois, la reconnaissance qu'on avait faite de cette partie du littoral avait donné lieu de s'assurer qu'une attaque de l'île par l'embouchure du canal de Santi-Petri, opposait beaucoup moins de difficultés que tout autre point, et pouvait, dans l'état actuel de défense de ce côté de l'île, être exécutée avec succès. On avait reconnu, un peu en arrière des batteries ennemies placées à la pointe de l'île, une passe assez large pour donner accès à un nombre d'embarcations capables de porter à la fois dix-huit cents hommes sur la plage. En même temps, on s'était parfaitement assuré que des vaisseaux pouvaient venir se placer à moins de six cents mètres du fort de Santi-Petri, et de là raser ses défenses, et éteindre son feu en peu de temps, surtout en y faisant concourir les batteries de terre, déjà établies sur la falaise qui lui fait face. Enfin, les Espagnols ayant réussi (dans la précédente guerre) à établir sur cette partie du canal un pont de bateaux qui y fut maintenu pendant deux jours, et sur lequel passèrent les troupes anglaises qui, après la bataille

absolument inabordable pour une marche méthodique, comme pour une attaque de vive force. Sur cette étendue, il n'y a qu'un seul passage pour communiquer du continent dans l'île, c'est celui du pont de Suazo, fortement retranché des deux côtés par des fortifications permanentes, et précédé en dehors d'une seconde tête de pont établie au *portazgo*, point où se réunissent les deux chaussées venant, l'une de Puerto-Real, et l'autre de Chiclana. Cette dernière est séparée de la première par un large affluent du canal, sur lequel le passage n'a lieu qu'au moyen d'une barque. Le front de l'île de Léon, d'un développement de plus de seize mille mètres, était défendu en outre par un grand nombre de batteries, placées sur les saillans les plus avantageux, et portant au loin leurs projectiles jusqu'au delà des parties impraticables des marais salans; elles étaient appuyées par des chaloupes canonnières circulant dans le canal, et qui, remontant à marée haute plusieurs de ses affluens principaux, croisaient leurs feux dans toutes les directions, et venaient inquiéter les positions les plus reculées qu'occupaient les troupes françaises devant l'île. »

de Chiclana, entrèrent dans l'île de Léon, on fut convaincu de la possibilité de porter toute l'armée dans l'île, en renouvelant cette manœuvre.

Mais l'établissement de ce pont, et les travaux de siége pour en assurer les approches, et en permettre la construction, exigeaient comme préliminaire indispensable qu'on s'emparât du fort de Santi-Petri, dont la nombreuse artillerie battait à revers le canal et la langue de terre étroite par laquelle il fallait cheminer pour arriver sur les bords. Cette opération demandait le concours des batteries de terre combinées avec le feu des vaisseaux, pour lesquels on avait reconnu très-exactement des positions favorables d'embossage à bonne portée.

S. A. R. ayant mûrement examiné toutes ces données, arrêta les dispositions de l'attaque du fort de Santi-Petri, du débarquement des troupes dans l'île de Léon, et de l'établissement du pont sur le canal de Santi-Petri.

Dès la nuit du 18 au 19 août, pendant qu'on s'occupait des préparatifs d'attaque du Trocadero, un faible détachement des troupes du génie, aidé de quelques travailleurs tirés des vingtième et vingt-septième régimens de ligne, avait commencé la construction d'une batterie pour huit pièces de 24, sur la falaise en face du fort de Santi-Petri, et cet établissement avait permis de s'assurer qu'il entrait et sortait habituellement un grand nombre de bâtimens par le canal, et que le blocus complet de Cadix par mer était à peu près imaginaire, ce qui expliquait l'abondance des comestibles dans cette place. Pour favoriser l'entrée et la sortie de ces mêmes bâtimens, et leur donner plus de protection, l'ennemi avait fait mouiller une corvette à quelque distance en avant du fort. La nécessité d'attaquer cette partie avait été ainsi démontrée jusqu'à l'évidence, ne dût-elle avoir pour résultat que de fermer l'entrée du canal et compléter le blocus par mer[1]. Aussitôt que les travaux de démolition de la Cortadura et la mise en état des batteries de la presqu'île du Trocadero l'avaient permis, trois compagnies de sapeurs avaient été envoyées sur la falaise pour activer les travaux commencés.

L'artillerie ayant aussi porté sur ce même point la majeure partie de ses troupes, dans les premiers jours de septembre, travailla dès lors à une seconde batterie, dite du Roi, en avant de la première, et destinée à recevoir quatre pièces de 24 et onze mortiers, uniquement dirigés contre le fort de Santi-Petri. Ces deux batteries, déjà en butte à celles de l'île de Léon, pouvaient encore être prises à revers par le feu des chaloupes canonnières ennemies qui stationnaient dans le canal, et remontaient même son affluent venant du moulin Saint-Joseph. Afin de les soustraire à cette action dangereuse, on se hâta de porter en avant, et sur leur droite, une troisième batterie, en attaque volante, susceptible de recevoir des obusiers, et même de l'infanterie. Cette disposition détermina l'ennemi à replier ses canonnières dans le Rio Santi-Petri, et bientôt après, la connaissance qu'il eut du rassemblement des matériaux destinés à la construction du pont projeté, lui ayant donné l'appréhension d'un débarquement par le canal du moulin San-José, il ferma son embouchure dans le Rio par une forte estacade, et s'interdit ainsi toute facilité d'inquiéter désormais la droite des Français par ce point.

Les préparatifs et le transport du matériel du pont, malgré une distance de près de six lieues à parcourir par un chemin très-difficile dans les sables, et l'armement des deux batteries avaient été exécutés avec tant de promptitude, par

---

[1] Voyez la carte.

les soins du colonel de la Hitte, chargé de la direction de ces travaux, que S. A. R. le prince généralissime put fixer le jour de l'attaque du fort de Santi-Petri, le 13 septembre. Tout étant prêt du côté de terre, et le temps se montrant favorable, le prince donna ses ordres au commandant des forces navales pour que les bâtimens désignés vinssent s'embosser, à marée haute, dans l'emplacement reconnu, et exécuter l'opération projetée. Des troupes de ligne étaient à bord de ces bâtimens, ainsi que deux aides-de-camp du prince, MM. Lecouteux de Canteleu et de Ventadour, porteurs des instructions de S. A. R., et chargés d'en suivre l'exécution.

S. A. R. quitta le 12 son quartier-général de Puerto-Santa-Maria, et se rendit à Chiclana, afin de diriger l'attaque en personne. Dans la journée du 13, on vit les vaisseaux et frégates, détachés de la flotte pour cette opération, courir de bordées au loin, et manœuvrer dans l'intention de venir prendre la position qui leur était assignée. Quoique le jour fût déjà très-avancé, on avait l'espoir de voir engager l'action, et les deux batteries de la falaise, en tirant plusieurs salves sur le fort, annoncèrent aux vaisseaux qu'elles étaient prêtes à les seconder; mais au moment où ils paraissaient vouloir s'approcher du but, ces bâtimens jetèrent l'ancre à une assez grande distance de la côte.

Persuadé que les causes qui avaient pu empêcher les vaisseaux de s'avancer ne subsisteraient plus le lendemain, le prince resta à Chiclana pendant la journée du 14, et ordonna de multiplier les signaux, pour indiquer que, du côté de terre, tout était disposé pour l'attaque; mais les vaisseaux continuèrent à garder le large, et le prince ne reçut aucun rapport sur leur position.

Le retard que cette circonstance inattendue apportait dans l'exécution des dispositions prises par le prince, était d'autant plus fâcheux, qu'on voyait s'approcher l'époque des coups de vent de l'équinoxe, qui mettraient la flotte dans la nécessité de s'éloigner des parages de Cadix pour chercher au loin des abris dont cette partie de la péninsule est tout à fait dépourvue. Toutefois, jugeant qu'il n'y avait pas de temps à perdre, et prévoyant d'ailleurs que la coopération des vaisseaux pourrait avoir lieu d'un moment à l'autre, si la direction du vent redevenait favorable, S. A. R. ordonna d'ouvrir la tranchée sur la falaise, sans plus attendre la reddition du fort de Santi-Petri, et de se porter par des cheminemens en sape double jusque aux bords du canal pour le couronner, y établir des batteries capables d'éteindre le feu de celles qui défendaient la pointe opposée de l'île de Léon, et de refouler au loin, dans le Rio, toutes les chaloupes canonnières.

Malgré les obstacles qu'opposaient les feux de front et de revers qui se croisaient dans ce rentrant resserré, l'opération fut commencée dans la nuit du 19 au 20. Jusque là l'artillerie et le génie s'étaient occupés de perfectionner les ouvrages commencés, et l'on s'était approvisionné d'un grand nombre de gabions, fascines et sacs à terre, indispensables pour maintenir les masses couvrantes dans un terrain si mobile. Les travaux étaient déjà très-avancés le 20 au matin, et l'on faisait des dispositions pour compléter la sape double, la nuit suivante, lorsque vers midi, les deux vaisseaux, la frégate et la goelette, détachés de la flotte sous les ordres du contre-amiral Desrotours, et qui avaient manœuvré en vue toute la matinée, profitèrent du vent, alors favorable, pour s'approcher du fort de Santi-Petri. Le contre-amiral, qui était à bord du vaisseau *le Centaure*, ayant fait le signal, les batteries de la falaise commencèrent le feu avec la plus grande vigueur, malgré celui des batteries de l'île de Léon qui les prenaient d'écharpe. Bientôt après, *le Centaure* s'étant embossé, prit part à l'action. Le vaisseau *le Trident* et la frégate *la Guerrière* s'engagèrent également; mais se trouvant encore à une trop grande portée, ils durent manœuvrer pour se rapprocher davantage.

L'artillerie du fort Santi-Petri ne put résister long-temps au déploiement des feux soutenus des batteries et des bâtimens de guerre. La garnison, dépourvue d'abris voûtés, n'ayant que très-peu de pièces à opposer aux vaisseaux, arbora le pavillon blanc à trois heures et demie du soir, et le contre-amiral Desrotours ayant fait embarquer un détachement des troupes de ligne qu'il avait à bord, et quelques grenadiers d'artillerie de marine, les constitutionnels, au nombre de cent quatre-vingts hommes de troupes d'élite, se rendirent prisonniers de guerre [1]; le détachement, commandé par le chef de bataillon Auxcouteaux, prit possession du fort, dans lequel on trouva vingt-sept pièces de canon de 24 en bronze, des munitions nombreuses et pour deux mois de vivres; la garnison avait perdu treize hommes tués ou blessés; il n'y avait pas eu un seul homme atteint sur les vaisseaux français; mais un canonnier et un soldat furent tués, et cinq canonniers blessés dans les batteries de la falaise.

Après la prise du fort de Santi-Petri, les travaux de tranchée continuèrent sur la falaise, pendant les nuits du 20 au 21, 22, 23. Pendant que l'on couronnait les bords du canal de Santi-Petri, pour en préparer tous les moyens de passage et assurer l'irruption dans l'île de Léon, et qu'on inquiétait l'ennemi sur le Portazgo, le prince généralissime pressait les préparatifs de débarquement dont il avait inspecté lui-même toutes les dispositions à San-Lucar de Barrameda, sur le Gua-

---

[1] Le commandant espagnol avait d'abord proposé que la garnison fût libre de se retirer dans l'île de Léon; le contre-amiral Desrotours ayant exigé qu'il prît l'engagement de ne pas servir contre la France, pendant la durée de la guerre, il avait accepté cette condition; mais ses soldats aimèrent mieux se constituer prisonniers de guerre.

dalquivir, point de réunion de la flotille, qui s'y était organisée par les soins du lieutenant-général d'artillerie Tirlet. Les troupes de la garde royale et de la ligne, destinées à cette opération, y étaient journellement exercées à embarquer et débarquer; elles devaient être accompagnées d'un détachement d'artilleurs et de sapeurs du génie, muni d'échelles, cordages et agrès, pour faciliter le passage des coupures, l'escalade des batteries et retranchemens, et pouvoir en tourner immédiatement les pièces contre l'ennemi.

S. A. R. ayant jugé que les préparatifs faits pour le bombardement étaient assez avancés pour en faire l'essai contre la ville de Cadix, et voulant attirer l'attention de l'ennemi sur ce point, donna l'ordre au contre-amiral Duperré, qui avait remplacé le contre-amiral Hamelin dans le commandement en chef des forces navales, de profiter du premier moment convenable pour exécuter cette opération.

En conséquence, le 23 dans la matinée, le contre-amiral qui attendait depuis plusieurs jours un vent favorable, fit avancer contre Cadix dix bombardes, dont sept françaises et trois espagnoles, et cinq obusiers. Elles vinrent sous la protection d'une division de chaloupes canonnières, appuyée de toute l'escadre, se placer à seize cents mètres environ de la place, dans la direction du fort Santa-Catalina. Le feu commença à huit heures, et continua jusqu'à dix heures et demie sans interruption. Plus de deux cents bombes furent lancées sur la ville, et l'action ne cessa que lorsque la force et la direction du vent, ainsi que l'élévation de la mer, mirent dans l'impossibilité de continuer. L'ennemi avait répondu par l'artillerie des remparts de la place et fait avancer vingt de ses chaloupes canonnières; mais celles-ci avaient été contenues par les chaloupes françaises et la présence de l'escadre. Une seule bombarde atteinte par le feu de la place, fut remorquée sur la côte de Santa-Catalina, et le grand canot du vaisseau *le Colosse*, percé d'un boulet, eut deux hommes de son équipage tués [1].

Bien que ce bombardement ne fût qu'un essai, comme nous l'avons dit, il produisit un effet terrible dans Cadix; tout y était dans la plus grande confusion. Le régiment de Saint-Martial qui passait pour un des plus fidèles à la cause, s'était révolté. A la vérité, cette sédition avait été réprimée par les milices; mais le mécontentement et le découragement étaient dans toutes les troupes de ligne, dans la marine et dans le peuple. Les révolutionnaires ne pouvaient plus compter que sur une partie des miliciens, résolus à soutenir encore une cause hors de laquelle ils ne voyaient point de salut, et soupçonnant de trahison les ministres et les principaux membres des cortès.

Ce même jour, 23, la nouvelle de la reddition de Pampelune vint augmenter l'ardeur des troupes employées au siége du dernier boulevard de la révolution espagnole.

Les préparatifs du débarquement dans l'île de Léon et les travaux d'attaque étant terminés, le prince généralissime transporta son quartier-général de Puerto-Santa-Maria à Chiclana, le 27 au soir, afin de diriger en personne toutes les opérations. Dans la matinée du lendemain, S. A. R. alla reconnaître la situation de tous les moyens d'attaque réunis aux bords du Santi-Petri; elle parcourut tous les cheminemens de la tranchée jusqu'à l'extrême droite, et donna une attention particulière aux constructions des nombreuses batteries qui devaient assurer aux assaillans une supériorité décidée sur celles qui leur étaient opposées, et paralyser entièrement leur action au moment où s'opérerait le débarquement.

---

[1] Dans cette action, les marins espagnols royalistes, commandés par le capitaine de frégate Michellena, se conduisirent avec bravoure.

L'ennemi qui, de ses ouvrages, avait pu apercevoir de loin le prince arrivant de Chiclana avec son nombreux état-major, commença alors un feu violent d'obus et de mitraille, qu'il soutint pendant tout le temps de la présence de S. A. R. aux tranchées. Un boulet vint frapper dans le parapet de la communication aux deux places d'armes, au moment où le prince, environné de ses principaux officiers, témoignait sa satisfaction de l'activité avec laquelle les travaux du génie et de l'artillerie avaient été conduits, sur un terrain qui opposait tant de difficultés en tout genre. S. A. R. et ceux qui l'accompagnaient furent couverts d'une masse de sable soulevée par le projectile tiré à très-courte distance. C'est alors que S. A. R. dit aux officiers qui l'entouraient, et qui témoignaient la plus vive inquiétude sur le danger qui la menaçait encore : « Convenez, messieurs, que si je suis tué, ce « sera en bonne compagnie et d'une manière toute française. » Qui ne reconnaîtrait dans cette attitude héroïque un digne descendant du grand Henri! Le prince continua son inspection avec le même sang-froid.

Cependant, informés de l'attitude menaçante des Français sur le Rio Santi-Petri, de l'attaque imminente de l'île de Léon, au milieu du désordre déjà produit dans Cadix par le bombardement, la commission des cortès, le ministère, la junte de défense, avaient demandé un rapport au commandant en chef de l'île, général Burriet, et au gouverneur général de la place de Cadix, amiral Valdès. Le premier déclara que toute la troupe était mécontente et découragée par suite des fatigues qu'elle avait endurées, à l'exception de la milice de Madrid, qui gardait toutes les positions en front de la ligne ennemie. L'amiral Valdès ne dissimula point que la flottille, bien qu'elle pût utilement opérer sur certains points de la baie intérieure, n'était pas en état de faire tête aux formidables préparatifs maritimes des Français. A ces rapports officiels présentés aux cortès dans la séance du 28, les ministres ajoutèrent qu'ils avaient échoué dans leurs négociations auprès des Français comme auprès des agens du gouvernement britannique, dont ils avaient vainement demandé la médiation. Alors une consternation générale régna dans l'assemblée; quelques orateurs des plus exaltés reconnurent qu'une résistance prolongée serait inutile, qu'elle attirerait les plus grandes calamités sur Cadix, et par suite sur tout le pays. En conséquence, il fut proposé de suite, rédigé et adopté à la majorité de soixante voix contre trente, une résolution portant que *l'autorité absolue* serait rendue au roi, et qu'il serait immédiatement envoyé une députation, accompagnée des ministres, pour annoncer à S. M. que, comme la condition mise par les Français à la cessation des hostilités, était de leur livrer la personne du roi, les cortès croyaient devoir, dans la circonstance présente, supplier S. M. de se rendre au quartier-général du duc d'Angoulême, « pour y stipuler les conditions les plus favorables à son peuple souffrant ». La députation fut admise sans aucun délai chez le roi, qui déclara que dans la démarche qu'il allait faire, il consulterait l'honneur et l'intérêt de la nation. Sur cette assurance, les cortès se déclarèrent dissous le même jour, à quatre heures du soir.

De retour à Chiclana, après l'inspection générale dont nous avons parlé plus haut, le prince généralissime fut très-surpris d'y trouver un gentilhomme de la chambre du roi Ferdinand (le comte de Valmediana), dépêché par S. M. C. pour annoncer qu'elle était libre et prête à se rendre auprès de S. A. R., au lieu qui serait désigné. Cet envoyé fit connaître que l'imminence de l'attaque générale de l'île de Léon par l'armée française avait produit le plus grand effet sur l'esprit des cortès, et que pour se soustraire aux désastres dont ils étaient menacés, ils venaient de prononcer leur dissolution, laissant le roi dans la pleine jouissance des droits de sa souveraineté. S. A. R., satisfaite d'avoir atteint si promptement le but de l'expédition qu'elle avait dirigée avec autant de sagesse que de bonheur, répondit qu'elle se trouverait le lendemain à Puerto-Santa-Maria, pour y recevoir S. M. C.; et, dans l'incertitude des événemens que pourrait amener la délivrance du roi, elle prescrivit, en quittant Chiclana, de maintenir et de continuer toutes les dispositions préparées pour l'attaque, jusqu'à ce qu'on fût assuré de la reddition absolue de Cadix.

En rentrant à Puerto-Santa-Maria, le 29 au matin, le prince généralissime y vit toute la population en mouvement dans l'attente de l'arrivée du roi. Les habitans avaient tapissé les façades de leurs maisons, la foule remplissait les rues et les accès du port, lorsqu'à quatre heures après midi on vit arriver de Cadix une chaloupe parlementaire, amenant, au lieu du roi, les députés Alava et Torrès.

La veille, après le départ du comte de Valmediana, la nouvelle de ce qui venait de se passer à Cadix s'étant répandue dans l'île de Léon, parmi les miliciens de Madrid, cette troupe s'était révoltée à l'idée d'une reddition sans condition, qui les laissait à la merci des Français et de la régence royale; et dans la matinée de ce jour, 29, ils venaient de déclarer qu'ils s'opposeraient au départ du roi, à moins qu'on n'arrêtât quelques stipulations ou garanties positives; en sorte que, pour prévenir une catastrophe, on convint sur-le-champ que le départ du roi serait suspendu, et qu'on enverrait à sa place le général Alava et le député Torrès, avec des instructions pour dresser les conditions de la délivrance du roi, de la soumission de l'île et de Cadix.

Au débarquement de ces envoyés à Puerto-Santa-Maria, on eut peine à contenir l'impatience de la population et des soldats. Le général Alava était porteur d'une lettre signée du roi, qui assurait qu'il était parfaitement libre, et qu'il se rendrait à Puerto-Santa-Maria avec toute sa famille, aussitôt qu'on serait convenu de quelques conditions pour la sûreté des troupes constitutionnelles[1]. Cette lettre fut remise au prince généralissime; mais les propositions qu'elle renfermait étaient si peu d'accord avec ce qui s'était passé la veille, que S. A. R. les rejeta avec indignation, refusa de voir les députés, et leur fit dire qu'il n'y avait plus d'alternative entre l'assaut et une reddition sans réserve; que, s'il était fait le moindre outrage au roi et à la famille royale, toute la garnison et les autorités seraient passées au fil de l'épée. S. A. R. ordonna de ne plus admettre de parlementaire qui ne fût chargé d'annoncer l'arrivée du roi. Les députés repartirent pour Cadix, et des ordres furent expédiés pour pousser les préparatifs au Santi-Petri, avec la plus grande activité, afin qu'au premier moment où l'on verrait reparaître l'escadre, qu'un coup de vent avait forcé de gagner le large, on pût effectuer immédiatement l'attaque de l'île de Léon. D'autre part, le drapeau blanc qu'on avait arboré sur les remparts de Cadix en fut retiré; et quelques coups de canon tirés sur les bâtimens français qui s'en approchaient, annoncèrent la reprise des hostilités.

Cet état des choses fut envisagé avec joie par toutes les troupes de l'armée d'expédition qui n'avaient pas vu sans quelque regret s'échapper l'occasion de renouveler les succès obtenus au Trocadero. Les officiers et les soldats qui n'avaient pas donné dans cette première attaque ambitionnaient vive-

---

[1] Ces conditions étaient (suivant certaines relations) de laisser l'île de Léon, Cadix et toutes les places encore occupées par les troupes constitutionnelles, à la garde de ces mêmes troupes, jusqu'à la publication de l'amnistie et d'une charte qui les mît à l'abri des vengeances et des persécutions.

ment l'honneur de se montrer à leur tour, et les troupes qu'on avait embarquées depuis le 26 étaient impatientes de déployer leur valeur sur les plages de l'île de Léon [1].

Toute la journée du 30 se passa ainsi, du côté des Français, dans l'ardeur de terminer les dispositions prises pour l'attaque générale, tandis que la terreur et l'anxiété étaient chez les Espagnols. Au milieu des agitations d'une milice menaçante, et, pour ainsi dire, dans les convulsions d'une grande agonie, le roi craignant pour Cadix, pour la destinée future de l'Espagne, pour sa famille, pour lui-même, les conséquences d'un assaut qui ne laissait aux assiégés aucune voie de salut, fit ou laissa publier en son nom une proclamation dans laquelle il promettait l'oubli général, complet et absolu de ce qui s'était passé, la reconnaissance des dettes contractées par le gouvernement actuel, le maintien des grades, emplois, traitemens et honneurs militaires ou civils accordés sous le régime constitutionnel; déclarant d'ailleurs « de sa volonté libre et spontanée, sur la foi de sa parole royale, que s'il fallait absolument modifier les institutions politiques actuelles de la monarchie, il adopterait un mode de gouvernement qui pût faire le bonheur de la nation, en garantissant les personnes, les propriétés et la liberté civile des Espagnols [2]. » L'effervescence des miliciens sembla apaisée après cette publication; mais un grand nombre de membres des cortès, d'officiers supérieurs, et surtout d'étrangers (Français, Anglais, Italiens, etc.), se disposèrent à quitter Cadix. Le pavillon blanc reparut sur les remparts.

Le 1er octobre, à onze heures du matin, LL. MM. le roi

---

[1] *Précis des opérations dirigées contre Cadix*, etc.

[2] L'authenticité de cette pièce (insérée dans les journaux du temps) n'a été ni reconnue ni contestée par le gouvernement royal après sa restauration.

et la reine d'Espagne, les infans et infantes s'embarquèrent, au bruit de l'artillerie de la place, des forts et de toute la côte, sur une chaloupe portant le pavillon royal des Espagnes, suivie d'un grand nombre de barques ornées de drapeaux aux armes des deux nations. Tout ce qu'il y avait de Français et d'Espagnols à Puerto-Santa-Maria s'étaient réunis au lieu du débarquement. Plusieurs bataillons et escadrons de la garde française étaient en bataille sur la place du port; une salve générale de l'artillerie des côtes annonça le débarquement des illustres personnages; et à onze heures et demie ils avaient mis pied à terre.

Pendant que S. A. R. le prince généralissime, en recevant le roi Ferdinand et sa famille, recueillait le prix le plus flatteur de sa sagesse et de ses glorieux travaux [1], l'escadre française, éloignée depuis quatre jours par suite d'un coup de vent, reparut à l'ouest, forçant de voiles afin de venir prendre les positions qui lui avaient été assignées pour opérer le débarquement.

Après quelques momens donnés par le monarque espagnol à recevoir les félicitations sur sa délivrance, à témoigner sa reconnaissance, sa satisfaction au prince et aux généraux qui l'avaient préparée, le premier acte de son autorité royale fut de déclarer nuls et de nulle valeur tous les actes du gouvernement constitutionnel, depuis le 7 mars 1820 jusqu'à ce jour 1er octobre 1823, « attendu, dit le décret, que S. M. avait été, pendant toute cette époque, privée de sa liberté, obligée de sanctionner les lois, ordres et mesures de ce gou-

---

[1] Le cœur si loyal et si généreux de S. A. R. dut être péniblement affecté, lorsqu'une multitude d'habitans, de volontaires royaux, de moines, portant des bannières, des fusils, des sabres et des poignards, et marchant derrière l'imposant cortége qui conduisait la famille royale jusqu'à sa résidence, joignit aux acclamations de joie *viva el rey, viva la religion!* les cris de vengeance *muera la nation! mueran los negros!*

vernement. » Le roi, par ce même décret, approuvait tous les actes de la junte provisoire, créée à Oyarzum le 9 avril, et de la régence instituée à Madrid le 26 mai « jusqu'à ce que suffisamment instruite des besoins de ses peuples, S. M. pût donner des lois et prendre les moyens les plus convenables pour assurer leur véritable prospérité et leur bonheur, objet constant de ses désirs.... » En sanctionnant les actes de la régence, le roi déclara que les fonctions de cette autorité avaient cessé, et qu'il reprenait les rênes de l'état en conservant provisoirement les ministres (ceux nommés par la régence.) S. M. fit ensuite de nombreux changemens dans sa maison civile et militaire, à la tête de laquelle elle plaça le duc de l'Infantado, beaucoup de promotions dans les ordres royaux militaires d'Espagne, qui furent mis à la disposition de S. A. R. le duc d'Angoulême, et distribués comme récompenses particulières du monarque dans tous les rangs de l'armée française. Le colonel anglais Downie, arrêté à Séville le 11 juin pour avoir formé le projet d'enlever S. M., en soulevant en sa faveur une partie de la garnison et des habitans de cette capitale de l'Andalousie[1], fut promu par le roi au grade de lieutenant-général, en récompense de son dévouement. Quelque temps avant la délivrance de S. M., le général Ballesteros avait sollicité et obtenu de S. A. R. le prince, la permission de venir au quartier-général de Puerto-Santa-Maria, pour prendre part aux opérations du siége; il s'était présenté l'un des premiers pour rendre ses respects au roi qui, refusant de l'accueillir, lui fit donner l'ordre de retourner dans les cantonnemens qui lui avaient été assignés par le lieutenant-général Molitor.

Incertain, dans les premiers momens, de la reddition immédiate de Cadix après la délivrance du monarque espagnol,

---

[1] *Voyez* page 252.

S. A. R. le prince généralissime avait ordonné de maintenir toutes les dispositions d'attaque sur terre et sur mer; mais les autorités qui dominaient encore dans cette ville ayant obéi à l'ordre de leur souverain, qui leur prescrivait de remettre la place, les forts et l'île de Léon aux troupes françaises, il n'y eut aucune difficulté à cet égard. Déjà presque tous les membres du gouvernement des cortès, les autorités militaires, les officiers ou réfugiés étrangers, et plusieurs habitans riches, compromis dans la révolution, en étaient partis sur des bâtimens nationaux ou neutres que l'escadre française laissa librement passer; ils se rendirent à Gibraltar, d'où ils passèrent ensuite en Angleterre et en Amérique, au nombre de cinq à six cents. La municipalité constitutionnelle était restée seule dans la ville pour régler les arrangemens relatifs à l'occupation, qui s'opéra sans le moindre empêchement.

Le 3 octobre, dans la matinée, les principaux postes furent remis aux troupes françaises. Le 4, la totalité de l'île de Léon fut occupée; l'escadre débarqua dans la baie les troupes qu'elle avait à bord; le lieutenant-général comte de Bourmont prit le commandement de Cadix, où l'on établit des autorités nouvelles; et, sauf quelques vexations que le général français ne put prévenir dans une ville si populeuse et naguère livrée à une agitation si violente, l'ordre s'y maintint, et l'esprit de réaction y fut forcé de céder à l'autorité des lois.

Après avoir reconnu l'autorité de leur souverain légitime, les milices de Madrid et de Cadix furent licenciées et désarmées, et les troupes de ligne envoyées dans des cantonnemens choisis d'avance.

Le roi d'Espagne n'avait resté que deux jours à Puerto-Santa-Maria. Dans ce court espace de temps, on lui avait formé une compagnie de gardes-du-corps, destinée à remplacer les hallebardiers, qui furent supprimés. Cette compagnie et quelques bataillons royaux escortèrent S. M. jusqu'à Séville. On avait d'ailleurs échelonné de nombreux détachemens de troupes françaises sur la route, encore infestée de guerillas constitutionnelles, et de débris de troupes régulières.

Pour terminer l'histoire de cette campagne, aussi remarquable par sa courte durée que par ses résultats extraordinaires, il ne nous reste plus qu'à rendre compte des dernières opérations de l'armée française dans les autres parties de l'Espagne, pendant et après les événemens que nous venons de décrire; ce sera l'objet du chapitre suivant.

CHAPITRE VI.

Suite des événemens militaires après la délivrance du roi Ferdinand. — Sortie d'une partie de la garnison de Tarragone, en colonne expéditionnaire, sous la conduite de D. Évariste San-Miguel. — Combat de Tramaced; les constitutionnels sont complétement défaits. — Affaire de Puerto-Mirabet. — Reddition de Lerida; de la Seu d'Urgel; de Ciudad-Rodrigo et de Badajoz. — Les troupes du quatrième corps occupent par suite d'une seule capitulation les trois places de Barcelone, Hostalrich et Tarragone. — Reddition de Carthagène et d'Alicante. — Fin de la campagne. — Retour de S. A. R. le duc d'Angoulême et d'une partie de l'armée en France. Arrivée et réception du prince à Paris. — Conclusion.

S. A. R. le duc d'Angoulême venait d'accomplir avec autant de promptitude que de sagesse la mission que lui avait confiée le roi son oncle. Ferdinand vii était rendu à la liberté, à l'exercice plein et entier du pouvoir royal ; le boulevart de la révolution espagnole, Cadix, était tombé. A la vérité, quelques places fortes, quelques faibles débris de l'armée constitutionnelle restaient encore à soumettre ou à dissiper ; mais dans l'état actuel des choses, ce ne pouvait plus être une tâche longue et pénible pour l'armée française.

Le 27 septembre, dans la nuit, D. Évariste San-Miguel était sorti de Tarragone avec une colonne d'environ trois mille cinq cents hommes d'infanterie et quelques centaines de chevaux, dans l'intention d'essayer une troisième fois de débloquer et de ravitailler la Seu d'Urgel, Figuières (dont il ignorait alors la reddition) et Hostalrich. Échappé à la surveillance des troupes trop peu nombreuses du blocus, il s'était avancé dans la direction de Lerida, en évitant les postes et les colonnes qui pouvaient s'opposer à sa marche; mais bientôt poursuivi par les corps royalistes du baron d'Éroles, des généraux Capape et Santos-Ladron ; menacé d'autre part par la division Pécheux (du cinquième corps), et par celle du général comte d'Espagna, qui arrivaient de Pampelune pour faire le siége de Lerida, il crut devoir jeter son infanterie dans cette dernière place[1]. Courant ensuite la frontière d'Aragon avec sa cavalerie, il cherchait à repasser la Cinca, qu'il avait traversée précédemment, et dont les principaux gués étaient alors gardés par les troupes de Santos-Ladron, lorsqu'il fut joint, le 8 octobre, par la brigade de cavalerie légère du général Chastellux (cinquième corps), auprès de Tramaced.

A l'approche des Français, D. Évariste San-Miguel, qui s'était arrêté dans ce village pour y reposer sa troupe, en sortit aussitôt, et se présenta dans la plaine avec six escadrons échelonnés et couverts par une ligne de tirailleurs ; mais une charge brillante des hussards du troisième régiment et des chasseurs du sixième, habilement conduite par les colonels Burgraff et Faudoas, culbuta bientôt cette ligne, mit la cavalerie espagnole en déroute complète. Le général Chastellux, après avoir poursuivi les fuyards près de deux lieues du champ de bataille, remit au général royaliste espagnol Capape le soin d'achever la destruction de cette colonne ennemie; elle avait laissé plus de cinquante hommes

---

[1] Nous supposons, car nous n'avons point à ce sujet de documens précis, qu'il entrait d'abord dans le plan du général constitutionnel de renouveler la garnison de Lerida, ainsi que Mina l'avait fait dans ses excursions précédentes pour les forts de Cardona et de la Seu d'Urgel ; ou peut-être d'en tirer quelques bataillons pour renforcer sa colonne, et augmenter par là les moyens de succès de son expédition.

tués et quatre-vingts blessés sur le champ de bataille, et tous ses bagages étaient au pouvoir du vainqueur. D. Évariste San-Miguel, percé de plusieurs coups de lance, avait succombé un des premiers; il fut amené au général Pêcheux, qui le fit traiter avec tous les soins et les égards dus au courage malheureux; il fut ensuite conduit en France.

Une affaire moins brillante dans ses résultats, mais dans laquelle les troupes françaises n'avaient pas déployé moins de valeur, avait eu lieu en Estramadure, le 30 septembre.

Le maréchal duc de Reggio, dont le commandement supérieur s'étendait sur cette province[1], avait chargé le général Laroche-Jacquelin (revenant alors de la Galice) de surveiller avec sa brigade les mouvemens que les partis ennemis pouvaient y faire, comme aussi d'observer la place de Badajoz, occupée par les troupes constitutionnelles. Le général Placencia, auquel il restait encore, malgré ses défaites précédentes, huit escadrons de cuirassiers ou de grosse cavalerie, et quelques bataillons d'infanterie, venait de quitter Truxillo pour se rapprocher du Tage, dont il paraissait vouloir forcer le passage au gué d'Almaras; lorsque le général Laroche-Jacquelin, informé de ce mouvement, se porta sur le même point avec le premier régiment de hussards, le septième de chasseurs, le septième d'infanterie légère et deux pièces d'artillerie à cheval. Ayant rencontré l'ennemi aux *casas* (maisons) *del Puerto-Mirabet*, la brigade française engagea l'action. Malgré l'avantage de la position qu'avait prise le général constitutionnel, sa grosse cavalerie ne put soutenir la charge des hussards et des chasseurs, conduits par les colonels Wimpfen et Simoneau; cette troupe fut mise en pleine déroute, avec perte d'une pièce de canon, d'un caisson et d'un grand nombre d'hommes tués, blessés

---

[1] *Voyez* page 308.

et faits prisonniers. Dans le même temps, le colonel Lambot, à la tête des deux bataillons du septième léger, chassait l'infanterie ennemie des hauteurs qu'elle occupait, et la forçait de se précipiter en désordre dans la plaine, où elle fut poursuivie et sabrée par la cavalerie française. Le général Placencia ayant promptement gagné les montagnes qui entourent le champ de bataille, parvint à rallier ses troupes et opéra sa retraite sur Badajoz, sans être inquiété.

L'affaire de Tramaced fut la dernière de la campagne, et elle dut accélérer la reddition des places que les constitutionnels s'obstinaient encore à défendre en Catalogne. Lerida capitula le 18, et les forts d'Urgel se rendirent le 21 octobre.

Les places fortes de Ciudad-Rodrigo (dans le royaume de Léon), Badajoz (en Estramadure), Alicante et Carthagène (dans les royaumes de Valence et de Murcie), avaient refusé de se rendre aux premières sommations qui leur avaient été faites au nom du roi, après sa délivrance, soit qu'on y fût mal instruit de l'état des affaires, soit qu'on y craignît une trop violente réaction du parti royaliste; mais les deux premières ouvrirent leurs portes (Ciudad-Rodrigo le 7, et Badajoz le 29 octobre), lorsque des assurances nouvelles leur furent données.

Une seule capitulation, conclue le 1er novembre à la suite d'un armistice, convenu dès le 25 octobre, entre le maréchal duc de Conegliano et le lieutenant-général Mina, remit au pouvoir des troupes françaises les places de Barcelone, Hostalrich et Tarragone; les articles en sont remarquables par les garanties et les honneurs accordés aux assiégés. Il fut stipulé que les milices locales déposeraient leurs armes et se rendraient dans leurs foyers; mais que les troupes de ligne, ainsi que les milices actives qui se trouvaient dans ces places, ne seraient point considérées comme prisonnières de guerre, et qu'elles seraient envoyées dans des cantonnemens, où il ne pourrait y avoir d'autres troupes que les troupes françaises. Les troupes constitutionnelles, arrivées dans leurs cantonnemens, devaient conserver leurs armes, leur organisation actuelle, leurs vivres selon l'ordonnance; les officiers, sergens et caporaux conservaient leurs emplois, et ne devaient être inquiétés ni pour leur conduite politique, ni pour leurs opinions antérieures; la même garantie était accordée à tous les employés, à tous les habitans des villes rendues. M. le maréchal s'engageait à interposer sa médiation pour que les dettes et engagemens contractés par les autorités constitutionnelles fussent reconnus, sauf la vérification des comptes. Enfin, S. E. stipulait pour le parti vaincu toutes les précautions compatibles avec le rétablissement de l'autorité royale.

En conséquence de cette capitulation, les places de Barcelone, Hostalrich et Tarragone ouvrirent successivement leurs portes aux troupes du quatrième corps. Mina, Rotten, Milans et plusieurs autres généraux et officiers supérieurs de l'armée constitutionnelle, tous les réfugiés allemands et italiens quittèrent la Catalogne, et s'embarquèrent, plusieurs (Mina entre autres) pour l'Angleterre, un grand nombre pour l'Amérique; Rotten et quelques autres pour la Suisse. La place et les forts de Barcelone furent occupés le 4 novembre; les Français y trouvèrent trois cents bouches à feu, des provisions immenses en vivres et munitions de guerre, et cinq à six mille hommes de troupes de ligne et de milice active qui quittèrent la ville, au moment même où le maréchal duc de Conegliano y entrait à la tête des troupes de la division Curial, pour se rendre aux cantonnemens qui leur étaient assignés. Dès la veille, sept mille hommes des milices locales avaient déposé les armes; M. le maréchal fit publier la proclamation suivante :

« Habitans de Barcelone, les troupes françaises viennent, « au nom de S. M. C., prendre possession des forts et de la « place de Barcelone. Ne voyez dans leurs rangs que des « frères et des amis ; elles seront heureuses de contribuer « avec vous à assurer l'ordre public et le repos des familles. « Dans la confiance que nous veillerons à la sûreté de tous, « livrez-vous à vos occupations ordinaires. Éclairés par l'ex-« périence, déposez aux pieds de votre auguste souverain « l'hommage de votre dévouement, de votre amour et de votre « fidélité. »

Les 6 et 7, les troupes françaises occupèrent Tarragone et Hostalrich ; nous n'avons pas besoin de dire que les conditions de la capitulation furent pareillement exécutées à l'égard des deux garnisons et des habitans de ces deux places.

Dans le même temps, le 5 novembre, les troupes du deuxième corps prenaient possession de la place et des forts de Carthagène, en vertu d'une capitulation conclue entre M. le lieutenant-général Bonnemains, et les généraux constitutionnels Torrijos et Sanchez ; et, le 12 du même mois, elles entrèrent dans Alicante, place qui céda la dernière.

Toute l'Espagne était alors, sinon pacifiée, du moins remise sous l'autorité du roi Ferdinand. Le général Placencia[1] et les autres chefs constitutionnels dans les provinces d'Estramadure et de la Manche avaient fait leur soumission, à l'exception de D. Juan Martin Diaz, plus connu sous le nom de l'*Empecinado* (l'empoissé)[2]. Ce partisan, l'un des plus

---

[1] Ce général qui s'était retiré, comme nous l'avons dit, dans Badajoz, avait capitulé le 26 octobre, avec le général royaliste Laguna.

[2] Ce nom lui venait d'un sobriquet donné communément aux habitans du village de Castrillo, sa patrie, en raison de la boue de cet endroit, qui est de couleur noirâtre, et ressemble assez à de la poix, en espagnol, *pez*, *pecina*, d'où le mot *empecinado*, appliqué indistinctement à tous les habitans du pays.

redoutables qu'ait produits la première guerre d'Espagne, nommé maréchal-de-camp par le roi, en 1814, avait embrassé avec le plus entier dévouement la cause révolutionnaire. Seul, en 1815, il avait eu le courage de présenter directement au roi, et uniquement sous sa responsabilité, le mémoire apologétique des cortès de 1812, et de supplier S. M. de rétablir le régime constitutionnel. Arrêté immédiatement, ainsi qu'il s'y était attendu, il avait été envoyé en exil à Valladolid. La délivrance du roi, et l'anéantissement du gouvernement des cortès ne l'avaient point ramené à des sentimens plus monarchiques. Chef d'une bande, ou corps particulier, qui pendant la campagne avait agi dans le royaume de Léon et dans la haute Estramadure sans qu'aucune circonstance remarquable eût jusqu'alors signalé ses opérations, l'Empecinado avait attiré un moment l'attention, en se portant, dans les derniers jours d'octobre, sur la ville de Cacérés, qu'il occupa pendant cinq jours, en y levant des contributions ; mais à l'approche des détachemens envoyés contre lui, il s'était retiré dans la Sierra de Montauchés, où sa troupe s'était dispersée, et où lui-même avait disparu.

Dans la dernière quinzaine d'octobre, les troupes françaises qui n'étaient pas destinées à faire partie du corps d'armée qui devait rester en Espagne, d'après les arrangemens pris entre S. M. T. C. et S. M. C., avaient commencé leur mouvement pour rentrer en France. Dès le 28, l'escadre aux ordres du contre-amiral Duperré, portant deux mille cinq cents hommes des troupes employées devant Cadix, était entrée dans la rade de Brest.

Le prince généralissime, après avoir accompagné le roi Ferdinand jusqu'à Séville, par un sentiment de délicatesse dont il avait déjà donné tant de preuves, avait devancé le roi à Madrid. Arrivé dans cette ville, le 31 octobre, S. A. R. refusa les honneurs d'une entrée triomphale ; mais sa modestie ne put le dérober aux hommages d'une population avide de lui témoigner son admiration et sa reconnaissance. Des fêtes pompeuses, des représentations théâtrales eurent lieu à cette occasion; mais le prince ne consentit point à s'y faire voir. A son départ, le 4 novembre, le corps municipal l'accompagna solennellement jusqu'à la sortie de la ville, et lui présenta une épée magnifique, ornée de pierres précieuses et d'emblèmes analogues à sa destination[1].

S. A. R., en se dirigeant vers la France, au milieu des bénédictions des peuples qui avaient vu une armée victorieuse traverser leurs pays, comme une troupe de voyageurs et d'amis, voulut revoir sur sa route les braves qu'elle avait conduits à la victoire, et connaître ceux dont les exploits n'avaient pas eu l'honneur de ses regards. Elle s'arrêta partout où il y avait des besoins à prévenir, des blessés à consoler, de belles ctions à récompenser. Arrivé le 22 novembre à Oyarzun, le prince y donna l'ordre du jour suivant, adressé à toute l'armée :

« La campagne étant heureusement terminée par la dé-
« livrance du roi d'Espagne et par la prise ou la soumission
« des places de son royaume, je témoigne à l'armée des Py-
« rénées, en la quittant, ma vive satisfaction pour le zèle,
« l'ardeur et le dévouement qu'elle a montrés dans toutes
« les occasions, ainsi que pour la parfaite discipline qu'elle a
« constamment observée. Je me trouve heureux d'avoir été
« placé par le roi à la tête d'une armée qui fait la gloire de
« la France. »

Dès que la première nouvelle du dénouement heureux de la guerre d'Espagne était parvenue en France, le roi n'avait

---

[1] Le prince voulut bien accepter ce présent, mais il remit en même temps au corrégidor de Madrid une boîte enrichie de diamans, dont la valeur surpassait de beaucoup celle de l'épée.

point tardé à distribuer les faveurs de sa munificence entre les généraux qui s'y étaient le plus distingués. Le comte Molitor fut élevé aux dignités de maréchal et de pair de France; les lieutenans-généraux Bourke, Damas, Bourmont, Dode de Labrunerie furent également appelés à la chambre héréditaire (la pairie) et le maréchal de Lauriston reçut le cordon bleu. Le roi ordonna en outre, pour perpétuer le souvenir du courage et de la discipline dont l'armée française avait donné tant de preuves dans la campagne, que l'arc de triomphe, commencé en 1811 à la barrière dite de l'Étoile ou des Champs-Élysées, serait terminé et consacré à la gloire de cette même armée et de son digne chef.

En France, comme en Espagne, la marche de S. A. R. le duc d'Angoulême fut un triomphe continuel. A Paris, où tout avait été préparé pour faire à l'illustre généralissime une réception digne de lui et de son armée, son entrée fut une fête nationale. Les autorités de la capitale vinrent le recevoir à la barrière des Champs-Élysées, ornée de couronnes rostrales, de trophées militaires, de drapeaux et d'emblèmes qui rappelaient les faits mémorables de la campagne. S. A. R. était à cheval, suivie de son brillant état-major et de ces bataillons d'élite qui avaient eu une si belle part à la prise du Trocadero, comparables aux plus beaux corps de la vieille armée, dont les autres volumes de nos annales contiennent les exploits. Cet imposant cortége fit le trajet de la barrière au palais des Tuileries, entre deux haies de la garde nationale et de la garnison, au milieu des acclamations d'un peuple immense, des cris confus de *vive le Roi! vivent les Bourbons! vivent les héros du Trocadero!*[1]

---

[1] A son arrivée aux Tuileries, le prince s'empressa d'aller présenter ses hommages au roi, qui lui dit en le relevant et en le pressant sur son cœur : « mon fils, je suis content de vous. »

Cette campagne de sept mois et demi avait coûté à la France deux cents millions environ et trois mille cinq cents à quatre mille hommes tués sur le champ de bataille, ou morts par suite de blessures, de maladies ou des fatigues de la guerre; mais elle avait montré à l'Europe une armée fidèle, attachée par l'honneur à son gouvernement, et toujours douée des qualités brillantes qui l'avaient fait distinguer si éminemment à d'autres époques; il n'avait manqué aux jeunes soldats, dans cette dernière guerre, que plus d'occasions de montrer la valeur de leurs devanciers; mais aussi ils les avaient vengés par leur admirable discipline, des torts qu'on leur avait imputés dans les guerres précédentes. L'armée se retirait de celle-ci avec l'estime et l'admiration des deux partis qui divisaient encore l'Espagne, et qui ne pouvaient s'accorder qu'en ce point [1]. En effet, les résultats (pour le royaume) d'une expédition si promptement terminée, étaient encore mal assurés. Nous devons laisser à d'autres historiens la tâche de retracer les événemens subséquens qui prouveraient cette assertion, mais qui ne peuvent entrer dans le cadre que nous nous sommes prescrit.

---

[1] Le ministre principal du gouvernement anglais, M. Canning, a dit que : « jamais armée n'avait fait si peu de mal, et n'en avait empêché tant. » Ce mot, ajoute le judicieux auteur de l'*Annuaire historique* (M. Lesur) auquel nous l'empruntons, suffit à la gloire de l'armée française.

FIN.

APPENDICE

Liste nominative de tous les officiers, sous-officiers et soldats de l'armée des Pyrénées, et des marins, qui ont été particulièrement mentionnés dans les Bulletins officiels de la campagne de 1823.

PREMIER CORPS.

Affaire de Saint-Sébastien (5 avril).

MM. de La Hitte, lieutenant-colonel d'artillerie, attaché à l'état-major de S. A. R.; Dupau, chef de bataillon du génie; Doussières, capitaine de la même arme.

Affaire de Logrono (17 avril).

De Vitré, maréc.-de-camp; Muller, colonel du 5. de hussards; Ducos de Chabannes, chef d'escadron au 9. de chasseurs; Merville et Jouffroy, capitaines au même régiment; Fagron, capitaine au 20. de ligne; Imbert, capitaine d'ordonnance; Obled, sous-lieuten. au 5. de hussards; Durand, sergent au 20. de ligne; Dorade, maréchal-des-logis du 9. chasseurs; Matreau, tambour du 20. de ligne; Tonnelier, trompette au 9. chasseurs.

Affaire de Talavera de la Reina (27 mai).

Valin, lieutenant-général; Mathiot, aide-de-camp du général Valin; de Bouillé, aide-de-camp du maréchal duc de Reggio; de Chabannes, chef d'escadron au 9. chasseurs; Campagnac, capitaine au 9. d'infanterie légère; Millo, lieutenant au 13. léger.

Affaire d'Astorga (2 juin).

De Laroche-Jacquelin, maréc.-de-camp; Vidal de Lery, chef d'escad. au 1. de hussards; Feruel, capit. aide-de-camp; Mausoudun et Alingry, officiers d'ordonnance; Crotel, capitaine au 7. de chasseurs; Giroust et

APPENDICE.

Jolleaud, lieutenans au même régiment; Dartis et Delacroix, maréchaux-de-logis au 1. de hussards; Blanc et Samson, brigadiers au même régt.; Laurent et Beleden, chasseurs du 7. régiment.

Affaire dans les Asturies (21 juin).

Huber, maréchal-de-camp; de Bouy, lieuten.-colonel du 17. chasseurs; Fromantin, aide-de-camp; Huber, officier d'ordonnance; Courtin, lieutenant au 21. de ligne.

Septième léger. — Saint-Firmin et de Berry, capitaines; Galeti, serg.; Castel, fourrier; Loichay, caporal. Gaultier, chasseur au 17. régiment; Michel, voltigeur au 21. de ligne.

Ibidem (22 juin).

D'Albignac, maréchal-de-camp.

Quinzième de ligne. — De Montchoisy, lieut.-colonel; Allain, Balza et Cousin, capitaines; Chevalier, Pages, sergens-major; Revol, Lepeule, Saunier, Amiot, sergens; Favier, caporal; Masson, grenadier.

Ibidem (23 juin).

Huber, maréchal-de-camp.

Vingt-unième de ligne. — Hérard de Goutefrey, colonel; Berthelot de la Gorgette, chef de bat.; Liottier, cap. adjudant-major; Poirier, Aubert de Trigomain, Bout, capitaines; de Saint-Génis, Bédos, lieuten.; Lamy, Gadois, sous-lieutenans; Robert, Serel, sergens; Soubrié, caporal; Richard, voltigeur, Brosseau, tambour.

Ibidem (25 juin).

De Beaumets, chef d'escadron au 4. hussards, de Kersosie, lieutenant au même régiment; Duez, lieutenant au 17. chasseurs; Poucet, maréch.-des-logis au même régiment; Chapelier et Constant, brigadiers au 4. de hussards.

Affaire en Galice (7 juillet).

De Richepanse, lieut. au 4. hussards; Bezieux, brigadier; Salle, hussard; Luce et Perrin, chasseurs au dix-septième régiment.

Affaire de Puerto de Mirabete (30 septembre).

De Laroche-Jacquelin, maréchal-de-camp.

Septième régiment. — Lambot, colonel; Bérancourt, chef de bataillon; Prébaron, Cautrelle, Salin-Saillant, capitaines; Formis, de Joux, lieutenans; Paget, sous-lieutenant; Gousselet, Thiébaut, sergens; Etchêne, Geoffroy, caporaux; Jaume, Bernhold, chirurgiens.

Premier de hussards. — Simoneau, colonel; Vidal, lieutenant-colonel; Suzainnecourt, chef d'escadron; Clère, Vigueras, Courtois, capitaines; Reibell, Chatemps, d'Estampes, lieutenans; Compagno, Demarcé, sous-lieutenans; Quinson, Daclin, maréchaux-des-logis; Samat, Kauffman, brigadiers; Imbrico, Dumoulin, Oliger, Hervi, hussards.

Septième chasseurs à cheval. — Wimpfen, colonel; Hulot, de Vaudreuil, chefs-d'escadron; Mancelle, Lemerle, capitaines; Catonnière, Giroust, lieutenans; Lion, porte-étendard; Jourdan, Montagne, maréch.-des-logis; Ritz, brigadier; Giraud, Lafrance, chasseurs.

Deuxième régiment d'artillerie à cheval. — François, lieuten.; l'Allemand, maréchal-des-logis; Minick, Vidal, Veron, canonniers.

Train d'artillerie. — Pommier, sous-lieutenant; Denault, soldat.

Fernel, capitaine aide-de-camp du général Laroche-Jacquelin; de Mousoudun, officier d'ordonnance; de Montbreton, aide-de-camp du maréchal duc de Reggio.

DEUXIÈME CORPS.

Affaire d'Alcira (16 juin).

Bonnemains, maréchal-de-camp.

Quatrième de ligne. — Buchet, colonel; Coste, chef de bataillon; Roveda, Rey, capitaines; Bessac, Ozepy, lieutenans; Guillard, Boyron, sergens-majors; Philippot, Bonnet, Pizé, Zadreyt, sergens; Boneton, Milery, Jaume, Bernard, caporaux; Grenier, cornet de voltigeurs; Dubir, Regnaud, Messonas, Cornu, Latrière, Fremond, voltigeurs et soldats. Duteil, lieutenant au 19. chasseurs.

Dixième chasseurs. — Dupont, lieutenant; Bernier, sous-lieutenant; Leroi, maréchal-des-logis; Joste, brigadier; Hausser, Jaillet, Fournel, Bousquet, chasseurs.

Dix-neuvième régiment. — Davet, Robert, brigadiers; Guerrou, Agisson, Baume, chasseurs.

Loulay et Tilly, capitaines aides-de-camp du général Bonnemains.

Affaire de Lorca (13 juillet.)

Bonnemains, maréchal-de camp.

Quatrième d'infanterie légère. — Drivet de la Dernade, chef de bat.; Cousin, Roveda, Castamagna, Duval, Guilhaumont, Paté, Servier, capitaines; Coste, Tracol, Veiller, lieutenans; Astruc, sous-lieutenant;

APPENDICE.

Buthérin, adjud. sous-officier; Buffière, Mazoyer, Rocheret, Philippot, sergens-majors; Ligouesche, Peyronard, sergens; Roussel, Mazoyer, caporaux; Vieux, sapeur; Arsenac, tambour; Faure, Aymar, Ducoing, Maisonnas, Gresse, Blaisac, soldats.

Affaire de Roda (18 juillet).

Vincent, maréchal-de-camp; d'Hautpoul, colonel du 4. de ligne.

Affaire de Guadalhuertuna (25 juillet).

Bonnemains, maréch.-de-camp; de Seran, colonel du 10. de chasseurs; de Choiseul-d'Aillecour, colonel du 19. de chasseurs.

Combat de Campillo-de-Arenas (28 juillet).

Loverdo, Bonnemains, Domon, lieut.-généraux; Pelleport, Corrin, de Saint-Chamans, Faverot, Borelly, maréchaux-de-camp; les colonels de Saporta, du 1er de ligne; d'Houdetot, du 11.; Verdier, du 24.; de Chambrun, du 4. d'infanterie légère; le Vavasseur, du huitième d'infanterie légère; de Castries, du 4. chasseurs; de Sourdis, du 20. *idem.*; d'Hincourt et Juchereau St.-Denis, colonels d'état-major; Cavailher, lieutenant-colonel, aide-de-camp du lieut.-général Molitor; Costa-Magna, chef de bataillon au 4. léger; de Vernége, capit. d'état-major; de Pensay, officier d'ordonnance; de l'Enferna, capitaine au 20. chasseurs.

Affaire de Velez-Malaga (4 septembre).

De Saint-Chamans, maréchal-de-camp; Vilatte, colonel du 10. de dragons; de Compiègne, lieutenant-colonel du même régiment; Teissier de Marouze, colonel du 20. chasseurs.

Affaire de Jaën (13 septembre).

Bonnemains, lieutenant-général; Buchet, le Vavasseur, maréchaux-de-camp.

Quatrième léger. — de Chambrun, colonel; Coste, lieutenant-colonel; Cousin et Costa-Magna, chefs de bataillon.

De Gauville, chef de bataillon du 1er de ligne.

Trente-neuvième de ligne. — Debois-David, colonel; Delamay, lieut.-colonel; Hugues, Charon, chefs de bataillon.

Quatrième de chasseurs à cheval. — De Châteaubriand, colonel; Brucelles, lieut.-colonel; Panisse, Mathet, Beaujouan, chefs-d'escadron;

Dixième de chasseurs. — De Seran, colonel; Lian, lieutenant-colonel; Rochemon, Scherer, chefs-d'escadron.

Dix-neuvième de chasseurs. — De Choiseul d'Aillecourt, colonel; de la Fresnay, lieut.-colonel; la Bachelerie, Gauchet, Raoul, chefs-d'escadron.

TROISIÈME CORPS.

Affaire devant Saint-Sébastien (19 juin).

Schœffer, maréchal-de-camp; Rabaudy, capit. au 17. de ligne; Nebel, capitaine au 5. d'infant. légère; Camon, adjudant-major au 17. de ligne;
Cinquième léger. — De Connac, lieutenant; Esbourlaty, sergent; Boineau, Mahé, carabiniers.

Affaire devant Pampelune (18 juillet).

Jamin, maréchal-de-camp (division Couchy).
Troisième d'infanterie légère. — De Sainte-Colombe et de la Voierie, chefs de bataillon; Gourhael, capit.; Blanc, sergent; Flandin, Bastain, caporaux; Baraguay-d'Hilliers, chef de bataillon au 9. de ligne.

QUATRIÈME CORPS.

Blocus de Figuières (25 mai).

Montalon, soldat au 5. régiment de ligne.

Affaire de Castel-Tersol (17 mai).

Donnadieu, lieutenant-général; de la Roche-Aymon et de Saint-Priest, maréchaux-de-camp; de la Nougarède, colonel d'état-major; de la Poterie, colonel du 12. léger; Jardin, capitaine du 12. léger (tué).

Affaire de Mataro (24 mai).

De Vence, maréchal-de-camp; de Tholozé, colonel d'état-major; Hurel, colonel du sixième léger; de Beaumont, colonel du 18. chasseurs; d'Arnault, chef de bataillon au 7. de ligne.

Affaire de Vich (26 mai).

Salperwick, colonel du 8. de ligne; Dubarret, chef de bataillon d'état-major; Chapelié, lieutenant d'état-major.

Affaire du bois de Pallau (16 juin).

De Saint-Priest, maréchal-de-camp.
Deuxième régiment de ligne. — D'Isou, lieutenant-colonel; Roquefeuil,

APPENDICE.

chef de bataillon; Foudard, Luiggi, Mongin, Darlignie, capitaines; Piuquelin, de l'Épinay, sous-lieutenans; Dufflort, Correol, sergens.

Douzième léger. — Sillègue, chef de bataillon; la Voltais, capitaine; Boucher, adjudant-major; Bodmer, sergent-major; Couder, soldat.

Affaire de Martorel et de Molins-del-Rey (9 juillet).

Donnadieu, lieutenant-général; de la Roche-Aimon et Achard, maréchaux-de-camp; Fantin-Désodards, colonel du 3. de ligne; Lenoury, colonel du 5. de chasseurs à cheval; Dastorg, colonel du 6. de hussards; de Fitz-James, lieut.-colonel du 3. de ligne.

Affaires sous Barcelone (9 et 10 juillet).

Curial, lieutenant-général; Vasserot et Peccadeuc, maréchaux-de-camp; Darlanges, lieut.-colonel au 7. de ligne, d'Arnault, chef de bataillon au même régiment; Bezuel, chef d'escadron au 23. de chasseurs.

Soixantième de ligne. — Schwich, chef de bataillon; Gouvenain, capitaine; Bastinous, de Molènes, lieutenans; Mallet, Courteau, sergens; Rosier, soldat; Denise, cornet de voltigeurs.

(13 juillet).

De Tholosé, colonel d'état-major; Mouck d'Uzès, colonel du 60. régiment; Arnal, lieutenant; Leclerc, caporal.

Trente-deuxième de ligne. — Musias, capitaine; Chanoz, caporal, Delahaye, voltigeur.

Affaire de Calaff (25 juillet).

Font, capitaine au 38. de ligne; Philippe, lieutenant d'état-major.

Dix-huitième chasseurs à cheval. — Sauzin, lieutenant; Morel, maréchal-des-logis.

Affaire de Jorba (25 juillet).

M. le maréchal Moncey; Berge, maréchal-de-camp, commandant en chef l'artillerie du quatrième corps; Tromelin, maréchal-de-camp.

Seizième régiment de ligne. — Dalvimare, colonel; Bonne, chef de bataillon; Dacheux, Havard, capitaines; Vauder-Linden, lieutenant; Dacheux, Leriziat, sous-lieutenans; Robert, Roussieux, Valcrose, Fournier, caporaux; Lautier, Gerbouil, Husson, Matté, Tartrat, Passel, Cartel, Roland, Moine, Mouret, Valte, Coustelle, grenadiers, voltigeurs et fusiliers.

Soixantième régt. de ligne. — Mouck d'Uzès, colonel; Bégin, Schwich, chefs de bataillon; Minard, Rabier, Aubert de Résie, Riban, capitaines; Champ-Garnier, Chausson, Bourdon, lieutenans; Leclerc, Georget, sergens; Tortel, fourrier; Lambert, Coligny, Courteau, soldats.

Etat-major. — De Sparre, chef d'escadron, aide-de-camp de M. le maréchal; Géhard, lieutenant, aide-de-camp du général Berge.

Quatrième d'artillerie à cheval. — De la Plesse, lieutenant; Gorrand, maréchal-des-logis; Doisnard, soldat du train.

Affaire sous Barcelone (30 juillet.)

Curial, lieutenant-général; de Vence, maréchal-de-camp.

Sixième régiment d'infanterie légère. — Hurel, colonel; Vallet, Robert, Picot, capitaines; de la Jaumont, le Coq, Caillard, Olry, lieut.; Barthès, Frété, sergens; Cally, Roby, caporaux; Mariton, voltigeur.

Dix-neuvième de ligne. — Alquier, chef de bataillon; Barthe, Filleau, Ducheyron, capitaines; Garuccia, lieutenant; Marcy, Picot, sergens; Gavary, Grillet, voltigeurs.

Vingt-quatrième de chasseurs. — Nicolas, colonel; Bezuel, chef d'escadron; Vanel de Lisleboy, Budau, lieutenans;

Troisième régiment d'artillerie à cheval. — Carnot, lieutenant; Faitout, maréchal-des-logis.

Affaire de Caldés (14 août).

Tromelin, maréchal-de-camp.

Soixantième de ligne. — Mouck d'Uzès, colonel; Magnan, lieut.-colonel

Sixième de hussards. — Galz de Malvirade, lieutenant-colonel.

Affaire d'Altafulla, sous Tarragone (27 août).

Berge, Montgardé et Achard, maréchaux-de-camp.

Trente-unième de ligne. — Thilorier, colonel; Foucher, chef de bat.; Muff, Cheruel, Rey, Bertrand, capitaines; Elie, Legris, lieutenans; de Lusignan, Moret, sous-lieutenans; Balrich, Rodolphe, Appé, Colinet, Taffard, Thilorier, sergens; Sarossay, Decoffre, caporaux; Vallier, grenadier; Romet, voltigeur.

Dix-huitième de ligne. — De Fitz-James, colonel; Ducasse, Darracq, de Combes, Sarret, Hervé, Prat-Ferré, Meynard, Lanou, capitaines; Lanauzaa, Allard, Loyer, Daurignac, Bedbeder, Barthouilh, lieutenans; La Terrade, de Laurens, Massy, sous-lieutenans; Gigault, Vigués, Labal, Dorrés, Laban, Laurens, Dussaut, sergens; Seris, caporal; Perrel, fusilier.

Premier d'infanterie légère. — Roussel, lieutenant-colonel; Limoges

APPENDICE.

Orry, lieutenans; de Barral, sous-lieutenant; Poussard, sergent; Raulet, caporal, Rabire, voltigeur.

Sixième de chasseurs à cheval. — Courtier, colonel; Kœnig, capitaine; Quinette, lieutenant.

Troisième d'artillerie à cheval. — Géhard, Puech, lieutenans; Dannes, maréchal-des-logis.

Etat-major. — Dubarret, chef de bataillon; de Mayria, capitaine; de Caux, lieutenant.

Artillerie de montagne. — Lelièvre, capitaine; Etienne, Barbier, sergens; Labarthe, caporal; Gros, canonnier.

Mélanges, Drouinet, lieutenans aides-de-camp; Dubosc, sous-lieuten., officier d'ordonnance.

Affaire sous Tarragone (28 juillet).

M. le maréchal Moncey.

Les maréchaux-de-camp Després, chef d'état-major; Berge (*artillerie*); Rohault de Fleury (*génie*); Tromelin, Montgardé, Achard, Fantin-Désodards.

Huitième de ligne. — Salperwick, colonel; Cottenet, lieut.-colonel; Leblanc, chef de bataillon; Thibaud, Sirugues, Pital, Laroche-Saint-André, capitaines; Bonnet, Baldram, Onfray, Comton, Wanaud, lieutenans; Collard, Saint-Vidal, Guichard, Lavaur, sous-lieutenans; L'Horloger, Jarraud, Culant, Boiletot, Maros, Boistard, sergens; Grelot, Duvet, caporaux; Silvestre, grenadier; Lechevalier, Roy, voltigeurs; Motot, Gris, fusiliers.

Seizième de ligne. — Bonne, Grégoire, chefs de bataillon; Rolin, Barthélemy, Flavard, Gennecieux, Beaufrère, Grabowsky, Chastelet, Sauboul, François, Suisse, capitaines; Marson, Boissières, Julien, Dericq, Pêtre, lieutenans; Daudégier, sous-lieutenant; Lemaître, chirurgien; Dubourg, Aldin, Gillet, Calaret, Bernard, Habert, Durand, sergens; Salomon, Chabert, Bourelly, caporaux; Thomas, Croc, Bulot, voltigeurs; Dérouet, Mayeux, fusiliers.

Soixantième de ligne. — Reboul de Cavalry, chef de bataillon; Boussis de la Grange, capitaine; Foissey, de Molènes, lieutenans; Turpin de Sauzai, sous-lieutenant; Lacaille, adjudant sous-officier; Courtade, Batriot, Comte, sergens; Petit, caporal; Lebout, voltigeur; Septier, cornet de voltigeurs.

Premier d'infanterie légère. — Revel, colonel; Roussel, lieutenant-colonel; de Vitrolles, chef de bataillon, Floucaud, Romangin, Eymer, Péan de Pontilly, de Taurine, Legoullon, capitaines; Orry, Filliastre, Devissec, lieutenans; Drolenvaux, Sala, sous-lieutenant; Fery, adjud.

sous-officier; Henry, Brichet, Pelletier, sergens; Robelin, caporal; Husson, Droy, voltigeurs; Jacquet, Chevalier, cornets.

Affaire sous Barcelone (10 septembre).

Curial, de Laroche-Aymon, lieutenans-généraux; de La-Tour-Dupin, maréchal-de-camp; Demetz, lieutenant-colonel d'artillerie; Réguis, capitaine au 3. d'artillerie à cheval; Mathelin, capitaine aide-de-camp; de Curel, capitaine d'état-major; Ibert, capitaine au 12. léger; Pain, capitaine au 26. de ligne; Moreau, lieutenant au même régiment; de Broc, lieutenant au 6. de hussards; Cornier, hussard au même régiment.

Affaire sous Barcelone (12 septembre).

Curial, lieuten.-général; de Vence, de Peccadeuc, maréch.-de-camp.
Septième de ligne. — Darlanges, colonel, Guillabert, chef de bataillon, Warnet, capitaine; Masse, lieutenant; Jehan, sergent.
Dix-neuvième de ligne. — Maire, capitaine; Taberne, lieutenant; Sallières, sous-lieutenant; Girard, sergent.
Trente-deuxième de ligne. — Dutertre, colonel; de Rossi, chef de bat.; Berard, Herbault, capitaines; Jacquinot, O'Keeffe, Brenal, Elottefierre, Nouvelle, lieutenans; Toubas, sous-lieutenant; Vétu, sergent, Choteille, voltigeur.
Troisième régiment d'artillerie à cheval. — De Marilhac, colonel; Réguis, capitaine; Lévesque, lieutenant; Feriot, Martin, maréchaux-des-logis; Bas, brigadier.
Deuxième régiment d'artillerie à pied. — Richard, Aubry, Prieur, Detz, sergens.
De Montcarville, chef de bataillon, aide-de-camp du général Curial; de Rospieck, capitaine, *idem.* du général de Vence; Bernard, lieutenant, général de Peccadeuc.

Affaires de Llado et de Liers (15 et 16 septembre).

De Damas, lieutenant-général; Viouet de Maringoué, Nicolas, maréchaux-de-camp.
Cinquième de ligne. — Bonchamp, chef de bataillon; Chaumont, Mauduit, Cussac, Chatelet, capitaines; Bert, Tournefort, de Mus, lieuten.; de Christol, Lafond, Drogue, sous lieut.; Boulen, Mercadier, sergens.
Huitième de ligne. — Richard, chef de bataillon; Campion, Rivière-des-Héros, Chambellaud, de Raffin, Dronchat, Simon, de Saint-Santin, capitaines; de Maleyrand, Perrioud, Ribrocci, Faure, lieutenans; Charcot, sous-lieutenant; Parraud, Chiffaut, Paquette, Arais, Bordier, Le-

febvre, sergens; Couturier, Fertis, Amayas, caporaux; David, Guyet, grenadiers; Moulins, fusilier.

Vingt-deuxième chasseurs à cheval. — De Fontnouvelle, de Vauguyon, capitaines; Goholin, Wolf, lieutenans; Bourlet, sous-lieutenant; Jacob, maréchal-des-logis; Bonhour, chasseur.

De la Tour-du-Pin, chef d'escadron, aide-de-camp; Deyragues, capitaine d'état-major (tué); de Chièvres, Lacombe, capit. aides-de-camp.

Bellegarde, Lizet, Constant, de Vogué, officiers d'état-major et d'ordonnance; Bedigie, capitaine du génie.

Affaire sous Tarragone (29 septembre).

Achard, Montgardé, maréchaux-de-camp.

Premier d'infanterie légère. — Revel, colonel; de Vitrolles, lieuten.-colonel; Jacquemart, capitaine; Limoges, lieutenant; Camil, sous-lieut.; Breton, sergent; Guery, Leverney, soldats.

Sixième chasseurs à cheval. — Lefebvre-Deslandes, capitaine; Cazaran, Henry, sous-lieutenans.

Meynard, capitaine adjudant-major au 18. de ligne.

CINQUIÈME CORPS.

Affaire sous Pampelune (3 septembre).

M. le maréchal de Lauriston; Pécheux, lieutenant-général; Jamin, maréchal-de-camp; Garbé, *idem.*, commandant le génie; Denis de Danremont, de Quinsonas, Fernig, maréchaux-de-camp; Nugues Saint-Cyr, maréchal-de-camp, chef d'état-major.

Troisième léger. — De Tressan, de Saint-Gilles, colonels; de Kock, lieutenant-colonel; de Sainte-Colombe, chef de bataillon.

Broussier, colonel du 5. de ligne; Higonet, Bremont, colonels du 9. de ligne; Darmaillé, colonel du 14. de ligne; d'Aloigny, chef d'escadron du 3. de chasseurs.

Corps royal du génie. — De Merlis, Lemercier, Répécaud, chefs de bataillon; Breisstroff, Chambaud, Bezot-Brice, Dumesnil, Augoyat, Vieux, capitaines; de Recicourt, Duriveau, lieutenans.

Reddition de Pampelune (16 septembre).

M. le maréchal de Lauriston; Saint-Cyr-Nugues, maréchal-de-camp, chef d'état-major; Boucher, maréch.-de-camp commandant l'artillerie; Garbé, *idem.*, commandant le génie; Fernig, de Danremont, de Chastellux, maréchaux-de-camp; Deschalards, colonel, major de tranchée.

Corps royal du génie. — Laffaille, Lemercier, de Merlis, Répécaud,

APPENDICE.

Chambaud, chefs de bataillon; Breisstroff, Bizot-Brice, Dumesnil-Adelée, Augoyat, Vieux, capitaines; de Recicourt, Duriveau, lieutenans.

Affaire de Tramaced (8 octobre).

De Chastellux, maréchal-de-camp; de Boisgelin, capitaine, aide-de-camp du maréchal de Lauriston.
Troisième de hussards — Burgraff, colonel; de Kleinenberg, lieutenant-colonel; de Tilly, chef d'escadron; de Rutaut, la Boissière, capitaines; de Kerouartz, lieutenant; Abel, *idem.* (tué), Descoutures, Jacquet, Faure, sous-lieutenans; Pothier, Lefebvre, Boucheret, Garnier, maréchaux des-logis; Deshayes, brigadier; Lebon, trompette; Gasseret, Mussilier, hussards.
Troisième de chasseurs. — De Faudoas, colonel; de Chambrun, lieutenant-colonel; d'Alvigny, de Serionne, chefs d'escadron; Icard, Marmion, capitaines; Baur (tué), Rossignol, Prudhomme, sous-lieutenans; Bauran, adjudant sous-officier.

CORPS DE RÉSERVE OU D'EXPÉDITION
EN ANDALOUSIE.

Affaire de Visillo (8 juin).

E. de Perigord (duc de Dino); de Savoie Carignan, maréch.-de-camp.
Chasseurs à cheval de la garde. — D'Argoult, colonel; de Brobeque, capitaine; de Marsoguet, lieutenant; Broun, Parrat, brigadiers.
Le prince Albert de Savoye-Carignan, volontaire; de Charcellai, capitaine aide-de-camp du général Bordesoulle; Borne, *idem.*, du général E. de Périgord.

Affaire de Vilches (9 juin).

E. de Perigord, maréchal-de-camp.
Chasseurs à cheval de la garde. — D'Argoult, colonel; de Marsognet, Vidichers, lieutenans; Ogers, maréchal-des-logis; Lecomte, Lapeyrie, chasseurs.
De Verlanges, de Cheilan, capitaines au 2. léger; Borne, d'Osenbray, aides-de-camp; du Chayla, officier d'ordonnance.

Affaire de San-Lucar-la-Mayor (19 juin).

De Lauriston, maréchal-de-camp; de Saint-Léger, capitaine aide-de-camp.
Cinquième de hussards. — Muller, colonel; Labouzart, Petin, capit.;

APPENDICE.

Lefer, sous-lieutenant; Vacius, adjudant; Dumaine, Gessle, maréchaux-des-logis; Deischi, brigadier, Schekell, hussard.

Neuvième chasseurs à cheval. — D'Hautpoul, colonel; de Maison-Neuve, chef d'escadron; Gaudin, Fougainville, lieutenans; Lafargue, Drecklust, maréchaux-des-logis.

Affaire de Cabeza de Buey (26 juin).

Dragons de la garde royale. — Descliguac, de Balincourt, chefs d'escadron; de Mausey, capitaine; d'Oraison, lieutenant; de Stapelande, sous-lieutenant; Houtelard, Cordier, maréchaux-des-logis; Janot, Schuster, Fourneaux, brigadiers; Guillotin, Quien, Deforge, dragons.

Affaire devant l'île de Léon (16 juillet).

Bordesoulle, lieutenant-général, commandant en chef; Obert, lieut.-général; Goujon, de Bethisy, de Savoie-Carignan, maréchaux-de-camp.
Vingtième de ligne. — De Montcalm, colonel; de la Motte, lieuten.-colonel; de la Chapelle, Humblet, chefs de bataillon; Blanc, Dejean, Deidier, capitaines; Feruel, Grenier, lieutenans; Boucaut, sergent.
Vingt-septième de ligne. — O'Neill, colonel; Bearin, chef de bataillon; Menuisier, capitaine; Ducaseau, lieutenant.
Trente-quatrième de ligne. — De Farincourt, colonel; Barbette, capitaine; Motel, lieutenant; Meunier, sous-lieutenant; Fischeur, sergent; Hamen, voltigeur.
Trente-sixième de ligne. — Maurin, colonel; Rullière, lieutenant-colonel; Monistrol, chef de bataillon; Couté, Perotin, Willemin, Petit-Jean, capitaines; Demarle, Arthuis, lieutenans; Lardet, Bitterguy, Rosset, Christophe, Ricard, Pernetti, Trichet, sergens; Maurice, caporal; Luider, grenadier; Lacroix, voltigeur.
État-major. — Rousselet, Dupouet, capitaines aides-de-camp; Brice, lieutenant, *idem*; de Montmorency, officier d'ordonnance; Chalmet, adjudant-sous-offic. du deuxième dragons.

Affaire du Trocadero (31 août).

S. A. R. LE PRINCE GÉNÉRALISSIME.

Bordesoulle, lieutenant-général; Obert, *idem.*; Tirlet, *idem.*, commandant en chef l'artillerie; Dode de la Brunerie, *idem.*, commandant le génie; de Carignan, Gougeon, d'Escars, maréchaux-de-camp; de la Hitte, colonel d'artillerie à pied, aide-de-camp de S. A. R.; de Montferré, colonel du 3. d'infanterie de la garde; de Farincourt, colonel du 34. de ligne; Dupau, lieutenant-colonel du génie; de Miremont, chef de bataillon au 3. de la garde; de la Seinie, *idem.*, au 6. régt. de la garde. Monistrol, *idem.*, au 36. régt. de ligne; de Rosambo, de Goutelas. de la Boissière, officiers d'ordonnance du lieutenant-général Bordesoulle Waille, de Ligueville, de Lemox, aides-de-camp et officiers d'ordonnance du lieutenant-général Obert; Saint-Brice, Chevigné, aides-de-camp du général Goujeon; de Couloumé, de Lorge, aides-de-camp du général d'Escars; Borne, capitaine d'état-major; Damans, capitaine au régt. d'artillerie à pied de la garde; Giglot, Callot, capitaines du génie; Petit-Jean, Couti, Perrotin, capitaines au 36. de ligne; Gast de Montferré, capitaine au 3. régt. de la garde; Vuilleret de Brotte, lieutenant d'artillerie de la garde; de Villeneuve, Legros, lieutenans du génie; Grooter, lieutenant au 34. de ligne; Dupleix, sous-lieutenant au 9. de ligne (tué); Aubert, Severac, Poly, sergens des sapeurs du génie; Hue, caporal du génie; Cerfberr, grenadier au 34. de ligne.

S. A. R. le prince C. A. Albert de Savoye-Carignan, grenadier volontaire dans un des régimens de la garde.

Deflaverges, maréchal-de-camp; d'Isasca, lieutenant-colonel; Costa, capitaine, tous trois officiers de la suite du prince Albert de Savoye-Carignan.

Attaque du fort Santi-Petri[1] (20 septembre).

De la Hitte, colonel, commandant les batteries de terre; de Serlay, chef de bataillon au premier régiment d'artillerie à pied.

Septième régiment d'artillerie à pied. — De Castel, Aurioux, capitaines; Oubré, Girardin, Brun, lieutenans; Coulogne, sous-lieutenant; Goudelin, Theobald, sergens; Tessier, Vabre, canonniers.

Beret, lieutenant d'artillerie de la garde royale.

Vingt-quatrième de ligne. — Auxcousteaux, chef de bataillon; Forest, capitaine adjudant-major.

MARINE.

Reddition d'Algésiras et de l'île Verte (14 août).

Le Maraut, capitaine de vaisseau, commandant la frégate *la Guerrière*; Drouault, *idem*, commandant la frégate *la Galathée*.

Affaire du Trocadero (31 août.)

Le Marant-Kerdaniel, lieutenant de vaisseau commandant la canonnière-brick *la Lilloise*.

APPENDICE.

Attaque et reddition du fort Santi-Petri (20 septembre).

Vaisseau le Centaure. — Desrotours, contre-amiral; Pouée, capitaine-commandant; Lainé, du Demaine, capitaines de frégate; Lemaître, Kerdraint, Thibault, Hervieux, Clément, Duponchés, Barthelemi, lieut. de vaisseau; Marchand, Bermont, enseignes; Thevenard, capitaine d'artillerie de marine; Fenoux, sous-lieutenant, *idem*; Simon, maître d'équipage; Bryot, maître de timonnerie; Menager, Anot, Perdrix, canonniers; Hellogo, chirurgien major. — Boniface, capitaine de vaisseau, commandant la corvette *l'Isis*; Braud, lieutenant de vaisseau, embarqué sur la frégate *la Cybèle*; Trotel, *idem*, embarqué sur la goelette *le Santo-Christo.*

Bombardement de Cadix (23 septembre).

Duperé, contre-amiral; Longueville, capitaine de frégate, commandant le bombardement; Revel de Betteville, de Purchredon, Bellanger, Estelle, Dagorne, lieutenans de vaisseau; Beauzée, enseigne de vaisseau; Dubourdieu, Pomonti, Montfort, Boscal de Reals, Billette, Blanc, élèves de marine, commandant des canonnières; Pignatelli, patron du canot du vaisseau *le Colosse*; Gueyrard, agent comptable de la flotille; Gachet, caporal d'artillerie de marine; Binet, matelot (tué); Rivoallaut, chirurgien de la marine.

N. B. Le roi, par ordonnance du 12 octobre, a décidé que le vaisseau *le Centaure* porterait désormais le nom de *Santi-Petri.*

TABLE

DES MATIÈRES CONTENUES DANS CE VOLUME.

	Pages.
Introduction	5

LIVRE PREMIER.

Chap. I. Commencement des hostilités. Entrée à Madrid......... 175
— II. Catalogne. Entrée en campagne. Combat de Mataro..... 208
— III. Deuxième corps. Différens mouvemens du général Molitor. Son entrée à Valence. Une division détachée du premier corps entre à Séville.. 228
Chap. IV. Les cortès chassés de Séville transfèrent le siége du gouvernement à Cadix.. 244
Chap V. Catalogne. Opérations militaires dans cette partie de l'Espagne jusqu'au 30 juillet.................................. 256
Chap. VI. Le général Molitor s'empare de Tortose. Retraite de Ballesteros, battu à Campillo de Arenas........................ 269
Chap. VII. Galice. Morillo, battu dans plusieurs rencontres, abandonne le parti des cortès. Prise de la Corogne. Instructions données à la marine française..................................... 281

LIVRE SECOND.

Chap. I. Installation des cortès à Cadix. Le prince généralissime arrive devant cette place. Ballesteros capitule.................. 298
Chap. II. Opérations militaires devant Cadix. Prise du Trocadero. Résultat de cet important avantage........................... 318
Chap. III. Deuxième corps. Riego, poursuivi vigoureusement par le général Molitor, tombe dans les mains des paysans espagnols, qui le livrent aux autorités royalistes. Destruction des partis constitutionnels dans les provinces de Murcie et de Grenade.......... 335
Chap. IV. Catalogne. Affaires d'Altafulla, de Llado et de Llers. Figuières, Pampelune, Santona et St.-Sébastien se rendent....... 350
Chap. V. Préparatifs d'attaque contre Cadix. Après d'infructueuses négociations, le roi est rendu à la liberté, et quelques jours après son débarquement à Port-Sainte-Marie, il part pour Séville..... 371
Chap. VI. Fin des opérations militaires en Catalogne. Soumission entière des places qui tenaient encore. Départ du prince généralissime pour la France. — Conclusion........................ 397

ÉTAT des forces navales françaises employées à la guerre d'Espagne de 1823.

NOMS ET RANGS DES BATIMENS.	LIEUX DE STATION.
Le Centaure, vaisseau de ligne de 80 canons..................	Devant Cadix.
Le Colosse, de 74..............	*Ibid.*
Le Trident, *idem*...............	*Ibid.*
La Guerrière, frégate portant du 36.	Algéziras et Cadix.
La Vénus, *idem*, portant du 24...	Cadix.
La Marie-Thérèse, *idem*........	Barcelone.
L'Hermione, *idem*, portant du 18.	Cadix.
La Néréide, *idem*..............	La Corogne, puis Cadix.
La Fleur-de-lis, *idem*..........	Barcelone, puis Cadix.
L'Antigone, *idem*..............	Cadix.
La Thémis, *idem*...............	La Corogne, puis Cadix.
L'Euridice, *idem*...............	Cadix.
La Galathée, *idem*.............	Algéziras et Cadix.
La Cybèle, *idem*...............	Cadix.
La Magicienne, *idem*...........	La Corogne, puis Cadix.
La Junon, *idem*................	Barcelone.
L'Égerie, corvette de guerre.....	La Corogne, puis Cadix.
L'Isis, *idem*...................	Cadix.
L'Hébé, *idem*..................	Côtes de la Biscaye.
La Sylphide, *idem*..............	La Corogne, puis Cadix.
La Bayadère, *idem*.............	Cadix.
La Victorieuse, *idem*...........	Barcelone.
La Moselle, corvette de chasse...	Cadix.
L'Arriége, *idem*................	Barcelone.
Le Tarse, *idem*.................	La Corogne.
Le Curieux, brick...............	*Ibid.*
Le Rusé, *idem*..................	Cadix.
L'Euriale, *idem*................	Côtes de la Biscaye.
Le Cuirassier, *idem*............	Barcelone.
Le Dragon, *idem*...............	Barcelone, puis Cadix.
Le Zèbre, *idem*................	Cadix.
Le Faune, *idem*................	Barcelone.
La Gazelle, goëlette-brick.......	*Ibid.*
L'Antelope, *idem*...............	Cadix.
La Torche, *idem*...............	Barcelone.
Le Linx, brick-aviso............	Cadix.
La Provençale, goëlette.........	Côtes de la Biscaye.

NOMS ET RANGS DES BATIMENS.	LIEUX DE STATION.
La Topaze, *idem*	La Corogne.
L'Emeraude, *idem*	Côtes de la Biscaye.
L'Artésienne, *idem*	Cadix.
La Dauphinoise, *idem*	*Ibid.*
L'Astrolabe, *idem*	Côtes de la Biscaye.
La Recherche, *idem*	*Ibid.*
Le Momus, *idem*	Barcelone.
L'Etoile, *idem*	*Ibid.*
La Jacinthe, *idem*	*Ibid.*
La Jonquille, *idem*	*Ibid.*
La Mésange, *idem*	*Ibid.*
La Toulonnaise, *idem*	*Ibid.*
L'Anémone, *idem*	Côtes de la Biscaye.
La Rose, *idem*	*Ibid.*
Le Lévrier, *idem*	Barcelone.
L'Alsacienne, canonnière-brick	Côtes de la Biscaye.
La Bressane, *idem*	*Ibid.*
La Malouine, *idem*	*Ibid.*
La Lilloise, *idem*	Cadix.
La Grenade, canonnière	Barcelone.
La Surveillante, *idem*	*Ibid.*
La Prudente, gabarre	Cadix.
La Zélée, *idem*	Cadix.
Le Chameau, *idem*	*Ibid.*
La Bretonne, *idem*	*Ibid.*
Le Marsouin, *idem*	La Corogne, puis Cadix.
La Panthère, *idem*	La Corogne.
L'Isère, *idem*	Côtes de la Biscaye.
La Lamproie, *idem*	Cadix.
Le Dromadaire, transport	Barcelone.

RÉCAPITULATION.

Vaisseaux de ligne.................... 3
Frégates........................... 13
Corvettes.......................... 9
Bricks............................ 11
Goëlettes.......................... 16
Canonnières....................... 6
Gabarres.......................... 8
Transports........................ 1

TOTAL.... 67 bâtimens.

SITUATION DE L'ARMÉE FRANÇAISE DES PYRÉNÉES AU 7 AVRIL 1823.

S. A. R. MONSEIGNEUR LE DUC D'ANGOULÊME, GÉNÉRALISSIME.

GRAND ÉTAT-MAJOR-GÉNÉRAL.

Les lieutenans-généraux comte GUILLEMINOT, major-général ;
baron TIRLET, commandant en chef l'artillerie ;
vicomte DODE-LABRUNERIE, le génie ;
comte LALAIN D'AUDENARDE, les escadrons de guerre des gardes-du-corps (372 hommes, non compris les hommes et les chevaux d'équipage.)
Le maréchal-de-camp comte D'ESCARS, commandant le grand quartier-général.

Le maréchal-de-camp baron Mériage, aide-major-général.
Marquis de la Chasse-Vérigny ;
De Salaignac ; } colonels d'état-major.
Comte de Noinville.

Les maréchaux-de-camp duc de Guiche,
Comte Melchior de Polignac,
Baron de Beurnonville,
Les colonels comte de Fontenilles,
Marquis de Lur-Saluces,
Les lieutenans-colonels Lecouteulx de Canteleu, } aides-de-camp de S. A. R.
Comte d'Osmond,
Les chefs de bataillon Comte Camille de la Rochefoucault,
Levis de Ventadour,
D'Acher de Mongascon, secrétaire du cabinet de S. A. R.

Le lieutenant-colonel D'ANDRÉ, commandant la gendarmerie.

CORPS D'ARMÉE.	DIVISIONS.	LIEUT.-GÉNÉRAUX.	CHEFS D'ÉT.-MAJOR.	MARÉCH.-DE-CAMP.	DÉSIGNATION DES CORPS.	NOMBRE D'HOMMES. Infanterie.	Cavalerie.	ARTILL. ET GÉNIE. Hommes.	Chevaux.	OBSERVATIONS.
1er corps, lieut.-général, duc de Regio. Chef d'état-major, le maréchal de camp Grundler.	1ère	c. d'Autichamp.	baron Miot.	Valin. Saint-Hilaire. Berthier.	9e léger, 13. et 14. chass., 23. et 28. de ligne, 37. et 38. de ligne.	7,869	758			
	2e	comte Bourck.	comte Tryon.	Laroche-Jacquelin. d'Albignac. Marguerye.	7e chass., 1. huss., 7. léger, 15. et 22. de ligne, 30. et 35. de ligne.	6,588	714	1,159	1,166	
	4e	vicomte Obert.	Villate.	Vitré. Toussaint. Gonjeon.	2e léger et 5. husards, 20. et 27. de ligne, 34. et 36. de ligne.	6,940	740			
	1ère dragons.	vicomte Castex.	Chastenay-Lanty.	Prince de Carignan. Saint-Priest.	2e et 8. dragons, 7. et 9. dragons.		1,482			
2e corps, lieut.-général, comte Molitor, baron Borelli, ch. d'état-maj.	3e	comte Loverdo.	d'Hincourt.	Bonnemains. Corsin. Ordonneau.	4e léger, 10. et 19. chass., 1. et 11. de ligne, 12 et 29 de ligne.	6,826	784			
	6e	Pamphile-Lacroix.	Juchereau de S. Den.	Saint-Chamans. d'Arbaud-Jouques. Pelleport.	4. et 20. chass., 8. léger, 4. et 13. de ligne, 24 et 39. de ligne.	8,054	727	753	688	
	2e dragons.	vicomte Domon.	c. de Ligneville.	Vincent. Fayerot.	3e et 5. dragons, 4. et 10. dragons.		1,545			

CORPS D'ARMÉE.	DIVISIONS.	LIEUT.-GÉNÉRAUX.	CHEFS D'ÉT.-MAJOR.	MARÉCH.-DE-CAMP.	DÉSIGNATION DES CORPS.	NOMBRE D'HOMMES. Infanterie.	NOMBRE D'HOMMES. Cavalerie.	ARTILL. ET GÉNIE. Hommes.	ARTILL. ET GÉNIE. Chevaux.	OBSERVATIONS.
3e corps, lieut.-général, prince Hohenlohe. Chef d'état-major, comte Meynadier.	7e	baron de Conchy.	Barbaria.	Potheir. Janin. Quinsonas.	2e et 12. chasseurs, 3. léger et 6. de ligne, 9. et 14. de ligne.	3,906*	728			Non compris l'effectif du 14. de ligne, non connu à cette époque.
	8e	Canuel.	Morizot Demarzi.	Hubert. Scheffer. Mellet.	4e. huss. et 17. chass., 5. léger et 7. de ligne, 21. et 25. de ligne.	5,054	695	797	466	
4e corps, lieut.-général, Moncey duc de Conegliano. Chef d'état-major, le maréchal-de-camp Després.	5e	comte Curial.	Tholozé.	Vence. Peccadeuc. Vasserot.	6. et 22. chasseurs, 1. léger et 5. de ligne, 8. et 31. de ligne.	7.760	734			
	9e	baron de Damas.	mar. de Montpezat.	Montgardé. Maringoué. Rastignac.	5. chass. et 6. de huss., 12. léger et 2. de ligne, 3. et 19. de ligne.	5,090	789	2,322	1,452	
	10e	vicomte Donnadieu.	de Lanougarède.	Laroche-Aymon. Saint-Priest. La Tour-du-Pin.		2,725	752			Non compris la 2. brig. de cette divis. non encore arrivée à cette époque, et une brig. de réserve appartenant au 5 corps (formé plus tard), commandée par le maréchal-de-camp Tromelin, et forte de 3,595 hommes.
Réserve, lieut.-général, Bordesoulle. Chef d'état-major, comte de Bourbon Busset.	1ere	comte Bourmont.	marq. de Conflans.	d'Ambrugeac. Bethisy.	1er. 2e. et 3. régimens de guerre d'infanterie de la garde royale.	5,880		833(1)		
	2e	comte Bordesoulle.	de Laroche-Aymon.	Latour-Foissac. E. de Périgord, duc de Dino.	2. régiment des cuirass. et régimens de dragons et de chass. de la garde.		1,636	197		
	3e	b. Roussel d'Urbal.	baron Delaborde.	du Kermont. Deschamps.	2e, 4e, 5. et 6. régimens de cuirassiers de la ligne.		1,335			

RÉCAPITULATION.

Premier corps 21,395 infanterie. 3,757 cavalerie.
Deuxième —   14,880   3,101
Troisième —   8,960   1,498
Quatrième —   15,575   2,480
Cinquième —   5,880   3,049

TOTAL............ 48,690   13,805

N. B. La situation du 5. corps, sous les ordres du maréchal marquis de Lauriston, se trouvera page 366.

(1) Non compris les deux batteries arrivées plus tard.

www.ingramcontent.com/pod-product-compliance
Lightning Source LLC
Chambersburg PA
CBHW072216240426
43670CB00038B/1543